Georg Breidenstein · Fritz Schütze (Hrsg.)

Paradoxien in der Reform der Schule

Studien zur Schul- und Bildungsforschung
Band 22

Herausgegeben vom
Zentrum für Schul- und Bildungsforschung (ZSB)
der Martin-Luther-Universität Halle-Wittenberg

Georg Breidenstein
Fritz Schütze (Hrsg.)

Paradoxien in der Reform der Schule

Ergebnisse qualitativer Sozialforschung

Lieber Otto,
dies sollte eigentlich schon gestern
mit an Dich abgehen, war mir dann
aber nicht zur Hand. Vielleicht macht
Dir der späte Spross aus u. a. unseren
Fachwissenschaftskollegen
Freude. Herzl. Grüße [illegible]

VS VERLAG FÜR SOZIALWISSENSCHAFTEN

Bibliografische Information der Deutschen Nationalbibliothek
Die Deutsche Nationalbibliothek verzeichnet diese Publikation in der Deutschen Nationalbibliografie; detaillierte bibliografische Daten sind im Internet über <http://dnb.d-nb.de> abrufbar.

1. Auflage 2008

VS Verlag für Sozialwissenschaften ist Teil der Fachverlagsgruppe Springer Science+Business Media.
www.vs-verlag.de

Umschlaggestaltung: KünkelLopka Medienentwicklung, Heidelberg
Druck und buchbinderische Verarbeitung: Krips b.v., Meppel
Gedruckt auf säurefreiem und chlorfrei gebleichtem Papier
Printed in the Netherlands

ISBN 978-3-531-14837-3

Inhaltsverzeichnis

Fritz Schütze und Georg Breidenstein
Überlegungen zum paradoxen Charakter
von Schulreformprozessen – eine Einleitung 9

1. Grundlagen

Georg Breidenstein
Reformpädagogik und qualitative Schulforschung:
Anwendungsgebiete, Risiken und Nebenwirkungen 27

Werner Helsper und Merle Hummrich
Arbeitsbündnis, Schulkultur und Milieu –
Reflexionen zu Grundlagen schulischer Bildungsprozesse 43

Heiner Ullrich
Zur Aktualität der klassischen Reformpädagogik 73

Dirk Schubotz
Auf dem Weg zum Mainstream?
Integrative Schulen in Nordirland am Scheideweg 95

2. Lernprozesse und neue Schulkultur

Christina Huf
Ein befremdender Blick auf die Wochenplanarbeit – Lernprozesse im
Anfangsunterricht aus der Perspektive von Schulanfängerinnen 113

Heike de Boer
Der Klassenrat im Spannungsfeld
von schulischer Autorität und Handlungsautonomie 127

Christiane Lähnemann
Freiarbeit und Regelschule – ein Antagonismus? 141

Jutta Wiesemann
Was ist schulisches Lernen? 161

3. Lehrerarbeit

Karin Bräu
Die Betreuung selbstständigen Lernens –
vom Umgang mit Antinomien und Dilemmata 179

Silvia-Iris Beutel
Das Wissen der Kinder über die Schule und ihr Lernen einbeziehen –
Neuere Forschungen zur Leistungsbeurteilung 201

Davina Höblich und Gunther Graßhoff
Probleme der Klassenlehrerarbeit in der Waldorfschule 217

Heiko Kastner
‚Pflichtprojekte' –
Projektunterricht im Spannungsverhältnis zur Institution Schule 231

Hedda Bennewitz
Lehrende in Schulreformprozessen. Eine Deutungsmusteranalyse 247

Barbara Sahner
Professionalitätsgestaltungen von Lehrerinnen und Lehrern
und ihre Schulentwicklungskompetenz 261

4. Schulbezogene biographische Prozesse

Rolf-Torsten Kramer
Das „schulbiographische Passungsverhältnis"
und seine Konsequenzen für Reformprozesse in der Schule 275

Merle Hummrich
Die Öffnung der Schule als soziale Schließung –
zum Zusammenhang von generationaler Ordnung und Lernen 297

Till-Sebastian Idel
Biographische Erfahrungen reformschulischer Entgrenzung –
am Beispiel der Waldorfschule 313

Melanie Fabel-Lamla und Christine Wiezorek
Schulentwicklung im Transformationsprozess –
Zum Verhältnis von Biographie und schulischen Reformprozessen 327

Verzeichnis der Autorinnen und Autoren 347

Fritz Schütze und Georg Breidenstein

Überlegungen zum paradoxen Charakter von Schulreformprozessen – eine Einleitung

Die Reformbedürftigkeit des deutschen Schulwesens ist unbestreitbar. Im vorliegenden Band geht es nicht darum, diese (ein weiteres Mal) nachzuweisen, es geht auch nicht um das Für und Wider spezifischer Reformmaßnahmen, sondern um die Beobachtung jener Schulreformen, die es bereits gibt. In Schulen der klassischen Reformpädagogik und der neueren Bewegung Freier Schulen, aber auch in Regelschulen, hier aufgrund der Initiative engagierter Lehrkräfte, finden Experimente mit der Reformierung der Schule statt, zum Teil schon seit Jahrzehnten, zum Teil seit kurzer Zeit. Der empirischen Beobachtung und theoretischen Reflexion dieser Experimente ist dieser Band gewidmet – durchaus in dem Interesse aus den vorliegenden Erfahrungen für die anstehenden Reformen der Schule zu lernen.

Grundlage ist jene spezifische Beobachtung, die durch die Methoden der qualitativen Sozialforschung ermöglicht wird. Sie richtet sich auf die Analyse der Funktionsweise von Schulreform auf der Ebene sozialer Praktiken und Prozesse, untersucht kollektive Deutungen und biographische Muster der Beteiligten und fragt nach Wirkungen von Schulreform – und zwar erwünschten sowie unerwünschten. Diese Form der Beobachtung setzt am Einzelfall an und denkt von dort ausgehend über generelle Problemstellungen einer Reform der Schule nach. Der vorliegende Band hat eine lange Geschichte. Er geht wesentlich auf eine Tagung zurück, die wir im September 2004 in Wittenberg unter dem Titel „Reformprozesse gegen den Strich gelesen. Ergebnisse qualitativer Schulforschung" durchführten. Eingeladen waren Forscherinnen und Forscher, die mit Mitteln der qualitativen Sozialforschung unterschiedliche Bereiche aktueller Schulreform bzw. verschiedene Modelle von Reformschulen beobachten. Sie gehören vor allem zwei Forschungskontexten an: zum einen dem Bielefeld-Kasseler DFG-Graduiertenkolleg „Schulentwicklung an Reformschulen im Hinblick auf das allgemeine Schulwesen" und zum anderen dem Zentrum für Schulforschung an der Martin-Luther-Universität Halle-Wittenberg. In Bielefeld und Kassel waren eine Reihe von Dissertationen in der Form qualitativer Fallstudien entstanden, in Halle hatten sich verschiedene Drittmittelprojekte aus dem Bereich der Schulkultur- und Schulentwicklungsforschung vor allem qualitativer, rekonstruktiver Methoden bedient. Ziel der Tagung war es, die verschiedenen Forschungsbeiträge über den Einzelfall- und Projektbezug hinaus zu führen und auf gemeinsame grundlegende Fragestellungen zu beziehen. Die Intensität und Produktivität der Tagungsdiskussion ermutigte uns zur Planung der vorliegenden Publikation. Die Verschriftlichung der Diskussion ist als pdf-Datei im Internet verfügbar (Abruf über http://www.zsb.uni-halle.de/archiv/ unter der Rubrik *Graue Papiere*).

Wir dokumentieren auf den folgenden Seiten die thesenartigen Überlegungen, die der Tagung und damit auch der Arbeit an diesem Band zu Grunde lagen. Diese Thesen gehen großenteils auf die intensive Betreuung von Dissertationen und Einzelfallstudien zurück, die Anregung und Material für die verallgemeinernden Überlegungen liefern. Dabei sind die folgenden Formulierungen nicht als abgesicherte „Ergebnisse" empirischer Forschung zu verstehen, sondern als ein Versuch, vorliegende Erfahrungen und Beobachtungen zu bündeln und vor allem die weitere Erforschung und Reflexion von Schulreformprozessen anzuregen. Es geht darum, mögliche übergreifende Problembereiche zu identifizieren und das weitere Nachdenken über die Reform der Schule zu strukturieren. Hierbei wird vom paradoxen Charakter von Schulreformprozessen ausgegangen.

Es ist eine für Historiker und Sozialwissenschaftler altbekannte Tatsache, dass einschneidende und rasche gesellschaftliche Veränderungsprozesse in ihrem Verlauf nicht vollständig antizipierbar sind und stets zu unerwarteten Entwicklungen – sowohl zu unerwarteten Entdeckungen von Erneuerungspotentialen als auch zu unerwarteten Schwierigkeiten auf dem Wege der Erneuerung – führen. Insbesondere der Eskalationscharakter von radikalen Erneuerungsprozessen, die man gemeinhin revolutionäre oder auch solche sozialer Bewegungen nennt, ist immer wieder beobachtet worden – wobei dann schließlich die Eskalationsprozesse zu Positionen führen können, die verglichen mit den anfänglichen Bestrebungen unbalanciert und wenig praktikabel erscheinen. Außerdem ist diesbezüglich beobachtet worden, dass eine solche Eskalationsdynamik immer auch Formulierungen von „bewahrenden" bis „rückschrittlichen" Gegenpositionen hervorruft, die sich nach und nach ebenfalls immer mehr radikalisieren, und dass so eine Gegensatzanordnung von Veränderern und Bewahrern mit wechselseitig stereotypisierenden Zuschreibungen entsteht, was dann einem Eskalationsprozess zweiter Stufe Raum gibt, der nicht immer erkenntnisgenerierend und für den Erneuerungsprozess produktiv ist. Zudem kann auch beobachtet werden, dass bei fortschreitender Institutionalisierung und/oder Veränderung von Erneuerungsprozessen die ursprünglichen Initiatoren der Erneuerung zu den „neotraditionalistischen" Bewahrern der „reinen Reformlehre" werden können (wenn etwa die „ursprünglichen Ideen und Praxisanregungen" Rudolf Steiners zur Waldorfschule oder des Projektunterrichts nach Dewey und Kilpatrick gegen vermeintliche

„Verwässerungen" verteidigt werden. Und umgekehrt können Rückbezüge auf die „guten alten Kulturbestände und Bildungstraditionen" auch zum Ausgangspunkt einer reformerischen „Neoorthodoxie" werden im Zuge derer vermeintlich altehrwürdige Kulturmuster neu erfunden oder doch zumindest innovativ abgewandelt werden (z.B. wenn die faktisch neue pädagogische Schwerpunktsetzung in der Reformschule auf das soziale Arrangement des dialogischen Entdeckens und Lernens – auf ein Arrangement, das mit demjenigen des Frontalunterrichts radikal zu brechen tendiert – von der machtvollen Anregungsidee der platonischen Dialoge und der sokratischen Maieutik ausgeht). Angesichts der widerstreitenden, sich aber auch überlagernden Phänomene des Neotraditionalismus der „authentischen Reform" und der Neoorthodoxie der „verändernden Rückbesinnung" kann dann der auf den ersten Blick durchaus befremdliche Umstand eintreten, dass die neotraditionalistischen Gralshüter bzw. „Authentisierer" der Reform neue Entwicklungen, auch solche der Reformbelebung, eher abbremsen, also zu Beharrern werden – obwohl es sicherlich auch viele neubelebende Rückbesinnungen von Reform durch Authentisierer gibt -, und dass neorthodoxe „Erinnerer" Innovationen eher anregen, obwohl sie im Gewande der Bewahrer klassischer Bildungsgüter auftreten. Das Gesamtbild der Erscheinungen zwischen dem Pol des Beharrens und dem des Veränderns ist also äußerst komplex und oftmals auf den ersten Blick nicht transparent. – Schließlich ist auch immer wieder beobachtet worden, dass rasche und einschneidende Erneuerungsprozesse sehr viel Handlungs- und Lebensenergie der in sie involvierten Akteure beanspruchen, was dann zu Rückzügen der einen und zu Enttäuschungen bei den andern führen kann. Sicherlich sind diese angedeuteten Paradoxien von Erneuerungsprozessen, die in der Soziologie zumeist unter den Stichworten „Reformen", „Revolutionen", „soziale Bewegungen" und „collective behaviour" abgehandelt werden, auch in Zusammenhängen von Schulreformprozessen wirksam. Und es ist klug, sie zu bedenken, wenn man erfolgreiche Reformarbeit betreiben will.

Aber die paradoxen Prozesse von Schulreform haben auch noch eine weitere Verursachungsquelle. Diese ist der grundlegende und unaufhebbare Doppelcharakter von Schule: einerseits der nachfolgenden Generation die elementaren Wissensbestände, kulturellen Traditionen und kulturellen Techniken der universalen Menschheitsgeschichte und der konkreten Gesellschaftsgeschichte zu vermitteln und andererseits in der nachfolgenden Generation Verfahren und Kompetenzen zur Erkenntnisgenerierung anzuregen, die Neues zu entdecken und zu entwickeln erlauben. Die Vermittlung von elementaren Wissensbeständen, kulturellen Traditionen und Kulturtechniken hat notwendigerweise einen ergebnisorientierten, archivarischen und algorithmischen Charakter. Die Schüler sollen definierte und abgezirkelte Lehrgehalte und operationale Kulturtechniken nach Hause tragen können. Der Akzent liegt hier auf den *fertigen* Wissens*ergebnissen*

„im Aggregatzustand der Zuständigkeit“. Bei ihnen steht nicht ihre *Herstellung* im Fokus; und auch die Konstitutionsbedingungen der Routinen der Anwendung von Kulturtechniken, insbesondere die Erkenntniszusammenhänge „hinter ihnen“, stehen hier nicht zur Debatte. (In einem Interview, das einer der Herausgeber mit einem bekannten Bauingenieur führte, wies jener darauf hin, viele Technikstudenten in den deutschen Hochschulen hätten nie begriffen, was die Erkenntnisprinzipien der Infinitesimalrechnung seien, könnten aber mit den Formeln des „Calculus“ perfekt rechnerisch umgehen.) Die genauso wesentlich in der Schule zu leistende Anregung von Verfahren und Kompetenzen der Erkenntnisgenerierung konzentriert sich demgegenüber genau auf die zunächst als unübersichtlich und chaotisch erlebten Herstellungsprozesse und Entdeckungsprinzipien von neuen Erkenntnissen, denn die nachfolgende Generation soll in den Stand versetzt werden, mit neuen Weltbedingungen umzugehen und zum Erkenntnisfortschritt der Menschheit produktiv beizutragen. Um solche emergenten Lehr- und Lehrsituationen in der Schule herstellen zu können, muss aber der Wissens-, Traditions- und Technikkanon, den die Schule zu vermitteln verpflichtet ist, zeitweilig eingeklammert bzw. doch zumindest zunächst dethematisiert werden. Das ist in der geordneten Organisationsumwelt der Schule keineswegs leicht. Aber umgekehrt ist es auch nicht möglich, die Schüler den kulturhistorischen Erkenntnisprozess der Menschheit (oder auch nur den Europas) insgesamt *noch einmal ganz neu* in aktuellen emergenten Lehr- und Lernsituationen nachvollziehen zu lassen; Abkürzungsstrategien aus dem Wissenskanon der kulturellen Tradition sind stattdessen unumgänglich, wenn produktive Lern- und Erkenntniserfahrungen gemacht werden soll. – Wir glauben, dass dieses Doppelgesicht der Schule, einerseits umsichtige Vermittlerin des „fertigen“, wohldefinierten Kultur-Kanons der Menschheit (bzw. Europas) zu sein und den Kindern so zu ermöglichen, vom Abkürzungschararakter der kulturhistorischen Traditionsvermittlung zu profitieren, andererseits zugleich aber auch die sozialen Arrangements für die emergenten Entdeckungsprozesse konkreter Schüler bereitzustellen und sie in das Sich-Einlassen auf die Unfertigkeiten und kreativ-chaotischen Emergenzen von Entdeckungsprozessen und in das Aushalten dieser einzusozialisieren, ein weiterer systematischer Verursachungshintergrund für die Paradoxien von Schulreformprozessen sind. Denn Schulreformprozesse fokussieren in der Regel zunächst den zweiten Aspekt von Schule, werden dabei aber nach und nach immer auch wieder mit Notwendigkeit von den Vermittlungszwängen des ersten Aspekts eingeholt. Besonders schwierig wird das Umgehen mit dieser zweiten Paradoxienquelle dadurch, dass sie sich in der Konkretion des Schulreform-Einzelfalles naturgemäß nicht nur mit den Standardparadoxien des Lehrerhandelns – z.B. der pädagogischen Paradoxie par excellence, nämlich dem Hinundhergerissensein des Lehrers zwischen den beiden widerstreitenden Tendenzen des instruierenden (klärenden, aber oft auch passivierenden) Vormachens und des aktivierenden (zur Entdeckung motivierenden, aber oft auch entmutigenden) Anregens des Selber-Ausprobierens des Schülers -, sondern auch mit der ersten Paradoxienquelle auf komplexe Weise vermischt und nicht immer gleich zu erfassen ist, um welche Paradoxienquelle bzw. Paradoxienschicht es sich dann im konkreten Fall handelt.

Diese strukturellen Bedingungen der unvermeidlich paradoxen Gestalt von Schulreformprozessen, zu denen sicher noch andere hinzukommen, konkretisieren sich in mindestens vier Dimensionen:

1. Historische Schulreformprozesse und Schulorganisation

a. Die bürokratische Regierungs-Schulreform „von oben“ Anfang der 1970er Jahre hat folgende Auswirkungen: schematische generalistische Kategorisierungen von Schülern, ihrer Potentiale und Probleme; die Überfrachtung der Erwartungen an die abstrakt-integrierende Großorganisation der Gesamtschulen und die Frustration, die aus der entsprechenden Enttäuschung dieser Erwartungen erwuchs; die „Massenbehandlung“ der Schüler; den Creaming-Effekt in der Konkurrenz zwischen Gesamtschulen und Gymnasien; den Mangel an Selektivität bei der Lehrerrekrutierung (d. h. auch nicht-reformorientierte Lehrer wurden in Gesamtschulen eingesetzt).
b. Der Charakter der Schulreform als sozialer Bewegung hat folgende Implikationen: die Überfokussierung auf bestimmte Ziele der Reform und nervende Probleme der Reformretardierung sowie die Energieabsorption der Lehrer aufgrund der ständigen Übersoll-Leistungen, den Verlust der Perspektivenübernahmefähigkeit hinsichtlich der Befindlichkeiten der die Reformaktivitäten konterkarierenden Interaktionspartner, die Ausblendung von Diskrepanzen und Ambivalenzen von sozialen und biographischen Wandlungsprozessen angesichts der enormen Überbelastungen, das Entstehen von Gegensatzanordnungen im Kollegium von Reformprotagonisten und Reformgegnern und die Eskalation der Gegenstandpunkte bis hin zur festen Lagerbildung, die Überspannung der Zielanforderungen an die Reform und den Verlust des Realitätssinns, die Aufspaltung von Fassadenverhalten und Hinterbühnenverhalten der Reformpartei mit den Begleiterscheinungen der Stiftung reformfeindlicher Retardierungstendenzen, Palastrevolutionen gegen die Reform-Leitungsgruppe und role-back, usw.
c. Das Spannungsverhältnis zwischen der Reformbewegung und der Gesellschaft hat folgende Auswirkungen: Es gibt Schwierigkeiten bei der Verfolgung von Zielen, die in der Gesellschaft utopisch sind – wie dem Ziel der Egalisierung und Chancengleichheit, dem des religiösen Brückenbaus (in Nordirland) über die interdenominationale oder interreligiöse Bruchlinie hinweg (die in Nordirland nach wie vor fast alle Lebensbereiche von den fa-

milialen über viele berufliche bis zu denen des öffentlichen Lebens bestimmt) oder dem der ideal-freizügigen Gestaltung der Lernprozesse in ausschließlicher Selbstbestimmung und bei ausschließlich intrinsischer Motivation der Schüler. Daraus entstehende Gefahren sind eine Scheinwelt der Pseudo-Reform und des (aus tiefgehender Enttäuschung hervorgegangen) Ressentiments gegenüber der Reform.

d. Das potentielle Spannungsverhältnis zwischen Reformbewegung und bürokratischer Organisation beschwört die Gefahr der folgenden Gegensatzstilisierung herauf: einerseits des Selbstverständnisses der Schulleitung als des bewahrenden oder gar retardierenden Ordnungsstifters, der die Chaoswirkung der Reform einzudämmen habe – des Ordnungsstifter-Selbstverständ-nisses mit der damit verbundenen Erzeugung einer entsprechenden lagerbildenden Gegensatzanordnung – und andererseits des Selbstverständnisses der Schulleitung als der elitären Alleingestalterin der Schulreform mit strategischem Kaderverhalten dem (angeblich nicht so motivierten und überzeugten) Kollegium gegenüber.

2. *Lernprozesse in Reformkontexten und neue Schulkultur*

a. Lernprozesse in Reformschulen werden dann gefördert, wenn sie auf der Grundlage gegenständlicher und sozialer Erfahrungsbildung – im Gegensatz zur rein abstrakten und rezeptiven Wissensvermittlung – stattfinden. Diese Erfahrungsbildung geschieht auch im Zuge von neuartig-emergenten, z. T. auch peripheren Schülerhandlungen, die von den Lehrern in ihrer Konkretheit essentiell nicht pädagogisch erwartet und eingeplant werden können. Lehrer müssen offene Rezeptions- und Verständnishaltungen für solche Schülerhandlungen entwickeln, zugleich aber auch deren letztendliche Einpassung in den Organisationsablauf des Schulunterrichts leisten. Manche Lehrer werden diese Doppelaufgabe als für sich zu spannungsreich erleben und dann die Doppelanforderung einseitig auflösen. Das kann entweder zu einer Missachtung der Anforderungen des Organisationsablaufs oder aber – eher noch – zu einer Haltung der Ausblendung aller unerwarteten Schülerhandlungsimpulse führen.

b. Lernprozesse in Reformschulen werden dann gefördert, wenn sie in eine dichte schulische Beziehungskultur eingebettet sind, die durch Persönlichkeit, Verlässlichkeit und Kooperativität der sozialen Beziehungen und eine gewisse die Individualität und Kreativität hervorkehrende Rollendistanz der Lehrer geprägt ist. Auf der anderen Seite müssen Lehrer auch die Anforderungen der Schulorganisation als gesellschaftlicher Lerninstitutionen vertreten (einschließlich der Anforderungen der Bewertung), und auch die Schüler beziehen sich immer wieder auf die versachlichten, zum Teil auch hoheitsstaatlichen, Anforderungen dieser Lerninstitutionen. Die je spezifische Reformschulkultur muss das genannte Spannungsverhältnis durch die Förderung kooperativer, persönlicher, verlässlicher, aber auch institutionell-arbeitsbezogener Sozialformen der Beziehungsgestaltung zu einem versöhnlichen und produktiven machen, in dem viele konkrete produktive Umgangsformen möglich sind. Hierzu gehören gerade auch die kooperativen Umgangsformen der Schüler untereinander. Nicht nur durch die institutionellen Leistungsanforderungen innerhalb der Schule, sondern auch durch gesellschaftliche Konkurrenzprofile, welche die Schüler von außen in die Schule hineintragen, kommt es jedoch oftmals zur Enaktierung und Symbolisierung *andere, nämlich* nicht-kooperativer und dem Lernprozess abträglicher, Beziehungsformen (konkurrierender, strategisch-nichtauthentischer, entpersönlichter), die dann für die Lehrer – und natürlich auch für die Schüler – nur schwer beherrschbar sind.

c. Reform-Lernprozesse schöpfen besonders intensiv aus dem ästhetisch-sinnlichen Potential der Schulkultur (mit ihren symbolischen Gestaltungs- und Ausdrucksmöglichkeiten, mit ihren Spiel- und Inszenierungsmöglichkeiten, mit ihren mehr oder weniger künstlerischen Darstellungs- und Präsentationsmöglichkeiten). Gerade hier liegt eine Chance besonderer Kreativität. Das ästhetisch-sinnliche Potential der Schulkultur reibt sich aber immer wieder am zweckrationalen Selbstverständnis der Schulorganisation und der Unterrichtsgestaltung. Lehrer und Schüler müssen sich um den Ausgleich der beiden sehr unterschiedlichen Tendenzen der Schulkultur kümmern. So kann z. B. im Kollegenkreis aufgezeigt werden, dass ästhetische Präsentation sich oftmals auch im zweckrationalen Sinne auszahlt. Umgekehrt kann auch mitunter im Kollegenkreis erfahren werden, dass ein rationaler Organisations- und/oder Unterrichtsablauf seine „Ästhetik der Überschaubarkeit und Gestaltungseleganz" hat. Aber es gibt auch unversöhnliche Spannungen zwischen den beiden divergierenden Tendenzen der Schulkultur, die ausgehalten und bearbeitet werden müssen. Und das überfordert Lehrer und Schüler oftmals.
d. Lernprozesse in Reformkontexten betonen die Emergenz, Kreativität und Individualität von Lernprozessen. Das bringt die Gefahr der Unterschätzung „geronnener" elementarer Kulturtechniken mit ihren Verfahrensnotwendigkeiten und kollektiv-kulturellen Versachlichungszwängen mit sich. Reform-Lernprozesse unterstreichen die Bedeutsamkeit des Hervorbringungswissens gegenüber dem archivalisch abgespeicherten Ergebniswissen. Das kann zu einer Überspannung der bildlich vorstellbaren Schritt-für-Schritt-Produktionsanforderung an das Hervorbringungswissen führen: es ist dann denkbar, dass Schüler in der Postmoderne des einundzwanzigsten Jahrhunderts die unmögliche, zur persönlichen Tragödie führende Sisyphusarbeit des Nachvollziehens des gesamten, seit mindestens zweieinhalb Jahrtausenden

anhaltenden, kollektiven Erkenntnisprozesses der Bildungsentfaltung der Menschheit individuell „noch einmal“ leisten sollen oder wollen, ohne die unverzichtbaren Hilfestellungen des algorithmischen (in seinen internen Mechanismen unsinnlichen und unverstandenen) Black-Box-Wissens nutzen zu dürfen. Die Favorisierung eigener Lernwege gegenüber den ausgetrampelten Pfaden des europäischen Bildungskanons kann die Gefahr mit sich bringen, dass unverzichtbare Wissensbestände und Fähigkeiten des Bildungskanons ausgeblendet bleiben.

e. Reform-Lernprozesse begünstigen transdisziplinäres Wissen gegenüber dem disziplinären (etwa bei der Favorisierung eines integralen Faches „Naturwissenschaft“ oder gar bei der Pflege von Hybrid-Lernfeldern wie „Umwelttechnik“). Dies bringt die Gefahr mit sich, dass die disziplinären Relevanzsetzungen, Qualitäts- und Kritikkriterien und Wissensbestände, die weiterhin als Grundlage der transdisziplinären Innovationsbereiche orientierungs- und erkenntnisnotwendig sind, unterschätzt werden. Hierzu gehört auch die Gefahr der Unterbewertung aller Arten von Verfahrenswissen.
f. Reform-Lernprozesse betonen die Anregungswirkung der neuen Kommunikationsmedien. Dem ist die Gefahr inhärent, dass die seit alters überkommenen elementaren Kommunikationsmedien wie das Schreiben und Lesen oder wie die literarischen Gattungen unterschätzt werden, welche auch in Zukunft unvermeidlich die Grundlagen der interpretativen erkenntnisproduktiven Sicht und Aneignung unserer Welt sind.
g. Reform-Lernprozesse neigen schließlich z. T. dazu, die Normallage der Haltung und Beziehung des einzelnen Kindes oder Jugendlichen als Individuum zu kollektiven Instanzen wie Gemeinschaften und Institutionen neu zu bestimmen: indem entweder die individuelle Relevanzsetzung mit ihrem unverwechselbaren biographischen Hintergrund oder umgekehrt die kollektive rituelle bzw. sozialdramatische Szene-Logik in den Vordergrund geschoben wird. Dies kann die Gefahr mit sich bringen, dass das kulturell austarierte spannungsreiche Verhältnis zwischen dem Individuum und den Kollektiven, in denen es lebt und auf die es sich in seiner Handlungsorientierung bezieht, gestört wird.

3. *Lehrerarbeit in Schulreformprozessen*

a. Eine emphatisch abstrakte und entkontextualisierte Interpretation der Ideale der Schulreform impliziert oftmals eine falsche, unrealistische Vorstellung von Reformprozessen: Die Vorstellung von der Projektarbeit als absolut selbstbestimmter z.B. führt zu der irrigen Vorstellung, der Lehrer brauche sich auf die Lernprozesse der Kinder nicht einzulassen, denn diese benötigten keine Hilfestellungen. Die entsprechende verabsolutierte Vorstellung von der autonomen Selbstbestimmung und Selbsthilfetätigkeit der Kinder übersieht angesichts der Begegnung mit den Widerständigkeiten, Problemen und Rätselhaftigkeiten der Realität, mit der sich die Kinder lernend auseinandersetzen sollen, die Förderlichkeit der Beachtung der versachlichten kollektiven Wissensbeständen der kulturellen Tradition und die Wichtigkeit der damit – mehr noch bei Kindern als bei Erwachsenen – verbundenen Lernnotwendigkeiten und Lernchancen einschließlich von Verfahrens- und Kontextualisierungshilfen bei der kognitiven Durchdringung von Problemkomplexen der Realität. Oder: Die ausschließliche Beachtung der Beziehungsebene in der Interaktion zwischen Lehrer und Schüler lässt das Institutionelle und Rollenförmige der Schulorganisation ausblenden, das dann als unbegriffener sozialer Zwang unkontrolliert einschränkend und fremdbestimmend auf die Interaktionsprozesse, die Arbeitsprozesse und die biographischen Entfaltungsprozesse der Schüler und Lehrer einwirkt.

b. Die erwünschte Pluralität der von den reformorientierten Lehrern angebotenen Lernformen setzt ein großes Repertoire der professionellen Arrangierung von Lernmilieus voraus. Diese disziplinäre Vermittlungsroutinen transzendierende Anforderung kann mit den routinemäßig eingespurten fachdidaktischen Lernmilieus in Konflikt geraten. Lehrer müssen also zugleich transdisziplinär und disziplinär orientiert sein. Genau das kann aber bei Lehrern, die wenig in ihrer professionell-berufsbiographischen Identität gefestigt sind, zu einer Überforderung ihrer Vermittlungsfähigkeit führen.
c. Die kollektive und persönliche Überspannung der Ziele und Erwartungen bezüglich der Reformideale baut eine Haltung der biographischen Überfokussierung auf, die im Leben betroffener Lehrer zur Überanstrengung und zum Verlust der alltäglichen Normallage der Lebensführung und Berufslebensgestaltung führen kann. Damit ist ein enormes Enttäuschungspotential verbunden, das bei seiner Aktualisierung insbesondere im Gefolge von eklatanten Erfahrungen des Scheiterns der Reformerwartungen und/oder persönlicher Überlastungskrisen (im Sinne von burn-out) die Haltung des Lehrers in Richtung Ressentiment und Zynismus umschlagen lassen kann.
d. Der starke Reflexionsdruck des Reformdiskurses kann zur Theorielastigkeit der Reformprotagonisten führen, die sich in abstraktem Dogmatismus, im Mangel an Toleranz und im Verlust von realistischer Handlungsumsicht niederschlägt. Ergebnis ist das Anwachsen eines frustrierten bzw. neurotischen Zielfundamentalismus pädagogischer Werte, der die verstehende Perspektivenübernahme der Standpunkte der andersmeinenden Kollegen und die kooperative Arbeitsteilung mit ihnen verhindert.
e. Die Konfrontation von reformorientierten Lehrern mit dem Verhalten derjenigen Kinder und Eltern, welche sich gegen die Reformimpulse wehren, diese unterlaufen oder ihnen aus mitgebrachten Kompetenzeinschränkungen

nicht folgen können, mag bei ihnen, sofern ein Mangel an interpretativer Kontextberücksichtigung und an umsichtigem Realitätssinn bezüglich der „Gebrechlichkeit“ der Reformideale wirksam wird, zu einem frustrierten Wahrnehmungsverlust führen, der die Lernchancen gerade auch solcher Kinder und der berechtigten Sorgen der Eltern nicht mehr sehen lässt.

4. *Schulbezogene biographische Prozesse von Schüler(innen) und Lehrer(innen) in Reformkontexten*

Reformprozesse sind Fegefeuer für die involvierten biographischen Prozesse.

a. Bei den Lehrern bieten sie enorme Chancen der Kreativitätsentfaltung und der idealistischen biographischen Sinnbestimmung. Zugleich können sich bei einer unglücklichen Entwicklung des Reformprozesses,, bei einem Mangel an persönlicher analytischer Distanzierungsfähigkeit und/oder im Zuge des permanenten Mehrleistungserfordernisses die Betroffenen aber auch verstricken in Überfokussierungen und ständige Überforderungen; in ein Leben in einem permanenten strategischen Aggregatszustand, der die relativ-natürliche Haltung zum Alltagsleben und zu den Interaktionspartnern einschränkt oder gar verhindert; in die Erstarrungstendenz zum doktrinären Dogmatismus mit einer Neigung zur Selbstgerechtigkeit; sowie in die Frustrations- und Zerstörungssituationen des Enttäuschtwerdens, der Ressentimententwicklung und des Ausbrennens im Rahmen des Berufsfallen-Syndroms.
b. Bei den Kindern in Reformschulkontexten sind sicherlich biographische Prozesse der Kreativitätsentfaltung, der Entdeckung der Attraktivität einer eigenen Forscherhaltung, des Aufbaus von Verantwortungsgefühl und der Selbstbestimmung sowie des Anwachsens der Kommunikationsfähigkeit manifest. Zugleich können solche Kinder aber auch unter einem Mangel an Verbindlichkeit, einem Mangel an gesellschaftlichem Realismus, einem Mangel an Auseinandersetzung mit den institutionellen Anforderungen der Schule und anderer gesellschaftlicher Organisationen und an entsprechenden Lernerfahrungen bezüglich des umsichtigen Umgangs mit institutionellen Verfahren sowie unter einem erspürten Druck des permanenten negativen Selbstvergleichs mit den Kindern von Regelschulen leiden. Auch haben u. U. besonders lerninteressierte Kinder mit dem Konformitätsdruck einer nivellierenden Klassengemeinschaft und dem Unverständnis oder gar dem Stigmatisierungsversuch der zentralen Machtpersonen in der Klasse, die nicht selten zu den leistungsschwächeren Schülern gehören, zu schaffen: mit einem Konformitätsdruck, der u. U. sogar von unaufmerksamen und/oder reformbeseligten Lehrern – möglicherweise auch im Bezugsrahmen eines ideologischen Egalitätsinteresses – unterstützt wird.

5. *Der positive Gegenhorizont zu den paradoxen Auswirkungen von Schulreform: orientierende Maßstäbe für die produktive Gestaltung lokaler Schulkulturen*

Unsere Vergleichsfragestellung hat insbesondere auf die paradoxen Auswirkungen der Reformprozesse abgehoben. Die Ausformulierung dieser kritischen Fragestellung unterbelichtet selbstverständlich die kreativen Gestaltungschancen von Schulreformprozessen. Wir haben in kritischer Perspektive insbesondere auf die Paradoxien von schulischen Reformprozessen abgehoben, weil wir aufgrund der Ergebnisse der empirischen Einzelfall-Dissertationsforschungen im Bereich der Schulreform meinen, dass die paradoxe Vertracktheit der Reformprozesse mit ihren großenteils unerwarteten (und z. T. essentiell unerwartet-emergenten) Begleiterscheinungen von den betroffenen Akteuren oftmals nicht gesehen oder doch zumindest erheblich unterschätzt worden ist. Unsere Meinung ist, dass schulische Reformprozesse nur dann eine Chance auf nachhaltigen Erfolg im Sinne ihrer inhaltlichen Absichten haben, wenn die Ausgestalter der Reformprozesse eine umsichtige, realistische Wahrnehmungshaltung zu deren paradoxen Begleiterscheinungen einnehmen.

Damit unsere vier kritischen Betrachtungsdimensionen aber ausdrücklich auch einen positiven Gegenhorizont haben, möchten wir zum Abschluss der Erläuterung unserer analytischen Dimensionen noch einen Katalog positiver Gesichtspunkte schulischer Reformarbeit nennen, der in allen vier der gerade entwickelten Fragestellungen und deren Teildimensionen zu berücksichtigen ist. Hierbei handelt es sich um orientierende Maßstäbe und nicht um ein einzuforderndes Programm. Diese Maßstäbe lassen sich freilich an die kollektive Identitätsarbeit der Reformschulen der zweiten Generation, die je spezifische Schulkulturen ausgeprägt haben, durchaus realistisch anlegen, denn solche Reformschulen haben den Systemwiderspruch der bürokratischen Groß-Gesamtschulen, d.h. die systematische Diskrepanz zwischen Zielen und Mitteln und die biographisch kostenreiche Ausblendung bzw. Verdeckung dieser Diskrepanz (insbesondere was die Kernanliegen der Kompensation und der Chancengleichheit anbelangt), reflexiv erfasst und versuchen ihn durch reformpädagogisch inspirierte Szenarien je lokal gebundener und eigenständiger Schulkulturen zu überwinden. – Es handelt sich um folgende sieben Gesichtspunkte:

- *Schule als Lebens- und Erfahrungsraum.* Fragestellung ist hier: Inwieweit gelingt es einer Schule, ihre Handlungsräume im Dienste der Entwicklung und Bildung von Kindern und Jugendlichen so zu erweitern, dass sie zum Ort gegenständlicher und sozialer Erfahrungs*bildung* über die rezeptive Wissensvermittlung hinaus wird? Wie schafft es die Schule, Raum und Zeit für

Selbsttätigkeit und Selbstorganisation im fachlichen und sozialen Lernen der Schülerinnen und Schüler zur Verfügung zu stellen? Wie gelingt es den Lehrerinnen und Lehrern, die Erfahrungen der Kinder und Jugendlichen durch umsichtige und sensible Beratung und Hilfestellung für diese bearbeitbar zu machen? Kann auch das pädagogisch nicht vorplanbare – und zum Teil auch essentiell unantizipierbare – lernintensive Handeln von Kindern und Jugendlichen zu einem integralen Teil der schulischen Lernpraxis gemacht werden?

- *Primäre soziale Qualitäten in der Sozialwelt der Schule.* Fragestellung ist hier: Wie kann die Qualität persönlicher, authentischer, verlässlicher, kooperativer Sozialbeziehungen das zentrale Gestaltungsprinzip für die vorherrschende Sozialform der Schule sowohl auf der Lehrer- wie auch auf der Schülerseite werden?
- *Pluralität sich ergänzender Lehr- und Lernformen.* Fragestellung ist hier: Wie kann die Unterschiedlichkeit der Handlungsfähigkeiten, Leistungspotentiale und Bildungsziele der Schülerinnen und Schüler bei Wahrung eines förderlich-ermutigenden Grundklimas ernst genommen werden? Wie können hierfür das aktuell zur Verfügung stehende differenzierte Formenrepertoire unterrichtlicher Professionalität und die Pluralität motivierender Lernformen und der sie ermöglichenden sozialer Arrangements ausgeschöpft werden?
- *Entwicklung fachlicher Leistungskulturen.* Fragestellung ist hier: Was sind die Formen motivierenden und kognitiv aktivierenden Lehrens und Lernens in den einzelnen Fächern und Fachgebieten auf dem aktuellen Stand unterrichtstheoretischer und schulpädagogischer Expertise? Wie werden gerade bei den Schülern – und nicht nur im fachdidaktischen Binnendiskurs mit seinen Idealisierungen – die fachspezifische Problemorientierung (einschließlich der besonderen Sinnweltressourcen der Fachdisziplin), der konkrete Anwendungsbezug des Fachwissens, die Herausforderung zu selbständiger Aneignung, die Synthese strukturierender und offen-selbsttätiger Lernformen, die kritische Selbstevaluation und die umsichtige Fremdevaluation von Lernprozessen und Lernergebnissen gefördert?
- *Schule als kultureller Raum.* Fragestellung ist hier: Wie kann die ästhetisch-sinnliche Dimension der Schulkultur – d.h. ihr Ausdrucks- und Inszenierungspotential, ihr Spiel-, Ritual- und Dramatisierungspotential, ihr Potential für Entdeckung, Erfindung und kreative Wandlungsprozesse sowie ihr Potential für anschauliche und attraktive Präsentationsformen – entfaltet werden?
- *Technikgeleitete Modernisierung schulischen Lebens.* Fragestellung ist hier: Wie kann die Rationalität schulischer Organisation durch den Gebrauch technischer Mittel seitens der Lehrer und der Schüler auf je aktuellem Stand gefördert werden, also durch Medienausstattung, Kommunikationstechnik, Organisationsentwicklung, Logistik des Schulbetriebs, unterstützt werden?

- *Schule als sich entwickelnde Organisation.* Fragestellung ist hier, wie durch die Praxis der Selbst- und Fremdevaluation (einschließlich Supervision) eine produktive Kritikkultur entsteht, die zu problembezogenen Organisationsveränderungen und umsichtiger (und damit natürlich auch selektiver) Personalentwicklung Anlass gibt.

Der durch die dokumentierten Thesen aufgeworfene Problemhorizont bildete, wie gesagt, den Hintergrund für die Tagung und für die Arbeit an den einzelnen Beiträgen, die dann aber selbstverständlich auf der Grundlage der je spezifischen empirischen und theoretischen Zugänge argumentieren. Gemeinsam ist allen Autorinnen und Autoren das Anliegen einer zugleich interessierten und kritischen Beobachtung aktueller Prozesse der Schulreform. Die einzelnen Beiträge des vorliegenden Bandes sind jeweils einem einführenden Grundlagen-Kapitel und den inhaltlichen Dimensionen zugeordnet, die auch das Thesenpapier strukturieren.

Der erste Teil des Bandes zu *Grundlagen* der Beobachtung von Schulreformprozessen versammelt einige Beiträge, die sich mit übergreifenden Fragestellungen beschäftigen. Zunächst geht es um methodologische Betrachtungen zum Verhältnis von Reformpädagogik und qualitativer Schulforschung (Breidenstein). Mit dem „pädagogischen Arbeitsbündnis“ wird eine elementare, auch für Reformschul-Kontexte unmittelbar relevante Strukturkategorie schulischen Unterrichts diskutiert (Helsper und Hummrich). Schließlich wird die Bedeutung der klassischen Reformpädagogik für die aktuelle Diskussion beleuchtet (Ullrich) und am Beispiel von Nordirland die mögliche gesellschaftspolitische Relevanz von Reformschulen aufgezeigt (Schubotz). Ursprünglich war noch ein weiterer Beitrag zu den Paradoxien der „von oben“ organisierten Reformprozesse in großen Reformschulen und zu den Möglichkeiten ihrer produktiven Bearbeitung durch Leitungsarbeit innerhalb und oberhalb der Einzelschulebene, d.h. zur Produktivität von umsichtig und behutsam steuernder Organisationsarbeit, vorgesehen. Durch den tragischen Herzinfarkttod von Karl-Josef Prokopp war die Fertigstellung dieses Beitrages mit seiner so kritisch-konstruktiven Fragestellung nicht möglich. „Ringo“ Prokopp hat die Gestaltung der Tagung von ihren Anfängen an mit viel eigenständigem Engagement unterstützt.

Der zweite Teil zu *Lernprozessen und neuer Schulkultur* enthält Beiträge, die den Blick auf den Unterrichtsalltag selbst richten. Mit den Mitteln der teilnehmenden Beobachtung werden unterschiedliche reformpädagogische Lernarrangements auf ihre Implikationen befragt: angefangen beim Wochenplanunterricht in der Schuleingangsstufe der Bielefelder Laborschule (Huf) über die inzwischen relativ verbreitete Einrichtung des „Klassenrates“, der eine partizipative und demokratische Regelung von Konflikten ermöglichen soll (de Boer) bis hin zur Frage nach dem möglichen Stellenwert von „Freiarbeit“ in der Sekundarstufe

(Lähnemann). Über die Beobachtung einzelner Lernarrangements hinaus richtet sich das Forschungsinteresse auf die Frage nach dem grundlegenden Charakter schulischen Lernens, der gerade in jenen Reformschul-Kontexten erkennbar wird, in denen „Lernen" prekär wird (Wiesemann).

Ein dritter Teil widmet sich der *Lehrerarbeit*, die in Schulreform- und Reformschulzusammenhängen oft eine besonders intensive und involvierende Qualität erhält. Insbesondere der Anspruch „selbständiges Lernen" der Schüler anzuleiten enthält eine Reihe widersprüchlicher, auszubalancierender Anforderungen an das Lehrerhandeln (Bräu). Leistungsbewertung und Leistungsrückmeldung werfen inzwischen viel diskutierte Probleme eigener Art auf (Beutel). Die intensivierte Gestalt der Klassenlehrerarbeit in Reformschulen lässt sich insbesondere in Waldorfschulen studieren (Höblich und Graßhoff). Zwei weitere Untersuchungen beziehen sich auf die Einführung einer Schulreform „von oben" und fragen nach der Umsetzung von verbindlichen „Pflichtprojekten" (Kastner) und nach den Deutungsmustern, mit denen Lehrerinnen und Lehrer auf die Anforderung von Schulreform reagieren (Bennewitz). Schließlich werden aus einer Fragebogen-Studie heraus unterschiedliche „Professionalitätsgestaltungen" mit Blick auf Schulreform explorativ entwickelt (Sahner).

Ein letzter Teil widmet sich der Analyse *schulbezogener biographischer Prozesse*. Zunächst wird das Modell der „schulbiographischen Passung" vorgestellt und in seinen Konsequenzen für Schulreform-Prozesse diskutiert (Kramer). Dann werden mögliche Zusammenhänge zwischen einer „Öffnung der Schule" und damit einhergehender sozialer Schließung untersucht (Hummrich). Wiederum erlaubt die Waldorfschul-Kultur die pointierte Analyse „entgrenzter" pädagogischer Verhältnisse und möglicher Auswirkungen auf die Schülerbiographie (Idel). Der letzte Beitrag führt an der Betrachtung eines gemeinsamen Falles ein schülerbiographieanalytisches Projekt mit einer Untersuchung zu Lehrerbiographien zusammen und diskutiert die Wechselwirkung von schulischen Reformprozessen mit den Biographien der Beteiligten (Fabel-Lamla und Wiezorek).

Wir hoffen, dass gerade die Untersuchung der Schwierigkeiten in Reformschulen im generalisierenden kontrastiven Vergleich zur Bestimmung derjenigen Voraussetzungen führen kann, unter denen Reform realitätsmächtig wird. Die gegenwärtig anstehenden erneuten, „modernisierten" Reformprozesse könnten auf reflektierte Weise aus den Schwierigkeiten und Fehlern vergangener Projekte lernen und orientierende Maßstäbe für die produktive Gestaltung lokaler Schulkulturen könnten genauer gefasst werden.

Darüber hinaus kann die vorliegende Publikation einen Beitrag zur Aufhellung von grundlagentheoretischen Zusammenhängen leisten, die als Bausteine einer generellen Theorie der Schule, ihrer institutionshistorischen und sozial bewegten Entwicklung, der Formen des Lernens, der professionellen Arbeit der

Lehrer und der biographischen Identitätsentwicklung von Schülern und Lehrern von besonderer Relevanz sind. Diese Zusammenhänge gelten größtenteils sowohl für Reformschulen als auch für Regelschulen, allerdings werden die konstitutiven Problemkonstellationen in Reformkontexten anders – oftmals expliziter – bearbeitet als in Kontexten der traditionsorientierten und institutionell etablierten Schulpraxis.

Wir danken der Hans-Böckler-Stiftung, die die Tagung finanziell ermöglicht hat, wir danken Wera Friedrich, Annika Möller, Jasmin Demuth und Barbara Sahner für die Unterstützung bei der redaktionellen Arbeit an dem Band, Mathias Müller für die umsichtige und versierte Erstellung der Druckvorlage und Stefanie Laux vom Verlag für Sozialwissenschaften für ihren langen Atem und die schlussendliche Einforderung des Manuskriptes. Allen Autorinnen und Autoren schließlich danken wir für die intensive Zusammenarbeit und nicht zuletzt für die Geduld, die sie angesichts der außergewöhnlich langen Entstehungszeit dieses Bandes aufbringen mussten.

Fritz Schütze und Georg Breidenstein,
März 2008 in Magdeburg und Halle

1. Grundlagen

Georg Breidenstein

Reformpädagogik und qualitative Schulforschung: Anwendungsgebiete, Risiken und Nebenwirkungen

Ich will im Folgenden nach dem Verhältnis von Reformpädagogik, oder genauer: von Reformschulen, zu (qualitativer) Schulforschung fragen. Ich werde das Verhältnis von Reformpädagogik und qualitativer Schulforschung als ein spannungsreiches und prekäres beschreiben, das aber bedeutsame schultheoretische und schulpädagogische Potentiale enthält. Die folgenden Betrachtungen gelten vor allem systematischen und methodologischen Überlegungen. Eine ausgezeichnete und aktuelle Darstellung des Standes der Forschung zu Reform- und Alternativschulen in Deutschland haben Idel und Ullrich (2004) vorgelegt (vgl. auch Ullrich/Idel/Kunze 2004). Ich werde also weniger Ergebnisse der konkreten Studien zu Reformschulen berichten als nach dem jeweils zu beobachtenden Verhältnis von Reformschule und (qualitativer) Forschung fragen: Welche Erwartungen, welche Möglichkeiten und welche Probleme verknüpfen sich mit Forschung an und über Reformschulen?

Zunächst ist zu klären, was mit der Chiffre der „Reformpädagogik" gemeint sein soll. Der Begriff ist vielschichtig und schillernd. Er bezeichnet „ein Syndrom von Hoffnungen und Ansprüchen, Erfahrungen und Konzepten" (Tenorth 1994, S. 585). Festzuhalten ist, dass die Entwicklung der Reformpädagogik als Programm und die Realisierung konkreter Reformschulen untrennbar mit der Institutionalisierung schulischen Lernens schlechthin verbunden sind. Reformpädagogik ist in radikaler Kritik auf die Institution Schule bezogen und speist ein Gutteil ihrer Identität aus der Abgrenzung von der „Regelschule". Gegen eine von Curriculum und Lehrgang aus denkende Didaktik setzt die Reformschule auf die „Kindzentrierung" von Lehr-Lernsituation. Idel und Ulrich (2004, S. 368) nennen folgende acht Kennzeichen für das reformpädagogische Anliegen: „(1.) die Gestaltung der Schule als ‚Lebensraum', (2.) die Akzentuierung gemeinschaftlicher Bezüge, (3.) das Lernen (auch) in fächerübergreifenden Zusammenhängen, (4.) die Subjektstellung des Kindes bzw. Jugendlichen, (5.) das Lernen mit allen Sinnen, (6.) der Werkcharakter und die Fehlerfreundlichkeit des Lernens, (7.) die Individualisierung der Beurteilung von Lernleistungen, sowie (8.) die explizit personale Gestaltung der Lehrer-Schüler-Beziehung." Selbstverständlich ist jedes dieser acht Merkmale voraussetzungsvoll und erläuterungsbedürftig und außerdem setzt jede einzelne reformpädagogische Schule eigene Akzente, die je spezifische ‚Mischungsverhältnisse' der aufgeführten Merkmale implizieren.

Reformschulen eint – über alle Differenzen hinweg – die Kritik an der „Regelschule". Sie stellen sich als radikale Alternative zur bekannten Normalität der Schule dar und immer auch als ein Stück verwirklichte Utopie. Die Kritik der Normalität der Schule ist konstitutives und begründendes Element der Reformschule, zugleich stellt sie in ihrer realisierten Form selbst eine eigene Normalität dar. Auf diese Normalität und den Alltag der Reformschule richtet sich empirische Schulforschung – nicht (primär) auf die Ideen und Konzepte. Dies scheint jedoch ein erstes konstitutives Spannungsmoment zu sein, mit dem es jede Forschung zu Reformschulen zu tun bekommt: Der zu untersuchende (reform-) pädagogische Alltag ist immer auch als Kritik des Alltages an der Regelschule ‚gemeint'. Die Reformschule will *zeigen*, dass Unterricht und Lernprozesse anders *verwirklicht* werden können, als man es bisher von der Schule als Institution kennt. Attraktivität und Anziehungskraft der Reformschule speisen sich aus dem Versprechen, es „ganz anders" zu machen.

Zugleich, dies scheint jedenfalls eine Entwicklung der letzten Jahre zu sein, muss die Reformschule sich an der Regelschule *messen* lassen. Reformschulen standen und stehen unter einem eigenen Legitimationsdruck. Die notwendige Legitimation schien bis vor wenigen Jahren auf der Ebene des besseren Konzepts und der besseren Pädagogik zu beschaffen zu sein. Empirisches Wissen über die (bessere) Qualität der Arbeit der Reformschule spielte keine große Rolle. Im Zeitalter der flächendeckenden Schulevaluation, das in Deutschland mit der Veröffentlichung der PISA 2000-Studie angebrochen ist, ergibt sich auch für Reformschulen möglicherweise eine neue Situation.

Ich werde im Folgenden zunächst zwei interessante Beispiele aus den letzten Jahren für Projekte einer standardisierten Schulleistungsmessung unter dem Zeichen der Reformpädagogik diskutieren. Anhand der Betrachtung dieser beiden Unternehmungen zeigt sich einiges über die Bedeutung von empirischer Forschung als solcher für Reformschulen, anschließend lässt sich vor diesem Hintergrund über die spezifische Situation qualitativer Forschung an Reformschulen nachdenken.

1. Schulleistungsmessung an Reformschulen

Zunächst unterziehen sich fünf hessische integrierte Gesamtschulen, die alle mit etwas unterschiedlichem, aber ausgewiesen reformpädagogischem Profil arbeiten, gemeinsam einer Untersuchung mit den Instrumenten der TIMS-Studie (vgl.

Köller/Trautwein 2003), dann entschließt sich die Laborschule Bielefeld, das Max-Planck-Institut (MPI) für Bildungsforschung zu beauftragen, ihre Schülerinnen und Schüler mittels PISA und Civic Education-Instrumenten zu testen (Watermann u.a. 2005). Hier interessieren weniger die Ergebnisse dieser Studien als die Motive für ihre Durchführung und die Diskussion ihrer Bedeutung. Insbesondere an der Laborschule wird im Vorfeld intensiv und kontrovers diskutiert, ob man sich dieser Art von Schulleistungsmessung aussetzen soll (vgl. von der Groeben/Tillmann 2000).

Der Entschluss zu einer gesonderten und externen Schulleistungsmessung hat in beiden Fällen offenbar legitimatorische und auf den öffentlichen bildungspolitischen Diskurs bezogene Motive. Die fünf hessischen Gesamt- und Versuchsschulen, die zuvor an keiner Schulleistungsuntersuchung teilgenommen hatten, „wollten ... in Form einer empirischen Untersuchung Rechenschaft über die Erträge ihrer pädagogischen Programme ablegen" (Köller/Trautwein 2003, S. 12). Herausgefordert fühlten sich die Schulen durch das vergleichsweise schlechte Abschneiden bundesdeutscher Gesamtschulen bei TIMSS. „Sie wollten darum ihre fortlaufende Selbstevaluation um eine Komponente auswärtiger Expertise erweitern" (ebd., S. 13). Es ging darum, die „Leistung" der Reformschulen im nationalen (und internationalen) Vergleich zu bestimmen. Die Untersuchung der Forscher vom MPI kommt zu dem zusammengefassten Ergebnis, dass der „Leistungsstand" an den fünf Reformschulen insgesamt „relativ hoch" und jedenfalls signifikant über dem Durchschnitt der Gesamtschulen Deutschlands liegt. In den Erweiterungskursen der fünf hessischen Gesamtschulen wird in der Regel gymnasiales Niveau in den Fachleistungen erreicht. So lautet das Resümee in der etwas technokratischen Sprache der Schulleistungsforscher: „Diese Befundlage verdeutlicht, dass veränderte Unterrichtsformen ... keine Kosten für den Fachunterricht ... haben müssen. ... Offensichtlich können pädagogisch engagierte Schulen gleichzeitig kognitive und nicht-kognitive Ziele erfolgreich verfolgen" (ebd., S. 215 f.). In der abschließenden Diskussion wird als methodische Grenze eingeräumt, dass möglicherweise wichtige „Prädiktoren" der (Fach-) Leistung nicht erhoben worden sein könnten und dass zudem die „Identifizierung von Wirkungsmechanismen" mittels einer Querschnittuntersuchung (eigentlich) nicht geleistet werden könne (ebd., S. 218). Andererseits wird betont, dass externe Evaluationen „für Außenstehende hohe Glaubwürdigkeit" besitzen (ebd., S. 226). Auch wenn in der Publikation die Ergebnisse der Tests von den einzelnen Schulen jeweils aus ihrer Sicht kommentiert werden, ergibt sich insgesamt der Eindruck, dass weniger der Aspekt der Selbstreflexion der eigenen Arbeit im Vordergrund steht als der der Legitimation einer – innovativen und umstrittenen – pädagogischen Praxis nach außen.

Von der Groeben und Thurn (2004) berichten von der Diskussion um das Für und Wider von Schulleistungsmessungen an der Laborschule Bielefeld. Bedenken gegenüber einer PISA-Untersuchung an der Laborschule richten sich auf die (möglichen) Effekte standardisierter Tests: „Würde nicht das ‚Messbare', einmal veröffentlicht, ein so hohes Gewicht erhalten, dass dahinter das ‚Wichtige' von Schule verschwinden würde?" (von der Groeben/Thurn 2004, S. 152 f.) Die beiden Laborschul-Leiterinnen nennen auch das ausschlaggebende Argument dafür, dass die Schule das „Risiko" der externen Evaluation und des standardisierten Vergleichs auf sich nimmt: Man wollte sich nicht dem Vorwurf aussetzen „Angst vor vergleichenden Daten" zu haben. „Die Vorstellung, dass Schulen, die ‚anders' arbeiten als Regelschulen, den Vergleich zu fürchten hätten, gehört zu den fest verwurzelten unserer Gesellschaft ... Mussten wir nicht, um überzeugender für grundlegende systemische und inhaltliche Veränderung von Schule streiten zu können, uns selbst stellen, wissend um das hohe Risiko, das wir eingingen?" (ebd., S. 153) Die „Begegnung" der Laborschule mit der PISA-Forschung verlief letzten Endes erfolgreich für die Reformschule. Die Schülerinnen und Schüler der Laborschule erzielten in Bezug auf „soziale und gerechtigkeitsbezogene Orientierungen sowie bei egalitären Einstellungen" – also hinsichtlich zentraler Ansprüche einer Schule als *polis* (vgl. v.Hentig 1990) – „weit überdurchschnittliche Werte" (Watermann/Stanat 2005, S. 288). Die getesteten Leistungen der Laborschülerinnen und Laborschüler in den Bereichen Lesen und Naturwissenschaften fielen insgesamt durchschnittlich und der Regelschule vergleichbar aus, während sie in Mathematik dahinter zurück blieben – was an der Laborschule allerdings im Vorfeld schon erwartet worden war. Insgesamt ‚glimpfliche' Ergebnisse also, die in der medialen Öffentlichkeit als ein großer Erfolg der Laborschule gefeiert wurden. Die Funktion der Legitimation und öffentlichen Rechtfertigung der Laborschul-Pädagogik durch ‚wissenschaftlich gesicherte Ergebnisse' hat die PISA-Forschung an der Bielefelder Reformschule erfüllt. Hat sie der Schule auch in ihrer Selbstreflexion und Weiterentwicklung geholfen? Während viele Ergebnisse den Erwartungen und dem Selbstbild der Schule entsprochen haben, beschreiben von der Groeben und Thurn auch eine echte „Überraschung": das vergleichsweise schlechte Abschneiden der Jungen, die sogar in Mathematik hinter den Mädchen zurück bleiben. An der Schule, an der zunächst die Förderung der Mädchen und dann die „geschlechtsbewusste Pädagogik" einen hohen Stellenwert haben, löst dieses Ergebnis Nachdenken aus. Ursachen für die spezifischen (Leistungs-)Probleme der Jungen werden im Bereich der Peer-Kultur der Schüler vermutet, aber auch in der Schul- und Unterrichtskultur der Laborschule, die als insgesamt „weiblich geprägt" und eher „sprachlastig" charakterisiert wird (Biermann 2004, S. 280). Ein neues Forschungsprojekt der Laborschule will der zu vermutenden Komplexität und Vielschichtigkeit der Problematik mit qualitativen Methoden nachgehen: „Jungenportraits" sollen erstellt werden und die Sicht auf die Situation von Jungen an der Laborschule ausdifferenzieren (vgl. ebd.).

Die beiden Erfahrungen von Reformschulen mit quantitativer, standardisierter Schulleistungsforschung waren, den Berichten zufolge, immer wieder geprägt von der Differenz unterschiedlicher Kulturen: Auf der einen Seite die engagierten und mit ihrer Schule identifizierten Pädagoginnen und Pädagogen, auf der anderen Seite die nüchternen Bildungsforscher, die der Reformschule „mit der gebotenen professionellen Skepsis" (Watermann u.a. 2005, S. 16) gegenüber treten. Aus der Sicht der Reformschule beinhaltet die Unternehmung vor allem die Chance, wissenschaftliche Legitimation durch „harte Daten" zu bekommen, für die Bildungsforscher stellen sich die Reformschulen „gewissermaßen als Schulexperimente in ökologisch validen Settings" dar. „Hier können bestimmte Ziele von Schule neu justiert bzw. Stellgrößen der pädagogischen Praxis systematisch variiert werden" (ebd., S. 19). Die Forscher vom MPI räumen zwar ein, dass die „Ergebnisse der Untersuchung nicht als eine umfassende Evaluation der reformpädagogischen Schulpraxis verstanden werden" können (ebd., S. 21), doch insgesamt werden wenig Zweifel an der „Messbarkeit" des Erfolgs von Reformschulen deutlich.

2. Realisierungsformen und Perspektiven qualitativer Forschung zu Reformschulen

Wissenschaft und Forschung erfüllen unterschiedliche Funktionen für Reformschulen. Die Funktion der *Legitimation* erfüllt wirkungsvoll nur die standardisierte Forschung und insbesondere die Schulleistungsmessung – allerdings um den Preis, dass sich die Reformschule einem Maßstab unterwirft, der letztlich von außen an sie heran getragen wird.

Zumindest jene Varianten der Reformpädagogik, die sich nicht auf eine überlieferte und fest gefügte Dogmatik stützen (wie etwa die Waldorf-Pädagogik) sind aber programmatisch auf ihre eigene Weiterentwicklung, gewissermaßen auf die permanente Reform der Reform orientiert. Die Reformschule bedarf also der (Selbst-)Beobachtung und kritischen Reflexion, dies ist die andere, in deutlicher Spannung zur Legitimationsfunktion stehende, Aufgabe von Wissenschaft und Forschung im Kontext von Reformpädagogik. Wenn es um die Funktion der *(Selbst-)Kritik und Reflexion* geht, muss die Forschung deutlicher von den spezifischen Ansprüchen der Reformpädagogik ausgehen. Sie nimmt ihren Ausgangspunkt weniger von dem standardisierten und standardisierenden Vergleich mit der Regelschule, sondern von den Besonderheiten der Reformschule.

Der größte Teil der vorliegenden Forschung zu Reformschulen ist qualitativer Art (vgl. Idel/Ullrich 2004, Ullrich/Idel/Kunze 2004). Qualitative Forschungsansätze scheinen auch besser geeignet der Spezifik von Reformschulen gerecht zu werden. Qualitative Sozialforschung erscheint weniger aufwändig, sie lässt sich auch von einzelnen Forscherpersonen und an einzelnen Schulen realisieren. Qualitative Forschung geht ‚näher heran': Sie nimmt die Relevanzen der Teilnehmer und Teilnehmerinnen und den (Eigen-)Sinn des lokalen Kontextes zum Ausgangspunkt. Qualitative Forschung macht komplexe Sinnzusammenhänge und soziale Praxen zum Gegenstand der Untersuchung. Wer die Reformschul-Praxis zum Gegenstand empirischer Analyse machen will, wird sich also oft für qualitative Forschungszugänge entscheiden.

Die Bezugnahmen auf die „Subjektivität" der Beteiligten, auf die Kontextualität des Lernens und auf die Biographizität des pädagogischen Verhältnisses, die die Reformpädagogik kennzeichnen, korrespondieren mit entsprechenden Forschungsansätzen im Rahmen qualitativer Sozialforschung. Gerade diese Affinität von Reformpädagogik und qualitativer Forschung ist jedoch nicht ganz einfach zu handhaben: Sie geht oft mit ungeklärten Nähe-Distanz-Verhältnissen zur Reformschule einher. Dies gilt insbesondere für vorliegende Studien zu Schulentwürfen der klassischen Reformpädagogik. Idel und Ullrich (2004, S. 375) bilanzieren, dass „die weitaus meisten" dieser Studien „von einer starken (...) identifikatorisch-teilnehmenden Grundhaltung zum untersuchten reformpädagogischen Feld bestimmt" seien. Für Forschung zu den „Freien" und „Alternativ-Schulen" stelle sich das Bild etwas differenzierter, aber auch nicht unproblematisch dar (ebd., S. 383). Eine Reihe der vorliegenden Studien zu Reformschulen lässt sich dem Feld der „Handlungs-, Praxis-, und Evaluationsforschung" zuordnen (vgl. Prengel/Heinzel/Carle 2004), wobei die Schule selbst in die Konzipierung der Studie involviert ist und oft auch Lehrerinnen, die an der Schule arbeiten, die Forschung durchführen. Dem Stand der methodologischen und methodischen Entwicklung im Bereich qualitativer Schulforschung entspricht diese Forschung jedoch bisweilen nur unzureichend (vgl. auch Böhme 2004).

Drei verschiedene Modelle der Realisierung des Verhältnisses von Forschung und Reformschul-Praxis lassen sich unterscheiden. Eine erste Variante besteht in der Realisierung von Forschungsprojekten *innerhalb* der Reformschule. Prominentes Beispiel ist wiederum die Laborschule Bielefeld mit ihrem Lehrer-Forscher-Modell. Aber auch die „Glocksee-Schule" in Hannover hatte von Anfang an eine „Wissenschaftliche Begleitung" installiert. Eine zweite Form der Forschung an Reformschulen wird von (mehr oder weniger) von ‚außen' kommenden Forscherinnen und Forschern realisiert, die Fallstudien zu der jeweiligen Schule oder zu einzelnen Aspekten der Praxis dieser Schule durchführen. Eine ganze Reihe derartiger Fallstudien sind im Rahmen des Graduiertenkollegs „Reformschulen und Schulentwicklung" in Bielefeld und Kassel entstanden. Eine dritte Variante qualitativer Forschung zur Reformschul-Praxis sehe ich in der problemorientierten Untersuchung zentraler Aspekte von Reformpädagogik über mehrere (Reform-)Schulen hinweg. Diese dritte, sehr anspruchsvolle Form wird leider noch selten realisiert.

Ich möchte zunächst die erste Realisierungsform diskutieren: Forschung als *Bestandteil* der Reformschule. Das Modell stellt hier vor allem die Laborschule Bielefeld dar. Von ihrem Gründer Hartmut von Hentig ausdrücklich als Versuchsschule konzipiert, die unter anderem der (wissenschaftlichen) Beobachtung pädagogischer Praxis dient, ist die Laborschule an der Universität Bielefeld angesiedelt und in Form der „Wissenschaftlichen Einrichtung" in der Fakultät für Pädagogik verankert. Die Forschung zur Laborschul-Praxis sollte jedoch wesentlich von den Lehrerinnen und Lehrern der Laborschule selbst getragen werden. In dem Entwurf von Hentigs waren die Lehrerinnen und Lehrer in einer Doppelrolle zugleich als Forscherinnen und Forscher vorgesehen, die im Sinne der Handlungsforschung ihren eigenen Unterricht erforschen. Dieses Modell wurde nach tiefgreifenden Auseinandersetzungen modifiziert. Forschungskonzeptionen wurden ausdifferenziert und der sogenannte „Forschungs- und Entwicklungsplan" installiert, in dessen Rahmen auf entsprechende Anträge hin über die Verteilung von „Forschungsstunden" im Kollegium entschieden wird (vgl. dazu Döpp 1997). Ähnliche Entwicklungen lassen sich auch am Bielefelder Oberstufenkolleg beobachten (vgl. Huber 2004).

Ein Gutteil der Laborschul-Forschung bezieht sich auf Curriculumentwicklung, auf die Dokumentation, Evaluation und Publikation von Unterrichtskonzepten oder spezifisch methodisch-didaktischen Arrangements (vgl. Hollbrügge/Kraaz 1997). Daneben gibt es Forschung zu grundlegenden Fragen etwa einer „geschlechtsbewussten Pädagogik" (Biermann u.a. 1997, Biermann 2004) oder zu den „Lernberichten", die an die Stelle von Zensuren und Zeugnissen treten (Döpp u.a. 2002). Außerdem führt die Laborschule regelmäßig standardisierte Absolventenbefragungen durch, die den ganzen Jahrgang erfassen und die speziellere Auswertungen zur „biographischen Erfahrung" der Schule (Kleinespel 1990), zum „sozialen Lernen" (Wischer 2003) oder zur fachlichen Selbsteinschätzung der Laborschülerinnen und Laborschüler (Hollenbach/Weingart 2003) ermöglichen. Ein weiteres Mittel zur Darstellung der Laborschul-Pädagogik und ihrer Leistungen sind „Fallgeschichten". Indem einzelne Kinder mit ihren spezifischen Lebensgeschichten, (Lern-) Schwierigkeiten und Entwicklungen in den Fokus gerückt werden, kann in besonders augenfälliger Weise dem reformpädagogischen Anspruch vom (einzelnen) Kind aus zu denken auf der Ebene von „Forschung" entsprochen werden.

Insgesamt betrachtet stellt sich die Forschung an und in der Laborschule Bielefeld heute als in sich hoch differenziert und zum Teil durchaus eigenständig und methodisch versiert dar (vgl. auch Terhart/Tillmann 2007). Dennoch kann bezweifelt werden, ob es einer Forschung, die selbst so stark in die Reformschule und ihre Praxis involviert ist, gelingen kann, grundlegende Ambivalenzen reformpädagogischer Programmatik und Grenzen (reform-) pädagogischen Handelns in den Blick zu bekommen (vgl. Wischer 2004). Mit der Arbeit von Demmer-Dieckmann (2005) liegt allerdings ein interessantes Beispiel der Dokumentation eines Schulentwicklungsprozesses an der Laborschule und der kritischen Selbstbeobachtung vor. Die Autorin fordert, dass die Annahme, „dass es auch aus berufsbiographischen Gründen besonders schwierig ist, ein einmal selbst erarbeitetes Konzept mit hohem Reformanspruch zu verändern (...) der Ausgangspunkt für eine systematische Erforschung von Schulentwicklungsprozessen an Reformschulen“ sein sollte (Demmer-Dieckmann 2005, S. 251).

Auch die 1972 gegründete „Glocksee-Schule“ in Hannover hatte von Anfang an eine „Wissenschaftliche Begleitung“ an ihrer Seite. Diese zunächst von Oskar Negt und Thomas Ziehe und später von Albert Ilien geleitete Gruppe von Sozialwissenschaftlern hat allerdings weniger empirische Forschung an der Glocksee-Schule durchgeführt als die sich wandelnde Programmatik der Schule in theoretisch anspruchsvolle Konzepte gekleidet, die um den Begriff der „Selbstregulierung“ zentriert sind (vgl. Jürgensmeier 1985, 1986). Negt (2000, S. 10) schreibt etwas bedauernd im Rückblick: „Wir dachten damals daran eine Art pädagogische Aktionsforschung zu betreiben. Das ist uns nie richtig geglückt, warum es immer wieder misslang, kann ich schwer einschätzen.“ Die differenzierteste und ‚empirischste‘ Studie zur Glocksee-Schule stellt die Arbeit von Köhler und Krammling-Jöhrens (2000) dar, die neben einem Abriss der wechselvollen und konfliktreichen Geschichte der Schule aus einer ethnographischen Studie zum Schulalltag und einer Absolventenstudie besteht. Beide Autorinnen waren und sind Lehrerinnen an der Glocksee-Schule, und bei allem spürbaren Bemühen um die Gewinnung einer analytischen Distanz zur ‚eigenen‘ Schule ist die Arbeit insgesamt von der Identifikation mit einer Schule gekennzeichnet, die (nach wie vor) um Legitimation und Anerkennung ringt. An wenigen Stellen werden Brüche deutlich zwischen der Programmatik der Schule und ihrer Praxis: Etwa wenn berichtet wird, dass sich der Begriff des „Angebots“ im Sprachgebrauch der Schule hält, „obwohl längst Lernsituationen üblich sind, zu deren Kennzeichnung er nicht ohne weiteres passt“ (Köhler/Krammling-Jöhrens 2000, S. 133). – Die schultheoretisch bedeutsame Frage, welche (strukturellen) Merkmale von Schule und Unterricht sich auch und gerade an Alternativschulen finden, ist möglicherweise von Vertreterinnen und Beteiligten einer Schule, die alles ‚anders‘ machen will, kaum zu bearbeiten.

Auch die zweite Realisierungsform qualitativer Forschung zur Reformpädagogik findet an einzelnen Reformschulen statt und macht diese zum Untersuchungsgegenstand. In dieser zweiten Variante, der Fallstudie einer (mehr oder weniger) von außen kommenden Forscherin, ist die Forschung weniger eng mit der Konzeption der Schule selbst verknüpft. Sie ist nicht so sehr als „Begleitforschung“

konzipiert, denn als ein neugierig-fragender, auf „Fremdverstehen" zielender Blick auf die Reformschul-Praxis. Diese Idee kann auch dann greifen, wenn die Forscherin vorher selbst Lehrerin an der Schule war und dann sich bewusst in einer neuen Rolle als Ethnographin in der eigenen Schule definiert (vgl. Wiesemann 2000). Die Fallstudien, die überwiegend im Rahmen von Dissertationen erarbeitet wurden, fokussieren auf einen Aspekt, oft auf ein methodisch-didaktisches Element der reformpädagogischen Praxis: auf „selbstständiges Lernen" (Bräu 2002), auf „Schülerkooperation" (Naujok 2000), auf Kreisgespräche (Heinzel 2003), auf Wochen- und Tagespläne in der Schuleingangsphase (Huf 2006), auf Freiarbeit (Lähnemann 2008) oder auf den „Klassenrat" (Friedrichs 2004, de Boer 2006). Die genannten Studien sind methodisch etwas unterschiedlich angelegt, aber alle greifen auf teilnehmende Beobachtung zurück und verstehen sich als „ethnographisch". Die Ethnographie steht in diesen Studien für den Versuch einen neuen und „fremden" Blick auf die reformpädagogische Praxis zu entwickeln, die (zumindest den Beteiligten) längst selbstverständlich geworden ist. Dieser befremdende und distanzierte Blick kann allerdings dazu führen, dass etablierte reformpädagogische Überzeugungen und Arrangements in Frage gestellt werden und auch „Schattenseiten" beleuchtet werden (vgl. v.a. Maas 2003). Die ethnographischen Fallstudien ermöglichen wichtige neue Einblicke in die Reformschul-Praxis, aber sie erscheinen insgesamt betrachtet als wenig aufeinander bezogen – obwohl sie größtenteils dem gemeinsamen Entstehungskontext des Bielefeld-Kasseler Graduiertenkollegs entstammen – und (noch) nicht als systematisches Wissen über die Praxis der Reformpädagogik.

Die Frage erhebt sich allerdings, ob sich tatsächlich (allgemeine) Merkmale der Reformpädagogik empirisch untersuchen ließen. Zu vielfältig und divers erscheint die Landschaft der Reform- und Alternativschulen (vgl. Ullrich/Idel/Kunze 2004), zu komplex und einzigartig die Geschichte und Kultur einer jeden einzelnen Reformschule. Eine an der Untersuchung der empirischen Gestalt der „Reformpädagogik" interessierte Forschung müsste durch die einzelschulspezifischen Bedingungen und konkreten Ausformungen hindurch grundlegende reformpädagogische Merkmale und Bestimmungen in das Zentrum der Untersuchung rücken. Dies kann einerseits geschehen, indem die vorliegenden Einzelfallstudien neu gelesen und auf übergreifende Einsichten hinsichtlich reformpädagogischer Potentiale und Problematiken befragt werden – dazu soll der vorliegende Band beitragen. Zweitens wäre eine neue Variante empirischer Forschung zur Reformschul-Praxis zu entwickeln, die sich den Kontext der einzelnen Schule übergreifend auf Grundfragen und -probleme der Reformpädagogik richtet und von hier aus konzipiert ist. Ein Beispiel für eine solche dritte Form die Reformschul-Praxis zu erforschen liegt meines Erachtens in dem DFG-Projekt zu „Lehrer-Schüler-Beziehungen an Waldorfschulen" vor, das in Mainz und Halle durchgeführt wurde. Dieses Projekt fragt vor dem Hintergrund des „Schulkultur"-Konzeptes (Helsper 2000) nach den Spezifika des „pädagogischen Arbeitsbündnisses" an Waldorfschulen durch die Kontrastierung mehrerer und möglichst unterschiedlicher Waldorfschulen (vgl. Ullrich 2004, Helsper/Ullrich/Stelmaszyk u.a. 2008, Höblich/Graßhoff in diesem Band). Damit zielt dieses Forschungsvorhaben mittels einer komplexen und vergleichenden Untersuchungsanlage auf einen Kernbereich der reformpädagogischen Tradition.

Empirische Forschung zur Reformpädagogik muss in diesem Sinne zentrale Elemente und Bestimmungsstücke des reformpädagogischen Projektes heraus greifen und auf ihre Realisierung und Bewährung im Schulalltag hin untersuchen. Wenn sich die „Kindorientierung" der Schule, die personale Gestaltung der Lehrer-Schüler-Beziehung, die Individualisierung der Leistungsrückmeldungen und die ganzheitliche und entdeckende Organisation von Lernprozessen als Kennzeichen einer „anderen" Pädagogik bestimmen lassen (vgl. oben), dann sind diese Bereiche auch in Forschung und Theoriebildung zu fokussieren. Die konkrete Praxis von Reformschulen ist in den genannten Bereichen zu erkunden. Praktische Umsetzungen reformpädagogischer Orientierungen sind auf ihre Routinisierung, Eigenlogik und Implikationen hin zu beobachten und zu analysieren. Dabei ist insbesondere auf mögliche nicht-intendierte und unerwünschte Effekte der Reformschul-Praxis zu achten (vgl. auch Rabenstein 2007, Breidenstein 2008).

Eine wichtige Perspektive liegt darin, den grundlegenden „Mythos vom Kinde" aufzugreifen und empirisch zu wenden. Um die Perspektive von Kindern und Jugendlichen im reformpädagogischen Feld zu rekonstruieren ist an Entwicklungen im Bereich der Kindheitsforschung anzuschließen (vgl. Breidenstein/Prengel 2005). Diese betonen zwar einerseits die Eigenständigkeit und Gegenwärtigkeit der Welt von Kindern – und greifen darin Motive der Reformpädagogik auf – andererseits bemühen sie sich dezidiert um die methodologische und theoretische Reflexion des Problems einer Erforschung der Perspektive von Kindern und diskutieren die Gefahr einer „Mythologisierung" des Kindes durchaus kritisch (vgl. Honig/Lange/Leu 1999, Kelle 2005). Das Motiv der „Kindorientierung" impliziert eine grundlegende Erziehungskritik, die jedoch in der reformpädagogischen Praxis, die auf eine letztlich umfassende Pädagogisierung der Schule zielt, in einen grundlegenden „Selbstwiderspruch" der Reformpädagogik führt. Der reformpädagogische Selbstwiderspruch, der in der „Gleichzeitigkeit von fundamentaler Erziehungskritik und faktisch umfassender Pädagogisierung" liegt (Ullrich 1990, S. 912), dürfte kaum aufzulösen sein – seine konkrete Gestalt und die Form seines Operierens in der Praxis und im Alltag der Reformschule hingegen wären zunächst einmal empirisch zu erschließen.

Andererseits verspricht die Untersuchung der Reformschul-Praxis in besonderer Weise Aufschluss über Bedingungen und Möglichkeiten von Schule schlechthin. An einer Schule, die vieles ‚anders' machen will als die Regelschule, lässt sich beobachten, wo und wie die „Entschulung der Schule" an Grenzen stößt. Diese Grenzen verweisen vermutlich auf grundlegende Bestimmungen der Organisation von Schule und Unterricht und dürften auch schultheoretisch von besonderer Relevanz sein. Der Frage nach grundlegenden Bedingungen und Anforderungen der „Teilnahme am Unterricht" (Breidenstein 2006) wäre gerade in Reformschul-Kontexten nach zu gehen.

3. Qualitative Forschung im Feld der Reformpädagogik – methodologische Anmerkungen

Qualitative Forschung hat es immer mit der Ausgestaltung des Verhältnisses von Nähe und Distanz zum Untersuchungsgegenstand zu tun. Während der Feldzugang, die Erhebungssituation und die Erschließung der interessierenden sozialen Praxis von Nähe, Empathie und (zunehmender) Vertrautheit gekennzeichnet sind, geht es in der Datenanalyse, Interpretation oder Reflexion der Aufzeichnungen und Beobachtungen darum, die analytische Distanz und Neutralität (wieder) herzustellen. In der strategischen und reflektierten Variation der Distanz zum Untersuchungsgegenstand kann die große Herausforderung und ‚Kunst' qualitativer Forschung gesehen werden (vgl. Amann/Hirschauer 1997). Jede ‚verstehende' oder rekonstruktive Forschung erfordert zunächst die Herstellung von Nähe, die die Beobachtung und den Nachvollzug des interessierenden Geschehens ermöglicht. Es geht darum, die Teilnehmerperspektive, „the native's point of view", zu erkunden. Insbesondere die (Wieder-)Errichtung des für die analytische Reflexion notwendigen Abstandes zum untersuchten Feld bereitet bisweilen Schwierigkeiten. Wer sich in intensiven Feldaufenthalten (oder auch offenen, zugewandten Interviews) ‚eingelassen' hat auf die zu beforschende Kultur (oder Person), tut sich manchmal schwer, sich davon wieder zu ‚lösen'. In der Ethnographie wird diese Entwicklung einer Feldforschung als ‚going native' problematisiert. Der Errichtung und Aufrechterhaltung der für die Analyse notwendigen Distanz dienen letztlich alle verschiedenen Verfahren der Datenauswertung und -interpretation, die in der qualitativen Sozialforschung angewendet werden.

Die beschriebene allgemeine Problemstellung qualitativer Forschung spitzt sich vermutlich im Feld der Forschung zu Reformschulen in besonderer Weise zu. Denn das immer prekäre Verhältnis von Nähe und Distanz zum Feld, das die qualitative Sozialforschung kennzeichnet, erfährt in dem konkreten Forschungsfeld eine je spezifische Ausprägung. Forschung in Reformschulen dürfte durch eine größere Tendenz zu Nähe, Identifikation und ‚going native' gekennzeichnet sein als etwa Forschung in der Hooligan-Szene oder im Rotlichtmilieu. Die Grundhaltung dürfte die der Sympathie und des Wohlwollens sein. Die Forscher sind in der Regel im doppelten Sinne *interessiert* an der Reformschul-Praxis: sowohl im Sinne von Neugier als auch im Sinne eines Engagements für die Sache der Reformpädagogik.

Ich will auf drei Spezifika der Reformschul-Praxis hinweisen, mit denen die Forschung in diesem Feld rechnen muss und die besondere Herausforderungen für die Forschungs-Praxis bilden.

1. Die Reformschul-Praxis fordert zu Bewertungen heraus und sie polarisiert: Man ist entweder Anhänger oder Skeptiker. Der Impetus der ‚Reform', der Anspruch der Innovation und der Gestus der radikalen Kritik der Regelschule fordern die Positionierung des Beobachters heraus: Lässt man sich überzeugen oder nicht von einer Praxis, die sich selbst als ‚Projekt' und als realisierte Alternative begreift? In der Beobachtung und Reflexion der Reformschul-Praxis geht es um Details, um spezifische Situationen, um konkrete Effekte und Tücken der Umsetzung einzelner Konzepte – dabei steht aber immer auch das Ganze des reformpädagogischen Ansatzes mit zur Disposition. Insofern die Reformschule sich selbst als Gesamtprojekt begreift, das viele Einzelpläne und Konzepte zu einer ganzheitlichen Idee von der „anderen" Schule verknüpft, wirken sich Probleme im Detail (potentiell) auch auf das Projekt als Ganzes aus. Die Forschung muss damit rechnen, in die komplexe Dynamik von Identifizierung und Kritik an der Reformschule verwickelt zu werden – zugleich sollte sie diese Dynamik zum Gegenstand der Untersuchung machen.
2. Eine weitere Herausforderung der Forschung an Reformschulen besteht darin, dass man es hier mit einem Feld zu tun hat, das über elaborierte und in der Regel theoretisch fundierte Selbstbeschreibungen verfügt. Das grundlegende Erfordernis für die qualitative Sozialforschung zugleich an das Teilnehmerwissen anzuknüpfen und eine Differenz zu diesem zu etablieren, scheint sich im Feld der Reformpädagogik in besonderer Weise zuzuspitzen: Es dürfte kaum eine Praxis geben, die in ähnlicher Weise von Theorien, Selbstthematisierungen und Reflexion durchzogen ist. Die Beschreibung der Reformschule liegt bereits vor: in den Schriften der Gründungsfiguren, in den Konzepten, die das pädagogische Profil spezifizieren, in den Anträgen an die Schulaufsicht, in Broschüren, oft auch in Dokumentationen des Alltags der Schule, in Berichten über diesen Alltag von Lehrerinnen und Lehrern, in Fotographien oder in Videofilmen. Die Reformschule ist in besonderer Weise darauf angewiesen, Darstellungen ihrer Arbeit zu produzieren. Diese Darstellungen sind zwar von dem Zweck der Begründung und Legitimierung der Reformschul-Praxis und der Werbung für die Ideen gekennzeichnet, das heißt jedoch

nicht, dass sie sich nicht auch durch einen hohen Grad an Reflexivität, an Theoriehaltigkeit einerseits und Alltagsnähe andererseits, auszeichnen können. – Dies ist eine komplizierte Ausgangslage für die Forschung, denn sie muss sich darin bewähren, etwas *Neues* über die Reformschule zu sagen. Die Forschung erübrigt sich, wenn es ihr nicht gelingt, eine *Differenz* zur Teilnehmerperspektive und zum Teilnehmerwissen zu eröffnen.

3. Schließlich muss die Forschung im Feld der Reformpädagogik mit der Rolle von „Wissenschaft“ in diesem Feld rechnen. Die (bessere) pädagogische Praxis ist in der Moderne immer *auch* wissenschaftlich zu begründen und zu legitimieren. Zentrale Elemente der Begründung reformpädagogischer Praxis sind als „wissenschaftliches Wissen“ ausgewiesen. (Auch etwa die Anthroposophie Rudolf Steiners, die die Begründung der Waldorf-Pädagogik liefert, versteht sich selbst als Wissenschaft.) Die Reformschule ist in besonderer Weise angewiesen auf Wissenschaft und in besonderer Weise ‚empfindlich‘ gegenüber Wissenschaft oder Forschung (anders als etwa der Sportverein oder die Techno-Szene). – Die Forschung in der Reformschule muss damit rechnen, dass ihre Ergebnisse mit besonderem Interesse erwartet werden: Legitimation erhoffend und Delegitimation argwöhnend. Diese Konstellation stellt sich für die qualitative Forschung wohl als besonders prekär dar. Denn für die Legitimation der reformpädagogischen Praxis durch die öffentliche und wissenschaftliche Beglaubigung der Qualität ihrer Arbeit ist die qualitative Forschung in der Regel wenig geeignet. Dafür ist das Bündnis mit der standardisierten Schulleistungsmessung und Schulvergleichsforschung (s.o.) sehr viel günstiger, denn diese ist in ganz anderer Weise mit jener Autorität ausgestattet, die für wissenschaftliche Beglaubigungen gebraucht wird. Die qualitative Forschung scheint stärker das Risiko der Delegitimation zu implizieren, als sie die Möglichkeit der Legitimation enthalten würde.

Die qualitative Sozialforschung stellt die methodischen und heuristischen Mittel zu einer empirischen Erkundung der reformpädagogischen Praxis und ihrer grundlegenden Bestimmungen bereit. Die Forschung muss sich dabei der Kritik und Bewertung weitgehend enthalten – zugunsten einer (interessierten) Beschreibung. Sie muss sich um jenen ‚fremden‘ und unvoreingenommenen Blick bemühen, der erst Neues und Unerwartetes zu entdecken erlaubt. Dies fällt aus den genannten Gründen zwar schwer in dem diskursiv und normativ hoch aufgeladenen Feld der Reformpädagogik, erscheint aber unabdingbar, will sich die Forschung nicht (von vornherein) in die diskursiven Kämpfe um die Reformpädagogik verstricken lassen und damit sich selbst ihres heuristischen Potentials berauben. Qualitative Schulforschung und Reformschulen können viel voneinander profitieren – aus dem Verhältnis einer bewusst gehandhabten und gestalteten Distanz heraus.

Literatur

Amann, Klaus/ Hirschauer, Stefan (1997): Die Befremdung der eigenen Kultur. Ein Programm. In: Hirschauer, Stefan/ Amann, Klaus (Hrsg.): Die Befremdung der eigenen Kultur, Frankfurt a.M., S. 7-52

Biermann, Christine (2004): Geschlechterbewusste Pädagogik an der Laborschule in den Zeiten vor und nach PISA. In: Popp, Ulrike/ Reh, Sabine (Hrsg.): Schule forschend entwickeln. Schul- und Unterrichtsentwicklung zwischen Systemzwang und Reformansprüchen, S. 167-180

Biermann, Christine/ Lintzen, Brigitte/ Schütte, Marlene (1997): Kritische Koedukation trägt Früchte. In: Thurn, Susanne/ Tillmann, Klaus-Jürgen (Hrsg.): Unsere Schule ist ein Haus des Lernens. Das Beispiel Laborschule Bielefeld, Reinbek, S. 165-183

Böhme, Jeanette (2004): Qualitative Schulforschung auf Konsolidierungskurs. In: Helsper, Werner/ Böhme, Jeanette (Hrsg.): Handbuch der Schulforschung, Wiesbaden, S. 127-158

De Boer, Heike (2006): Klassenrat als interaktive Praxis. Auseinandersetzung – Kooperation – Imagepflege, Wiesbaden

Bräu, Karin (2002): Selbstständiges Lernen in der gymnasialen Oberstufe, Hohengehren

Breidenstein, Georg (2006): Teilnahme am Unterricht. Ethnographische Studien zum Schülerjob, Wiesbaden

Breidenstein, Georg (2008): Offenen Unterricht beobachten. Konzeptionelle Überlegungen. In: Zeitschrift für Grundschulforschung. Bildung im Elementar- und Primarbereich, 1. Jg., H. 1, S. 110-121

Breidenstein, Georg/ Prengel, Annedore (Hrsg.) (2005): Schulforschung und Kindheitsforschung – ein Gegensatz? Wiesbaden

Demmer-Dieckmann (2005): Wie reformiert sich eine Reformschule? Eine Studie zur Schulentwicklung an der Laborschule Bielefeld, Bad Heilbrunn

Döpp, Wiltrud (1997): Das Lehrer-Forscher-Modell an der Laborschule Bielefeld. In: Friebertshäuser, Barbara/ Prengel, Annedore (Hrsg.): Handbuch Qualitative Methoden in der Erziehungswissenschaft, Opladen, S. 628-639

Döpp, Wiltrud/ von der Groeben, Annemarie/ Thurn, Susanne (2002): Lernberichte statt Zensuren. Erfahrungen von Schülern, Lehrern und Eltern, Bad Heilbrunn

Friedrichs, Birte (2004): Kinder lösen Konflikte. Klassenrat als pädagogisches Ritual, Baltmannsweiler

Friedrichs, Birte (2004): Den „Schattenseiten" auf der Spur – Schwierigkeiten und Paradoxien einer pädagogisch sinnvollen Institution am Beispiel Klassenrat. In: Ullrich, Heiner/ Idel, Till-Sebastian/ Kunze, Katharina (Hrsg.) (2004): Das Andere Erforschen, Empirische Studien zu Reform- und Alternativschulen, Wiesbaden, S. 223-235

von der Groeben, Annemarie/ Tillmann, Klaus-Jürgen (2000): Pro und Kontra Leistungsvergleichsstudien. In: Pädagogik 52, H. 12, S. 6-9

von der Groeben, Annemarie/ Thurn, Susanne (2004): Von PISA lernen heißt genauer hinsehen lernen. In: Popp, Ulrike/ Reh, Sabine (Hrsg.): Schule forschend entwickeln. Schul- und Unterrichtsentwicklung zwischen Systemzwang und Reformansprüchen, S. 151-166

Heinzel, Friederike (2003): Zwischen Kindheit und Schule – Kreisgespräche als Zwischenraum. ZBBS 1/2003, S. 105-122

Helsper, Werner (2000): Wandel der Schulkultur. In: Zeitschrift für Erziehungswissenschaft 3, H. 1, S. 35-60

Helsper, Werner/ Ullrich, Heiner/ Stelmaszyk, Bernhard/ Höblich, Davina/ Jung, Dana (2008): Autorität und Schule. Die empirische Rekonstruktion der Klassenlehrer-Schüler-Beziehung an Waldorfschulen, Wiesbaden

von Hentig, Hartmut (1990): Die Bielefelder Laborschule. Aufgaben, Prinzipien, Einrichtungen. Impuls Bd 7 (Veröffentlichungen der Bielefelder Laborschule), Bielefeld

Hollbrügge, Birgit/ Kraaz, Ulrike (1997): Lehrerinnen forschen – ein Blick in die Curriculum-Werkstatt. In: Thurn, Susanne/ Tillmann, Klaus-Jürgen (Hrsg.): Unsere Schule ist ein Haus des Lernens. Das Beispiel Laborschule Bielefeld, Reinbek, S. 263-278

Hollenbach, Nicole/ Weingart, Gail (Hrsg.) (2003): „Als Laborschüler hat man Vor- und Nachteile..." Beiträge zur Evaluation der Laborschulpädagogik aus Sicht der Absolvent(inn)en. Impuls Bd. 39 (Veröffentlichungen der Bielefelder Laborschule), Bielefeld

Honig, Michael-Sebastian/ Lange, Andreas/ Leu, Hans-Rudolf (1999): Eigenart und Fremdheit. Kindheitsforschung und das Problem der Differenz von Kindern und Erwachsenen. In: Dies., (Hrsg.): Aus der Perspektive von Kindern? Zur Methodologie der Kindheitsforschung, Weinheim/München, S. 9-32

Huber, Ludwig (2004): Lehrerforschung an einer Versuchsschule oder: Die Mühen der Ebene am Teutoburger Wald. In: Neue Sammlung, 44. Jg., Heft 1, S. 39-63

Huf, Christina (2006): Didaktische Arrangements aus der Perspektive von SchulanfängerInnen. Eine ethnographische Feldstudie über Alltagspraktiken, Deutungsmuster und Handlungsperspektiven von SchülerInnen der Eingangsstufe der Bielefelder Laborstudie, Bad Heilbrunn

Lähnemann, Christiane (2008): Freiarbeit aus SchülerInnen-Perspektive, erscheint im Verlag für Sozialwissenschaften (VS), Wiesbaden

Idel, Till-Sebastian (2007): Waldorfschule und Schülerbiographie. Fallrekonstruktionen zur lebensgeschichtlichen Relevanz anthroposophischer Schulkultur, Wiesbaden

Idel, Till-Sebastian/ Ullrich, Heiner (2004): Reform- und Alternativschulen. In: Helsper, Werner/ Böhme, Jeanette (Hrsg.): Handbuch der Schulforschung, Wiesbaden, S. 367-390

Jürgensmeier, Hans-Günter (1985): Alternative Bildung. Zur Begründung der Bildungstheorie der Glockseeschule, Hannover

Jürgensmeier, Hans-Günter (Hrsg.) (1986): Alternative Bildung? Rückfragen an die alternative Pädagogik, Hannover

Kelle, Helga (2005): Kinder in der Schule. Zum Zusammenhang von Schulpädagogik und Kindheitsforschung. In: Breidenstein, Georg/ Prengel, Annedore (Hrsg.): Schulforschung und Kindheitsforschung – ein Gegensatz? Wiesbaden, S. 139-160

Kleinespel, Karin (1990): Schule als biographische Erfahrung. Die Laborschule im Spiegel ihrer Absolventen, Weinheim

Köhler, Ulrike/ Krammling-Jöhrens, Doris (2000): Die Glocksee-Schule. Geschichte – Praxis – Erfahrungen, Bad Heilbrunn

Köller, Olaf/ Trautwein, Ulrich (Hrsg.) (2003): Schulqualität und Schülerleistung. Evaluationsstudie über innovative Schulentwicklung an fünf hessischen Gesamtschulen, Weinheim/München

Maas, Michael (2003): Alternativschule und Jugendkultur, Weinheim

Naujok, Natascha (2000): Schülerkooperation im Rahmen von Wochenplanunterricht, Weinheim

Negt, Oskar (2000), Vorwort in Köhler, Ulrike/ Krammling-Jöhrens, Doris (2000): Die Glocksee-Schule. Geschichte – Praxis – Erfahrungen, Bad Heilbrunn, S. 9-14

Prengel, Annedore/ Heinzel, Friederike/ Carle, Ursula (2004): Methoden der Handlungs-, Praxis- und Evaluationsforschung. In: Helsper, Werner/ Böhme, Jeanette (Hrsg.): Handbuch der Schulforschung, Wiesbaden, S. 183-204

Rabenstein, Kerstin (2007): Das Leitbild des selbständigen Schülers. Machtpraktiken und Subjektivierungsweisen in der pädagogischen Reformsemantik. In: Rabenstein, Kerstin/ Reh, Sabine (Hrsg.): Kooperatives und selbständiges Arbeiten von Schülern. Zur Qualitätsentwicklung von Unterricht, Wiesbaden, S. 39-60

Terhart, Ewald/ Tillmann, Klaus-Jürgen (Hrsg.) (2007): Schulentwicklung und Lehrerforschung. Das Lehrer-Forscher-Modell auf dem Prüfstand, Bad Heilbrunn

Tenorth, Heinz-Elmar (1994): „Reformpädagogik". Erneuter Versuch, ein erstaunliches Phänomen zu verstehen. In: Zeitschrift für Pädagogik 40, H. 3, S. 585-604

Ullrich, Heiner (1990): Die Reformpädagogik. Modernisierung oder Weg aus der Moderne? In: Z.f.Päd. 36, Nr. 6, S. 893-918

Ullrich, Heiner (2004): Forschung über Waldorfschulen – auf neuen Wegen. In: Ullrich, Heiner/ Idel, Till-Sebastian/ Kunze, Katharina (2004): Das Andere Erforschen. Empirische Studien zu Reform- und Alternativschulen, Wiesbaden, S. 21-34

Ullrich, Heiner/ Idel, Till-Sebastian/ Kunze, Katharina (2004): Das Andere Erforschen, Einleitung in den Band, Wiesbaden, S. 7-20

Watermann, Rainer/ Thurn, Susanne/ Tillmann, Klaus-Jürgen/ Stanat, Petra (Hrsg.) (2005): Die Laborschule im Spiegel ihrer PISA-Ergebnisse, Weinheim/München

Watermann, Rainer/ Stanat, Petra (2005): Schulentwicklung und multiple Zielerreichung in der Laborschule: Zusammenfassung und Diskussion der Ergebnisse. In: Watermann, Rainer/ Thurn, Susanne/ Tillmann, Klaus-Jürgen/ Stanat, Petra (Hrsg.): Die Laborschule im Spiegel ihrer PISA-Ergebnisse, Weinheim/München, S. 285-297

Wiesemann, Jutta (2000): Lernen als Alltagspraxis. Lernformen von Kindern an einer Freien Schule, Bad Heilbrunn

Wiesemann, Jutta (2004): Lernforschung an der Freien Schule Untertaunus. In: Ullrich, Heiner/ Idel, Till-Sebastian/ Kunze, Katharina (Hrsg.) (2004): Das Andere Erforschen, Empirische Studien zu Reform- und Alternativschulen, Wiesbaden, S. 147-157

Wischer, Beate (2003): Soziales Lernen an einer Reformschule, Weinheim

Wischer, Beate (2004): Schulische Sozialisation an Reformschulen. Zur Ambivalenz pädagogischer Programmatik. In: Popp, Ulrike/ Reh, Sabine (Hrsg.): Schule forschend entwickeln. Schul- und Unterrichtsentwicklung zwischen Systemzwang und Reformansprüchen, S. 27-38

Werner Helsper und Merle Hummrich

Arbeitsbündnis, Schulkultur und Milieu – Reflexionen zu Grundlagen schulischer Bildungsprozesse

Der folgende Beitrag richtet sich nicht im engen Sinne auf Reform- und Alternativschulen. Allerdings sind die folgenden Rekonstruktionen und Überlegungen – die für ein exklusives Gymnasium erfolgen – für Reform- und Alternativschulkontexte insofern von besonderer Relevanz, weil dort strukturell ähnlich gelagerte Konstellationen vorliegen: Eine profilbezogene und einzelschulbezogene Anwahl durch die Eltern, schulbezogene Familienmilieus und spezifische Passungen von Schulkultur und familiären Milieus. Wenn auch material anders ausgeformt, sind die folgenden Rekonstruktionen strukturell insbesondere auch für Reformschulkontexte bedeutsam. Dabei geht es um einen empirisch fundierten Beitrag zur Ausdifferenzierung einer Theorie pädagogischer Arbeitsbündnisse in schulisch-unterrichtlichen Zusammenhängen. Die Argumentation vollzieht sich über die folgenden Schritte:

1. Es wird ein krisenhafter Unterrichtsbeginn rekonstruiert und darin ein spezifisches Zusammenspiel zwischen Lehrer und Schüler als Krisenlösung herausgearbeitet.
2. Dieses Muster der Krisenlösung wird als spezifische Variante eines dyadischen Arbeitsbündnisses gefasst: „das exklusive Lehrer-Schüler-Paar", das in seiner Bedeutung für die Krisenlösung im Unterricht analysiert wird.
3. Es wird gefragt, unter welchen Bedingungen das „exklusive Lehrer-Schüler-Paar" zusammenspielen kann. Hier werden drei Linien verfolgt: Erstens die einer Reuniversalisierung des Partikularen durch Rückführung der exklusiven Dyade in das Klassengeschehen; zweitens die Spezifik eines ausgelesenen Peermilieus und familiärer Milieus und drittens die Linie einer spezifischen Individuationsdynamik in der Adoleszenz.
4. Abschließend werden Überlegungen zu einer empirisch begründeten theoretischen Reformulierung des Konzeptes des pädagogischen Arbeitsbündnisses vorgenommen.

1. Ein krisenhafter Stundenbeginn – Die Verwendung des Schülers als „stellvertretender Krisenlöser" im Unterricht

Betrachten wir den folgenden Unterrichtsbeginn in einer Geschichtsstunde:

> (Gong) (stimmengewirr, ca 15 sek.)
> so meine herrschaften, wir . . (2) ((springen)) weiter von vortrag zu vortrag aber es lässt sich im moment nich ändern, weil (2 unverst.) ihr nicht da seid in der nächsten woche und uns die *zeit*, mehr oder weniger, davonrennt . sooo, äähm, ich möchte aber nochma auf die letzte frage die ich gestellt habe, am *mon*tag eingehen . es ging um den ((vortrag)) über die *grünen*, ich hatte euch die frage gestellt inwie*weit* ääh ein politiker, ein grünenpolitiker wie äh joschka fischer auch glaubwürdig . ob so was für euch ein vo- eine vorbildwirkung sein kann in der rolle die er jetzt *hat*, der aufgabe der er sich jetzt gestellt hat, nämlich als außenminister deutschlands tätich zu sein und somit ((die grünen)) ja er*heb*liche regierungsverantwortung, indem sie den vizekanzlerposten bekommen haben, übernommen haben . vielleicht ((nochma kurz)) *da*zu

Die Frage nach der „Glaubwürdigkeit" von Joschka Fischer als Grünenpolitiker geht weit über die Abfrage von Wissen oder Kenntnissen hinaus, denn es ist ein moralisches Urteil gefragt. Es geht um die Bewertung der moralischen Integrität eines Politikers und darüber hinaus um dessen Vorbildfunktion angesichts seiner aktuellen Rolle. Damit soll nicht nur die Politik Joschka Fischers auf seine ursprünglichen Ziele bezogen werden, sondern die Schüler sollen sich selbst in Beziehung zu den persönlichen Idealen Fischers setzen. Sie sind also zu einer umfassenden Selbstthematisierung aufgefordert. Dies geschieht allerdings in der Figur einer hochgradig inkonsistenten Frage (*„ob so was für euch (...) eine vorbildwirkung sein kann"*), was sich an zwei Stellen erweist: erstens daran, dass es im Anschluss an die Person Fischer um „so was" geht. Hiermit ist keine Bezugnahme auf eine Person angedeutet, sondern es geht um ein Ereignis, einen Sachverhalt, eine Haltung oder Handlung. Die Schüler müssen sich fragen, ob eine Tat abgefragt wird oder eine Bezugnahme auf eine Person. Damit ergibt sich das Problem, dass eine anfänglich offene Frage implizit verengt und auf einen spezifischen Zusammenhang bezogen wird, der aber nicht expliziert wird: Die Schüler müssten nun „erraten", was mit dieser Einengung gemeint sein könnte. Zweitens, impliziert die Fortführung der Frage: „ob so was eine vorbildwirkung sein kann" eine erneute Unstimmigkeit, denn hinsichtlich eines Ereignisses, einer Handlung oder Haltung müsste es heißen: „haben kann". Für die Person aber wäre stimmig zu formulieren, ob er ein Vorbild „sein kann". Damit wird in der Fortsetzung beides wiederum als Fragebezug eröffnet: Die „weite und offene" Frage und die „enge, auf Spezifisches" bezogene Frage schieben sich weiterhin ineinander. Die Lehrerin „verrätselt" oder „verunklart" durch diese inkonsistenten Formulierungen also das, was die Schüler antworten sollen. Hier liegt eine spezifische Variante des Kommunikationsmusters „Rätselraten" in der Schule vor, wie sie von Ehlich und Rehbein in ihren Studien zur schulischen Kommunikation herausgearbeitet wurde (vgl. Ehlich/Rehbein 1986). Im Unterschied zum „Problemlösen", das im Unterricht häufig in das Muster „Aufgabe-Stellen/Aufgabe-Lösen" mit asymmetrischer Struktur und Positionsaufteilung überführt wird, ist das Rätselraten durch Mystifizierungen, durch eine „Verbindung von Ver- und Enthüllungsmomenten über einen Wissensausschnitt" durch einen Rätselgeber gekennzeichnet (ebd. S. 32). Der Ratende tritt dann in die Position eines Suchenden ein, und macht sich als „Nicht-Wissender auf den Weg, zum Wissenden zu werden, indem er die Lösung sucht" (ebd. S. 35). Im Unterschied aber zu einem Rätsel, das ein Spiel ist und Freude beim Enträtseln bringt, handelt es sich hier um „Verrätselung als Störung oder Hemmnis" (Extremfall: In einer bedrohlichen Situation gibt jemand Hinweise in Rätselform). Die Lehrerin wird damit selbst zur „Störung" des Unterrichtsgeschehens, indem sie den Ablauf des Musters „Frage stellen und Problem aufwerfen/Antwort geben und Problemlösung versuchen" verrätselt und behindert.

Die Verrätselung durch die Doppelbödigkeit der Frage wird gesteigert durch die diffuse Strukturlogik der persönlichen Stellungnahme in Form einer politischen Offenbarung mit Bekenntnischarakter einerseits (Bist du für die Grünen/Joschka Fischer? Bist du selbst ein Grüner?), der Aufforderung zu Selbstverortung in der Spannung von Autonomie und Abhängigkeit, wie sie in der Frage nach der Bezugnahme auf das „Vorbild" angelegt ist, andererseits. Die Zuschneidung der Frage spielt nämlich direkt auf Eigenständigkeit, Originalität und Individualität an, eine Thematik, die gerade in den Ablösungs- und Individuierungsprozessen der Adoleszenz – wir haben es hier mit 15- bis 16jährigen (10. Klasse) zu tun – von besonderer Brisanz ist. Zugleich wird ein direkter Bezug zur eigenen Person hergestellt; es geht also darum, jemandem einen zentralen Stellenwert für das eigene Selbst zu geben. Pointiert: Das ist jemand, dem ich nacheifere, dem ich mich nachbilde (Mimesis), dem ich mich angleichen möchte.

Doch die Schwierigkeit der hier gestellten Aufgabe ist an dieser Stelle keineswegs erschöpft. Mit der Einbettung der Aufforderung in den Verweis des Springens von Vortrag zu Vortrag und der Anforderung, sich in der Positionierung „ganz kurz" zu fassen, gewinnt die Stundeneröffnung durch die Lehrerin etwas Paradoxes: Der nächste Vortrag steht an und dieser schon unter dem Vorzeichen knapper Zeit. Die Anknüpfung an die vorherige Stunde („nochma") erfolgt in einer Form, die die Schüler stärker mitbeteiligen möchte, aber unter Bedingungen, die dies gerade erschwert. Pointiert: Anstelle eines pseudohaften Einbezugs der Schüler in die Stundeneröffnung, die ihnen Beteiligung in einem verspricht und versagt, wäre die pointierte, knappe Zusammenfassung der wichtigsten Aspekte des Vortrags aus der letzten Stunde durch die Lehrerin unter dieser Rahmung wohl die stimmigere Variante gewesen. Diese „Als-ob"-Aktivierung der Schüler ist ein weiteres Moment der Stundeneröffnung, das

Schüler gerade zu einer abwartenden, tendenziell verweigernden Haltung motivieren könnte.

Dass sich – angesichts dieser inkonsistenten, unklaren, zugleich äußerst anspruchsvollen, tendenziell diffus-entgrenzten, aber ohne entsprechendes Zeitbudget gestellten Frage und Aufforderung – die Übernahme der Aufgabenbearbeitung durch die Schüler schwierig gestalten könnte, liegt auf der Hand. Besonders störend kann dies dadurch werden, dass damit gerade der Unterrichtsauftakt belastet wird und damit bereits der Anfang durch eine krisenhafte Konstellation, ein Stocken, Schweigen oder gar Verweigern blockiert oder zumindest behindert sein könnte. Betrachten wird den Anschluss:

L: vielleicht ((nochma kurz)) dazu . . . . . (5) schweigen im walde . . . . (4) marcus, lös ma das eis

Tatsächlich gestaltet sich die Übernahme der Aufgabenbearbeitung schwierig: Nach fünf Sekunden gibt es keinen Schüler, der sich bereit findet. Und auch nach der Lehrerintervention findet sich erst einmal längere Zeit keine Antwortbereitschaft. Die Lehrerin muss warten. Es handelt sich dabei nicht nur um ein kurzes Stocken, sondern um eine erhebliche Wartezeit, die als Krise des Unterrichtsgeschehens, als nicht beginnender Anfang zu betrachten ist. Lässt sich hier bereits von einer Störung, einem Mangel oder gar von der Vakanz eines pädagogischen Arbeitsbündnisses in dieser Krise des Unterrichtsanfangs sprechen? Gedankenexperimentell können verschiedene Möglichkeiten für die Krise des Anfangens entworfen werden, die zugleich unterschiedlich weit reichende Krisenkonstellationen des Arbeitsbündnisses darstellen:

1. Am unproblematischsten wäre der Fall, dass den Schülern die Aufgabenstellung unklar ist, so dass das „Arbeitsinterim" (Krummheuer 1992) kurzfristig gestört würde, aber durch eine Klärung der Lehrerin bzw. Rückfragen der Schüler wiederherzustellen wäre.
2. Handelt es sich um eine zu schwierige oder zu leichte Frage, müsste man von einem Passungsproblem von Frage bzw. Aufgabenstellung und Reaktionsmöglichkeiten der Schüler ausgehen (vgl. Kalthoff 1997, Lüders 2003). Ist die Frage „zu schwer", stoßen auch die Besten an ihre Grenze; ist sie „zu leicht", bedeutet es selbst für schwächere Schüler, dass sie sich gerade durch den Vorgang ihrer banalen Beantwortung „blamieren" können.
3. Schweigen die Schüler aufgrund der Diffundierung in der Frage, so liegt womöglich eine Entgrenzung im Sinne Wernets (2003) vor. Sie vermeiden in diesem Fall Exponierung, um einer Beschämung oder Verletzung zu entgehen.

4. Alle weiteren Ausdrucksgestalten, in deren Kontext das Schweigen zu interpretieren wäre, haben einen grundsätzlicheren Charakter. Die Variantionsbreite reicht von einem Motivations- und Interessenmangel, bei denen den Schülern die Relevanz und Bedeutsamkeit der Inhalte oder das domänenspezifische Weltbild (Baumert 2003) nicht aufgeschlossen ist, über grundsätzliche Anerkennungsprobleme auf der (emotionalen, kognitiven und sozialen) Beziehungsebene, bei denen das grundlegende Interaktionsmuster zwischen Lehrern und Schülern zum Krisengenerator wird, bis hin zu einer generellen Krise des Schulbezugs der Schüler – etwa wenn eine milieuspezifische Schulferne vorherrscht (vgl. Grundmann u.a. 2004) und Klassen durch eine „doppelte Benachteiligung" (nämlich die soziale und kulturelle Ressourcenarmut der Schüler) gekennzeichnet sind. (vgl. Schümer 2004, Solga/Wagner 2004 a, b, Baumert u.a. 2006).

Aus der vorhergehenden Interpretation ergeben sich Hinweise, dass es sich um die erste in Kombination mit der dritten Variante handeln könnte: Eine verunklart-verrätselte, in sich inkonsistente Aufforderung, die zudem von den Schülern prekäre, diffus-persönliche und tendenziell entgrenzte Positionierungen einfordert – also eine Krise des Unterrichtsbeginns, die wesentlich durch die Lehrerin mit induziert ist. Das schließt nicht aus, dass es sich dabei auch noch um grundsätzlichere Probleme handeln könnte.

Interessant sind nun die Kommentare der Lehrerin auf die ausbleibende Übernahme der Aufgabenbearbeitung durch die Schüler: nach 5 Sekunden: „*schweigen im walde*" und nach weiteren vier Sekunden: „*marcus, lös ma das eis*". Ohne detaillierte Rekonstruktion ist pointiert festzuhalten:

1. Der erhebliche Anteil, den die Lehrerin selbst an der Entstehung dieses Schülerschweigens hat, ist entthematisiert. Die Lehrerin hätte auch nachfragen können: Ist das nicht klar geworden, was ich möchte? Könnt ihr euch nicht mehr so richtig erinnern, etc.?
2. Demgegenüber wird mit „*schweigen im walde*" das interaktiv erzeugte Stocken reifiziert und als Naturzustand gedeutet. Jedes soziale Schweigen ist aber motiviert, sinnhaft und begründet. „Schweigen im Walde" ist damit eine Kennzeichnung der Unterrichtskrise, die diese – implizit mit dem Differenzpaar „Natur - Kultur" hantierend – naturalisiert und die Schüler latent mit dem Ausschluss aus der Kulturgemeinschaft konfrontiert.
3. Nach über zehn Sekunden Wartezeit jemanden aufzurufen, ist eine naheliegende und verbreitete Form der Übergabe der Aufgabenbearbeitung durch Lehrer, insbesondere dort, wo – wie in diesem Fall – keine direkte Bereitschaft durch Melden angezeigt wird. Im „Aufrufen" und „Drannehmen" dokumentiert sich zugleich die prinzipielle Asymmetrie der schulischen Kom-

munikation, nämlich das einseitige Recht des Lehrers, jemanden aus der Klasse auch ohne dessen Zustimmung oder Einwilligung zur Übernahme der Aufgabenbearbeitung auffordern zu können. Die hier erfolgende Übergabe geht aber über diese einfache Form weit hinaus. Denn Marcus wird damit nicht nur befohlen, der Anforderung nachzukommen, sondern er erhält einen zweiten Auftrag: *„lös ma das eis“*. Mit dieser inkonsistenten Formulierung (anstelle von „brich mal das Eis“), wird auf der sprachlichen Ebene eine Diffundierung deutlich, als In-eins der „Lösung“ einer Aufgabe, eines Problems oder einer Krise (das Schweigen). Darin liegt eine „Entgrenzung“, weil weit weniger dramatisierende Deutungen der Störung als situativem Unverständnis etc. möglich gewesen wären. Mit dieser Deutung wird das Schweigen von Seiten der Lehrerin nicht als eine unproblematische Stockung des Unterrichtsgeschehens gedeutet, sondern als grundlegende soziale „Störung“, die sich einer Naturmetapher bedient und auf eine eisige soziale Atmosphäre anspielt. Marcus wird angesichts der hier durchscheinenden Dramatik als stellvertretender Krisenlöser auf den Plan gerufen – eine interessante Verkehrung der Oevermannschen Konzeption des professionellen Pädagogen als eines „stellvertretenden Krisenlösers“ (Oevermann 1996, 2002): Denn von der entscheidend an der Krisengenerierung beteiligten Lehrerin, die das Schweigen „reifiziert“ und sich selbst darin entthematisiert, wird nun ein Schüler stellvertretend ins „Rennen“ geworfen, um die Krise des Unterrichts und des Lehrerhandelns stellvertretend für die Lehrerin zu lösen.

Wie positioniert sich Marcus angesichts des doppelten Auftrags, einen inhaltlichen Beitrag zu leisten und gegenüber der Lehrerin Loyalität zu zeigen, kurz: angesichts der instrumentellen Verwendung seiner Person durch die Lehrerin? Wehrt er den Auftrag der Lehrerin ab und wird damit ihr Widersacher und ein Krisenverschärfer? Kommt er dem Doppelauftrag nach und droht damit in den Augen der Peers zum Lehrerkollaborateur, zur Marionette der Lehrerin zu werden? Oder findet er eine Kompromisslösung – etwa indem er sich inhaltlich auf die Aufgabe bezieht, aber die persönlichen Aspekte außen vor lässt?

L: marcus, lös ma das eis , ((weil))
S1: mhmh(räuspernd) also

Marcus signalisiert sehr schnell – die Lehrerin ist mit ihrer Aufforderung noch nicht zu Ende – Zustimmung und damit eine grundlegende Bereitschaft zu antworten. Auch wenn im „Räuspern“ an die zweite, nun ausformulierte Aufgabenstellung das „Eis zu lösen“ eine kleine Irritation zu vermuten ist, schließt Marcus doch ohne weiterreichendes Stocken an diese Aufforderung mit *„also“* an, auch wenn hier noch offen bleiben muss, ob „also“ nicht auch der Auftakt für eine

Überraschung sein könnte, etwa: „also damit hab ich ja jetzt nicht gerechnet, aber was zu Fischer kann ich sagen...“. Eine prinzipielle Zurückweisung scheint eher unwahrscheinlich, da Marcus sich ja sehr schnell zustimmend auf die Aufforderung durch die Lehrerin bezogen hat. Sollte Marcus sich ohne Kommentierung des zweiten Auftrages an die Beantwortung der Frage machen, so erfüllt er damit implizit beide Aufgabenstellungen, indem er der Lehrerin aus „der Patsche hilft“ und sich damit als „Eislöser“ verwenden lässt.

Was Marcus inhaltlich antwortet, soll zumindest noch kurz in den Blick genommen werden:

> S: ich persönlich bin ja der meinung dass, äh joschka fischer wahrscheinlich ((2 unverst.)) durchgängig über die jahre, ei-ja sagen wir mal auf kosten der, realpolitik und auf kosten auch seines eigenen erfolges ääh ((führungskraft)) hat, das würd ich so sehn, aber, das macht ihn in meinen augen nicht unbedingt *so* unglaubwürdig, das ist ein ((regierungs)) politiker ‚der' (gedehnt), äh in etwa abwägen kann inwieweit äh, ja inwieweit, äh äh ja seine diplomatischen . aufgaben mmmh äh . eine besondere bedeutung haben und inwieweit er sich ((2 unverst.)) gegenüber äußern kann, ich bin der meinung er ist ein be*son*derer mensch und äh . na ja für unglaubwürdich halt ich ihn nich

Marcus geht tatsächlich einen Kompromissweg, indem er einerseits ein offenes politisches Bekenntnis umgeht und auch die eigene Positionierung zu der prekären Frage nach der Vorbildwirkung allenfalls indirekt anspricht: Er konzentriert sich auf die Frage nach der „Glaubwürdigkeit“, gibt hier aber ein durchaus „persönliches“ („*ich persönlich bin ja der meinung...*“) Urteil ab, in dem er sich positiv auf Joschka Fischer bezieht, ihn als abwägenden und „*besonderen menschen*“ kennzeichnet und ihn – negativ positioniert – nicht „*für unglaubwürdich*“ hält. Mit der Charakterisierung als „*besonderer mensch*“ spricht er auch seine Achtung und Wertschätzung des politischen Menschen Fischer an, eine Thematisierung, in der auch unterschwellig eine Verbindung zur Vorbildfrage mitschwingt. Er hebt hervor, dass er „in etwa“ abwägen kann, welche besondere Bedeutung seine diplomatischen Aufgaben zukommt und wie er sich zu äußern hat. Er bezieht sich damit positiv auf den „Realpolitiker“ Fischer, und beurteilt damit implizit den Weg des „Widerständlers“ und „Rebellen“ zum klug abwägenden Realpolitiker Fischer insgesamt positiv. Marcus wählt – zwischen den Polen einer provozierenden Verweigerung und Thematisierung des von der Lehrerin Ausgeschlossenen und einer absolut loyalen Erfüllung des Doppelauftrages – einen Weg, der eher dem Pol der Loyalität nahe steht. Zugleich geschieht das aber in Form eines Kompromisses gegenüber der tendenziell entgrenzenden Aufgabenstellung der Lehrerin, die er für sich spezifisch begrenzt.

2. Das „exklusive Lehrer-Schüler-Paar" – Potenziale und Risiken einer spezifischen Variante des dyadischen Arbeitsbündnisses

Wer ist nun Marcus, dass er sich scheinbar unproblematisch auf diese doppelte Aufforderung der Lehrerin bezieht und sie – zwar nicht in der Maximalvariante-aber doch loyal und krisenlösend – erfüllt und sich als verlässlicher Arbeitsbündnispartner zeigt? Wie zu erwarten, hat die Lehrerin in dieser Krisensituation einen Schüler angesprochen, von dem sie eine umfassende Unterstützung erwarten kann: Marcus ist Klassenbester, umfassend bildungsorientiert und sehr schulbezogen, jemand, der sich häufig als verlässlicher Schüler für Lehrer erweist. Er ist damit tatsächlich in schwierigen Situationen und angesichts hoher inhaltlicher Ansprüche ein idealer Unterrichtsverbündeter der Lehrer.

Hier zeigt sich eine Konstellation, auf die wir in verschiedenen Unterrichtsrekonstruktionen in Gymnasien, Gesamtschulen, Sekundarschulen bis hin zu Waldorfschulen gestoßen sind: Das „*exklusive Lehrer-Schüler-Paar*" oder „die exklusive Lehrer-Schüler-Dyade", die in Krisensituationen und angesichts besonderer inhaltlicher Herausforderungen das Unterrichtsgeschehen „in Gang" hält. Sie kann als spezifisches Muster eines dyadischen Arbeitsbündnisses verstanden werden, das zwischen einem Lehrer und einem Schüler besteht und durch seinen exklusiven, herausgehobenen Status gekennzeichnet ist: In der Regel sind es Schüler, die Leistungsstärke mit positivem Schul- und Fachbezug verbinden und neben einer im Kern loyalen Lehrerhaltung im idealtypischen Fall auch noch eine starke Passung und habituelle Homologie zum jeweiligen Lehrer aufweisen. Darin liegt aber auch zugleich die Ambivalenz dieses dyadischen Arbeitsbündnisses in Bezug auf die Klasse und für die Ebene des Arbeitsbündnisses zwischen Lehrer und Klasse. Denn die Exklusivität tendiert auch zur Exklusion, wenn etwa der Status als „Lieblingsschüler" und loyaler Ko-Lehrer zu deutlich in Erscheinung tritt und damit die Stigmatisierung durch die Peergemeinschaft als „Streber" erfolgt. Unter diesen Bedingungen wäre auch der Schüler für den Lehrer nicht mehr „verwendbar", denn das Arbeitsbündnis des Lehrers mit der Klasse wäre gefährdet. Darin ruht eine gewisse Tragik des „exklusiven Lehrer-Schüler-Paares": Denn der großen Potenzialität, den Fortgang des Unterrichts auch in schwierigen Situationen gewährleisten zu können, wohnt ein ebenso großes Gefährdungspotenzial für das Arbeitsbündnis mit der Klasse inne.

3. Die Bedeutung von Schulkultur und Milieu für schulische Arbeitsbündnisse

Das führt zur Frage unter welchen Bedingungen diese „exklusive Lehrer-Schüler-Dyade" trotz der Gefahrenpotenziale, die sie gerade beim „zu guten

Funktionieren" birgt, aufrecht zu erhalten ist: Wir möchten dies unter drei Perspektiven entfalten und uns damit der Bedeutung der Schulkultur, von Familie und Milieu für das pädagogische Arbeitsbündnis insgesamt nähern:

1. der Perspektive der Begrenzung in der Entgrenzung, d.h. einer Reuniversalisierung des Partikularen durch Rückführung der exklusiven Dyade in das Klassengeschehen, und des zwingenden Zusammenhangs der exklusiven Dyade mit dem Arbeitsbündnis der gesamten Klasse;
2. der Perspektive der spezifischen Zusammensetzung der Schülerschaft als Ergebnis von schulischen Selektionsprozessen und damit der Bedeutung der Verbindung zwischen Milieus, Schulkultur und Peerkultur für das Arbeitsbündnis zwischen Lehrer und Klasse;
3. schließlich der Perspektive der spezifischen Familiendynamiken im Horizont von Milieus in den Individuationsprozessen der Adoleszenz in ihrer Bedeutung für die schulischen Arbeitsbündnisse.

3.1 Die Reuniversalisierung des Partikularen

In den „exklusiven dyadischen Paaren", die wir rekonstruiert haben, lässt sich zeigen, dass sie nur tragfähig sind, wenn der exklusive Status auch eine Begrenzung erfährt. Denn diesen exklusiven Dyaden wohnen Momente der Diffundierung und der Partikularität, der Besonderung und auch Bevorzugung und damit der Verletzung von Gleichbehandlungspostulaten gegenüber der Klasse inne. Dies scheint im Übrigen für alle konturierten dyadischen Arbeitsbündnisse zwischen Lehrern und Schülern zu gelten. Diese sind, so die These, durch Diffusität und Partikulares gekennzeichnet, Momente, die dyadische Arbeitsbündnisse zu einer Gefährdung für das Arbeitsbündnis des Lehrers mit der Klasse werden lassen, so dass es diese zu begrenzen gilt. Dabei stellt nicht die Partikularität der dyadischen Bündnisse an sich das Krisenpotenzial dar, sondern deren mangelnde Reuniversalisierung. Was heißt nun Reuniversalisierung?

Wir möchten dies am Beispiel von Kassandra und ihrem Waldorfklassenlehrer Herrn Krüger in einer spezifischen Variante verdeutlichen (vgl. Höblich 2006). Kassandra und ihr Klassenlehrer unterhalten seit dem ersten Schultag eine „exklusive" Beziehung. Kassandra ist für ihren Lehrer, der auch Kunstlehrer ist, eine Starbesetzung in allen ästhetischen Belangen, auch im Achtklassspiel, der herausgehobenen Situation am Ende der Klassenlehrerzeit. Und Kassandra nimmt diese Starposition expressiv und exzentrisch – auch gegenüber ihren Mitschülern – in Anspruch, was ihr durchaus Probleme auf der Peerebene einbringt. In der hier dargestellten Doppelstunde zum Thema „Eiweiß" wird nun deutlich, wie die exklusive Dyade wirkt und durch Reuniversalisierung an die Klassengemeinschaft zurückgebunden wird.

L: ihr müsst ihr müsst viel (gedehnt) stiller sein viel mehr die möglichkeit den andern auch geben zuzuhörn . also für den gregor wiederhol ich's noch mal . . da wo das eiweiß vorkommt , im fleisch also in der muskulatur , in dem fell in den federn im haarkleid und im horn oder fingernägel hufe die sachen gehörn da dazu . wenn ich das alles zusammen nehme welcher bereich ist das von dem wesen . . . .
K: körper (leise, stützt stirn in die linke hand, schaut auf das pult und schreibt)
L: habt ihrs dahinten verstanden (stemmt die linke hand in die hüfte schaut zu K.)
Sn: nein (gedehnt)
L: also die hörn nich (linke hand in die Hüfte gestemmt, schaut K. an)
K: (schaut auf zu L.) ja (leise, gedehnt) körper (lauter, betont, senkt Kopf wieder, schreibt weiter)
L: klar
Sn: ja natürlich
L: der körper ...

Ähnlich wie Marcus hilft Kassandra Herrn Krüger aus „der Patsche“: Es ist so unruhig, dass Herr Krüger das Vorhergegangene wiederholen und die Frage erneut stellen muss. Daran anschließend ergibt sich – ähnlich wie bei Marcus – ein Stocken. Kassandra gibt nun unaufgefordert die richtige Antwort, die zwar Herr Krüger, nicht aber die Klasse hören kann. Damit ist die Hilfestellung zwiespältig: Denn die Antwort, mit der Kassandra ihre Aufmerksamkeit und Bereitschaft zeigt, ist eine Art „exklusives Privatgespräch“ mit Herrn Krüger, aber nicht „klassentauglich“. Kassandra wird nun von ihrem Klassenlehrer – der die Antwort ja auch laut hätte wiederholen können – Stück für Stück in das Regelwerk der Klasse eingerückt: Nach der Rückversicherung in der Klasse, ob die Antwort verstanden werden konnte, wird Kassandra damit konfrontiert, ihre Antwort so zu formulieren, dass sie als „Klassenantwort“ taugt, was schließlich erfolgt und über die erneute Rückversicherung in der Klasse abgeschlossen wird. Kassandra hat zwar eine Sonderposition, aber sie hat sich – insbesondere im Unterrichtsgeschehen – an die Regeln zu halten. An ihr wird immer wieder exemplarisch die Einfügung in das Unterrichtsregelwerk „exerziert“ und damit ihre Besonderung „reuniversalisiert“[1]. Durch die Einordnung in das Regelwerk wird auch den Peers gegenüber verdeutlicht, dass sie trotz ihres Sonderstatus keine Sonderkonditionen hat, sondern sich wie alle – universalistisch – an die Regeln

1 Nicht die Peers erzwingen also eine Reuniversalisierung, sondern der Lehrer ist aufgrund seiner Verpflichtung gegenüber dem gesamten Klassenverband gezwungen, das Verhältnis spezifischer und universalistischer Bezugnahmen im Gleichgewicht zu halten. Ansprüche an Gleichbehandlung und gleiche Anerkennung aller Schüler führen also dazu, dass der Lehrer die dyadischen Arbeitsbündnisse, in denen spezifische Bezugnahmen auf Einzelne stattfinden, an das Arbeitsbündnis mit der gesamten Klasse zurückbindet.

halten muss. Und zugleich verhilft Kassandra diese Reuniversalisierung im „exklusiven Paar" dabei, ihre Position im Gefüge der Klasse akzeptabel zu halten.

Um zum eigentlichen Fall zurückzukehren – auch bei Marcus stoßen wir, wenn auch nicht so deutlich, auf eine derartige Begrenzung. Allerdings eine Begrenzung die nun nicht – wie im Fall von Kassandra – durch den Lehrer erfolgt, sondern durch Marcus selbst vollzogen wird. Er begrenzt die zu stark entgrenzenden Aspekte der Aufgabenstellung des Lehrers, die ja in Richtung einer persönlichen Stellungnahme und eines politischen Bekenntnisses tendiert. Die Begrenzung muss also nicht vom Lehrer ausgehen, sondern sie kann auch durch den Schüler erfolgen. Damit kann der Schüler seine exklusive Stellung im Rahmen der Peers moderater gestalten und in der Erfüllung der Krisenlöserfunktion für den Lehrer auch Distanz zu ihm halten (vgl. auch den Fall Jonas in Jung 2006). Eine Etikettierung als Lehrermarionette durch die Peers wird dann unwahrscheinlicher. Bei Marcus kommt nun aber, neben dieser Begrenzung, ein weiteres Moment hinzu, welches das Zusammenspiel des „exklusiven Paares" in eher unproblematischen Formen ermöglicht.

3.2 Die spezifische Rekrutierung der Schulpeers und des Peermilieus

In welchen Peerkonstellationen kann das exklusive Paar nun ohne größere Probleme agieren? Hinweise ergeben sich aus Forschungen zum Verhältnis von Schule und Jugend: Wenn positive Haltungen zu Schule, Lehrern und schulischer Leistung mit der Anerkennung durch die Klassenpeers vereinbar ist, dann entsteht ein Peermilieu, in dem besonders schulhomologe Jugendliche weniger mit der Gefahr rechnen müssen, negativ klassifiziert zu werden. Denn dann ist das Peermilieu selbst durch Schulkonvergenz gekennzeichnet.

Ganz in diesem Sinne sind die Peers innerhalb der Schule von Marcus – es handelt sich um eine über dreihundert Jahre alte gymnasiale Bildungsanstalt mit angeschlossenem Internat und einem exklusiven Ruf innerhalb der Stadt – in einer spezifischen Weise ausgelesen. Dies kann unter Rückgriff auf Erhebungen im Rahmen des DFG-Projektes „Erfolg und Versagen in der Schulkarriere" nachvollzogen werden, in dem unter anderem der Wechsel von der Grundschule zu diesem Gymnasium untersucht wurde (vgl. Helsper/Kramer 2006, Brademann/Helsper/Kramer/Ziems 2006). Ohne dass die Auswertung dieses ersten Interviewzeitpunktes abgeschlossen ist, lassen sich als zentrale Ergebnisse zum Peermilieu in diesem „exklusiv-elitären Segment der höheren Bildung" festhalten, dass bei keinem der Kinder der Übergang zum Gymnasium in Frage stand. Vielmehr ging es um die Auswahl des Gymnasiums nach Profil, Ruf und stadtinternem Ranking. Die Kinder, die sich an besagter Schule bewarben, gehörten in ihren Herkunftsklassen zu den besten Schülern und besaßen eine über das Schulische hinausgehende Bildungs- und Leistungsorientierung. Um zu dem Gymnasium zu gelangen, mussten sich alle ca. 200 Bewerberinnen und Bewerber einem Leistungstest unterziehen. Unter ihnen wurden 75 Kinder ausgewählt, die auch über ihren Rangplatz informiert wurden, so dass sie sich mit den anderen aufgenommenen Schülern vergleichen konnten. Darüber hinaus konnten drei zentrale Rekrutierungswege von Schülern an dieser Schule herausgearbeitet werden: Ein Teil der Schüler kam aus Familiendynastien, in denen die familiäre Bildungsorientierung sehr hoch ist (Bildungsvererbungen). Des Weiteren erfolgte durch die Wahl der Schule eine Art ‚Selbstselektion' zur Vermeidung negativer Peerklassifikationen auf Grund ihrer Leistungs- und Schulorientierung (Vermeidung des Streberetiketts). Schließlich gibt es den Sonderweg einer musikalischen Aufnahmeprüfung am angeschlossenen Musikzweig, mit dem besonders hochkulturund auch aufstiegsorientierte Schüler gewonnen werden, die die Schule als Kulturträger in der städtischen Öffentlichkeit (re)präsentieren können.

Vor dem Hintergrund der Rekrutierung an diese Schule lässt sich – wie anhand der Begründungen zur Wahl dieser Schule nachvollziehbar ist – verdeutlichen, dass Marcus im „exklusiven Lehrer-Schüler-Paar" in einem schulischen Peerrahmen agiert, der ihn in dieser exklusiven Position weniger anfällig für „Streberetikettierungen" werden lässt (obwohl in der sechsten und siebten Klasse durchaus Gefahren in diese Richtung bestanden). In derart ausgelesenen Peermilieus der traditionsreichen Familien, Klassenbesten, Leistungsstärksten und -motiviertesten sowie Hochkulturorientierten muss niemand damit rechnen, in den Augen der Mitschüler zum „Streber" zu werden, wenn er diese Haltungen zeigt (vgl. Breidenstein 2006). Das Handeln in derart „exklusiven dyadischen Arbeitsbündnissen" ist dadurch weit weniger störanfällig. Der Punkt ist eher, dass Lehrer in derartig ausgelesenen, schul-, leistungs- und bildungsorientierten Peers selbst zunehmend einer „Exzellenz-Probe" unterworfen werden: Genügen sie den Bildungsansprüchen, die die Schüler und die Schule stellt?

Bleibt schließlich die Frage, was es Marcus ermöglicht, sich in dieser Weise scheinbar unproblematisch positiv auf die stellvertretende Krisenlösung zu beziehen. Denn die Situation würde ja auch gute Möglichkeiten bieten, sich kritisch zu äußern oder gar zu verweigern, also Distanz zu zeigen und Individuationsgewinne über Verweigerung einzufahren. Marcus nutzt dies nicht, lässt die Kritik- und Widerstandsmöglichkeiten verstreichen und bezieht sich – zwar mit Begrenzungen, aber im Kern konform – auf die Anforderungen des Lehrers. Werfen wir in diesem Zusammenhang einen Blick auf die Individuation im familiären Rahmen.

3.3 Die Fallspezifische Individuierungsdynamik in der Adoleszenz (im Horizont des familialen Milieus)

Die folgenden Passagen – die nicht ausinterpretiert werden können – stammen aus einem Interview mit Marcus und seiner Mutter. In der ersten Passage erinnert sich die Mutter an ihre Erziehung in den 50er Jahren zurück – zentriert um Anforderungen des Benehmens und der Kleidung, und konfrontiert diese mit ihrer Erziehungshaltung gegenüber ihren Kindern:

Mu: ich bin noch groß geworden unter vielen sachen (...) was ich am meisten geliebt habe man tut das nich (...) und das ham meine kinder eigentlich- diese grenzen hatten die nich so (...) ich hasse das wenn man sacht das tut man nicht aber das is etwas-
Ma: warum eigentlich manche sachen tut man doch wirklich nich
Mu: ja mhm dann fragt man immer warum
Ma: mhm weil man damit 'zum beispiel' (überlegend) seine mitmenschen verärgern könnte
Mu: ja aber nicht wenn man bestimmte garderobenvorschriften nicht einhält=ich gehörte noch zu der gruppe die mit äh sonntags andere klamotten und meistens auch lackschuhe tragen mussten
Ma: ach wie würd ich das gern mal tun . .aber andererseits nein, nein ja

Diese Szene mutet wie eine „verkehrte" Generationskonstellation an: Die Mutter stellt die Regeln und Grenzen in Frage, und fordert – ganz im Sinne einer kritischen Pädagogik – die prinzipielle Begründungsbedürftigkeit jedweder Regel ein („*fragt man immer warum*"). Der kritische Part, eine Art „rebellisch-reflexiver Jugendhabitus" – zumindest als Haltung – ist in der Beziehung von Mutter und Sohn nun mütterlicherseits besetzt. Marcus übernimmt hier – in ironisch, provokanter und sehr geschickter Form – den Part des *reflexiven Konventionellen*: Gegenüber dem impliziten Appell der Mutter: „Sei unkonventionell" oder: „Lasse nie zu, dass man Dir ohne Begründung eine Anweisung gibt!" – nimmt er diesen Appellen gegenüber genau diese Haltung ein: „warum eigentlich...?" Diese reflexive Haltung wendet er nun aber gerade auf die von Seiten der Mutter geforderte Haltung des Unkonventionellen an, und erweist sich damit als kritisch-reflexiv, aber gerade in der Infragestellung eines unkonventionellen, widerständigen Habitusentwurfs. Marcus ist durch diese Einforderung einer rebellischen Jugendhaltung im Sinne von: Werde so kritisch und rebellisch, wie ich Dich haben will! – also: Werde so, wie ich Dich haben will! – in eine paradoxe Individuationskonstellation eingerückt: Wenn er kritisch und rebellisch, hinterfragend und reflexiv wird, dann befolgt er gerade den mütterlichen Weg, folgt Anforderungen und Anweisungen, die er doch – „dann fragt man immer warum" – gerade hinterfragen soll. Andererseits gibt es keine Alternative, wenn er sich individuieren will, als formal eine reflexive, dezentrierte Haltung zu beziehen. Sein Ausweg ist nun die Position des „reflexiven Konventionalisten": Er vertritt reflexiv, mitunter spielerisch, ironisch und provokant, manchmal aber auch in einer verteidigend-rettenden Abgrenzung gegenüber den mütterlichen Anforderungen, eine Art konventionelle Früherwachsenheit in Stil, Ansichten und Habitus und irritiert damit seine Mutter, indem er unter Einnahme einer reflexiven Haltung so ganz anders wird als in ihrem Entwurf.

Man kann dies als Widerhall der Ambivalenzen reflexiver Modernisierungsprozesse – nicht nur in neuen institutionellen, gouvernementalistischen Ansprüchen (vgl. Pongratz 2004) – sondern auch in pädagogischen Generationsbeziehungen betrachten: Autonomie, Kritik, Reflexion, Besonderung und Individuation werden als Fremdansprüche – auch in Familien – eingefordert und zu Anerkennungsmaßstäben der signifikanten Anderen. Als Anspruchshaltungen der Anderen aber stehen sie für Heteronomie, so dass die Forderung gefälligst eigenständig, autonom und widerständig zu sein, für Jugendliche in eine Individuations- und Autonomiefalle münden kann: „Befreiung aus der Mündigkeit", wie Axel Honneth (2002) diese „Paradoxie der Individualisierung" nennt. Dies kann zugleich als spezifische familiäre Strukturvariante der adoleszenten Individuation im „liberal-intellektuellen Milieu" bzw. der „progressiven humanistischen Intelligenz" – wie Vester sie nennt – verstanden werden (vgl. Vester u.a. 2002, Vester 2004).

Diese paradoxen Verstrickungen finden sich auch in der folgenden Passage, wo es um Erziehungsziele und kritisches Nachfragen geht:

Mu: also ich denke mir einfach dass das einfach n selbstbewusster mit sich klarkommender mensch werden soll
I. mhm
Mu: aber denken soll er
Ma: ‚ja ja' (abwiegelnd) in bescheidenem maße mach ich das
Mu: und manche sachen akzeptiert er einfach auch was in zeitungen steht wobei mir schon eingetrichter worden is papier is- papier is geduldig das is das was ich von klein auf von meinen eltern gehört habe hinterfrage hinterfrage
Ma: mama ich bin ich bin kein solcher ich bin kein solcher äh faz ge- äh apostel wie beispielsweise manch anderer in meiner klasse nein ich=ich lass mir von äh den zeitungen meine meinung nicht vorschreiben ich äh suche sie mehr oder weniger- ähm ich denke längere zeit darüber nach äh was gefällt mir womit kann ich mich am besten identifizieren äh und in was für einen zusammenhang kann ich das setzen mhm und äh dann hab ich eine meinung und wenn ich die meinung dann einmal hab dann-
Mu: zivilcourage muss er noch lernen
Ma: bin ich etwas ‚starr' (betont) in meinen ansichten,
Mu: also nich wechgucken auch zivilcourage is wichtig
Ma: also alles akzeptier ich nun nich ich erinner mich
Mu: ((..)) haben die beiden großen und das muss er auch noch lernen einfach
Ma: 'ja zivilcourage' (leicht abfällig)
Mu: ja nich wechgucken sondern auch mal- auch wenn man aneckt einfach klappe auf ...

Wenn angesichts dieser paradoxen familiären Individuationskonstellation auf die schulische Szene zurückgeblickt wird, dann ergibt sich für das relativ reibungslose Agieren von Marcus im „exklusiven dyadischen Paar“ noch eine weitere Deutung: Dass Marcus sich in dieser Art und Weise verwenden lässt, nicht rebelliert, keinen Widerstand zeigt, sondern mit feinen Begrenzungen den Anforderungen der Lehrerin entspricht, „nich so ein widerspenstiges kind“ ist, wird für ihn vor dem Horizont der familiären Individuationsparadoxie individuationsfördernd. Er unterstützt die Lehrerin, ohne die Inkonsistenzen und Handlungsprobleme anzusprechen, bleibt taktvoll, begrenzt zugleich die Aufforderung und positioniert sich eigenständig und an der Sache orientiert. Dabei spricht er Joschka Fischer auf dessen Weg vom außerparlamentarischen Rebellen zum Außenminister und Vizekanzler sein Vertrauen und seine Anerkennung aus – und stellt sich damit implizit auf die Seite des Abwägens, der Beachtung von Außenanforderungen und des „Real“-Politikers, also der Befolgung von Regeln. Die darin implizit mitschwingende, aber nicht ausformulierte Vorbildthematik erhält im Kontext der familiären Individuationsfalle eine biographisch-adoleszente, eine „bildungsgangdidaktische“ Bedeutung (vgl. Meyer/Reinartz 1998, Hericks u.a. 2001). Marcus Mutter – obwohl der Schule prinzipiell positiv gegenüber stehend – kritisiert an seiner Schule eine zu starke Disziplin und Regelorientierung. Genau darauf aber bezieht sich Marcus positiv. Hier stoßen wir also nicht – wie Wagner-Winterhager (1990) vermutete – darauf, dass Eltern die Forderungen nach Disziplin, Regeln und Autorität an die Schule und die Lehrer delegieren, die jetzt die Generationsdifferenz, die Differenz von „Klein“ und „Groß“ (Winterhager-Schmid 2000) auszutragen und auszuhalten hätten, „weil es zu ihrer professionellen Rolle gehört, Generationsdifferenz zu verkörpern“ (S. 462). Ebenfalls verband sich für Winterhager-Schmid mit dieser Vermutung, dass auch die Lehrer – überfordert – davor ausweichen würden, was dann zu einer Verweigerung von Generationsdifferenz führe (Hornstein 1999). Vielmehr opponiert hier die Mutter von Marcus gegen ein Zuviel an schulischen Regeln, Disziplinforderungen und schulischer Autorität und fordert ihren Sohn auf, mehr „anzuecken“, widerständiger und rebellisch-couragierter zu sein. Demgegenüber verbündet sich Marcus im positiven Bezug auf diese Disziplin und Schulautorität mit der Schule gegen die Mutter. Denn diese Schule setzt, wie der Schulleiter in seiner Rede an die neuen Schüler hervorhebt, auf ihre Tradition, auf Regelbefolgung, Disziplin (die Schüler müssen bereits am ersten Tag das Schulgelände säubern) und auf Dienst am Anderen. Als Verbündeter der Lehrer und konformer, aber die überbordenden und entgrenzenden Anforderungen von Lehrern taktvoll begrenzender Schüler, kann er sich besondern und abgrenzen: Individuation findet hier gegen überbordende kritisch-reflexive mütterliche Individuationsansprüche statt, indem sich Marcus durch reflexive Konformität und Konventionalität selbst behauptet.

4. Überlegungen zu offenen Fragen und zur Reformulierung einer Theorie des pädagogischen Arbeitsbündnisses

Was lässt sich zur Bestimmung des pädagogischen Arbeitsbündnisses aus dieser Rekonstruktion – die ja nur der Fallspezifik des „exklusiven Paares“ folgt – schlussfolgern? Vergegenwärtigen wir uns dazu kurz die zentralen Bestimmungen zum schulischen pädagogischen Arbeitsbündnis bei Ulrich Oevermann: Es ist gekennzeichnet durch die stellvertretende Krisenbewältigung im Prozess der sozialisatorischen Erzeugung des psychisch Neuen. Lehrer fungieren in diesem Prozess als „Geburtshelfer“ in den ontogenetischen Krisen und als Wissens- und Normenvermittler. In jenen Krisen handeln sie „prophylaktisch-therapeutisch“ und sind auf diese Weise wesentlich an der Entfaltung lebenspraktischer Autonomie beteiligt, die sich im idealtypischen Fall auf der Grundlage der kindlichen „Neugierde“, als schülerseitiger Voraussetzung des Arbeitsbündnisses, und deren Achtung durch den Lehrer, als lehrerseitiger Voraussetzung, entfaltet (Äquivalent zum Leidensdruck in der Therapie). Die Lehrer-Schüler-Beziehung ist dabei gekennzeichnet durch die widersprüchliche Einheit von spezifischen und diffusen Sozialbeziehungen, weil die Schüler einerseits dem Lehrer noch als ganzer Person begegnen, aber durch dessen „Abstinenz“ gegenüber Entgrenzungen und dessen universalistische Orientierung zugleich auf Rollenförmigkeit verwiesen werden. Insgesamt ist das pädagogische Arbeitsbündnis als Trinität zu verstehen: In „seinem Innersten wird es mit dem einzelnen Schüler geschlossen“, muss aber – aufgrund der noch nicht voll entfalteten lebenspraktischen Autonomie und Volljährigkeit – zugleich mit den Eltern geschlossen werden und bedarf – aufgrund der Bedeutung der symmetrischen und die „eigenverantwortliche relative Ablösung von der Familie“ befördernden schulischen Peergroup auch eines dritten Bündnisses „mit der Schulklasse als ‚Peergroup'“ (Oevermann 1996, 2001, 2002, 2006).

Es geht hier nun nicht darum, die Oevermannschen Bestimmungen – wie bereits vielfach erfolgt – hinsichtlich ihrer etwa zu starken Analogiebildung zur Therapie, der Bestimmungen zur Schulpflicht, des Konzepts der widersprüchlichen Einheit etc. zu kritisieren (vgl. etwa Wernet 2003, 2005, Oevermann 2004, Illien 2006). Jenseits dieser Kritiken soll vielmehr hervorgehoben werden, dass mit dem Konzept des Arbeitsbündnisses eine strukturtheoretische Bestimmung für die soziale Konstituierung von Bildungsprozessen unter Bedingungen der Moderne entworfen ist, also eine Bestimmung, mittels derer Bildungsprozesse als sozial konstituierte gefasst werden. Eine ganze Reihe von Arbeiten aus dem fachdidaktischen Bereich, über pädagogisch-psychologische Studien (vgl. etwa Kounin 1976, Weinert/Helmke 1997, Weinert 2001, Gruehn 2000), Studien zur Unterrichtsqualität (vgl. Helmke 2003, Meyer 2004) bis hin zu den Kompetenzuntersuchungen von PISA., IGLU oder TIMMS (vgl. etwa Baumert u.a. 2001,

Baumert 2003, Bos u.a. 2003, 2004) verweisen – ohne direkten Bezug – auf ein derartiges Konzept. Hier ist unter anderem Baumerts Formulierung des Struktur- und Dauerproblems schulischer Lernvorgänge zu nennen, das darin besteht, dass Lernmotivation bei Schülern nicht automatisch und für alle Schüler gleichermaßen vorausgesetzt werden kann, sondern nur *in* der Schule *am* pädagogischen Gegenstand erwickelt werden kann. Kindliche Neugierde oder später auch Zwang können zwar unterstützend wirken, aber „erst das subjektive Erleben von Kompetenzzuwachs vermag Motivation zu verstetigen" (Baumert 2003, S. 102). Wie die Erzeugung motivationaler Ressourcen durch die Erfahrung mit den pädagogischen Gegenständen als Kompetenzzuwachs und individueller Bildungserfolg aber generiert wird, bleibt bei Baumert offen. Diese Leerstelle verweist genau auf die strukturelle Notwendigkeit, ein Konzept zu formulieren, das auf ein soziales Arrangement verweist, in dem dies durch soziale, interaktive pädagogische Strukturen und Prozesse generiert wird.

Bei Oevermann liegt ja die Formulierung einer Theorie des professionellen Arbeitsbündnisses in groben Zügen vor (vgl. oben). Allerdings unterschätzt Oevermann in seinem idealtypischen Modell letztlich die Problematik des Arbeitsbündnisses, weil er – sehr vereinfachend – alle Probleme in die „Schulpflicht" als Hemmnis der Professionalisierung und der Behinderung von Arbeitsbündnissen verschiebt. Hier ist dem Schützeschen Professionskonzept der „bescheidenen" Profession eher den Vorzug zu geben (Schütze 1992, 1996). Der Fall Marcus ist in diesem Zusammenhang nun hoch interessant, weil hier – unter Bedingungen der Schulpflicht – eine Konstellation vorliegt, die sich den idealtypischen Konstruktionen des Arbeitsbündnisses bei Oevermann annähert: Marcus ist äußerst schul- und bildungsambitioniert, voller Neugierde und dies auch in schulbezogenen Formen – Schulzwang ist für ihn auf Grund dieser Orientierung relativ unbedeutend. Die Eltern beziehen sich ebenfalls positiv auf die Schule, weil sie diese Schule für ihre Kinder aus ca. einem Dutzend Gymnasien ausgewählt haben und die Schule ihrerseits ihre Schüler mitsamt den dahinter stehenden „Familienkulturen" in Form von Eingangsprüfungen auswählen kann. Unter diesen Bedingungen lassen sich aus den Rekonstruktionen Hinweise extrapolieren, die auf eine prinzipiellere und grundlegendere Störanfälligkeit, als dies in Oevermanns Konzept nahe gelegt wird, und auf die prekäre Lagerung pädagogischer Arbeitsbündnisse auch unter tendenziell idealtypischen Bedingungen verweisen. Hier soll auf die folgenden Aspekte hingewiesen werden:

1. Welche Form dyadische Arbeitsbündnisse annehmen können, welche Strukturvarianten von Arbeitsbündnissen zwischen Lehrern und Schülern bestehen, ist bislang empirisch nicht ausdifferenziert. In diesem Beitrag wurde mit dem „exklusiven Lehrer-Schüler-Paar" eine besonders exponierte Strukturvariante rekonstruiert, zudem in einer spezifisch-materialen Ausprägung für ex-

klusive gymnasiale Schulkulturen, in denen sich eine hohe Bildungs- und Leistungsorientierung mit starken Disziplin- und Selbstkontrollanforderungen verbindet und die in Richtung einer jugendlichen „Lebensform Schüler" weisen. Hier wären material andere Konstellationen – etwa in reformorientierten Gesamtschulen (vgl. Combe/Helsper 1994, Hummrich in diesem Band), in Waldorfschulen (vgl. Graßhoff u.a. 2006) oder in Hauptschulen (vgl. Helsper/Krüger u.a. 2006, Wiezorek/Helsper 2006, Wiezorek 2006) – in den Blick zu nehmen. Vor allem aber wären auch weniger exponierte, eher unauffällige bis hin zu zerfallenen, konflikthaften und scheiternden Arbeitsbündnissen zu rekonstruieren (vgl. etwa Sandring 2006), wodurch erst die Bandbreite unterschiedlicher Strukturvarianten von pädagogisch-schulischen Arbeitsbündnissen ausdifferenziert werden könnte. Das bleibt empirisch noch zu leisten.
2. Dyadische Arbeitsbündnisse – wie am Beispiel „exklusiver pädagogischer Paarbildung" verdeutlicht –, die Oevermann als den Kern des pädagogischen Arbeitsbündnisses betrachtet, sind auch dort, wo sie gelingen, an die Schulklasse und die Peers zurückgebunden, also immer in den Rahmen der Klassenarbeitsbündnisse eingestellt. Sie sind von daher nie nur dyadisch, sondern die dyadische Bündnisstruktur ist durch ihre Einbettung in die Schulklasse sozial konstituiert. Über dieses konstitutive Zusammenspiel – das bei Oevermann abgeblendet ist – wissen wir bislang wenig. Man kann – wie Wernet dies in einer radikalisierten und Parsons (1981) eindimensional reformulierenden Perspektive vornimmt (Wernet 2003, 2005) – die auf den einzelnen Schüler als Individuum bezogene dyadische Arbeitsbündnisperspektive als diffuse, partikulare Orientierung suspendieren, als Entgrenzung kennzeichnen und die universalistische Linie verabsolutieren: Die dyadischen Arbeitsbündnisse, die sich ja gerade durch ihre Differenziertheit und Unterschiedlichkeit auszeichnen – also individuierte Bündnisse sind –, wären damit aufgelöst. Damit sind die Antinomien des Lehrerhandelns (vgl. Helsper 1996, 2002, 2004, Helsper u.a. 2001) theoretisch liquidiert, um aber als Konsequenz einer derartigen eindimensionalen Auflösung in spezifischer Gestalt wiederzukehren.
3. Dyadische Arbeitsbündnisse tendieren nicht nur zu partikularen, diffusen und affektiven Einfärbungen, sondern erfordern sie geradezu. Insbesondere dann, wenn sie konturierte und auf die je spezifischen heterogenen Ausgangslagen von Schülern individualisiert bezogene bzw. für die Unterrichtsprozesse besonders exponierte Bündnisse darstellen. Sie sind dadurch strukturell anfällig für „Entgrenzungen". Dies erfordert ihre Reuniversalisierung, also ihre Rückbindung an universalistische Bezüge im Rahmen der Klasse und an Prinzipien der Gleichbehandlung. Dyadische Arbeitsbündnisse müssen also im Horizont universalistischer Prinzipien der Gleichbehandlung reformulier-

bar, begründbar und mit den abstrakten Zielvorstellungen der Gleichbehandlung, der situationsübergreifenden Vernunft, der Leistungsorientierung usw. vereinbar sein. Das erfordert lehrer- und/oder schülerseitige Begrenzungen, in denen die spezifische Besonderung universalistisch eingeholt werden muss. Das ist eines der wichtigsten Ergebnisse der Rekonstruktion für eine Theorie pädagogischer Arbeitsbündnisse: Dyadische pädagogische Arbeitsbündnisse tendieren zum Scheitern, wenn in ihnen die je spezifische Besonderung misslingt, also eine abstrakte, lediglich universalistische Rollenförmigkeit vorliegt. Sie scheitern aber auch dann, wenn die Besonderung nicht begrenzt werden kann und eine Reuniversalisierung nicht erfolgt. Für dyadische pädagogische Arbeitsbündnisse ist damit die Spannung einer individualisierenden Besonderung und einer reuniversalisierenden Begrenzung konstitutiv.

4. Von zentraler Bedeutung für dyadische Arbeitsbündnisse und das Arbeitsbündnis mit der Klasse selbst ist deren Zusammensetzung und Rekrutierung. Hier konnte verdeutlicht werden, dass „das exklusive Schüler-Lehrer-Paar" unter spezifischen Peerkonstellationen, die in exklusiv selektierten Gymnasien eher vorliegen, unproblematischer agieren kann. Der Möglichkeitsraum für dyadische Arbeitsbündnisse wird somit durch die Zusammensetzung der Klasse, deren Rekrutierung und das Peermilieu entscheidend mit konstituiert. Unterschiedliche Peermilieus mit familiären Milieus im Hintergrund ergeben und erfordern somit unterschiedliche dyadische Arbeitsbündnisse und Arbeitsbündnisse mit der Klasse insgesamt. Die Spezifik der Bildungs- und Schulorientierung in den familiären Milieus und den Peermilieus können dadurch nahezu konträre Arbeitsbündnisstrukturen ergeben und erfordern (vgl. im Folgenden). Für eine Präzisierung der Theorie pädagogischer Arbeitsbündnisse folgt daraus: Das Arbeitsbündnis mit der Klasse muss – im Unterschied zum dyadischen Arbeitsbündnis – im Kern universalistisch sein, also ein für alle Schüler gemeinsam geltendes, verlässliches und für alle Schüler gleichermaßen geltendes Regelwerk darstellen, das mit den Schülerinnen und Schülern gemeinsam generiert werden muss und nicht verordnet werden kann. Den Ausgangspunkt für das Klassenarbeitsbündnis bildet also die universalistische Gleichbehandlung aller Schülerinnen und Schüler. Dabei kann die konkrete materiale Ausgestaltung des Klassenarbeitsbündnisses aber nicht als abstrakte Setzung der universalistischen Rollenförmigkeit erfolgen, sondern bedarf selbst einer doppelten Respezifizierung: Auf der Grundlage der je spezifischen Peer- und familiären Milieus der Schülerinnen und Schüler muss das, die Prinzipien der Gleichbehandlung konturierende, Klassenarbeitsbündnis erstens auf die Ausgangs-, Milieu- und psychosozialen Lagen der Jugendlichen angemessen bezogen sein. Klassenarbeitsbündnisse können sich also nicht nur, sondern müssen sich auch unterscheiden und als material

unterschiedene trotzdem die Prinzipien der Gleichbehandlung zur Geltung bringen. Das ist die Grundlage für die zweite Respezifizierung, denn dadurch wird der Möglichkeitsraum für unterschiedliche Strukturvarianten der Besonderung auf der Ebene dyadischer Arbeitsbündnisse unterschiedlich geöffnet. Wenn also das dyadische Arbeitsbündnis für sein Gelingen der Reuniversalisierung bedarf, so bedarf das Bündnis mit der Klasse auf der Grundlage der universalistischen Gleichbehandlung einer Respezifizierung, die den Milieu- und Ausgangslagen der Jugendlichen gerecht wird und darin zugleich den Raum für unterschiedlich weit reichende Besonderungen auf der Ebene der dyadischen Arbeitsbündnisse öffnet.

5. Bislang ist die Prozessperspektive von Arbeitsbündnissen zu wenig beachtet worden. Zwar hat Oevermann seine Position relativiert, dass ein professionelles Arbeitsbündnis ab dem Eintritt in die Adoleszenz nicht mehr erforderlich sei, indem er darauf verweist, dass die Autonomie des Subjekts insbesondere in den gestreckten hoch modernisierten Adoleszenzverläufen noch „äußerst fragil und krisenanfällig sei." (Oevermann 2002, S. 48). Wie am – relativ undramatischen – Beispiel von Marcus verdeutlicht wurde, spielt die adoleszente Individuationsthematik in der Familie in die schulischen Arbeitsbündnisse entscheidend mit hinein, denn nur vor dem Hintergrund der familiären Individuationsproblematik lässt sich das problemlose Agieren im „exklusiven Lehrer-Schüler-Paar" in diesem Fall hinreichend verstehen (vgl. auch Hummrich/Helsper/Kramer/Busse 2006). Wir wissen aus quantitativen Längsschnittstudien, dass insbesondere in der 7. und 8. Klasse ein bedeutsamer Rückgang des Schulbezugs, der Schulfreude und ein Anwachsen der Schuldistanz zu verzeichnen ist (Fend 1997, 2000). Dies wäre als Krise und Problem in der Transformation von schulischen Arbeitsbündnissen zu rekonstruieren. Es sind somit nicht nur spezifische Individuationsthematiken der einzelnen Schüler, die für die Ausgestaltung der dyadischen Arbeitsbündnisse bedeutsam werden, so dass die Ausgestaltung der Arbeitsbündnisse erst im Gesamtzusammenhang der kindlich-jugendlichen Individuation hinreichend begriffen werden kann und ihre Bedeutung erhält, sondern diese Individuationsthematiken wandeln sich auch generell im Verlauf der Transformation von Kindheit in Jugendlichkeit, was eine je spezifisch neue Balancierung der Antinomien des pädagogischen Handelns zwischen Lehrern und Schülern erfordert: Etwa von Nähe und Distanz, von Symmetrie und Asymmetrie, von Autonomie und Heteronomie etc. (vgl. etwa Helsper 2004, Hummrich/Helsper/Kramer/Busse 2006, Graßhoff u.a. 2006 und die folgenden Schemata), um den Transformationsprozessen der Individuation im kindlich-jugendlichen Lebenszusammenhang gerecht werden zu können (vgl. auch King 2002).

6. Dyadische Arbeitsbündnisse und Klassenarbeitsbündnisse mit einzelnen Lehrern sind ihrerseits immer in den übergreifenden Zusammenhang der symbolischen Ordnung der jeweiligen Schulkultur eingerückt, die als Ermöglichungs- und als Begrenzungsraum für die Ausgestaltung von pädagogischen Arbeitsbündnissen fungiert. Dies gilt analog zu den Überlegungen, dass das Peermilieu und die familiären Hintergrundmilieus bedeutsam für die Ausgestaltung des pädagogischen Arbeitsbündnisses sind (vgl. oben). Die dominanten schulkulturellen Ordnungen, die darin vorliegenden dominanten pädagogischen Sinnentwürfe und Schulprofilierungen inhaltlicher und pädagogischer Art und die darin generierten Formen der Auseinandersetzung mit den konkreten schulformspezifischen und einzelschulspezifischen Strukturproblemen (vgl. Helsper u.a. 2001) strukturieren die pädagogischen Arbeitsbündnisse zwischen einzelnen Lehrkräften, Schülern und Klassen vor. So eröffnet eine Schulkultur wie die des traditionsreichen, an Disziplin, Selbstdisziplin, Hierarchie und Autorität orientierten Gymnasiums, das Marcus besucht, nur geringe Spielräume für die Ausgestaltung symmetrischer, stark Autonomie bejahender, auf Aushandlung und Nähe orientierter pädagogischer Arbeitsbündnisse (vgl. auch Böhme/Helsper 1999, Helsper/Kramer 1998). Im umgekehrten Fall schließt etwa die Schulkultur einer stark reformpädagogisch, an der ganzen Person der Schüler und an Integration orientierten Gesamtschule den Möglichkeitsraum für Arbeitsbündnisse, die durch starke Hierarchie und Asymmetrie, distanziertere Beziehungsmuster und die Betonung von Differenzen zwischen Schülern gekennzeichnet sind (vgl. Hummrich/Helsper 2004, Hummrich in diesem Band). Und eine andere Gesamtschule, die zwar durch Integrations- und Förderprogrammatiken gekennzeichnet ist, diese Ansprüche aber im interaktiven Geschehen kaum einlöst, kaum pädagogisch konturierte und durch das Kollegium getragene Vorhaben und Konzepte entwickelt und die Integrations- und Stützungserfordernisse individualisiert an einzelne engagierte Lehrkräfte delegiert, erschwert dadurch die Herausbildung von Arbeitsbündnissen, die durch Vertrauen, Nähe, individuelle Stützungs- und Förderorientierung gekennzeichnet wären (vgl. Sandring 2006). Die Grundlagen für die Generierung und Ausgestaltung pädagogischer Arbeitsbündnisse sind somit durch die dominanten Strukturprinzipien der Schulkultur gesetzt.
7. Oevermann entwickelt die Problematik bestehender Arbeitsbündnisse im Rahmen von Strukturproblemen der Professionalisierung als Ausdruck des Zwangscharakters des Schulbesuchs, also der Schulpflicht. Gerade im Fall von Marcus stoßen wir nun aber auf eine Konstellation, in der – aufgrund der umfassenden Schul- und Bildungsorientierung, die zugleich in ausgelesene schulhomologe Peermilieus eingebettet ist, und mit Familien im Hintergrund, die die Wahl dieser Schule aktiv und gezielt betreiben – das Schulzwangar-

gument nahezu suspendiert ist. Zwar besteht die Schulpflicht für die 15- bis 16-jährigen fort, aber sie ist für Marcus unerheblich, weil Bildungsorientierung und Wissenserwerb zu inneren Haltungen geronnen sind. Auch das Arbeitsbündnis mit den Eltern ist nicht prinzipiell problematisch, wählten doch die Eltern gezielt diese Schule für ihre Kinder aus. Gerade unter diesen Bedingungen – die dem Idealmodell Oevermanns nahe kommen – zeigt sich nun aber, wie komplex Arbeitsbündnisse sind, insbesondere in der Verwobenheit der dyadischen mit den Klassen- und Elternarbeitsbündnissen. So besteht zwischen der Schule, den Lehrern und Marcus Eltern einerseits eine gleichgerichtete hohe und ambitionierte Bildungsorientierung in einem reziproken, sich gegenseitig unterstützenden Sinne. Auf dieser Grundlage zeigt sich dann aber – verwoben in die familiäre Individuationsthematik der überbordenden kritischen Individuationsaufforderung gegenüber Marcus – eine Frontstellung insbesondere zwischen der Mutter und der Schule: Die Schule erscheint in ihrer Sicht als zu stark an Disziplin, Kontrolle und Unterwerfung orientiert, und sie fordert Marcus implizit und explizit dazu auf, sich auch mit diesem schulischem Regelwerk kritisch, couragiert und oppositionell auseinander zu setzen. Damit aber entsteht eine Ambivalenz im Arbeitsbündnis zwischen Schule und Eltern: Trotz der Anwahl dieser Schule durch die Eltern fordert die Mutter Marcus zur Opposition gegenüber dem schulischem Regelwerk auf, was Marcus um so deutlicher zur Befürwortung der konventionellen schulischen Forderungen und zur Haltung eines „reflexiven Konventionalisten“ treibt.

8. Insgesamt ist in der Theorie pädagogisch-schulischer Arbeitsbündnisse die Bestimmung des Verhältnisses zwischen dem dyadischen Arbeitsbündnis zwischen Lehrer und Schüler, dem Klassenarbeitsbündnis und dem Bündnis mit den Eltern noch nicht hinreichend ausdifferenziert und ausgeführt. Die Rekonstruktionen zum „exklusiven Lehrer-Schüler-Paar“ konnten verdeutlichen, wie komplex diese Beziehungen sind, wie stark die dyadischen Arbeitsbündnisse mit dem Klassenarbeitsbündnis, der Zusammensetzung der schulischen Peers, den familiären Orientierungen und der darin wurzelnden Individuationsthematik des jeweiligen Schülers verwoben sind. Diese Verbindungslinien – die hier nur angedeutet werden konnten – sind in der Theorie pädagogischer Arbeitsbündnisse bislang nicht systematisch entfaltet. So stehen die drei Arbeitsbündnisebenen bei Oevermann bislang lediglich addiditiv nebeneinander. Zudem weisen derartige pädagogische Arbeitsbündnisse eine latente Sinnstrukturiertheit auf, die erstens aus dem konstitutiven Zusammenspiel der drei Arbeitsbündnisebenen resultiert und zweitens dadurch begründet ist, dass das dyadische Arbeitsbündnis immer in den Bedeutungshorizont der Strukturkrisen der kindlich-jugendlichen Individuation eingerückt ist und darin erst seine Bedeutung erhält. Was diese grundlegende la-

tente Sinnstrukturiertheit des pädagogischen Arbeitsbündnisses für die Theorie pädagogischer Arbeitsbündnisse impliziert, ist ebenfalls weiter zu klären.

Die hier skizzenhaft entwickelten Überlegungen zu einer Theorie pädagogisch-schulischer Arbeitsbündnisse können im folgenden ersten Schema gebündelt werden (vgl. Abb. 1): Das pädagogische Arbeitsbündnis ist idealtypisch als gemeinsamer, aber differenter – auf Lehrerseite als Vermittlungsabsicht, auf Schülerseite als Aneignungsorientierung angegangener– Bezug von Lehrern und Schülern auf die Sache zu bestimmen. Durch die Sachorientierung sind Lehrer und Schüler aufeinander bezogen, wobei sich je nach Ausgangslage der Schüler (Person) und der je spezifischen Sache und Sachorientierung unterschiedliche Strukturvarianten der Ausbalancierung der Antinomien ergeben, also von Heteronomie und Autonomie bis zur Nähe und Distanz (vgl. für die Ausformulierung des Konzeptes pädagogischer Antinomien Helsper u.a. 2001, Helsper 2004). Darin wird die soziale Matrix des Arbeitsbündnisses konkret ausgestaltet, wobei diese Ausgestaltung durch die je spezifischen Antinomienmuster hindurch keine einseitig lehrerseitige, sondern eine interaktive gegenseitige und reziproke soziale Strukturierung ist. Idealtypisch ist dieses Muster insofern, als es von einer prinzipiell neugierigen, an der Sache interessierten Aneignungshaltung und einer damit korrespondierenden Vermittlungshaltung ausgeht, die keine prinzipiellen Störungen der Bildungsorientierung impliziert.

Abb. 1: Idealtypisches Arbeitsbündnis

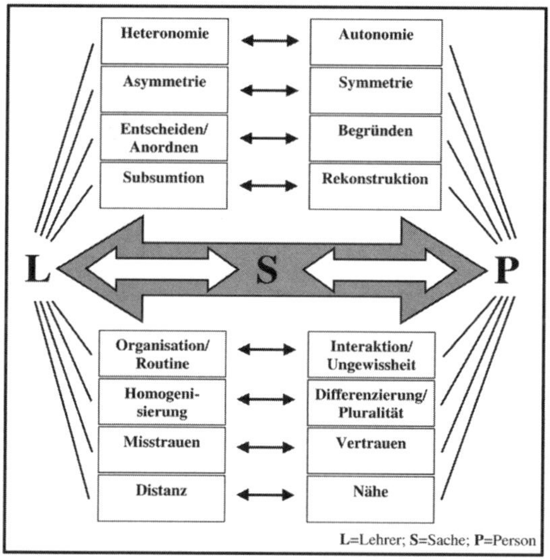

Die Konkretion dieses idealtypischen Arbeitsbündnisses ist nun auf die Überlegungen zum Zusammenhang von dyadischem und Klassenarbeitsbündnis zu beziehen. Dies soll durch das folgende Schema veranschaulicht werden, in dem das dyadische Bündnis durch die Erfordernisse seiner Reuniversalisierung auf das Klassenarbeitsbündnis bezogen werden muss und umgekehrt das Klassenarbeitsbündnis in seiner universalistischen Struktur hinsichtlich der dyadischen Arbeitsbündnisse respezifiziert werden muss. Dieses Zusammenspiel zwischen dyadischem und Klassenarbeitsbündnis ist dabei in den Horizont der Schulkultur eingepasst (vgl. oben) sowie auf die spezifisch rekrutierten und selektierten Peermilieus und insbesondere die familiären Hintergrunds- und Herkunftsmilieus bezogen, in denen wiederum die spezifische Herausforderung für die Generierung des pädagogischen Bündnisses mit den Eltern begründet ist.

Abb. 2: Gesamtstruktur des Arbeitsbündnisses

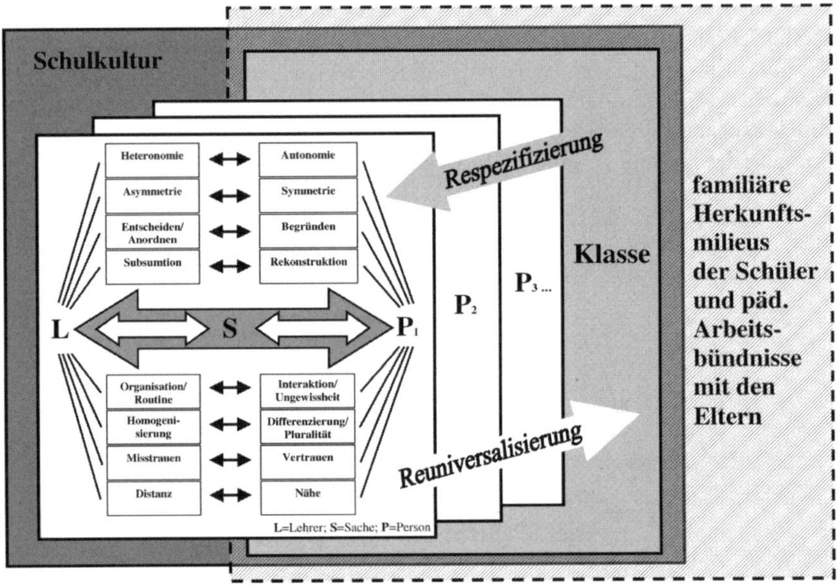

Einen deutlichen Kontrast zum idealtypischen Arbeitsbündnis (vgl. oben) konnten wir an einer Hauptschule rekonstruieren, wobei nicht behauptet wird, dass diese Arbeitsbündnisstruktur für Hauptschulen generell anzunehmen ist (vgl. dazu Wiezorek 2006, Wiezorek/Helsper 2006, Helsper/Krüger u.a. 2006). An dieser besonders stark negativ ausgelesenen Hauptschule ist die Schülerschaft –

bei aller Heterogenität – in der Tendenz durch drei Erfahrungen und Hintergründe gekennzeichnet: 1. Neben einer ressourcen- und bildungskapitalschwachen Herkunft auch durch häufig vorliegende emotionale und soziale Anerkennungsprobleme im familiären Kontext, die zu psychosozialen Problemaufschichtungen in der Adoleszenz und der Suche nach Halt und Stabilisierung führen, die auch an die Schule herangetragen werden. 2. Es liegen vielfach brüchige, durch Abstiege, Misserfolg und Versagen gekennzeichnete Schulkarrieren vor, die die Schule in der biographischen Erfahrung als einen Raum der Missachtung erscheinen lassen. 3. Und damit eng verbunden stehen diese Schüler den schulischen Lernprozessen und schulischen Gegenständen skeptisch, distanziert, abweisend bis ängstlich gegenüber, weil ihre Erfahrung mit den schulischen Inhalten häufig eine des Scheiterns und Versagens gewesen ist. Sie sind daher gerade nicht von sich aus neugierig und motiviert für die Aneignung der schulischen Inhalte, sondern reserviert, ausweichend und abwehrend. Ihr schulischer Sachbezug fehlt auf Grund der negativen Erfahrungen weitgehend. Damit aber ist die entscheidende Voraussetzung des idealtypischen pädagogischen Arbeitsbündnisses nicht gegeben: der neugierige, offene und motivierte Bezug auf die schulischen Inhalte. In einem solchen Kontext muss erst die Grundlage für einen schulischen Sachbezug über die Beziehung zwischen L und P hergestellt werden, die durch Nähe, Vertrauen, durch eine starke Schülerorientierung und durch stärker diffuse, partikulare und individualisierende Haltungen gekennzeichnet ist. Dies wird im folgenden Schema durch die Umstellung von L, P und S verdeutlicht: Indem zwischen L und P eine tragfähige, emotional stabilisierende, anerkennende Beziehung entsteht und sich die Schüler mit dem Lehrer identifizieren können, kann der Sachbezug hergestellt werden. Diese Strukturvariante des schulisch-pädagogischen Arbeitsbündnisses gilt vor allem für jüngere Kinder, etwa für Grundschüler, wie bereits Parsons in seinem Aufsatz zur Schulklasse ausgeführt hat, indem er die Bedeutung der Identifikation der jungen Schüler mit der Lehrerin hervorhob (vgl. Parsons 1981). Diese Bestimmung gilt aber insbesondere auch für eine Schülerklientel, die hinsichtlich ihrer emotionalen und sozialen Anerkennung erhebliche Probleme und schulische Versagens- und Missachtungskarrieren aufweist und somit einer emotionalen Stabilisierung und Anerkennung bedarf, um sich durch die Identifikation mit Lehrpersonen der schulischen Sache überhaupt stellen zu können, die für sie durch Missachtungs- und Beschämungserfahrungen ambivalent und negativ vorbelastet ist.

Abb. 3: Strukturvariante I: Diffuser Personenbezug

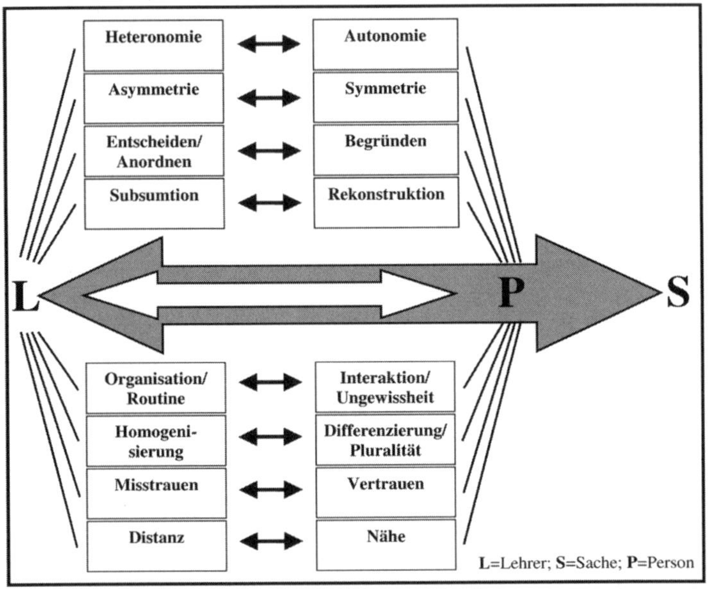

Wäre diese Strukturvariante des pädagogischen Arbeitsbündnisses – insbesondere auf Grund der starken Personorientierung – nicht auch bedeutsam für Reformschulen? In jenen Fällen, in denen es dort ebenfalls eine emotional bedürftige und Halt suchende Schülerschaft gibt und sich dies mit entsprechenden schülerorientierten pädagogischen Haltungen verknüpft, die in Reformschulen häufig vorkommen, liegt auch dort ein derartiges Arbeitsbündnis nahe. Häufig haben wir es in Reformschulen aber mit einer durchaus positiv ausgelesenen Schülerschaft zu tun, etwa bei der Laborschule, der Helene-Lange-Schule und ähnlichen Schulen, die in der Tendenz bildungsorientierte, kritisch intellektuelle oder alternative Milieus ansprechen, so dass hier weit weniger auf eine schul- bzw. bildungsdistanzierte Schülerschaft zu schließen ist. Die Differenz zum idealtypischen, aber auch zur vorhergehenden Strukturvariante des pädagogischen Arbeitsbündnisses könnte – gedankenexperimentell – darin bestehen, dass hier zum einen die Balancierung der Antinomien deutlich in Richtung der rechten Seite verschoben ist. Damit schiebt sich neben die Orientierung an der Sache und deren Vermittlung auf der Seite der Lehrer zumindest gleichgewichtig die Orientierung auf die Person der Schüler. Dadurch wäre für das Klassenarbeitsbündnis die große Herausforderung gegeben, dass Lehrer den Schülern eine Haltung von großer Nähe und Vertrauen, orientiert an Autonomie und Symmetrie, verbunden mit dem Versprechen individueller Besonderung der Einzelnen und großer Offenheit entgegenbringen müssten – aber nun als universalistisches Versprechen und Angebot für alle Schüler der Klasse gleichermaßen. In diesem hohen Anspruch wurzelt eine besondere Anfälligkeit für strukturell angelegte Enttäuschungen (vgl. für den Waldorfkontext den Fall Christine in Jung 2006). Bezogen auf das hier rekonstruierte Arbeitsbündnis des „exklusiven Paares" könnte dies zum einen bedeuten, dass es in derartigen Kontexten eine besondere Herausforderung darstellt, derartig diffundierte und entgrenzte dyadische Bündnisse zu reuniversalisieren. Und zum anderen, dass es besonders schwierig ist, das universalistische Versprechen der individuellen Besonderung aller Schüler in den dyadischen Bündnissen zu respezifizieren. Zugespitzt: Letztlich wird jedem Schüler ein dyadisches Arbeitsbündnis versprochen, dass dem eines „exklusiven Lehrer-Schüler-Paares" ähnelt (vgl. Hummrich/Helsper 2004, Hummrich in diesem Band). Das Strukturproblem derartiger Arbeitsbündnisse, die in der Tendenz schon vom pädagogischen Anspruch her entgrenzt sind, würde nun darin bestehen, dieses Versprechen universalistisch einzulösen. Je stärker die Personorientierung der Lehrer im Rahmen reformpädagogischer Schulkulturen allerdings ist, um so eher wird dies zu einer immer schwieriger zu lösenden Aufgabe der Balancierung von Klassen- und dyadischen Arbeitsbündnissen, von Reuniversalisierung und Respezifizierung führen.

Literatur

Baumert, J./Stanat, P./Watermann, R. (Hrsg.) (2006): Herkunftsbedingte Disparitäten im Bildungswesen: Differenzielle Bildungsprozesse und Probleme der Verteilungsgerechtigkeit. Wiesbaden, S. 11-29

Baumert, J. (2003): Deutschland im internationalen Bildungsvergleich. In: Killius, N./Kluge, J./ Reich, L. (Hrsg.): Die Zukunft der Bildung. Frankfurt a. M., S. 100-151

Baumert, J. u.a. (2001): PISA 2000. Basiskompetenzen von Schülerinnen und Schülern im internationalen Vergleich. Opladen

Böhme, J./Helsper, W. (1999): Gemischte Kollegien – ein "Kampf um Anerkennung" zwischen ost- und westdeutschen LehrerInnen in ostdeutschen Gymnasien. In: Combe, A./Helsper, W./Stelmaszyk, B. (Hrsg.): Forum Qualitative Schulforschung I. Weinheim , S. 139-171

Bos, W. u.a. (2003): Erste Ergebnisse aus IGLU. Schülerleistungen am Ende der vierten Jahrgangsstufe im internationalen Vergleich. Münster

Bos, W. u.a. (2004): IGLU. Einige Länder der Bundesrepublik Deutschland im nationalen und internationalen Vergleich. Münster

Brademann, S./Helsper, W./Kramer, R. T./Ziems, C. (2006): School Selectivity between the Pupils' Biography and their Career – a Qualitative Longitudinal Section. In: Krüger H.H./Helsper, W./Foljanti-Jost, G./Hummrich, M./Kramer, R. T. (Hrsg.): Family, School, Youth Culture – The Perspective of Pupil Research. Berlin (im Erscheinen)

Breidenstein, G. (2006): Teilnahme am Unterricht. Ethnographische Studien zum Schülerjob. Wiesbaden

Combe, A./Helsper, W. (1994): Was geschieht im Klassenzimmer? Perspektiven einer hermeneutischen Schul- und Unterrichtsforschung. Weinheim

Ehlich, K./Rehbein, J. (1986): Muster und Institution. Untersuchungen zur schulischen Kommunikation. Tübingen

Fend, H. (1997): Der Umgang mit Schule in der Adoleszenz. Aufbau und Verlust von Lernmotivation, Selbstachtung und Empathie. Entwicklungspsychologie der Adoleszenz in der Moderne. Band IV. Göttingen/Bern/Toronto/Seattle

Fend, H. (2000): Entwicklungspsychologie des Jugendalters. Opladen

Graßhoff, G./Helsper, W./Höblich, D./Jung, D./Ullrich, H./Stelmaszyk, B. (2006): Autorität und Schule. Wiesbaden (im Erscheinen)

Gruehn, (2000): Unterricht und schulisches Lernen. Münster

Grundmann, M. u.a. (2004): Die Umwandlung von Differenz in Hierarchie? Schule zwischen einfacher Reproduktion und eigenständiger Produktion sozialer Bildungsungleichheit. In: Zeitschrift für Soziologie der Erziehung und Sozialisation, 24, 2, S. 124-146

Helmke, A. (2003): Unterrichtsqualität erfassen, bewerten, verbessern. Seelze

Helsper, W. (1996): Antinomien des Lehrerhandelns in modernisierten pädagogischen Kulturen. Paradoxe Verwendungsweisen von Autonomie und Selbstverantwortlichkeit. In: Combe, A./ Helsper, W. (Hrsg.): Pädagogische Professionalität. Untersuchungen zum Typus pädagogischen Handelns. Frankfurt a. M.

Helsper, W. (2002): Lehrerprofessionalität als antinomische Handlungsstruktur. In: Kraul, M./ Marotzki, W./Schweppe, C. (Hrsg.): Biographie und Profession. Bad Heilbrunn, S. 64-102

Helsper, W. (2004): Antinomien, Widersprüche, Paradoxien: Lehrerarbeit – ein unmögliches Geschäft? Eine strukturtheoretisch-rekonstruktive Perspektive auf das Lehrerhandeln. In: Koch-Priewe, B./Kolbe, F. U./Wildt, J. (Hrsg.): Grundlagenforschung und mikrodidaktische Reformansätze zur Lehrerbildung. Bad Heilbrunn, S. 49-98

Helsper, W./ Kramer, R.-T. (1998): Pädagogische Generationsverhältnisse und -konflikte in der gymnasialen Schulkultur. Eine exemplarische Fallstudie an einem ostdeutschen Gymnasium. In: Ecarius, Jutta (Hrsg.): Was will die jüngere mit der älteren Generation? Opladen, S. 207-239

Helsper, W./Böhme, J./Kramer, R.-T./Lingkost, A. (Hrsg.) (2001): Schulkultur und Schulmythos. Rekonstruktionen zur Schulkultur I. Opladen

Helsper, W./Kramer, R. T. (2006): Erfolg und Versagen in der Schulkarriere – ein qualitativer Längsschnitt zur biographischen Verarbeitung schulischer Selektionsprozesse. In: Diskurse zu Schule und Bildung. Werkstatthefte des ZSL: Forschung im ZSL 3: „Mikroprozesse schulischer Selektion bei Kindern und Jugendlichen." Halle

Helsper, W./Krüger, H.-H. u.a. (2006): Unpolitische Jugend? Eine Studie zum Verhältnis von Jugend, Anerkennung und Politik. Wiesbaden

Hericks, U./Keuffer, J./ Kräft, H. C./Kunze, I. (Hrsg.) (2001): Bildungsgangdidaktik. Perspektiven für Fachunterricht und Lehrerbildung. Opladen

Höblich, D. (2006): Waldorfschule A (Arbeitstitel). In: Graßhoff, G./Helsper, W./Höblich, D./Jung, D./Ullrich, H./Stelmaszyk, B (Hrsg.): Autorität und Schule. Wiesbaden (im Erscheinen)

Honneth, A. (2002): Befreiung aus der Mündigkeit. Paradoxien des gegenwärtigen Kapitalismus. Frankfurt a. M./New York

Hornstein, W. (1999): Generation und Generationsverhältnisse in der radikalisierten Moderne. In: Zeitschrift für Pädagogik, 39, Beiheft. Weinheim/Basel, S. 51-68

Hummrich, M./Helsper, W. (2004): „Familie geht zur Schule": Reformschule als Familienerzieher und die Einschließung der familiären Generationsbeziehung in eine schulische Generationsordnung. In: Ullrich, H./Idel, S./Kunze, K. (Hrsg.): Das Andere Erforschen. Wiesbaden, S. 235-148

Hummrich, M./Helsper, W./Kramer, R. T./Busse, S. (2006): Der Lehrer als Individuationshelfer? Zur Bedeutung von Lehrern im Individuationsprozess. In: ZBBS, Zeitschrift für qualitative Bildungs- und Beratungsforschung, H. 1 (im Erscheinen).

Illien, A. (2006): Lehrerprofession. Grundprobleme pädagogischen Handelns. Wiesbaden

Jung, D. (2006): Waldorfschule C (Arbeitstitel). In: Graßhoff, G./Helsper, W./Höblich, D./Jung, D./Ullrich, H./Stelmaszyk, B. (Hrsg.): Autorität und Schule. Wiesbaden (im Erscheinen)

Kalthoff, H. (1997): Wohlerzogenheit. Eine Ethnographie deutscher Internatsschulen. Frankfurt a. M./ New York

King, V. (2002): Die Entstehung des Neuen in der Adoleszenz. Individuation, Generativität und Geschlecht in modernisierten Gesellschaften. Opladen

Kounin, J. S. (1976): Techniken der Klassenführung. Bern u.a.

Krummheuer, G. (1992): Lernen mit >Format<. Weinheim

Lüders, M. (2003): Unterricht als Sprachspiel. Eine systematische und empirische Studie zum Unterrichtsbegriff und zur Unterrichtssprache. Bad Heilbrunn

Meyer, H. (2004): Unterrichtsqualität. Seelze

Meyer, M. A./Reinartz, A. (Hrsg.) (1998): Bildungsgangdidaktik. Denkanstöße für pädagogische Forschung und und Praxis. Opladen

Oevermann, U. (1996): Theoretische Skizze einer revidierten Theorie des professionalisierten Handelns. In: Combe, A./Helsper, W. (Hrsg.): Pädagogische Professionalität. Frankfurt a. M., S. 70-183

Oevermann, U. (2001): Die Soziologie der Generationsbeziehungen und der historischen Generationen aus strukturalistischer Sicht und ihre Bedeutung für die Schulpädagogik. In: Kramer, R.-T./ Helsper, W./Busse, S. (Hrsg.): Pädagogische Generationsbeziehungen. Opladen, S. 78-128

Oevermann, U. (2002): Professionalisierbarkeit und Professionalisierungsbedürftigkeit pädagogischen Handelns. In: Kraul, M./ Marotzki, W./Schweppe, C. (Hrsg.): Biographie und Profession. Bad Heilbrunn, S. 19-63

Oevermann, U. (2004): Über den Stellenwert der gesetzlichen Schulpflicht. Antwort auf meine Kritiker. In: Pädagogische Korrespondenz, Heft 32, S. 74-85

Oevermann, U. (2006): Profession contra Organisation? Strukturtheoretische Bestimmungen zum Verhältnis von Organisation und Profession in der Schule. In: Helsper, W./Busse, S./Hummrich, M./Kramer, R.T. (Hrsg.): Pädagogische Professionalität in Organisationen. Pädagogische Verhältnisbestimmungen am Beispiel der Schule. Wiesbaden (im Erscheinen)

Parsons, T. (1981): Sozialstruktur und Persönlichkeit. Frankfurt a.M.

Pongratz, L. A. (2004): Freiwillige Selbstkontrolle. Schule zwischen Disziplinar- und Kontrollgesellschaft. In: Ricken, N./Rieger-Ladich, M. (Hrsg.): Michel Foucault: Pädagogische Lektüren. Wiesbaden, S. 243-261

Sandring, S. (2006): Die ‚schlimmste Klasse' der Schule – Inkonsistente Anerkennungsbeziehungen zwischen Stigmatisierung und pädagogischer Problembearbeitung. In: Helsper, W./Krüger, H.H. u.a. (Hrsg.): Unpolitische Jugend? Eine Studie zum Verhältnis von Schule, Anerkennung und Politik. Wiesbaden, S. 231-258

Schümer, G. (2004): Zur doppelten Benachteiligung von Schülern aus unterprivilegierten Gesellschaftsschichten. In: Schümer, G./Tillmann, K.-J.: Die Institution Schule und die Lebenswelt der Schüler. Vertiefende Analysen der PISA-2000 Daten zum Kontext von Schülerleistungen. Wiesbaden, S. 72-117.

Schütze, F. (1992): Sozialarbeit als „bescheidene" Profession. In: Dewe, B./Ferchoff, W./Radtke, F.-O. (Hrsg.): Erziehen als Profession. Zur Logik professionellen Handelns in pädagogischen Feldern. Opladen

Schütze, F. (1996): Organisationszwänge und hoheitsstaatliche Rahmenbedingungen im Sozialwesen: Ihre Auswirkungen auf die Paradoxien professionellen Handelns. In: Combe, A./Helsper, W. (Hrsg.): Pädagogische Professionalität. Frankfurt a. M., S. 183-275

Schütze, F. u.a. (1996): Überlegungen zu Paradoxien professionellen Lehrerhandelns in den Dimensionen der Schulorganisation. In: Helsper, W./Krüger, H. H./Wenzel, H. (Hrsg.): Schule und Gesellschaft im Umbruch. Band 1. Weinheim, S. 333-378

Solga, H./Wagner, S. J. (2004a): Die Zurückgelassenen – die soziale Verarmung der Lernumwelt von Hauptschülerinnen und Hauptschülern. In: Becker, R./Lauterbach, W. (Hrsg.): Bildung als Privileg? Wiesbaden, S. 195-225

Solga, H./Wagner, S. J. (2004b): Die Bildungsexpansion und ihre Konsequenzen für das soziale Kapital der Hauptschule. In: Engler, S./Krais, B. (Hrsg.): Das kulturelle Kapital und die Macht der Klassenstrukturen. Weinheim/München, S. 97-115

Vester, M./v. Oertzen, P./Geiling, H./Hermann, Th./Müller, D. (2002): Soziale Milieus und gesellschaftlicher Strukturwandel. Zwischen Integration und Ausgrenzung. Frankfurt a. M.

Vester, M. (2004): Die Illusion der Bildungsexpansion. Bildungsöffnungen und soziale Segregation in der Bundesrepublik Deutschland. In: Engler, S./Krais, B. (Hrsg.): Das kulturelle Kapital und die Macht der Klassenstrukturen. Sozialstrukturelle Verschiebungen und Wandlungsprozesse des Habitus. Weinheim/München, S. 13-55

Wagner-Winterhager, L. (1990): Jugendliche Ablösungsprozesse im Wandel des Generationsverhältnisses. Auswirkungen auf die Schule. In: Die Deutsche Schule, 82, H. 4, S. 452-465

Weinert, F.E. (2001): Qualifikation und Unterricht zwischen gesellschaftlichen Notwendigkeiten, pädagogischen Visionen und psychologischen Möglichkeiten. In: Melzer, W./Sandfuchs, U. (Hrsg.): Was Schulen leisten. Weinheim/München, S. 65-86

Weinert, F.E./Helmke, A. (1997): Entwicklung im Grundschulalter. Weinheim/Basel

Wernet, A. (2003): Pädagogische Permissivität. Schulische Sozialisation und pädagogisches Handeln jenseits der Professionalisierungsfrage. Opladen

Wernet A. (2005): Über pädagogisches Handeln und den Mythos seiner Professionalisierung. In: Pfadenhauer, M. (Hrsg.): Professionelles Handeln. Wiesbaden, S. 125-146

Wiezorek, C. (2005): Schule, Biographie und Anerkennung. Eine fallbezogene Diskussion der Schule als Sozialisationsinstanz. Wiesbaden

Wiezorek, C. (2006): Bildungsgangentscheidungen und biografische Hintergründe von Hauptschüler/innen. Kahlert, H./Mansel, J. (Hrsg.): Bildung, Berufsorientierung und Identität im Jugendalter. Juventa-Verlag Weinheim (im Erscheinen)

Wiezorek, C./Helsper, W.: (2006): Zwischen Leistung und Sorge. Die Hauptschule im Dilemma von Fachunterricht und Unterstützung. In: Die Deutsche Schule (im Erscheinen).

Winterhager-Schmid, L. (2000): „Groß“ und „Klein“ – zur Bedeutung der Erfahrung mit Generationendifferenz im Prozess des Heranwachsens. In: Winterhager-Schmid, L. (Hrsg.): Erfahrung mit Generationendifferenz. Weinheim, S. 15-38

Heiner Ullrich

Zur Aktualität der klassischen Reformpädagogik

Der erziehungswissenschaftliche Diskurs über die Reformpädagogik erfolgt heute mit jeweils unterschiedlichen Akzentuierungen im Wesentlichen auf vier Feldern: (1.) Die Allgemeine Pädagogik befasst sich zentral mit der Frage, was unter der „Reformpädagogik“ überhaupt zu verstehen ist und wie sie angemessen zu erforschen und darzustellen sei. (2.) Die Historische Bildungsforschung untersucht entweder als Ideengeschichte die dominanten weltanschaulichen, philosophisch-wissenschaftlichen oder politischen Orientierungen der reformpädagogischen Gründer und ihrer Anhängerschaft oder als Realgeschichte der Erziehung die hieraus entstandenen spezifischen Formen der Praxis und deren soziale Resonanz. (3.) Die praxisorientierte Pädagogik vermittelt über Lehrbücher, Textsammlungen und Praxisdarstellungen immer wieder von Neuem die tradierten Normen und Formen der reformpädagogischen Initiativen an professionelle PädagogInnen und an eine breite, an Erziehungs- und Bildungsfragen interessierte Öffentlichkeit. (4.) Die empirische Schulforschung schließlich richtet ihr Augenmerk u.a. auf die spezifischen Sozialisations- und Lernprozesse an den Schulen, die aus der klassischen Reformpädagogik hervorgegangen sind.

Was war die „klassische Reformpädagogik“?

Gemeinhin bezeichnet man als *„Reformpädagogik“* (Neue Erziehung, Education Nouvelle, Nuova Educazione, Progressive Education etc.) die von kultur- und gesellschaftskritischen Motiven inspirierten, gegen die Schwächen des verstaatlichten Bildungssystems und die Zwänge der bürgerlichen Erziehungspraxis protestierenden pädagogischen Reformgruppen, Programme und Initiativen in Europa und Nordamerika im Zeitraum von etwa 1890 bis in die Mitte des 20. Jahrhunderts. Während der Reformpädagogik in Deutschland schon 1933 offiziell ein abruptes Ende gesetzt wurde, löste sich die amerikanische Progressive Education Association erst im Jahre 1955 selber auf. In der jüngeren Fachliteratur wird dieser geschichtliche Komplex als „klassische“ Reformpädagogik bezeichnet und von einer „neuen“ Reformpädagogik abgegrenzt, welche im

Gefolge der radikalen Protestbewegungen der sechziger und siebziger Jahre in den modernen westlichen Gesellschaften entstanden ist (vgl. Flitner 1990; Skiera 2003; Oelkers 2004)[1].

Was unter der klassischen Reformpädagogik genauer zu verstehen sei, war lange Zeit in Deutschland durch die monumentalen „Meistererzählungen" ihrer ersten zeitgenössischen Historiographen, der geisteswissenschaftlichen Pädagogen Wilhelm Flitner (1928) und Herman Nohl (1933), nahezu fraglos vorgegeben. Sie schufen zu Beginn der dreißiger Jahre das Konzept der Reformpädagogik als einer zeitlich umgrenzten Epoche und als einer ideell einheitlichen sozialen Bewegung, welche sich in verschiedenen Konzepten und Richtungen der Erziehungs- und Schulreform manifestierte und gemäß einer immanent notwendigen Phasenfolge zu ihrer praktischen Entfaltung gelangte (vgl. Prondczynsky 1996). Die *„Pädagogische Bewegung"* umfasste demnach als „Strömungen" im Wesentlichen die Kulturkritik, die Jugendbewegung, die Pädagogik vom Kinde aus, die Landerziehungsheim-, Arbeitsschul-, Kunsterziehungs-, Einheitsschul- und Volksbildungsbewegung. Der Prozess der Erziehungsreform vollzog sich „organisch" in drei Entwicklungsphasen: auf die Einzelreformen der „Pioniere" um 1900 folgte der noch stark utopisch bestimmte „Ausbau" unmittelbar vor und nach dem Ersten Weltkrieg, bevor es schließlich Mitte der zwanziger Jahre zur „Selbstkritik" im Spiegel der inzwischen akademisch etablierten geisteswissenschaftlichen Pädagogik kam (vgl. Retter 2004). Dieses vom Selbstverständnis der geschichtlichen Akteure ausgehende, aber zugleich auf den Nachweis einer inneren geistigen Einheit gerichtete monumentale Gebilde „Reformpädagogik" wurde von der Schülerschaft Wilhelm Flitners, insbesondere von Hermann Röhrs und Wolfgang Scheibe, unter zunehmender Einbeziehung internationaler Repräsentanten als „Welterneuerungsbewegung der Erziehung" bis in die Gegenwart kanonisch fortgeschrieben. Und selbst die jüngste, bewusst aus der Geschichte in die Gegenwart führende Darstellung Andreas Flitners über die Impulse des 20. Jahrhunderts zur "Reform der Erziehung" (Flitner 1999) ist in ihrem thematischen Kern noch von diesem Kanon bestimmt. Denn die Reformpädagogik wird hier begriffen als „klassische Phase" einer den Modernisierungsprozess der Gesellschaft insgesamt begleitenden Bewegung kindorientierter Erziehungs- und Schulreform, deren Elemente die Modernitätskritik, die anthropologische Begründung der Erziehung, ein praxisbezogenes Lernen, die Freiheit der Schule und ihre gemeinschaftliche Gestaltung sind.

1 In dieses Umfeld gehören hierzulande vor allem die aus basisdemokratischen, pazifistischen und ökologischen Impulsen hervorgegangenen Kinderläden und Freien Alternativschulen. Die „neue" Reformpädagogik unterscheidet sich von der „klassischen" vor allem durch (1.) eine multipersonale Urheberschaft, (2.) eine eher sozialisationstheoretische als anthropologische Fundierung, (3.) eine größere konzeptionelle Flexibilität, (4.) eine stärkere Elternpartizipation und (5.) eine eher urbane als naturhafte Ausrichtung der Lernumgebung (vgl. Göhlich 1998).

Nichts Geringeres als die De(kon)struktion dieses *„Mythos Reformpädagogik"* als historische Fiktion und eine Kritik der damit verbundenen Originalitäts- und Erfolgsbehauptungen hat mit besonderer Schärfe Jürgen Oelkers versucht (vgl. Oelkers 1996)[2]. Er postuliert, dass es – entgegen dem Selbstverständnis ihre Akteure – „die Reformpädagogik" als abgrenzbare Epoche oder einheitliche soziale Bewegung nicht gegeben habe; was bis heute so genannt wird, stelle ein „inhomogenes Theorieaggregat" dar, mit dem im Grunde nur das Reformprojekt der neuzeitlichen Pädagogik in nachaufklärerischer Begrifflichkeit fortgeschrieben werde. Die pädagogischen Grundsätze der Reformer (Selbsttätigkeit, Ganzheitlichkeit u.a.m.) wurden nach Oelkers auch schon in der Schulpädagogik des 19. Jahrhunderts diskutiert. Die sog. Reformpädagogik war also weder theoretisch noch praktisch originell. Sie war überdies „als gesellschaftliche Kraft" erfolglos; mit Ausnahme des Weimarer Grundschulkompromisses und der Akademisierung der Volksschullehrerausbildung war ihr Erfolg „im wesentlichen ein publizistischer". Die sog. Reformpädagogen scheiterten aber nur „relativ"; denn beseelt von der Mythisierung des Kindes und der Gemeinschaft schufen die Radikalen unter ihnen an den Rändern der Gesellschaft lebensreformerisch-experimentelle, „postmoderne" Alternativschulen, deren pädagogische Sprengkraft bis heute weiter gewirkt hat. Trotz dieser Konzession einer ungewollten „paradoxen Originalität" bleibt Oelkers' Fazit über die sog. Reformpädagogik negativ. Insgesamt sei sie gescheitert; es überdauerten nur wenige, außerstaatliche Reformschulen und sonst nur die Reformmotive. Diese pauschale Schlussbilanz versucht Oelkers allerdings gar nicht empirisch zu belegen. Sie ergibt sich in erster Linie aus der von ihm gewählten „dogmengeschichtlichen" und ideologiekritischen Forschungsperspektive. Die systematische Rekonstruktion der Programme und die historisch-empirische Analyse der Alltagspraxis der reformpädagogischen Initiativen werden vernachlässigt. Trotz ihrer riskanten Schlagseite hat sich die Analyse von Jürgen Oelkers insgesamt als Katalysator für weitere

2 Die Kritik an der klassischen Reformpädagogik ist so alt wie diese selbst; sie verstärkt sich aber vor allem mit dem Aufkommen der kritischen Erziehungswissenschaft in den siebziger und achtziger Jahren. Als zentrale Schwachpunkte werden seitdem immer wieder ins Feld geführt: die aus einem pädagogischen Naturalismus entspringende, gesellschaftsanalytisch blinde erzieherische Hybris, die rückwärtsgewandte Utopie der Schule als einer vormodernen Lebensgemeinschaft und die durch diese anti-aufklärerischen Regressionen bedingte Blindheit gegenüber einer Vereinnahmung durch Faschismus und Nationalsozialismus (vgl. Ullrich 1990, 2007; Ullrich 1999, S. 308 ff.). Paradigmatisch erfolgt diese Kritik bis heute vor allem an den reformpädagogischen Protagonisten Montessori und Petersen (vgl. u.a. Leenders 2004). Der explizit demokratische, progressiv-urbane und wissenschaftsorientierte Reformschulansatz John Deweys ist in Westeuropa insbesondere von Kerschensteiner und Petersen zunächst nur eklektisch im Sinne einer ideellen Stützung und methodischen Ausdifferenzierung des Arbeits- und Projektunterrichts rezipiert worden. Eine systematische Auseinandersetzung mit der Reformpädagogik Deweys findet erst Jahrzehnte später statt (vgl. Bittner 2001).

Forschungen über die klassische Reformpädagogik erwiesen; denn durch sie ist deutlich geworden, dass es die „eine“ objektive Wahrheit über „die Reformpädagogik“ nicht geben wird und dass es zu ihrem angemessenen Verständnis einer Pluralität von Perspektiven mit je beschränkter Reichweite bedarf.

Angesichts der sich immer stärker ausdifferenzierenden Forschungsarbeiten zur Reformpädagogik (vgl. dazu u.a. Rülcker / Oelkers 1998; Retter 2004) und der darin sich dokumentierenden Heterogenität der Orientierungen erscheint es allerdings zunehmend schwieriger, historisch auf Gemeinsamkeiten zu stoßen, aus denen sich noch eine übergreifende Einheit „Reformpädagogik“ rekonstruieren ließe. Für den Bildungshistoriker ist es unerlässlich, die Initiativen zu unterscheiden nach Art und Ausmaß ihrer Ambitionen, die sich von nur methodischen über schulreformerische bis zu weltanschaulich-spirituellen erstrecken; ebenso wichtig ist dabei die Differenzierung nach dem Grad ihrer philosophisch-systematischen Fundierung und ihrer Anschlussfähigkeit an die zeitgenössische empirische Forschung (z.B. die Entwicklungspsychologie). Heinz-Elmar Tenorth (1994) hat angesichts dessen den Vorschlag gemacht, zwischen der auf Differenz gerichteten historischen Forschung *über* „die Reformpädagogik“ und einem auf Einheit drängenden pädagogischen Interesse *an* der Reformpädagogik systematisch zu unterscheiden. Beide Zugänge sind gleichberechtigt; der erste ist – aus der distanzierten Beobachterperspektive – bestimmt von einem disziplinären Forschungsinteresse, der zweite – aus der Nähe des Teilnehmers – von einem professionellen pädagogischen Engagement. Als ein „diffuses Syndrom von pädagogischen Hoffnungen und Ansprüchen, Erfahrungen und Konzepten“ gibt es mithin für Tenorth die *Reformpädagogik als historische und als pädagogische Gestalt*. Während die immer unübersichtlicher werdende historische Gestalt vielfach noch intensiver weiterer Erforschung bedarf, hat die pädagogische Gestalt als dogmatisierter „Kanon“, der eine Identifikation mit reformorientierten Lehrern und Erziehern ermöglicht und zur Veränderung der Praxis bewegt, längst Karriere gemacht – von Herman Nohl damals bis zu Andreas Flitner heute. Die Gründe für den Erfolg dieses pädagogischen Konstrukts liegen für Tenorth in seiner Modernität. Mit der Chiffre vom „Wesen des Kindes“ und mit dem Kerngedanken der Autonomie bzw. Eigenlogik der Erziehung in sachlicher, sozialer und zeitlicher Dimension bringt die Reformpädagogik – allerdings historisch zunächst eingebettet in den Kontext nicht mehr re-aktualisierbarer vor- und antimodernistischer Bewegungen – das Funktionsprinzip der Moderne auch im Erziehungssystem zur Geltung. Wenn sie so verstanden wird, „[...] als Stachel für unerledigte konstruktive Ansprüche und als Modus des Umgangs mit der pädagogischen Paradoxie der Moderne, dann ist Reformpädagogik nicht nur ein historisch wichtiges und in der Bildungsgeschichte notwendiges Thema, sondern tatsächlich auch unentbehrlich“ (ebd., S. 602).

Es ist schon mehrfach versucht worden, als den einheitsstiftenden Kern der klassischen Reformpädagogik einen spezifischen Typus *reformpädagogischen Denkens* – in bewusster Kontrastierung etwa zum Typus konservativen Erziehungsdenkens – historisch zu rechtfertigen und systematisch zu explizieren (vgl. dazu u.a. Tenorth 1989, S. 127 u.131; Röhrs 1994, S. 11 ff.; Flitner 1999, Kap. 11; Skiera 2003, S. 22 ff.). Erst jüngst hat Meike Sophia Baader den Versuch unternommen, das reformpädagogische Denken unter Zugrundelegung eines funktionalen Religionsbegriffes als eine moderne Verweltlichung religiöser Vorstellungen zu begreifen (vgl. Baader 2005; Baader 2006). Im „heiligen Kosmos der Reformpädagogik" stellt das pädagogische Handeln einen sakralen Akt zur Rettung und Erlösung der jungen Generation dar: „der Lehrer als Priester oder Seelsorger steht einem heiligen Kind oder einem Jüngling als Apostel gegenüber, der Unterricht wird als liturgische und weihevolle Handlung verstanden, dessen Ziel die religiöse Persönlichkeit, der erlöste Mensch oder der gottähnliche Mensch ist" (Baader 2006, S. 90). Eine die pädagogische Mythologie und Metaphoprik transzendierende ideengeschichtliche Analyse (vgl. Ullrich 1999) legt es nahe, das reformpädagogische Denken als ein Gefüge aus mehreren Ebenen zu begreifen: (1.) Das Fundament bildet eine positive Anthropologie des Kindes und des Jugendlichen, in welcher der Heranwachsende als ursprünglich schöpferische Individualität vorgestellt wird. (2.) Darauf baut sich als zweite Ebene auf eine Vorstellung von der pädagogischen Beziehung, welche – um den Edukanden in seinem Eigenwert verstehen und anerkennen zu können – von einem „geborenen Erzieher" als Dialog, Begegnung, als erfüllte Gegenwart gestaltet werden soll. (3.) Für das Unterrichten resultiert daraus eine Methode des Lehrens und Lernens, die zugunsten der Selbsttätigkeit und des vielfältigen Ausdrucks der Schüler nicht systematisch, sondern „genetisch" vom ursprünglichen Verstehen zum exakten Denken führt. (4.) Die Schule fungiert nicht mehr nur als Organisation des Lernens, sondern wird zum Lebensraum der Kinder. Sie begreift sich selbst als familienähnliche Lebensform, als Gemeinschaft gleicher pädagogischer Orientierung, in der das Unterrichten umrahmt wird von einem reichhaltigen Schulleben aus Arbeit, Spiel, Gespräch und Feier. (5.) Die Lerninhalte schließlich werden nicht mehr nur durch den Kanon der Lehrfächer generiert. Sie werden, um subjektrelevante und lebenspraktische Erfahrungen zu ermöglichen, in offenen, überfachlichen Zusammenhängen gesamtunterrichtlich oder projekthaft mit den Schülern erarbeitet. Dieses reformpädagogische Denkmuster begleitet sowohl als kritischer Diskurs wie auch als Reformimpuls die Moderne von Anfang an. Es hat sich mit Rousseau und Herder herausgebildet, bringt mit Fröbels Kindergarten und Tolstojs kurzlebigem Schulexperiment Jasnaja Poljana erste singuläre erziehungspraktische Realisierungen hervor, ehe es in der klassi-

schen Reformpädagogik Erziehungs- und Schulreformen im internationalen Maßstab generiert[3], welche uns bis heute begleiten.
Anders als die bisher dominierenden ideengeschichtlichen und ideologiekritischen Arbeiten geben die realgeschichtlichen Studien Aufschlüsse über die *Wirkungen der Reformpädagogik.* In der Praxis des öffentlichen Schulwesens der Weimarer Republik zeigten sich jene vor allem in einer Veränderung der Lehrmethode, welche aus dem Prinzip des Arbeitsunterrichts resultierte (vgl. Tenorth 1989, S. 128 f.). Diese didaktische Reform wurde hauptsächlich im Bereich der Volksschulen realisiert. Hier gab es auch die meisten Versuchsschulen, welche sich durch eine größere organisatorische und curriculare Gestaltungsautonomie auszeichneten. Vor allem in den von den Arbeiterparteien regierten Großstädten Berlin, Hamburg, Magdeburg u.a. erreichte die reformpädagogische Praxis der Schulversuche auch die Ebene der Gymnasien (vgl. Schmitt 1993)[4]. Dieser unverkennbare Erfolg einer Reform der staatlichen Regelschule von innen ließ sich zurückführen u.a. auf das gemeinsame pädagogische Engagement einer überregional kommunizierenden Lehrerschaft, die sachkundige Unterstützung durch die lokalen Schulbehörden, eine kollegiale Selbstverwaltung und enge Einbeziehung der Elternschaft in die Schulgemeinde sowie auf eine gelungenen Profilierung der einzelnen Schule (vgl. Lehberger 2002).

Angesichts der insgesamt erfahrenen Reformwiderständigkeit des staatlichen Schulwesens richtet sich das Interesse der Reformpädagogen jedoch stärker auf die Initiativen und Versuche in freier Trägerschaft. In Deutschland kommt es bis zur Machtergreifung Hitlers u.a. zur Gründung von 21 Landerziehungsheimen, 8 Freien Waldorfschulen und einigen Montessori-Kinderhäusern und -Schulen (zu den letzteren vgl. Erlinghagen 1979, S. 146 f.). Diese nichtstaatlichen Versuche nehmen die reformpädagogischen Ansprüche noch radikaler auf, und von ihnen werden die Normen und Formen der Erziehung und des Unterrichts ausgebildet, die bis heute die pädagogischen Praktiker immer wieder inspirieren. Die größte

---

3 Die Konzeptionen der reformpädagogischen Gründer und Praktiker lassen sich nach dem Grad der Vollständigkeit der reformpädagogischen Denkgestalt unterscheiden. Das Spektrum reicht dann von den eher „konservativen" Reformern Lietz und Kerschensteiner bis zu den „radikalen" Hamburger Lebensgemeinschaftspädagogen, in deren Orientierung alle Ebenen des reformpädagogischen Denkmusters „vom Kinde aus" entfaltet sind.

4 Die Zahl der staatlich genehmigten Schulversuche wuchs bis zum Jahre 1933 auf ca. 200 an; darunter fanden sich 17 höhere Schulen (ebd.). Die bekanntesten unter ihnen waren die anfangs von Peter Petersen geleitete Lichtwarkschule in Hamburg, die anschließend von ihm an der Universität Jena gegründete „Jena-Plan-Schule", das von Fritz Karsen aufgebaute Karl-Marx-Schulzentrum in Berlin-Neukölln und die Berthold-Otto-Oberschule in Magdeburg. Die detailreichsten Untersuchungen über die reformpädagogische Unterrichts- und Erziehungsrealität von demokratischen Versuchsschulen in der Weimarer Republik bieten die Studien von Dietmar Haubfleisch (2001) über die Berliner Internatsschule „Schulfarm Insel Scharfenberg" und von Reinhard Bergner (1999) über die Berthold-Otto-Schulen in Magdeburg.

internationale Resonanz hat zunächst in den zwanziger und dreißiger Jahren und – schließlich durchgehend bis heute – die Montessori-Pädagogik (vgl. Oelkers 2004, S. 797). Im Westen Deutschlands haben dann nach dem Kahlschlag der Hitlerdiktatur zunächst bis zum Ende der fünfziger Jahre unter der Volksschullehrerschaft noch einmal die Jenaplan-Schulen Konjunktur (vgl. Chiout 1955, S. 165), bevor u.a. durch die Bildung von Mittelpunktschulen zu Anfang der sechziger Jahre dieses letzte Band der Kontinuität mit der Weimarer Reformbewegung zerreißt. Als im Laufe der achtziger und neunziger Jahre dann die Freien Waldorfschulen vom Außenseiter zum Anführer der internationalen reformpädagogischen Schulbewegung avancieren (vgl. Ullrich 1995), müssen die in der Öffentlichkeit längst in Vergessenheit geratenen Verbindungen zur historischen Reformpädagogik von der Erziehungswissenschaft erst wieder in Erinnerung gerufen werden. Und an der Wende zum neuen Jahrtausend, als ihre prominentesten akademischen Kritiker die Reformpädagogik als „Schnee vom vergangenen Jahrhundert“[5] beiseite räumen wollen, erfreuen sich die Schulmodelle Steiners, Montessoris, Petersens und Freinets einer Wertschätzung und Verbreitung, von denen ihre Gründer zeitlebens nur träumen konnten. Parallel dazu und noch verstärkt durch die Aufbruchstimmung in den neuen Bundesländern und in Osteuropa hat sich – ungeachtet des langjährigen kritischen Diskurses in der Disziplin – in der pädagogischen Profession eine neue Form der unmittelbaren Akzeptanz dieser reformpädagogischen Schulkonzepte herausgebildet und eine weitere Welle von Praxisdarstellungen ausgelöst (vgl. insbes. Flitner 1999[1992]; Hellmich / Teigeler 1995[1992]; Hansen-Schaberg / Schonig 2002; Skiera 2003).

Die Schulen der klassischen Reformpädagogik heute

Die größte Beachtung finden dabei übereinstimmend die folgenden vier Schulbewegungen, die sich hierzulande in einem bemerkenswert expansiven Entwicklungsprozess befinden: (1.) die *Freien Waldorfschulen*, deren erste im Jahre 1919 von Rudolf Steiner (1861-1925) gegründet worden ist und deren Zahl bis heute in Deutschland auf über 200 (weltweit auf ca. 1000) angewachsen ist; (2.) die *Montessori-Schulen*, die unter der Obhut Maria Montessoris (1861-1925) ab ca. 1910 zunächst in der Schweiz, in England und Italien gegründet worden sind, sich inzwischen in 110 Ländern weltweit ausgebreitet haben und deren Zahl sich allein in Deutschland im Jahre 2000 auf 336 (242 Grund-, 72 Sekundar- und 22 Sonderschulen) belief; (3.) die nach dem Modell der 1924 von Peter Petersen

5 Vgl. den unter dem gleichnamigen Titel erschienenen Sammelband von Böhm u.a. (1994), der sich mit diesem merkwürdigen Widerspruch von theoretischer Überalterung und praktischer Aktualität auseinandersetzt.

(1884-1952) an der Universität Jena gegründeten Versuchsschule arbeitenden 46 *Jenaplan-Schulen* in Deutschland (ca. 220 in den Niederlanden) und (4.) die inzwischen mehr als 20 *Freinet-Schulen* und die ungezählten Klassen in Deutschland, in denen Lehrerinnen und Lehrer heute nach dem seit 1924 von Célestin Freinet (1896-1966) entwickelten pädagogischen Konzept arbeiten. Die Rudolf-Steiner-Schulen arbeiten in freier Trägerschaft und haben sich im Bund der Freien Waldorfschulen zusammengeschlossen; dieser bietet eine eigene grundständige Lehrerausbildung an, deren Abschluss für die Tätigkeit als Waldorfklassenlehrer vorausgesetzt wird. Die Montessori-Schulen werden sowohl von freien Initiativen als auch von kirchlichen und staatlichen Organen getragen; von der Lehrerschaft wird hier in der Regel zusätzlich zu den staatlichen Lehramtsexamina das Montessori-Diplom erwartet, welches in Weiterbildungskursen der beiden deutschen Montessori-Dachorganisationen (DMG, MV) erworben werden kann. Der überwiegende Teil der Jenaplan- und der Freinet-Schulen (bzw. -Klassen) befindet sich als Regel- oder Versuchsschule in staatlicher Trägerschaft; in den hier von regulär ausgebildeten Lehrpersonen getragenen bottom-up Schulentwicklungsprozessen stellen die in sich selbst bereits auf eine reformpädagogische Synthese abzielenden Schulkonzepte Petersens und Freinets keine dogmatischen Imperative mehr dar. Über die Gründe für die Anziehungskraft dieser klassischen Reformschulen auf heutige Eltern und LehrerInnen lassen sich erst dann genauere Vermutungen anstellen, wenn man sich deren programmatische Gestaltungstendenzen bezüglich der *Schulorganisation*, der *Lernkultur* und der *pädagogischen Beziehungen* vergegenwärtigt. Diese lassen sich auf der Basis der obigen Praxisdarstellungen wie folgt skizzieren.

1. *Von der großen bürokratischen Unterrichtsanstalt zur kleinen selbstverantworteten Schulgemeinde*: Waldorfschulen sind in der Regel einzügige Schulen in freier Trägerschaft eines Schulvereins, dem die meisten Eltern angehören (Schulgeld!) und der mit den Lehrern ein kündbares Arbeitverhältnis unterhält. Die Lehrerschaft berät und entscheidet in wöchentlichen Konferenzen gemäß der menschenkundlichen Vorgaben Steiners über die pädagogischen Belange der Schule und leitet diese in kollegialer Selbstverwaltung. Die Elternschaft wird durch monatliche Elternabende, durch vereinzelte Hausbesuche des Klassenlehrers sowie durch ein reichhaltiges Schulleben und durch zahlreiche Arbeitskreise zu intensiver Kooperation und Identifikation mit der Schule veranlasst. Auch die Montessori-Schulen setzen – unabhängig von der Art ihrer Trägerschaft – ein überdurchschnittlich hohes Interesse der Eltern an der besonderen Prägung ihres Unterrichts und Schullebens voraus und erwarten von ihrer Lehrerschaft eine innere Entschiedenheit für die Grundsätze der Montessori-Pädagogik. Die Jenaplan-Schulen begreifen sich explizit als „Familienschulen“, die sich in ihrem Schulleben zur Elternschaft öffnen und

diese sogar zur aktiven Mitwirkung im Unterricht animieren. Freinet-Pädagogen verstehen die Schulkasse – innerhalb einer Freinet- oder Regelschule – primär als eine autonome Schüler-Kooperative, welche zu ihrer täglichen Lernarbeit nicht die Eltern einbeziehen muss. Gleichwohl ist die ideelle Identifikation der Eltern mit den pädagogischen Normen und Formen der Freinet-Pädagogik für das Gelingen der selbsttätigen Lernprozesse ihrer Kinder in der Klasse unabdingbar.

2. *Vom Belehrungsraum zur Schulwohnstube*: In der Waldorfschule gibt es für jeden Altersjahrgang einen Klassenraum, der durch seine Farbgebung und die Bildmotive sowie den Jahreszeitentisch die Schüler „entwicklungsgemäß" beheimatet. Die Farbgebung der Wände schreitet vom ersten bis zum achten Schuljahr das Farbspektrum vom Rot über Gelb, Grün, Blau bis zum Violett ab; die Bildmotive orientieren sich an der Abfolge der Erzählstoffe des Kulturstufenlehrplans. In der Montessori-Pädagogik ist die Abkehr von der Schulbank und die Einrichtung eines kindgerechten Lern- und Lebensraumes („vorbereitete Umgebung") von zentraler Bedeutung. Hier findet man z.B. Teppichböden, auf denen liegend gelernt werden kann, niedrige Regale mit den Arbeitsmaterialien, Gruppentische, Lese- und Computer-Ecken und eine kleine Küche; der Lernraum einer Montessori-Klasse erstreckt sich sogar auf die Flure und Emporen. Auch in der Jenaplan-Schule wird der Klassenraum in den „ganzheitlichen" Erfahrungsraum der Schulwohnstube transformiert, welchen die Schüler mit Bildern, Büchern, Werkzeugen, Pflanzen und Aquarien ausgestalten. Anders als im Hintereinander der Bankreihen, wo jeder beim Lernen nur egoistisch „nach vorne" auf die Lehrperson gerichtet ist, können die Schüler in den Tischgruppen auch Verantwortlichkeit für einander entwickeln. Die Freinet-Klasse ist sowohl Schulwohnstube als auch vorbereitete Lernumgebung. Sie bietet um die Gruppentische herum mehrere Arbeitsecken („Ateliers"), die zweckrational mit Geräten (z.B. Druckerpresse, Computer), Werkzeugen und Arbeitsmitteln ausgestattet sind, etwa für graphisches Gestalten, Beobachten und Experimentieren, Holz- und Metallbearbeitung, künstlerisches, musisches und hauswirtschaftliches Tun sowie für die Sammlung von Texten und Dokumenten. Für die Pflege und Wartung der Ateliers sind die Schüler selbst verantwortlich („Ämter").
3. *Von der leistungshomogenen Jahrgangsklasse zur altersgemischten Stammgruppe*: In den Waldorfschulen werden die Schüler zwar noch strikt nach dem kalendarischen Jahrgangsprinzip gruppiert, das Sitzenbleiben aber ist abgeschafft. Die Schüler lernen in dieser historisch ersten koedukativen Gesamtschule Deutschlands gemeinsam von der ersten bis zur zwölften Klasse nach einem spezifischen Waldorfcurriculum, ohne dabei nach ihren Leistungen äußerlich differenziert zu werden. Auf Wunsch erhalten sie aber auch an dieser Schule die Möglichkeit, danach den Weg zu den staatlich anerkannten

Schulabschlüssen (z.B. Abitur) einzuschlagen. In den Montessori-Schulen gehören die Schüler in der allmorgendlich zweistündigen Phase der „Freiarbeit" – der eigentlichen Montessori-Lernzeit – einer jahrgangsübergreifenden Lerngruppe (z.B. 1.-3. bzw. 4.-6. Schuljahr) an, um auch besser mit- und voneinander lernen zu können. In den übrigen Stunden des Vormittags erfolgt der gebundene Fachunterricht in traditionellen Jahrgangsklassen. Durch die in der Freiarbeit gegebenen Möglichkeiten individuellen und zieldifferenten Lernens eröffnen Montessori-Schulen seit langem besondere Chancen für die Integration von Kindern mit Lernbehinderungen. In der Jenaplan-Schule ist die konstitutive soziale Einheit nicht mehr die Jahrgangsklasse, sondern durchgängig vom 1. bis zum 6. bzw. 10. Schuljahr die zwei bis drei Alterjahrgänge umfassende Stammgruppe, in welcher jeder Schüler zunächst „Lehrling", dann „Geselle" und schließlich „Meister" ist. Ein zweites soziales Ordnungsprinzip ergibt sich aus der Leistungsdifferenzierung in den lehrgangsmäßig erteilten Kursen. Das Jahrgangsprinzip wird mithin in dieser Reformschule in doppelter Weise aufgehoben – durch die gewollte Differenz der Altersstufen in der Stammgruppe und durch die Homogenisierung nach den Leistungsniveaus in den Kursen. Auch aus den Freinet-Schulen sind das Jahrgangsprinzip und das Sitzenbleiben verschwunden; die soziale Einheit bildet die altersgemischte, in sich selber flexibel nach je aktuellen Interessenzentren differenzierte Gruppe.

4. *Vom beziehungslosen Fetzenstundenplan zum organisch gegliederten Wochenarbeitsplan*: Der Unterrichtsalltag gliedert sich an den Waldorfschulen in den allmorgendlich zweistündigen Haupt- bzw. Epochenunterricht, den vom ersten bis zum achten Schuljahr der Klassenlehrer in allen traditionellen Hauptfächern erteilt. Nach dem Grundsatz des „ganzheitlichen" Lernens mit Kopf, Herz und Hand folgen auf den eher kognitiv orientierten Hauptunterricht in den folgenden Unterrichtstunden zuerst die künstlerischen Fächer, die Fremdsprachen und Religion, bevor der Vormittag mit den handwerklich-praktischen Fächern abgeschlossen wird. Im übrigen soll auch jede Unterrichtsstunde in sich so gestaltet werden, dass in einem rhythmischen Teil der Wille, im mittleren Teil der Gefühlsbereich und im ruhigen Abschluss das konzentrierte Denken der Schüler angesprochen wird. Der Lernalltag der Montessori-Schule wird bestimmt vom Wechsel zwischen Freiarbeit und Fachunterricht. Jeder Tag beginnt für die Schüler mit einer ca. zweistündigen Phase selbsttätigen überfachlichen Lernens in der altersgemischten Gruppe, welche vom lehrerzentrierten gebundenen Fachunterricht in Jahrgangsklassen abgelöst wird. In der Freinet-Klasse gibt es keinen Stundenplan im üblichen Sinne. Jeder Schüler organisiert seine Lernvorhaben nach seinem individuellen Wochenplan, den er mit dem Lehrer zu Beginn der Woche im Rahmen der Anforderungen des Jahresarbeitsplanes aufgestellt hat. Am Ende der Wo-

che wird Bilanz gezogen: Die Arbeiten aller Klassenkameraden werden vor der Klasse präsentiert und gemeinsam beurteilt. Jeder einzelne Wochentag beginnt mit dem Morgenkreis, einer Art gesamtunterrichtlichen Gesprächs; dann wechseln sich Phasen der Einzelarbeit und des Gruppenunterrichts ab, und am Ende jeder Woche tagt der Klassenrat, in welchem die Schüler über die Probleme beraten, die inzwischen auf der Wandzeitung notiert worden sind.

5. *Vom rezeptiven fachlichen Lernen im Gleichschritt zum selbstbestimmten produktiven Arbeiten in fächerübergreifenden Erfahrungsbereichen*: In der Waldorfschule werden die Schulfächer zumeist noch „frontal“ unterrichtet; dabei wird allerdings bewusst auf Lehrbücher verzichtet. An ihrer Stelle führt jeder Schüler Epochenhefte, in denen er für jedes Fach die wichtigsten Sachverhalte festhält, welche ihm nach „goetheanischer“ Methode vom Lehrer erschlossen worden sind. Die Waldorfschule ist in ausgeprägter Weise ein Ort praktischen, d.h. handwerklichen, künstlerischen und sozialen Lernens. Neben den zahlreichen außerschulischen Praktika haben die individuellen Jahresarbeiten und das gemeinsame Theaterspiel in bestimmten Altersstufen eine besondere Bedeutung. Gelegenheiten zur Präsentation der Lernergebnisse des Unterrichts bieten die regelmäßigen „Monatsfeiern“ im Rahmen der Schulgemeinde. Den Fokus des Montessori-Lernens bildet die Freiarbeit der Schüler in einer vorbereiteten Umgebung mit vielfältigem autodidaktischem Material. Hier hat jeder Schüler Wahlfreiheit bezüglich der Lerninhalte, -partner und -zeiten. Das Montessori-Material ist so konzipiert, dass damit selbsttätig gearbeitet werden kann; es wird immer eine Schwierigkeit isoliert, auf deren Lösung sich der Lernende konzentrieren muss. Erfolg und Misserfolg werden direkt erfahrbar. Die vom Material gestellten Aufgaben sind unbeschränkt wiederholbar. Im Primarbereich liegen für die Kulturtechniken, die Mathematik und die Sachkunde („Kosmische Erziehung“) standardisierte Arbeitsmaterialien vor; für den Sekundarbereich müssen sie häufig erst von den Fachlehrern zusammengestellt werden. In der Jenaplan-Schule tritt an die Stelle frontaler Belehrung das „gruppenunterrichtliche Verfahren“. Hierin werden die frei sich zur Bearbeitung eines fächerübergreifenden oder projektorientierten Themas bildenden Tischgruppen in ihrem eigenständig geplanten Arbeitsprozess von der Lehrperson nur beraten und begleitet. Ergebnisse dieser Gruppenarbeiten können in den regelmäßigen Wochen- und Monatsfeiern vor der Schulgemeinde präsentiert werden. Das lehrerzentrierte fachliche Lernen tritt in der Jenaplan-Schule nur noch in den Kursen, in denen z. B. Kulturtechniken oder Fremdsprachen geübt werden, in Erscheinung. Auch aus den Freinet-Schulen ist das Lehrbuch verbannt. Die Schule soll sich wieder an der „natürlichen Methode“ des Lernens („pour la vie par la vie par le travail“) orientieren und den freien Ausdruck kultivieren, indem

sie „den Kindern das Wort gibt“. Gemäß einer Synthese aus Gesamtunterricht und Arbeitsschule steht im Zentrum der Freinet-Schule (bzw. -Klasse) die Kooperation der Schüler im Rahmen selbstgewählter Arbeitsvorhaben („centres d'intérêt“). Die materiellen Voraussetzungen hierfür bieten die den Gruppenarbeitsraum umschließenden Ateliers sowie die Arbeitskarteien, die Lernprogramme, die Bibliothek, die Druckerei und der Computer. Das Drucken freier Texte für die Klassenzeitung und für die Korrespondenz mit der Partnerklasse ist traditionell die wichtigste gemeinsame Arbeitstechnik der Klasse. Zur „natürlichen Methode“ des forschenden Lernens gehören auch die vielfältigen Erkundungen außerschulischer Lernorte.

6. *Vom selektierenden Zensurenzeugnis zum motivierenden Lernbericht*[6]: Waldorfschulen sind Einheitsschulen, in denen die Schüler ohne Zensuren und Sitzenbleiben vom ersten bis zum zwölften Schuljahr im stabilen Klassenverband gemeinsam vorrücken. Statt der amtlichen Notenzeugnisse erhalten die Schüler jährlich eine Charakteristik im freien Wortlaut. Im Zentrum der Aufmerksamkeit steht nicht der Vergleich der Lernleistungen, sondern die Beschreibung und Beurteilung der individuellen Lernprozesse. Bis zum Ende der achten Klasse sollen dabei nicht nur die fachlichen Leistungen, sondern das „Ganze“ der Schülerpersönlichkeit und ihre Entwicklung (z. B. Konstitution, Temperament, Position in der Klasse) vom Klassenlehrer in den Blick genommen werden. Auch in der Montessoripädagogik wird das Zensurenzeugnis als Fremdkörper empfunden; denn hier gilt noch stärker die individuelle Lernentwicklung des Schülers als Bezugsnorm für die Leistungsbeurteilung. Größtenteils deshalb verzichten die Montessori-Grundschulen auf die Notengebung zugunsten von verbalen Lernberichten. Vereinzelt wird sogar versucht, auf jede schriftliche Form der Bewertung zu verzichten zugunsten obligatorischer halbjährlicher Beurteilungsgespräche mit den Schüler und ihren Eltern. Die Jenaplan-Schulen lehnen die Zensur u.a. deswegen ab, weil sie die Lernmotivation der Schüler von der Sache auf die Person des Lehrers lenkt. An die Stelle des Notenzeugnisses tritt hier zum einen die regelmäßige pädagogische Rückschau im Unterricht und zum anderen der Lernbericht am Ende des Schul(halb)jahrs, der von einem persönlichen Brief des Lehrers an jeden Schüler begleitet sein kann. Schon Petersen hatte vorgeschlagen, zwischen einer objektiven Charakteristik für die Eltern und einer subjektiven Form für den Schüler zu unterscheiden. Schließlich lehnen auch die Freinet-Lehrer das herkömmliche, den Lern-erfolg hierarchisierende Notensystem mit seinem Selektionszwang ab und suchen nach spezifischen Formen einer

---

6 Eine umfassende und differenzierte Darstellung der Formen der Leistungsbeurteilung in den verschiedenen Schulkonzeptionen der klassischen Reformpädagogik bietet die Studie von Thorsten Bohl (2005).

individualisierenden Leistungsrückmeldung und -beurteilung. Diese reichen im Primarbereich von einer Prämierung einzelner Leistungen durch das Klassenkollektiv (z. B. den besten freien Text) über die Ausstellung von Lernpässen („brevets") für das Erreichen einer bestimmten Fähigkeit bis zum periodischen Bericht über den Leistungsstand an das Elterhaus (Rückmeldebögen). Auf der Sekundarstufe lassen sich solche Praktiken gegen das Notensystem nur noch in Schulversuchen aufrecht erhalten.

7. *Vom Fachlehrer zur schulischen Bezugsperson*: In den Freien Waldorfschulen begleitet ein waldorfpädagogisch ausgebildeter Klassenlehrer „seine" Schüler in der Regel kontinuierlich vom ersten bis zum Ende des achten Schuljahres. Er erteilt im täglichen zweistündigen „Hauptunterricht" nahezu alle üblichen Schulfächer mit Ausnahme der Fremdsprachen, der Religion und der musisch-praktischen Fächer. Der Waldorfklassenlehrer begreift sich programmatisch als richtunggebendes Vorbild und haltgebende Autorität für die ihm anvertrauten Heranwachsenden. Die pädagogische Beziehung wird hier also von starker Kontinuität und umfassender Nähe bestimmt; sie ist explizit hierarchisch bzw. asymmetrisch strukturiert. Die konsequente Durchsetzung des Fachlehrerprinzips im neunten Schuljahr bedeutet für die Schüler die Ablösung von ihrer engen Bindung an eine zentrale Lehrperson hin zum selbständigen Umgang mit den Ansprüchen der Fächer. Die in die Montessori-Pädagogik initiierten LehrerInnen sollen sich im Unterricht alles Belehrens enthalten um die Schüler dabei unterstützen zu können möglichst alles selbstständig zu tun. Die „vorbereitete Umgebung" ist ja schon ein großer, wenn auch unbeseelter Lehrer; und die Schüler, die das Material verstanden haben, gelten als die besseren Lehrer ihrer Mitschüler als die offizielle Lehrperson. Dieser bleibt allerdings trotz der auferlegten Zurückhaltung die zentrale Rolle des Garanten des methodischen Arrangements und der sozialen Ordnung. Sie wartet das Arbeitsmaterial, weist in seinen Gebrauch ein, unterstützt die Schüler bei ihrer Arbeit, beobachtet, dokumentiert und beurteilt ihre Lernprozesse. Auch hier ist die pädagogische Beziehung von „Liebe" bestimmt, aber noch stärker von „Demut" vor dem Können des Kindes; das Lehrer-Schüler-Verhältnis erscheint – zumindest in der Freiarbeit – stärker symmetrisch strukturiert. An der Jenaplan-Schule fungiert der Lehrer nur noch in den Kursen als Fachmann für effektives und zeitökonomisches Lehren. Im Gruppenunterricht der Stammgruppe begreift er sich als zweifaches Glied der Gemeinschaft: als „bester Kamerad" ist er der Wahrer der „Vor-Ordnungen", der Quell des Wissens und der Berater im Methodischen; zum „Führer" wird er durch sein Vorbild, sein Vortun, sein rechtes Fragen und durch seine vollendete Rede. In Petersens Bild der Schüler als „um ihren Führer gescharten Rechtsgemeinde Freier" verschlingt sich die asymmetrische Beziehungsform der Gefolgschaft mit der symmetrischen der Kameradschaft. In den Freinet-

Klassen soll den Schülern von der Lehrperson ein Maximum an Mitbestimmung und Mitverantwortung zugestanden werden. Sie sind Miturheber ihrer Bildungsprozesse und demokratischer Souverän im Klassenzimmer zugleich. Im Klassenrat entscheiden die Schüler in eigener Regie über die Regeln des sozialen Miteinanders; die Lehrperson ist hier nur stimmberechtigtes Mitglied und Garant für die Ausführung der Beschlüsse. Auch im Unterricht kommt ihr die Rolle des „maître-camarade" zu, des verantwortungsvollen Anregers, Begleiters, Beraters und Beurteilers der kooperativen Arbeitsprozesse der Schüler im Rahmen der Jahres-, Monats- und Wochenpläne. Die Lehrperson ist nicht nur Tutor in der Kooperative ihrer Schüler, sondern auch Mitglied in der Kooperative der Lehrer, welche nach denselben pädagogischen und politischen Prinzipien Freinets beruflich mit- und voneinander lernen.

Die dargestellten Aspekte lassen die Schulen der klassischen Reformpädagogik übereinstimmend als *Schulkulturen* erscheinen, in welchen den Lehrern, Eltern und auch den Schülern ein höherer Grad an Partizipation und Vergemeinschaftung ermöglicht wird, die pädagogischen Beziehungen zwischen den Lehrpersonen und den Schülern stärker von Konstanz und personaler Nähe bestimmt sind, die Inhalte des Unterrichts den Rahmen der einzelnen Schulfächer transzendieren, die Methoden des Lernens eine größere Vielfalt aufweisen und bei den Schülerleistungen bewusst eine größere Heterogenität akzeptiert wird. Die Aufgaben der Schule erschöpfen sich nicht in den gesellschaftlichen Funktionen der Qualifikation und Selektion – im Kern geht es vielmehr um die Prozesse der personalen Entfaltung und der Gestaltung des Sozialen. Diese durchgängige Tendenz einer pädagogischen Entgrenzung betrifft nicht nur die Schulkultur, sondern auch die Ausformung der pädagogischen Professionalität an diesen Reformschulen. Denn programmatisch sollen hier Lehrerinnen und Lehrer „mit Biographie"[7] arbeiten, die als Bezugspersonen der Schüler ihr pädagogisches Handeln mit einem höheren Grad an affektivem Engagement verbinden und als Klassenlehrer oder Kameraden ihre Berufsrolle nicht primär spezifisch und partikular verstehen, sondern diffus und ganzheitlich.

7 Die Bezeichnung „Lehrer mit Biographie" hat Hellmut Becker geprägt, um solche Lehrer an reformpädagogischen Schulen in freier Trägerschaft zu kennzeichnen, die nach einer längeren Arbeit in einem anderen Berufsfeld sich aus freiem Stücken diese pädagogische Tätigkeit erwählt haben (vgl. Becker 1980, S. 487 f.). Ich halte diesen Ausdruck auch dafür geeignet, die Entschiedenheit zum Ausdruck zu bringen, mit der viele Lehrer sich die Reformschule als ihr berufliches Wirkungsfeld gesucht haben.

Die Bilanz der empirischen Forschung

Der Stand der empirischen Forschung über die Schulen der klassischen Reformpädagogik ist thematisch und methodisch unterschiedlich weit entwickelt (vgl. Idel / Ullrich 2008; Graßhoff u. a. 2007; Ullrich / Idel / Kunze 2004). Die meisten Studien sind immer noch von einer starken affirmativen bis identifikatorischen Grundhaltung zum untersuchten Feld bestimmt; sie sind selten auf den aktuellen Forschungsstand der Schul- und Sozialisationsforschung bezogen und weisen nur einen geringen Grad an theoretischer Konzeptualisierung auf. Die quantitativ verfahrenden empirischen Untersuchungen über den Bildungserfolg, die Lernkultur, die pädagogischen Beziehungen und die Lehrerarbeit an den Reformschulen erbringen durchweg positive Befunde. Beispielsweise können Lillard und Else-Quest (2006) in ihrer Evaluationsstudie über eine traditionsgemäße US-amerikanische Montessori-Schule deutliche Nachweise für die höhere kognitive und soziale Lernergebnisse der 5- bzw. 12-jährigen Montessori-Schüler im Vergleich mit gleichaltrigen Regelschülern aus demselben sozialen Milieu nachweisen. Am Ende der Vorschulzeit zeigten die Montessori-Kinder bessere Leistungen in standardisierten Lese- und Rechentests, interagierten positiver in den Spielsituationen und zeigten ein stärker entwickeltes soziales Verständnis und Bewusstsein für Fairness und Gerechtigkeit. Am Ende der Primarschulzeit im sechsten Schuljahr schrieben sie kreativere und sprachlich differenziertere Aufsätze, fanden positivere Lösungen für soziale Dilemmata und empfanden ein stärkeres Zusammengehörigkeitsgefühl an ihrer Schule. Der bekanntermaßen Schulleistungen stark determinierende Faktor des Elternhauses konnte dadurch kontrolliert werden, dass die Kontrollgruppe aus Schülern bestand, die ebenfalls ursprünglich für die Montessori-Schule angemeldet, aber durch ein Zufallsverfahren abgewiesen worden waren. Ingrid Fähmel (1981) und Gudula Meisterjahn-Knebel (1995) belegen durch standardisierte Unterrichtsbeobachtungen und Interaktionsanalysen u. a., dass in der Freiarbeit an Montessori-Schulen viele Schülerinnen und Schüler in hohem Maße konzentriert und kooperativ lernen. Die Befunde der wenigen qualitativen Untersuchungen veranlassen zu wichtigen Differenzierungen: Den Fallanalysen der ethnographischen Studie Walburga Henrys (2001) lässt sich u. a. entnehmen, dass die Freiarbeit nicht für alle Schüler die wirksamste Form des Lernens darstellt; gerade die leistungsschwächeren sind auf eine stärkere Vorstrukturierung im Unterricht angewiesen. Silke Allmann (2007) rekonstruiert auf der Grundlage von Feldprotokollen, Video-Transkripten und offenen Interviews an einer traditionsreichen Montessori-Schule die unterschiedlichen Lernpraktiken zweier Grundschüler in den Rahmungen von Freiarbeit und Fachunterricht. Dabei ergibt sich u. a., dass für die eine Schülerperson die Freiarbeit die hauptsächlichen Lerngelegenheiten bietet, für die andere das „eigentliche" Lernen aber erst im Fachunterricht beginnt. An

Montessori-Hauptschulen erfahren sich im Übrigen die weniger erfolgreichen Schüler stärker im Bereich des projektorientierten praktischen Unterrichts als Selbstgestalter ihrer Lernprozesse als in der Freiarbeit (vgl. Meyer 2001).

Aus den Studien der Begleitforscher der Lübbenauer *Jenaplan-Schule* (vgl. Lambrich-Steinberg 2001) ergibt sich u. a., dass die Lernleistungen von Jenaplan-Schülern nicht hinter denen der Regelschüler zurückbleiben, dass jene aber in einer Lernorganisation und in einem sozialen Klima leben und lernen, welche zu höherer gegenseitiger Anerkennung führen und selbst dann Schülern noch Halt in der Gruppe gewähren, wenn jene beim Lernen häufig Misserfolge erleben. Interessant ist der Befund, dass die Zugehörigkeit der Schüler zu altersgemischten Lerngruppen wenig Einfluss auf die Bildung von Freundschaften hat; denn diese werden weiterhin in erster Linie mit den Gleichaltrigen eingegangen. Das für die Jenaplan-Schule zentrale Prinzip des Lernens in altersgemischten Stammgruppen wird im Übrigen von ehemaligen Schülern nach ihrem Übergang in die staatlichen Regelschulen rückblickend eher kritisch beurteilt (vgl. Spahn 2000).

Zu deutschen *Freinet-Schulen* liegt bislang nur die qualitative Studie von Uta Fuhrmeister (2007) über den Umgang der Lehrerinnen und Lehrer mit verhaltensauffälligen Schülern vor. Aus teilnehmenden Beobachtungen im Unterricht und Gruppendiskussionen mit den Lehrern an zwei sehr unterschiedlichen Freinet-Schulen ergibt sich ein beeindruckendes Bild über die ressourcenorientierten Haltungen, mit denen die Freinet-Pädagogen im Rahmen ihrer je spezifischen Einzelschulkultur die Heterogenität im Verhalten ihrer Schülerschaft, darunter auch Formen von „Verhaltensauffälligkeit" bearbeiten.

Am weitesten und vielfältigsten hat sich innerhalb der beiden letzten Jahrzehnte die empirische Forschung zu *Freien Waldorfschulen* entwickelt. Im Folgenden sollen deshalb nur einige methodisch und konzeptionell anspruchsvollere Studien erwähnt werden. Die Fragebogenuntersuchung von Dirk Randoll (1999) über die Urteile von OberstufenschülerInnen an Gymnasien und an *Freien Waldorfschulen* über ihre Schule erbringt durchweg deutlich positivere Einschätzungen des Schulklimas, der Lernkultur und der pädagogischen Generationsbeziehungen an Waldorfschulen als an Regelschulen; irritierend und interpretationsbedürftig bleibt dabei allerdings der Einzelbefund, dass Waldorfschüler in hohem Maße zusätzlichen Nachhilfeunterricht in Anspruch nehmen (müssen).

Eine Interviewstudie mit Waldorflehrern (vgl. Barz 1994) zeigt zum einen Überforderungstendenzen und ein hohes Maß an Selbstkritik sowie zum anderen Diskrepanzen zwischen offiziellem pädagogischen Selbstverständnis und tatsächlichen Orientierungen im Berufsalltag. Diese letzteren sieht Barz u. a. gekennzeichnet durch den Versuch, die eigenen „libidinösen Defizite" durch eine enge Bindung an die Schüler und eine besondere „pädagogische Militanz" zu kompensieren. Leider belässt es diese Studie bei solchermaßen riskanten Generalisierungen; eine individuelle Differenzierung der beruflichen Deutungsmuster der Waldorflehrer und ihre Rückbindung an ihre sehr unterschiedlichen Professionalisierungspfade bleibt deshalb weiterhin ein Forschungsdesiderat.

In einer Biographieanalyse und der Schulkulturforschung verbindenden Studie rekonstruiert Till-Sebastian Idel (2007) auf der Basis von narrativen Interviews mit ehemaligen Waldorfschülern und deren früheren Verbalzeugnissen in drei Fallstudien unterschiedliche Passungsverhältnisse zwischen Biographie und Schulkultur: ein harmonisch-entwicklungsproduktives, ein diskrepant-leidvolles und ein ambivalent-inkonsistentes. Eine wesentliche Voraussetzung für gelungene schulbiographische Passungen, d. h. für die identitätsförderliche Anerkennung des Schülerselbst, ist die Anschlussfähigkeit familialer Habituspräferenzen und des Schülerhabitus an die waldorfpädagogische Bildungswelt. Die Nähe von Familie und Schule im Schulkollektiv kann bei Schülern psychosoziale Probleme abmildern, von anderen aber auch als unheilvolle Allianz erlebt werden. Die sich auf über zwölf Schuljahre erstreckende Kontinuität der Klassengemeinschaft bietet eher distanzierten und auch problematischen Schülern die Möglichkeit einer sukzessiven stabilisierenden Integration, sie kann dann aber auch zum Problem werden, wenn Schüler dauerhaft ausgegrenzt werden. Die starke Orientierung der Waldorflehrer an einer kompensatorischen Förderung der Leistungsschwächeren bei gleichzeitig geringer Binnendifferenzierung kann zur Folge haben, dass Bildungsansprüche leistungsstarker und hoch motivierter Schüler zurück gewiesen werden. Im positiven Sinne können durch eine solche wenig leistungsorientierte Unterrichtskultur überstarke Fixierungen auf die schulische Leistungsbewährung verhindert und Freiräume für informelle Lern- und Bildungsprozesse im außerschulischen Raum geschaffen werden (z. B. auch durch außercurricularen Aktivitäten wie Klassenspiele, Praktika, Jahresarbeiten u. a. m.). Idel gelangt anhand seines Fallmaterials zu der durch weitere Studien noch zu erhärtenden These, dass die Schulkultur der Waldorfschulen von einer starken Selektivität bezüglich des sozialen Habitus (Lebensstil, Milieu usw.) geprägt ist.

Die umfangreiche qualitative Studie von Werner Helsper, Heiner Ullrich, Bernd Stelmaszyk, Davina Höblich, Gunther Graßhoff und Dana Jung (2007) fokussiert Klassenlehrer-Schüler-Beziehungen an Waldorfschulen zu Beginn der Adoleszenz. Auf der Grundlage von videographischen Unterrichtsaufzeichnungen, Verbalbeurteilungen, narrativen Interviews mit Schülern und Klassenlehrern in der achten Jahrgangsklasse sowie Gruppendiskussionen mit dominanten pädagogischen Akteuren an drei unterschiedlichen Waldorfschulen wird die achtjährige Beziehung zwischen Waldorfklassenlehrern und ihren Schülern in kontrastiv ausgewählten Fallstudien mehrebenenanalytisch rekonstruiert. Damit wird ein pädagogisches Konzept qualitativ evaluiert, das auf Dauer angelegt ist, umfassende Zuständigkeit reklamiert und – in bewusster Opposition zu den sich wandelenden Bedingungen des Aufwachsens heutiger Kinder – auf personale

Autorität und Vorbildwirkung setzt. Die Ergebnisse fördern ein außerordentlich breites Spektrum pädagogischer Beziehungen zu Tage, in denen Waldorfklassenlehrer für psychisch stabilisierungsbedürftige Schüler auch noch in der achten Klasse die Rolle von „signifikanten Anderen" spielen und Entwicklungsräume eröffnen können, bei anderen aber durch ihren auf Nähe und affektive Verbundenheit gerichteten berufsbiographischen Habitus das Autonomieverlangen in dieser jugendlichen Altersphase behindern, ihre Motive verkennen und daraus entspringende Bildungsprozesse blockieren. Waldorflehrer beschreiten unterschiedliche Professionalisierungspfade und ermöglichen bzw. behindern dadurch bestimmte Weltzugänge für die ihnen acht Jahre lang anvertraute Schülerschaft. Aus diesen Befunden ergeben sich Anfragen an die Professionalität von Waldorfklassenlehrern und Anforderungen ihre Reflexivität.

In der aufwändigen aktuellen Absolventenstudie (vgl. Barz / Randoll 2007) geht aus 1127 Fragebögen (Rücklauf 32,2%) u. a. hervor, dass mehr als 80% der ehemaligen Waldorfschüler dreier Geburtskohorten (von 1939 bis 1974) sich an der Waldorfschule wohl und von den Lehrern geachtet gefühlt sowie die dort vermittelten Inhalte als sinnvoll erlebt haben. Dabei hat die Steinersche Anthroposophie für die meisten kaum eine besondere Rolle gespielt. Die Hälfte der Befragten hat die eigenen Kinder inzwischen wieder dieser Schule anvertraut bzw. dort angemeldet. Die allergrößte Teil der Befragten sieht die positive Bedeutung der Schule in der Entwicklung von kreativen Fähigkeiten (88%), Selbstbewusstsein (75%), sozialer Rücksichtnahme (70%) und einer sinnvollen Lebensperspektive (59%). Von geringerer Bedeutung sind die Leistungsanforderungen, insbesondere in den Naturwissenschaften, Fremdsprachen, Politik und Sport. Die aktuelle Absolventenstudie bestätigt im übrigen die Befunde einer älteren repräsentativen Befragung von Leber (1981), wonach die ehemaligen Waldorfschüler der Geburtsjahrgänge 1946/47 einen hohen Grad an beruflicher Mobilität aufweisen, eher soziale und kreative Berufsfelder bevorzugen und stärker bildungsorientierte Freizeitinteressen entwickeln. Von besonderem Interesse sind für unseren Zusammenhang die Befunde über die soziale Herkunft, die Bildungsabschlüsse und die berufliche Entwicklung der ehemaligen Waldorfschüler. Die Auswertung zu den Berufen der Eltern ergibt, dass die ehemaligen Waldorfschüler in Deutschland überwiegend aus der gehobenen, akademisch ausgebildeten Mittelschicht stammen, dem sog. „Bildungsbürgertum". Während der Anteil der Akademiker in der deutschen Bevölkerung im Mikrozensus des Jahres 2004 bei 12% lag, gehörten mehr als 40% der Väter der ehemaligen Waldorfschüler dieser Gruppe an. Fast ein Fünftel der Waldorfeltern – mit steigender Tendenz in den jüngeren Alterskohorten – waren Lehrerinnen und Lehrer (aller Schulstufen und -arten); bei den Vätern folgten ihnen in der Häufigkeit die Ingenieure vor den Warenkaufleuten und den Unternehmern bzw. Organisatoren. Bei der größten Elterngruppe der Lehrer handelt es sich hauptsächlich um solche, die an staatlichen Schulen tätig sind. Die Waldorfschule hat es hier mit einer Klientel zu tun, die als kompetente „interne Öffentlichkeit" hohe Bildungs- und Erziehungsansprüche an die Schule stellt, zugleich aber auch die erzieherische und unterrichtliche Arbeit der Waldorflehrerschaft in vielfältiger Weise unterstützen kann. Auch unter den Waldorfabsolventen stellen heute die Lehrerinnen und Lehrer mit 14,6% die größte Berufsgruppe dar. Wie bei ihren Vätern steht an zweiter Stelle der Beruf des Ingenieurs (9,8%); auch die Anteile der Gesundheitsdienstberufe (8,6%) sowie der Ärzte und Apotheker (7,7%) sind bei den Absolventen und ihren Vätern bzw. Müttern identisch. Dreifach so hoch wie bei ihren Vätern ist heute der Anteil der geistes- und naturwissenschaftlichen Berufe (9,5%) und doppelt so hoch ist die Zahl der Künstler (7,2%) unter den ehemaligen Waldorfschülern. Viel niedriger ist dagegen bei ihnen der Anteil der Warenkaufleute. Im Vergleich mit der deutschen Gesamtbevölkerung sind also der Anteil der Lehrer unter den Waldorfschulabsolventen fast um das Fünffache und derjenige der Ingenieure um das Vierfache höher. Noch größer ist die Differenz bei den geistes- und naturwissenschaftlichen Berufen, bei Ärzten, Apothekern und bei Künstlern. Insgesamt ergibt sich, dass die ehemaligen Waldorfschüler fast viermal häufiger als die Grundgesamtheit (46,8% vs. 12%) eine Hochschulausbildung absolviert und überdurchschnittlich häufig akademische, künstlerische, medizinisch-therapeutische und sozialpflegerische Berufe erlernt haben. Unterdurchschnittlich seltener gehen sie in Berufe aus den Gruppen der Warenkaufleute und Bürofachkräfte, was auf eine eher wirtschaftsferne berufliche Orientierung hindeutet. Als wichtige Ergebnisse kann man festhalten, dass Waldorfschulen – trotz des Verzichts auf die Selektionspraxis und Leistungsdifferenzierung der staatlichen Schulen – ihrer Schülerschaft zu hohen Bildungsabschlüssen verhelfen, dass sie allerdings – gegen die Absicht ihres Gründers – heute keinen Schulen mehr für alle Kinder sind, sondern hauptsächlich nur für diejenigen aus dem akademisch-postmateriellen Milieu, welches sich hier habituell reproduziert.

Ausblick

Die *Bedeutung* der klassischen Reformpädagogik für die Weiterentwicklung des Schulwesens wird kontrovers beurteilt. Auf der einen Seite stehen die notorischen Kritiker, für die sie „weder eine reine Erfolgsgeschichte noch ein einfaches Vorbild [ist], und es ist sehr die Frage, ob mit ihren Konzepten auf die Modernisierung zu Beginn des 21. Jahrhunderts reagiert werden kann. Auf Globalisierungsprozesse in postindustriellen Gesellschaften mit hohen Risiken von Arbeit, Lernen und Beschäftigung wird man kaum mit normativer ‚Kindzentrierung' antworten können" (Oelkers 2003, S. 25). Auf der anderen Seite ist zu fragen, ob nicht gerade die Schulen der klassischen Reformpädagogik zentralen pädagogischen Herausforderungen des reflexiven Modernisierungsprozesses eher gewachsen sind: (1.) der zunehmenden Heterogenität der Schülerschaft und des damit ansteigenden Betreuungsbedarfs, (2.) der stärkeren Notwendigkeit, jeder Schülerperson individuelle Unterstützung zukommen zu lassen und dabei kreative Methoden zur Lernmotivierung und -aktivierung zu nutzen, (3.) der wachsenden Bedeutung von Kommunikation, Partizipation und Evaluation an der Einzelschule als einer Organisation mit größer werdender Gestaltungsautonomie (vgl. Kultusministerkonferenz 2003, insbes. S. 81, 115, 145, 155 u. 234). Die immer häufiger zu registrierenden Übernahmen reformpädagogischer Praxiselemente in staatliche Regelschulen (insbes. in Grund-, Gesamt- und Ganztagsschulen) spricht eher für diese zweite Auffassung.

Literatur

Allmann, S. (2007): Lernalltag in einer Montessori-Schule – Kinder zwischen Selbstständigkeit und Anpassung. Münster u. a.: Waxmann.

Amlung, U. u. a. (1993) (Hrsg.): „Die alte Schule überwinden" – Reformpädagogische Versuchsschulen zwischen Kaiserreich und Nationalsozialismus. Frankfurt a. M.: dipa-Verlag.

Baader, M. S. (2005): Erziehung als Erlösung. Transformationen des Religiösen in der Reformpädagogik. Weinheim / München: Juventa.

Baader, M. S. (2006): Der heilige Kosmos der Reformpädagogik. Der Lehrer als Priester, das heilige Kind, der Jüngling als Novize, der Unterricht als Weiheveranstaltung. In: Hofmann u. a. (Hrsg.), S. 75-97.

Barz, H. (1994): Anthroposophie im Spiegel von Wissenschaftstheorie und Lebensweltforschung. Zwischen lebendigem Goetheanismus und latenter Militanz. Weinheim: Deutscher Studienverlag.

Barz, H. / Randoll, D. (Hrsg.) (2007): Absolventen von Waldorfschulen. Eine empirische Studie zu Bildung und Lebensgestaltung. 2. Aufl. Wiesbaden: VS-Verlag.

Becker, H. (1980): Die verspätete Lehrerbildung. In: Neue Sammlung 20, 1980, S. 478-491.

Benner, D. / Oelkers, J. (2004) (Hrsg.): Historisches Wörterbuch der Pädagogik. Weinheim / Basel: Beltz.

Bergner, R. (1999): Die Berthold-Otto-Schulen in Magdeburg. Frankfurt a. M. u. a.: Peter Lang.

Bittner, S. (2001): Learning by Dewey? John Dewey und die Deutsche Pädagogik 1900-2000. Bad Heilbrunn / Obb.: Klinkhardt.

Bohl, T. (2005): Leistungsbeurteilung in der Reformpädagogik. Analyse und Gehalt der Beurteilungskonzeptionen. Weinheim / Basel: Beltz.

Böhm, W. u. a. (1994): Schnee vom vergangenen Jahrhundert. Neue Aspekte der Reformpädagogik. Würzburg: Ergon.

Chiout, H. (1955): Schulversuche in der Bundesrepublik Deutschland. Dortmund: Crüwell.

Döbert, H. / Ernst, C. (2001) (Hrsg.): Schulen mit besonderem Profil. Baltmannsweiler: Schneider Verlag Hohengehren.

Erlinghagen, K. (1979): Maria Montessori (1870-1952). In: Scheuerl, H. (Hrsg.), S. 140-151.

Fähmel, I. (1981): Zur Struktur schulischen Unterrichts nach Maria Montessori. Beschreibung einer Montessori-Grundschule in Düsseldorf. Frankfurt a. M. u. a.: Peter Lang.

Flitner, W. (1928): Die drei Phasen der pädagogischen Reformbewegung. In: Ders. (1951): Theorie des pädagogischen Weges und der Methode. Weinheim, S. 56-66.
Flitner, A. (1990): Schulreform und Praktisches Lernen. In: Neue Sammlung 30, 1990, S. 385-394.
Flitner, A. (1999): Reform der Erziehung. Impulse des 20. Jahrhunderts. Erw. Neuausgabe. München / Zürich: Piper. (1. Aufl. 1992)
Fuhrmeister, U. (2007): Umgang mit Verschiedenheit als Aspekt von Schulkultur. Haltung zu und Umgang mit verhaltensauffälligen Schülern an Freinet-Schulen. Mainz: Diss. Univ.
Göhlich, M. (1998): Neue Reformpädagogiken versus klassische Reformpädagogiken. Gemeinsamkeiten und Unterschiede, Verbindungen und Brüche. In: Rülcker / Oelkers (Hrsg.), S. 85-105.
Graßhoff, G. / Höblich, D. / Idel, T.-S. / Kunze, K. / Stelmaszyk, B. (2007) (Hrsg.): Reformpädagogik trifft Erziehungswissenschaft. Mainz: Logophon.
Hansen-Schaberg, I. / Schonig, B. (2002) (Hrsg.): Reformpädagogische Schulkonzepte. Baltmannsweiler: Schneider Verlag Hohengehren. (Bd. 1: Reformpädagogik; Bd. 2: Landerziehungsheim-Pädagogik; Bd. 3: Jenaplan-Pädagogik, Bd. 4: Montessori-Pädagogik, Bd. 5: Freinet-Pädagogik, Bd. 6: Waldorfpädagogik).
Haubfleisch, D. (2001): Schulfarm Insel Scharfenberg: Mikroanalyse der reformpädagogischen Unterrichts- und Erziehungsrealität einer demokratischen Versuchsschule im Berlin der Weimarer Republik. Frankfurt a. M. u. a.: Peter Lang.
Hellmich, A. / Teigeler, P. (1995) (Hrsg.): Montessori-, Freinet-, Waldorfpädagogik. Konzeption und aktuelle Praxis. 3. Aufl. Weinheim / Basel: Beltz. (1. Aufl. 1992).
Helsper, W. / Böhme, J. (2008) (Hrsg.): Handbuch der Schulforschung. 2. Aufl. Wiesbaden: VS-Verlag.
Helsper, W. / Ullrich, H. / Stelmaszyk, B. / Höblich, D. / Graßhoff, G. / Jung, D. (2007): Autorität und Schule. Die empirische Rekonstruktion der Klassenlehrer-Schüler-Beziehung an Waldorfschulen. Wiesbaden: VS-Verlag.
Henry, W. (2001): Sachunterrichtliches Lernen in der Montessori-Pädagogik. Eine Fallstudie über die Integrative Montessori-Schule Borken. Münster: Lit-Verlag.
Hofmann, M. / Jacottet, D. / Osterwalder, F. (Hrsg.) (2006): Pädagogische Modernisierung. Säkularität und Sakralität in der modernen Pädagogik. Bern: Haupt.
Idel, T.-S. (2007): Waldorfschule und Schülerbiographie. Fallrekonstruktionen zur lebensgeschichtlichen Relevanz anthroposophischer Schulkultur. Wiesbaden: VS-Verlag.
Idel, T.-S. / Ullrich, H. (2008): Reform- und Alternativschulen. In: Helsper, W. / Böhme, J. (Hrsg.), S. 363-383.
Kultusministerkonferenz (2003) (Hrsg.): Bildungsbericht für Deutschland. Erste Befunde. Opladen: Lesle & Budrich.
Lambrich, H.-J. / Steinberg, W. (2001): Die Jena-Planschule in Lübbenau. In: Döbert, H. / Ernst, C. (Hrsg.), S. 79-98.
Langewiesche, D. / Tenorth, H.-E. (1989) (Hrsg.): Die Weimarer Republik und die nationalsozialistische Diktatur. München: Beck. (Handbuch d. dt. Bildungsgeschichte Bd. V).
Leber, S. (1981): Die Waldorfschule im gesellschaftlichen Umfeld. Zahlen, Daten und Erläuterungen zu Bildungslebensläufen ehemaliger Waldorfschüler. Stuttgart: Freies Geistesleben.
Leenders, H. (2004): Reformpädagogik im Faschismus: Peter Petersen – Maria Montessori. In: Retter, H. (Hrsg.), S. 154-167.
Lehberger, R. (2002): Die städtischen Versuchsschulen in der Weimarer Republik. In: Hansen-Schaberg / Schonig (Hrsg.). Bd. 1, S. 84-120.
Lillard, A. / Else-Quest, N. (2006): Evaluating Montessori Education. In: Science Vol. 313, 2006, pp. 1893-1894.
Meisterjahn-Knebel, G. (1995): Montessori-Pädagogik und Bildungsreform im Schulwesen der Sekundarstufe. Dargestellt am Beispiel der Bischöflichen Montessori-Gesamtschule Krefeld. Frankfurt a. M. u. a.: Peter Lang.

Meyer, A. (2001): Die Montessori-Hauptschule Ferdinandstraße aus der Perspektive ihrer Schülerinnen und Schüler. Eine Hauptschule im Spannungsfeld zwischen Restschule und Reformschule. Osnabrück: Der Andere Verlag.

Nohl, H. (1933): Die pädagogische Bewegung in Deutschland. In: Herman Nohl / Ludwig Pallat (Hrsg.): Handbuch der Pädagogik. 1.Bd. Langensalza, S. 302-374.

Oelkers, J. (1996): Reformpädagogik. Eine kritische Dogmengeschichte. 3. Aufl. Weinheim / München: Juventa. (1. Aufl. 1989)

Oelkers, J. (2003): Krise der Moderne und Reformer der Erziehung. In: Tenorth, H.-E. (Hrsg.), S. 7-31.

Oelkers, J. (2004): Reformpädagogik. In: Benner, D. / Oelkers, J. (Hrsg.), S. 783-806.

Pädagogisches Landesinstitut Brandenburg (2000) (Hrsg.): Jena-Planschule Lübbenau. Ein Schulversuch zur Reform der Grundschulen. Berlin: Wissenschaft & Technik Verlag.

Prondczynsky, A. (1996): Zur historischen Einordnung der Reformpädagogik in der Geschichte der Pädagogik. In: Seyfarth-Stubenrauch, M. / Skiera, E. (Hrsg.), S. 70-110.

Randoll, D. (1999): Waldorfpädagogik auf dem Prüfstand. Auch eine Herausforderung an das öffentliche Schulwesen? Berlin: Verlag für Wissenschaft und Bildung.

Retter, H. (2004) (Hrsg.): Reformpädagogik. Neue Zugänge – Befunde – Kontroversen. Bad Heilbrunn / Obb.: Klinkhardt.

Retter, H. (2004): Kommunikation über Reformpädagogik. In: Retter, H. (Hrsg.), S. 209-232.

Röhrs, H. / Lenhart, V. (1994) (Hrsg.): Die Reformpädagogik auf den Kontinenten. Frankfurt a. M. u. a.: Peter Lang.

Röhrs, H. (1994): Die Internationalität der Reformpädagogik und die Ansätze zu einer Welterziehungsbewegung. In: Röhrs, H. / Lenhart, V. (Hrsg.), S. 11-26.

Rülcker, T. / Oelkers, J. (1998) (Hrsg.): Politische Reformpädagogik. Bern u. a.: Peter Lang.

Scheuerl, H. (1979) (Hrsg.): Klassiker der Pädagogik Bd. 2. München: Beck.

Schmitt, H. (1993): Topographie der Reformschulen in der Weimarer Republik: Perspektiven ihrer Erforschung. In: Amlung, U. u. a. (Hrsg.), S. 9-31.

Seyfarth-Stubenrauch, M. / Skiera, E. (1996) (Hrsg.): Reformpädagogik und Schulreform in Europa. Bd. 1. Baltmannsweiler: Schneider-Verlag Hohengehren.

Skiera, E. (2003): Reformpädagogik in Geschichte und Gegenwart. Eine kritische Einführung. München / Wien : Oldenbourg.

Spahn, S.: (2000): Die subjektive Sicht der Jena-Plan-Schülerinnen und –Schüler auf das Leben und Lernen an der Jena-Planschule in Lübbenau und an den weiterführenden Schulen. In: Pädagogisches Landesinstitut Brandenburg (Hrsg.), S. 67-74.

Tenorth, H.-E. (1989): Pädagogisches Denken. In: Langewiesche, D. / Tenorth, H.-E. (Hrsg.), S. 111-153.

Tenorth, H.-E. (1994): „Reformpädagogik". Erneuter Versuch, ein erstaunliches Phänomen zu verstehen. In: Zeitschrift für Pädagogik 40, 1994, S. 585-604.

Tenorth, H.-E. (2003) (Hrsg.): Klassiker der Pädagogik. Bd. 2. München: Beck.

Ullrich, H. (1990, 2007): Die Reformpädagogik. Modernisierung der Erziehung oder Weg aus der Moderne? In: Zeitschrift für Pädagogik 36, 1990, S. 893-918. [Wiederabdruck in: Graßhoff u. a. (2007), S. 21-50]

Ullrich, H. (1995): Vom Außenseiter zum Anführer der Reformpädagogischen Bewegung? Betrachtungen über die veränderte Stellung der Pädagogik Rudolf Steiners in der internationalen Bewegung für eine Neue Erziehung. In: Vierteljahrsschrift für wiss. Pädagogik 71, 1995, S. 284-297.

Ullrich, H. (1999): Das Kind als schöpferischer Ursprung. Studien zur Genese des romantischen Kindbildes und zu seiner Wirkung auf das pädagogische Denken. Bad Heilbrunn / Obb.: Klinkhardt.

Ullrich, H. / Idel, T.-S. / Kunze, K. (2004) (Hrsg.): Das Andere Erforschen. Empirische Impulse aus Reform- und Alternativschulen. Wiesbaden: VS-Verlag.

Dirk Schubotz

Auf dem Weg zum Mainstream? Integrative Schulen in Nordirland am Scheideweg.

1. Einleitung

Nordirland ist ein relativ kleines Land. Beim letzten Zensus im Jahre 2001 wurden nicht einmal 1,7 Millionen Einwohner gezählt. Das gemessen an der Größe des Landes verhältnismäßig starke internationale Interesse an Nordirland beruht auf der Tatsache, dass in Nordirland einer der letzten offenen und gewalttätigen gesellschaftlichen Konflikte in Westeuropa andauert. Der hier vorliegende Beitrag beschäftigt sich mit der erfolgreichen Etablierung einer integrativen Reformschulbewegung in Nordirland, die es sich allen widrigen gesellschaftlichen Umständen und Hemmnissen zum Trotz zur Aufgabe gemacht hat, eine Nische für Eltern zu schaffen, die für ihre Kinder – aus welchen Gründen auch immer – eine Alternative zu den bestehenden Regelschulen, die ebenso wie alle anderen Sphären in der nordirischen Gesellschaft entweder im katholischen oder im protestantischen Milieu verankert sind, suchen.

Schulreformprojekte müssen sich immer mit inneren Spannungen und Themen auseinandersetzen, wie z.B. dem Verhältnis von Pädagogen zum Schulmanagement und zu den Eltern; dem professionellen Handeln der Pädagogen; der Aneignung und Selbstverständlichung von Reformorientierung; dem gesellschaftlichen Mandat von Reformschulen; dem Konfliktpotential im Verhältnis zum Regelschulwesen; dem Verhältnis von Leistungs- und Reformorientierung u.s.w. In diesem Sinne gewährt der vorliegende Beitrag nicht nur einen Blick über den deutschen Tellerrand hinaus sondern ist dabei beides: sowohl ein Beispiel für das Spezifische eines Schulreformprojektes als auch Hinweis auf bestehende bildungstheoretische Gemeinsamkeiten von Reformschulansätzen. Der Fokus des vorliegenden Beitrags liegt dabei auf der Möglichkeit, mit Hilfe von qualitativer Schulforschung gesellschaftliche Erwartungshaltungen an eine schulische Graswurzelinitiative zu erkunden, die fundamentalen Einfluss sowohl auf die Entwicklung einer Postkonfliktgesellschaft selbst als auch auf die individuellen Träger und Akteure der Schulreform hat.

2. Zehn Jahre Frieden in Nordirland: eine Bilanz

In den vergangenen zehn Jahren hat die nordirische Gesellschaft fundamentale Veränderungen erlebt. Die Waffenstillstandserklärung der katholischen IRA (*Irish Republican Army*) und der protestantischen paramilitärischen Organisationen wie der UVF (*Ulster Volunteer Force*), UDA (*Ulster Defence Association*) und UFF (*Ulster Freedom Fighters*) im Jahre 1995 haben zu einem Friedensprozess und der Entschärfung des nordirischen Zentralkonfliktes geführt. Wie erwartet hat diese Dekade jedoch auch gezeigt, dass eine völlige Normalisierung einer zutiefst separierten Gesellschaft nicht von heute auf morgen zu erreichen ist. Die Tatsache jedoch, dass die offizielle Arbeitslosigkeit im Jahre 2005 in Nordirland mit 4,3% (DETINI 2005) den Tiefststand der Geschichte erreicht hat und es vielen Einwohnern auch in ökonomischer Hinsicht besser geht als noch vor zehn Jahren, hat dazu beigetragen, dass der sozio-religiöse Nordirlandkonflikt in den vergangen Jahren erheblich pazifiziert wurde.

Folgt man jedoch den Umfragen der jährlich durchgeführten *Northern Ireland Life and Times* (NILT) *Survey* (www.ark.ac.uk/nilt) und deren Vorgängeruntersuchung der *Northern Ireland Social Attitude Survey* (www.ark.ac.uk/sol) zum Optimismus der Bevölkerung bezüglich des Verhältnisses von Katholiken und Protestanten, so zeigt sich hier, dass der Friedensprozess Skepsis insbesondere unter den Protestanten hervorgerufen hat (McAllister et al. 2005). Bemerkenswert ist dabei, dass die Protestanten gerade seit den jüngsten Wahlerfolgen der ‚Anti-Agreement-Partei' DUP, die eine Neuverhandlung des Karfreitagabkommens anstrebt, wieder an Optimismus gewonnen zu haben scheinen. Die Frage muss gestellt werden, inwieweit Katholiken und Protestanten tatsächlich trotz so divergierender Bestrebungen bereit sind, sich einer gemeinsamen Zukunft in Nordirland zu stellen. Der vorliegende Beitrag beschäftigt sich konkret mit der Frage, inwiefern dabei das nordirische Schulsystem – namentlich der kleine Sektor konfessionell integrativer Schulen – einen Anteil an einer Annäherung von Katholiken und Protestanten haben kann.

3. Die Struktur des nordirischen Schulsystems

Das typischste Kennzeichen des nordirischen Bildungssystems ist der bis heute immense Einfluss religiöser Organisationen auf die Schulen, der entweder durch die katholische Kirche direkt *(Catholic Maintained Schools)*, oder durch die protestantischen Kirchen im Hintergrund als „Hüter" des protestantischen Ethos im staatlichen Schulsystem *(Controlled Schools)* ausgeübt wird. Fünfundneunzig Prozent der Schülerinnen und Schüler in Nordirland besuchen konfessionell separierte Schulen. Zudem lebt gegenwärtig nur circa ein Drittel der Bevölkerung in Nachbarschaften, die religiös gemischt[1] sind, was die Kommunikationsmöglichkeiten von Katholiken und Protestanten untereinander zusätzlich stark begrenzt.

Neben der sozio-religiösen Segregation ist für das nordirische Bildungssystem jedoch gegenwärtig noch ein weiteres Element der Segregation typisch: die sogenannten *11+ Tests*. Dies sind schulleistungsorientierte Selektionstests, die im Alter von 11 Jahren im letzten Grundschuljahr durchgeführt werden. Eingeführt wurden diese Tests ursprünglich mit dem Bildungsgesetz von 1947 (*1947 Education Act (Northern Ireland)*). In ihrer jetzigen Form sind sie verbale Logiktests mit dem Schwerpunkt auf Mathematik und Englisch. Schülerinnen und Schüler, die eine der prestigereichen *Grammar Schools* besuchen wollen, die für den anschließenden Hochschulzugang eine hervorragende Ausgangspositionen darstellen, müssen diese Tests mit guten Resultaten bestehen, es sei denn, die Eltern sind bereit, selbst für die Kosten der Schulbildung an der Schule ihrer Wahl aufzukommen. Diese Grammar Schools selbst sind in Nordirland ebenso wie Grundschulen (*primary schools*) und Sekundarschulen (*secondary schools*) mehrheitlich konfessionell separiert. Forschungen haben freilich gezeigt, dass die Selektionstests in der Realität mehr eine Selektion nach Kriterien des Sozialstatus als nach Kriterien der schulisch-intellektuellen Leistungsfähigkeit bewirken (Slavin 1990).

Die Einrichtung integrativer Schulen in Nordirland steht in direktem Zusammenhang mit dieser doppelten Selektion, der die nordirische Schülerschaft ausgesetzt ist, und den jahrelangen erfolglosen Bemühungen, das nordirische Regelschulsystem zu reformieren. Zunächst thematisieren integrative Schulen die konfessionelle Segregation. In der Regel streben sie ein 50-50-Verhältnis zwischen katholischen und protestantischen Schülern und Pädagogen an – mindestens jedoch ein 60-40-Ratio. Einige Integrationsschulen haben inzwischen jedoch auch auf die wachsende Anzahl an konfessionslosen Schülern bzw. Schülern mit nicht-christlichen Konfessionen reagiert und legen z.B. ein Verhältnis von 40-40-20 (Katholiken-Protestanten-Andere) zugrunde. Ein weiteres Charakteristikum integrativer Schulen ist ein Verzicht auf die schulisch-intellektuellen Selektionstests. Für integrative Sekundarschulen bedeutet dies, dass ein bestandener *11+ Test* keine Zugangsvoraussetzung darstellt.

Die erste integrative Schule – Lagan College – eröffnete 1981 in Belfast für zuerst 28 Schülerinnen und Schüler. Die nötigen finanziellen Mittel kamen voll-

---

1 In der NILT-Umfrage von 1998 gaben 33% der Befragten an, ihr Wohngebiet sei religiös gemischt (http://www.ark.ac.uk/nilt/1998/Housing/MIXHERE.html). In der *Young Life and Times Survey* (YLT), die seit 2003 jährlich unter 16-jährigen durchgefürt wird, gaben 29% (2003) bzw. 28% (2004) der Befragten an, dass ihre Nachbarschaft religiös gemischt sei (http://www.ark.ac.uk/ylt/results/yltscapital.html).

ständig aus Stiftungsgeldern, Spenden und Elternbeiträgen. Erst 1986 wurde der Schule vom nordirischen Bildungsministerium (DENI) aufgrund der stetig steigenden Schülerzahlen der Status einer *Grant Maintained School* zugewiesen, womit Lagan College zumindest administrativ und finanziell quasi Regelschulstatus erhielt. Dies war mit einer Übernahme der laufenden Kosten für das College durch das DENI verbunden, was letztlich für die Schule überlebenswichtig war. 1985 wurden drei weitere Schulen wiederum durch eine Eltern- und Stiftungsinitiative eröffnet. Seither hat es einen immensen Aufschwung im integrativen Sektor gegeben, und im September 2005 existierten in Nordirland 58 integrative Schulen – 19 in der Sekundarstufe und 39 in der Primarstufe – mit insgesamt über 17.000 Schülern (NICIE 2004). Mit Fraser und Morgan (1999) könnte man sagen, dass integrative Schulen nicht mehr als Novität angesehen werden können, sondern inzwischen im Puzzle der nordirischen Bildungsangebote einen festen Platz eingenommen haben, den sie jedoch immer wieder neu verhandeln müssen. Jede neu gegründete Schule muss daher ebenso wie *Lagan College* vor über 20 Jahren in den ersten Jahren die Bestandsfähigkeit nachweisen, bevor das DENI die laufenden Kosten übernimmt. Dies bedeutet, dass Reformschulinitiativen nach wie vor erhebliche Hindernisse zu überwinden haben.

4. Makrosoziologische Evidenz

Das Wachstum des integrativen Schulsektors wird seit geraumer Zeit als eines der entscheidenden Mittel für die Pazifizierung des nordirischen Zentralkonfliktes angesehen. Sozialwissenschaftliche Umfragen, die seit 1989 gemeinsam von Forschern der beiden nordirischen Universitäten durchgeführt werden, zeigen, dass über die Hälfte der Befragten regelmäßig angeben, ihre Kinder bevorzugt an eine konfessionell gemischte Schule schicken zu wollen (Abbildung 1). Dabei ist auffällig, dass die Zustimmung unter konfessionell nicht gebundenen Befragten signifikant höher ist als unter Katholiken und Protestanten. Freilich machen diese Befragten insgesamt nur etwa zehn Prozent aller Befragten aus.

Abb. 1: Befragte, die sagen, dass sie ihre Kinder bevorzugt an eine Schule mit religiös gemischter Schülerschaft senden würden (in %)

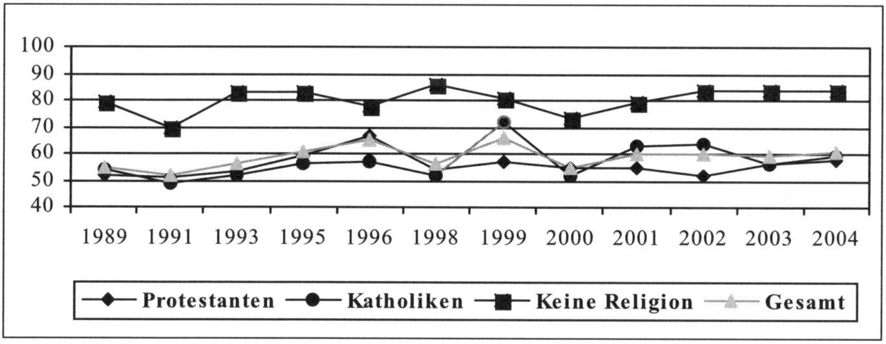

Quelle: http://www.ark.ac.uk/sol (Zugriff Juli 2005)

Deutlich wird schon hier, in welchem politisch sensiblen und anfälligen Terrain integrative Schulen in Nordirland operieren. Die stärkste Zustimmung für religiös gemischte Schulen wurde in Zeiten politischer Entspannung verzeichnet. Abbildung 1 zeigt, dass die Befürwortung religiös gemischter Schulen im Jahre 1996 einen ersten Höhepunkt erreichte (65% der Gesamtbevölkerung). Kurz bevor die Interviews für die NILT Studie im Sommer 1996 durchgeführt wurden, hatten All-Parteiengespräche zu einer friedlichen Lösung des nordirischen Zentralkonfliktes begonnen, und die Stimmung unter der Bevölkerung war entsprechend positiv. Die breiteste Zustimmung zu gemischt religiösen Schulen unter allen Befragten wurde im Jahre 1999 erreicht (66%) – ein Jahr nach der Unterzeichnung des Karfreitagabkommens. Der Interviewzeitraum für die NILT Studie (Oktober bis Dezember 1999) überschnitt sich mit der Etablierung der nordirischen Landesregierung (November 1999), in der zum ersten Mal auch *Sinn Féin* mit drei Ministern vertreten war. Zudem wurde nur wenige Wochen zuvor der sogenannte *Patten Report* veröffentlicht, der eine grundlegende Reform der mehrheitlich protestantischen Polizei Nordirlands in Aussicht stellte. Dies beinhaltete neben einer 50-50-Quotierung von Protestanten und Katholiken bei neuen Rekruten auch eine Trennung der Polizei von ausschließlich mit dem britischen Staat identifizierten Symbolen um so auch symbolische Barrieren für einen Eintritt von Katholiken in die nordirische Polizei abzubauen[2]. Abbildung 1 zeigt deutlich, wie seit Mitte der 1990er Jahre hauptsächlich unter Katholiken eine

2 Über 90% der Polizeiangehörigen Nordirlands waren vor der Implementierung der Patten-Reformen Protestanten.

breitere Zustimmung zu religiös gemischten Schulen herrschte, wobei der größte Anstieg der Zustimmung erreicht wurde, als mit der Beteiligung *Sinn Féins* an der nordirischen Regierung und mit der Reform der Polizei zwei wichtige politische Meilensteine aus Sicht der katholischen Bevölkerung erreicht wurden (1998: 52%, 1999: 72%). Interpretiert werden kann dies als Zeichen dafür, dass die gesellschaftlichen Veränderungen in Nordirland dazu führten, dass Katholiken unter den neuen Bedingungen zunehmend bereit waren, sich auf eine gemeinsame Zukunft – *a shared future* (Darby / Knox 2004) – einzulassen.

Die Abbildung wirft jedoch ebenso ein Licht auf Schocks und Enttäuschungen im nordirischen Friedensprozess. So fiel die Zustimmung zu religiös gemischten Schulen nach dem Bombenanschlag in Omagh (1998) und der Auflösung der nordirischen Regionalregierung (2000) rasant ab. Deutlich wird auch, dass die Bereitschaft zur Integration unter Protestanten nach dem Abschluss des Karfreitagabkommens besonders anstieg, jedoch in der Nachfolgezeit stark abfiel. Dies spiegelt die oben bereits erwähnten protestantischen Enttäuschungen im Friedensprozess wieder.

Die jüngsten Erhebungen zeigen, dass es inzwischen zu einer Veralltäglichung im Friedensprozess in Nordirland gekommen ist, in der es zumindest vorübergehend keine extremen Schwankungen der Zustimmung der Bevölkerung zu religiös gemischten Schulen zu verzeichnen gibt. Zudem haben sich die Auffassungen der beiden sozio-religiösen Gruppen untereinander angeglichen (2004: Katholiken 59% Zustimmung, Protestanten 58% Zustimmung), obwohl die Zustimmung weiterhin signifikant unter der derjenigen Informanten liegt, die sich weder der protestantischen noch der katholischen Bevölkerungsgruppe zugehörig fühlen.

In der Praxis besuchen momentan lediglich fünf Prozent der nordirischen Schülerschaft integrative Schulen. Selbst wenn angezweifelt werden darf, ob tatsächlich zwei Drittel der Bevölkerung ihre Kinder an konfessionell gemischte Schulen schicken würden, wenn sie die Möglichkeit dazu hätten, wie Abbildung 1 suggeriert, so ist zweifelsohne klar, dass der Bedarf an integrativen Plätzen nach wie vor das Angebot übersteigt. Im September 2005 konnten 500 Bewerbungen auf einen Platz in einer integrativen Schule nicht befriedigt werden (NICIE 2005).

NICIE (*The Northern Ireland Council for Integrated Education*) – die Dachorganisation integrativer Schulen – bedient sich daher regelmäßig der Umfrageergebnisse der NILT-Studien, um sich für die Eröffnung neuer integrativer Schulen einzusetzen. Zusätzliche Argumente für diesen Zweck sammelte die Dachorganisation dabei in drei Umfragen, die sie selbst seit 2001 in Auftrag gab. In der letzten dieser Studien gaben über die Hälfte (52%) der Befragten, die ihre Kinder nicht an integrative Schulen schickten, an, dass sie dies auch gar nicht tun könnten, weil keine Integrationsschule in der Nachbarschaft vorhanden sei (NICIE 2003).

Eines der stärksten Argumente für die Lobbyarbeit integrativer Schulbefürworter erbrachte die seit 2003 jedes Jahr durchgeführte *Young Life and Times Survey* (YLT), die einen Teil ihrer Fragen den Freundschaftsmustern 16-jähriger in Nordirland widmete. Die Studie fand heraus, dass es einen Zusammenhang zwischen dem Besuch einer konfessionell gemischten Schule und der Anzahl inter-konfessioneller Freundschaften gab. Für Schüler, die gemischt-konfessionelle Schulen besuchten, war die Wahrscheinlichkeit, keinen einzigen Freund aus einer anderen Konfession als der eigenen zu haben, signifikant reduziert, wie Abbildung 2 zeigt.

Abb. 2: Prozentsatz an engen Freunden aus anderer Konfession nach konfessioneller Zusammensetzung der Schülerschaft (N=824)

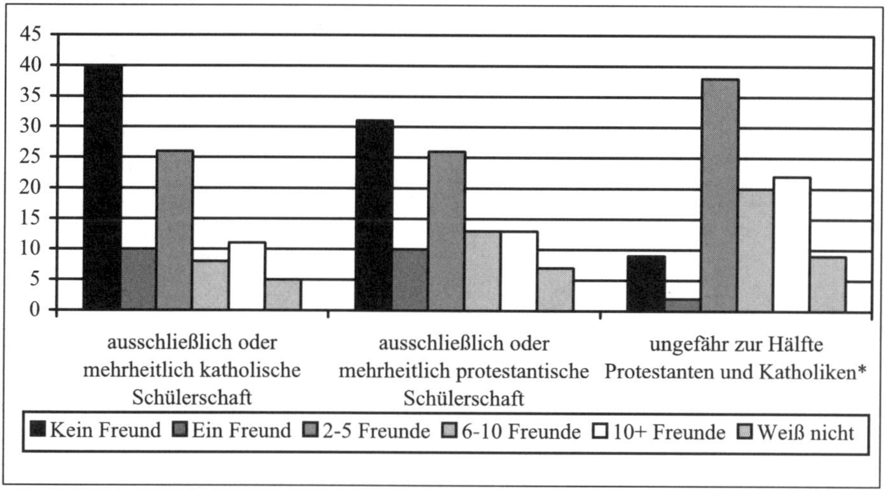

Quelle: Schubotz / Devine (2005)
* d.h. Schüler in gemischt-konfessionellen Schulen

Aus makrosoziologischer Sicht scheint also kein Zweifel an der Wirksamkeit integrativer Schulen in Bezug auf die Überbrückung sozio-religiöser Differenzen zu bestehen. Das vorhandene Datenmaterial gibt sowohl Aufschluss über den gesellschaftlichen Erwartungsdruck gegenüber integrativen Schulen als auch über die Effekte des Besuchs integrativer Schulen in Bezug auf interkonfessionelle Freundschaftsmuster. Dennoch bleibt eine Reihe von Fragen offen. Welche Anforderungen stellt der gesellschaftliche Erwartungsdruck an integrative Schulen, insbesondere an das professionelle Handeln der Lehrerinnen und Lehrer? Welches gesellschaftliche Mandat haben integrative Schulen tatsächlich für ihre Reformorientierung unter den Bedingungen einer sozio-religiös separierten Gesellschaft? Und welche potentiellen Paradoxien und Konflikte entstehen im Inneren der Reformschulen? Diese Fragen lassen sich mit makrosoziologischen Untersuchungsdesigns nur unzureichend beantworten.

5. Konsequenzen des Wachstums des integrativen Schulsektors

Zunächst gab die faktisch numerische ‚Irrelevanz' integrativen Schulen in den frühen Jahren die komfortable Position der Isolation vom Regelschulsektor. Die Integrationsschulen wurden mehr als Experimente angesehen, die jedoch auf die gesellschaftlichen Veränderungen in Nordirland wenig – wenn überhaupt – Einfluss hatten. Obwohl sie finanziell instabil und anfällig waren, hatte ihre Abschottung vom Regelschulsektor in Bezug auf die reformerische Ausrichtung jedoch den Vorteil, dass die integrativen Schulen relativ unbedrängt von institutionellen und politischen Kontrollen eigene Reformideen durchsetzen konnten. Seit einigen Jahren betreut der integrative Sektor jedoch eine signifikante Anzahl von Schülern und hat die komfortablen Vorteile des exklusiven Nischendaseins längst eingebüßt. In der Zwischenzeit ist der integrative Sektor in die sozioreligiösen und ökonomischen Erwägungen nordirischer Bildungspolitik fest eingebunden und wird sowohl von politischen Befürwortern als auch von Gegnern integrativer Schulbildung bewusst instrumentalisiert.

Die staatlichen Bildungsreformen in den vergangenen Jahren haben das Anwachsen der fiskal- wie sozial-politischen Abhängigkeit des integrativen Sektors von staatlicher Schulpolitik wiederholt aufgezeigt. Sinkende Schülerzahlen in Nordirland lassen Schulneugründungen insbesondere in Gegenden, wo andere Schulen von drohenden Schulschließungen oder Zusammenlegungen betroffen sind, kaum als vernünftig erscheinen. Dies stärkt den *status quo* des separierten nordirischen Regelschulsystems. Elterninitiativen, die sich dennoch um integrative Schulneugründungen bemühen, müssen sich mit Anfeindungen seitens Lobbyisten und Pädagogen des bestehenden Regelschulsystems auseinandersetzen. Zudem ist es auch bauplanerisch bedeutend schwieriger geworden, die Genehmigung für Schulneubauten zu erhalten. Der momentan bevorzugte Weg der Integration von Seiten des DENI ist daher die Umwandlung existierender Schulen in integrativen Status. Dazu muss eine Mehrheit der Eltern in den betroffenen Schulen bei einer Grundabstimmung diesem Plan zustimmen. Von den momentan existierenden 57 integrativen Schulen haben 18 auf diesem Wege den Integrationsstatus erlangt. Alle 18 Schulen gehörten zuvor dem quasi-protestantischen staatlichen Regelschulsektor an (*Controlled Schools*).

Auf den ersten Blick hat der integrative Status für diese Schulen selbst keinerlei ‚Vorteile'. Sie erhalten keine zusätzlichen finanziellen Mittel, müssen sich dahingegen den neuen Anforderungen stellen und offen das neue Schulethos vertreten, das der integrative Status mit sich bringt. Dazu gehört die Einführung einer Quotenregelung (mindestens 70:30 mit dem Ziel 50:50) in allen Bereichen der Schule, d.h. sowohl bei der Lehrerschaft als auch der Schülerschaft. Es ist nicht schwer zu erkennen, dass eine Reformorientierung bei den Pädagogen und deren Zustimmung zur Umwandlung der Schule zu einer mit integrativem Status keineswegs vorausgesetzt werden kann. Zudem müssen Schulen, die vor der Statusänderung an sinkenden Schülerzahlen gelitten haben, sich mit Fragen der Glaubwürdigkeit ihres integrationsorientierten Reformwandels auseinandersetzen und sich gegen Anfeindungen der Art verteidigen, dass sie lediglich aus opportunistischen Gründen den Statuswechsel herbeigeführt hätten, um die Schule vor der Schließung zu retten. In Bezug auf die Klientel der Schulen müssen dabei zwei divergente Aufgaben bewältigt werden.

Zum einen müssen die Schulen katholische Eltern davon überzeugen, dass der Wechsel vom quasi-protestantisch religiösen zum integrativen Status nicht nur ein formaler Akt ist, sondern fundamentale Veränderungen im Schulklima selbst beinhaltet, die für katholische Familien akzeptabel oder gar besonders attraktiv seien. Im Schulalltag ist dies z.B. die Frage der Lösung des Problems des katholischen Religionsunterrichts. An dieser Stelle kann diesbezüglich nur angedeutet werden, dass das katholische Bildungsideal einer Trennung von Bildung und Religion ablehnend gegenübersteht und daher ein katholisches Schulethos voraussetzt. Dies kann in integrativen Schulen nur bedingt geboten werden, jedoch ist die Minimalforderung der Mehrheit der katholischen Eltern das Angebot eines katholischen Religionsunterrichts im Fächerkanon der Schule und die Möglichkeit, die Kinder ausreichend auf wichtige religiöse Feiern wie die heilige Kommunion vorzubreiten. Andere Forderungen symbolischer Art könnten in der Einführung traditioneller irischer Sportarten wie *Gaelic Football*, *Hurling* oder *Camogie* in den Lehrplan oder in das Nachmittagsprogramm liegen[3].

Geichzeitig müssen protestantische Eltern versichert werden, dass die unausweichlichen Veränderungen im Schulalltag einer in integrativen Status umgewandelten Schule keine Bedrohung für die protestantische Identität bedeuten. Dies scheint auf den ersten Blick insbesondere in Bezug auf den Religionsunterricht schwierig zu sein, da seit der Reformation in den protestantischen Kirchen der Glaube als eine individuelle, persönliche Interpretation der Bibel durch die

3 Mit katholischen und protestantischen Bildungsauffassungen bezüglich des Religionsunterrichts habe ich mich an anderer Stelle (Schubotz 2003) ausführlich auseinandergesetzt.

Kirchenmitglieder überwiegt und in der protestantischen Bildungsauffassung zwischen säkularem Wissen und religiösen Lebensbereichen unterschieden werden kann. Ein ‚protestantischer Religionsunterricht' als solcher existiert an und für sich daher nicht, muss u.U. jedoch als Gegengewicht zum katholischen Religionsunterricht ‚erfunden werden'. In Abhängigkeit von den individuellen integrativen Schulen gibt es in der Praxis auch zusätzliche symbolische Konzessionen, wie z.B. die Einführung der als typisch britisch angesehenen Sportarten Cricket oder Rugby in den Unterrichtskanon, falls sie nicht ohnehin schon unterrichtet werden, oder die Festschreibung des *Remembrance Day* (Gedenktag an alle im Krieg Gefallenen) als Feiertag im Schulkalender. Katholiken stehen diesem Tag aufgrund der britisch-irischen Geschichte eher skeptisch gegenüber. Dies alles führt zu grundsätzlichen Überlegungen zum gesellschaftlichen Mandat integrativer Schulen.

6. Gesellschaftliches Mandat integrativer Schulen

Seit Beginn ihrer Existenz mussten sich integrative Schulen den unterschiedlichen Elternerwartungen stellen. Während zweifellos für eine Reihe von Eltern der religiöse Integrationsgedanke eine entscheidende Rolle bei der Wahl einer integrativen Schule spielt, können für andere Eltern die Reputation der Schule aufgrund von Schulleistungsvergleichen, die Lage der Schule in der unmittelbaren Nachbarschaft, ein besonders interessanter Fächerkanon und ergänzendes Nachmittagsprogramm, oder auch rein pragmatische Überlegungen in Bezug auf die Vereinbarkeit von Beruf und Elterndasein bzw. Arrangements in der Kinderbetreuung den entscheidenden Einfluss auf die Schulwahlentscheidung haben.

Dennoch sind integrative Schulen seit ihrem Bestehen vor allem mit der Frage konfrontiert worden, inwieweit sie zu einer besseren, gemeinsamen und friedlichen Zukunft in Nordirland beitragen können. Zumeist wurde dies sowohl von Pädagogen als auch von Elternvertretern und Initiatoren der Schulen als abwegig bewertet. Zunächst ginge es darum, eine Alternative für Eltern zu bieten, die ihre Kinder nicht an sozio-religiös separierte Schulen schicken wollten. Eine Lehrerin sagt zu diesem Thema Folgendes:

> „Die Leute tendieren dazu, fürchterlich zu generalisieren, entweder dass wir überhaupt keinen Einfluss haben oder dass wir die Welt verändern werden. Ich meine, ich finde natürlich keines von beidem gut. Sicher werden wir Nordirland nicht völlig ändern, wir wollten den Leuten einfach nur eine Wahl geben. Ich denke, das ist der Knackpunkt, dass die Leute eine Alternative haben und dass ihre Meinungen respektiert werden." (cf. Schubotz 2003, S. 192)

Nach wie vor wird auch in der Dachorganisation der integrativen Schulen (NICIE) Wert darauf gelegt zu betonen, dass das NICIE nicht als das offizielle

Sprachrohr der integrativen Schulen angesehen werden könne, da die Schulen unabhängige Institutionen seien, die sich selbst ihr Schulethos zulegten und auch entscheiden könnten, ob sie sich dem Dachverband anschlössen oder nicht. Rein juristisch ist dies korrekt. Praktisch jedoch wird inzwischen das Gesamt der integrativen Schulen in Nordirland als legitimer dritter Schulsektor wahrgenommen, und die Suche nach innerer Orientierungseinheit im Sektor hat längst auch eine äußere Abgrenzung gegenüber den Regelschulen nach sich gezogen. Diese Abgrenzung erfolgt zwar auch aufgrund des Gesamtschulansatzes integrativer Schulen, hauptsächlich aber aufgrund des Anspruches der sozio-religiösen Integration.

Die Ursachen dafür liegen zweifelsfrei darin begründet, dass die versäulte nordirische Gesellschaft (Lijphart 1975, 1977, McGarry / O'Leary 2003) trotz des zehnjährigen Friedensprozesses nach wie vor durch soziale Kategorisierungsprozesse (Tajfel 1978, Cairns 1982) gekennzeichnet ist, in deren Mittelpunkt Religionszugehörigkeit als zentraler Markierer steht, wie ich bereits am Anfang dieses Beitrages mit dem Verweis auf makrosoziologisches Datenmaterial gezeigt habe. Integrative Reformschulen, die durch das Zusammenbringen von Katholiken und Protestanten zur Verbesserung der Beziehungen zwischen den Angehörigen der beiden sozio-religiösen Lager beitragen wollen, müssen sich daher dieser sozialen Kategorisierungsprozesse bewusst sein. Von den Pädagogen wird dabei eine professionelle Handlungskompetenz bezüglich des Bewusstmachens von automatischen sozialen Kategorisierungen und des Abbaus von Stereotypisierungen bei Schülerinnen und Schülern erwartet, die sie unter Umständen nur bedingt leisten können, weil sie aufgrund ihres eigenen familiären und sozialen Hintergrundes in der separierten Gesellschaft Nordirlands selbst automatisch entsprechend sozial kategorisieren und z.T. auch selbst mindestens latent vorurteilsbelastet oder befangen gegenüber Angehörigen des jeweils anderen sozio-religiösen Lagers sind (Schubotz 2003).

Beispiele dafür, wie reformpädagogisches Handeln an persönliche Grenzen stoßen kann, habe ich an anderer Stelle in Lehrerportraits dokumentiert (ebd.). Eine Lehrerin an einer integrativen Grundschule berichtete u.a., dass sie ihre eigenen Kinder aufgrund von familiärem Aushandlungsdruck nicht an eine integrative Schule schicken konnte, obwohl sie selbst davon überzeugt war, dass dies das Beste für ihre Kinder sei. Eine andere Lehrerin berichtete, wie ihr Familienfrieden durch eine politische Konfliktsituation ernsthaft bedroht wurde. Als sie in der Zeit der kontroversen Oranierparaden versuchte, die Standpunkte beider sozio-religiöser Lager zu vertreten, kam es zu einem Riss in der Familie, und sie blickte zurück:

> "Wie kommen wir bloß über den Sommer? So ernst war das." (cf. Schubotz 2003, S. 198)

Integrative Reformschulen stehen also vor der Aufgabe, soziale Kategorisierungsprozesse bewusst und regelmäßig zu thematisieren. Dies geschieht vor allem über Weiterbildungsprogramme anden Schulen oder organisiert durch die Dachorganisation NICIE. Eine professionelle Kompetenz der Pädagogen beim Umgang mit sozio-religiösen Konfliktpotentialen muss also immer wieder aufgefrischt und neu erworben werden. Nachlässigkeit und Routinisierung dabei kann jederzeit zur Negierung erworbener Lernerfolge führen, was wiederum direkte Auswirkungen auf die Schüler haben kann. Neue Herausforderungen an die Integrationspädagogik werden dabei durch neue Themen im nordirischen Alltag immer wieder neu geschaffen. Beispiele dafür sind die Kontroversen um die Amnestie für paramilitärische Gefangene, die vollständige Entwaffnung der IRA, und die Weigerung der DUP, mit *Sinn Féin* in eine Regierung einzutreten.

Wie die folgenden Beispiele aus einem Forschungsprojekt mit 16- und 17-jährigen Schülern aus den drei Schulsektoren Nordirlands (*Catholic Maintained, State Controlled, Planned Integrated*) zeigen, wird jedoch von breiten Kreisen in der nordirischen Gesellschaft den integrativen Schulen eine *automatische* Kompetenz bei der Auseinandersetzung mit diesen Kategorisierungsprozessen unterstellt. Die Mehrheit der Teilnehmer an dieser Studie sah die Einrichtung von mehr integrativen Schulen als wichtigstes Mittel bei der Verbesserung der Verständigung zwischen Katholiken und Protestanten an. Die folgenden Zitate[4] stammen aus den Gruppendiskussionen, die im Rahmen dieses Forschungsprojektes (Ewart / Schubotz et al. 2004) als Folgeuntersuchung der YLT Studie durchgeführt wurden:

> "Wenn die Leute von einem frühen Alter an zusammen auf dieselbe Schule gehen würden, dann wäre Nordirland ein friedlicherer Ort mit weniger Konflikt."

> "Die Integration der nordirischen Schulen würde zu einer starken Verbesserung im Verhältnis der Leute[5] in der nächsten Generation untereinander führen."

> "Ich denke, es sollte mehr konfessionell gemischte Schulen in Nordirland geben, weil ich glaube, dass das größte Problem der Mangel an Wissen und Verständnis für die jeweils andere Gruppe ist."

Schüler, die selbst integrative Schulen besuchten, äußerten sich in diesem Zusammenhang auch mit ihren positiven Erfahrungen.

> "Der Besuch einer integrativen Schule hat meine Ansichten zu verschiedenen Religionen geändert. Ich konnte für mich selbst herausfinden, wie Schüler so sind, die einer anderen Religion angehören. Es sollte mehr integrative Schulen geben."

---

4 Übersetzung aus dem Englischen durch den Autor.

5 Gemeint ist das Verhältnis der Katholiken und Protestanten – d.h. der Angehörigen der sozio-religiösen Statusgruppen – untereinander.

> "Ich denke, dass alle miteinander ohne Gewalt leben sollten. Ich habe fünf Jahre lang eine konfessionell gemischte Schule besucht und habe niemals gewaltsame Auseinandersetzungen aufgrund von Religion gesehen. Ich wünschte, dass das auch außerhalb der Schule so wäre."

Interessanterweise ergab die Studie, dass Schüler, die selbst integrative Schulen besuchten, sich am wenigsten radikal für die Einrichtung weiterer integrativer Schulen einsetzten, was einerseits für Tendenzen der Routinisierung und Veralltäglichung im integrativen Schulbereich selbst und andererseits für eine idealisierende Sichtweise auf integrative Schulen durch die Außenwelt spricht. Der stärkste Hinweis auf die gesellschaftliche Erwartungshaltung an integrative Schulen kam jedoch von Befragten, die aussagten, dass sie ihre Kinder *nicht* an integrative Schulen schicken würden, wie das folgende Beispiel zeigt.

> "Obwohl ich meine Kinder an eine katholische Schule schicken würde, würde ich immer tolerant gegenüber anderen religiösen Ansichten sein und mich jederzeit gegen Borniertheit einsetzen. Das haben auch meine Eltern getan, und ich bin jetzt neutral aber tolerant gegenüber Protestanten. Ich kenne viele Protestanten, und behandle sie wie meine katholischen Freunde, außer wenn wir über Politik und Fußball reden."

An diesem Zitat wird deutlich, dass dieser Befragte *trotz* der Entscheidung für eine katholische Schule seine Toleranzfähigkeit gegenüber Protestanten nachweisen will. Dies geschieht fast entschuldigend, in dem Sinne, seine Entscheidung gegen die Integrationsschule für seine Kinder lege den Gedanken nahe, er sei religiös intolerant. Entscheidend ist also an der Argumentation des Informanten, dass integrative Schulen sozusagen *per se* automatisch mit Toleranz für andere Religionen gleichgesetzt werden. Gerade darin liegt die idealisierende gesellschaftliche Erwartungshaltung und Sichtweise ihnen gegenüber. Unabhängig von der Schulpraxis in den einzelnen integrativen Schulen wird diesen von der Gesellschaft inzwischen eine sozio-religiöse Aussöhnungspädagogik unterstellt. Zweifelsohne kann diese Reputation durchaus auch als Erfolg für den nordirischen Integrationsschulsektor angesehen werden. Ein Blick auf die sozialstrukturellen Rahmenbedingungen, in denen Integrationspädagogik stattfindet, zeigt jedoch, dass diese keineswegs ideal sind und zahlreiche Fragen mit der zentralen Zuspitzung aufwerfen, inwiefern die gesellschaftlichen Erwartungen durch die integrativen Schulen überhaupt erfüllt werden können. Ein singuläres Scheitern integrativer Pädagogik in Einzelschulen könnte dann sofort von Befürwortern separierter Schulpolitik ausgenutzt werden, um den Sinn integrativer Schulen insgesamt in Frage zu stellen. In diesem Zusammenhang wäre aus integrationspädagogischer Sicht sicher eine Anerkennung als Mainstreamsektor – gerade wegen der generellen Gleichsetzung des Reformschulsektors mit der grundsätzlichen Förderung von Toleranz und wegen des diesbezüglich überzogenen idealistischen Erwartungsanspruchs an ihn – wünschenswert, in dem es wie in anderen Schulsektoren mehr oder weniger erfolgreiche Schulen gäbe und geben müsste (Donnelly 1999). Zugleich liegt paradoxer Weise gerade in einem Bekenntnis zum Wünschenswerten der Verankerung im schulischen Mainstream eine Gefahr, weil dies der Aufgabe des reformpädagogischen Ansatzes, d.h. des Anspruches, bessere Pädagogik zu bieten, gleich käme.

7. Entwicklungsherausforderungen an die nordirische Integrationspädagogik

Die einzig mögliche Lösung des gerade skizzierten Zielkonfliktes liegt in einer reformpädagogisch begründeten Aus- und Weiterbildung der Pädagogen im integrativen Schulsektor und in systematischen Bewusstmachungs- und Kontrollvorkehrungen gegenüber den Paradoxien des professionellen Lehrerhandelns gerade auch in der reformpädagogischen Praxis, die fortlaufend auch von Gleichschaltung an den Mainstream und dessen institutioneller Ordnung bedroht ist (Schütze 2000). Eine Vernachlässigung der so reflektierten reformpädagogischen Aus- und Weiterbildung könnte dazu führen, dass die Pädagogen in ihrem professionellen Handeln überfordert sind. Jedoch besteht in Nordirland auch nach nunmehr fast einem Vierteljahrhundert integrativer Schulpraxis nach wie vor keine integrative Basislehrerausbildung. Die Lehrerbildungsinstitute Nordirlands sind konfessionell ebenso separiert wie das Regelschulsystem. Für die Kompetenz der Pädagogen in Bezug auf ihr gesellschaftliches Integrationsmandat hat dies unmittelbare Konsequenzen. Insbesondere Absolventen des katholischen *St. Mary's College,* in dem aus Sicht des katholischen Bildungsideals unterrichtet wird – d.h. dass eine ausschließlich katholische Bildung vorgeschrieben ist und ein eigenes katholisches Schulsystem zur bildungspolitisch-religiösen Leitschnur gemacht wird, wie weiter oben bereits ausgeführt wurde – stehen potentiell vor fundamentalen Identitätskonflikten, sollten sie sich für eine Tätigkeit in einer integrativen Schule entscheiden. Ebenso bleibt die Frage akut, wie über eine spezifische Aus- und Weiterbildung der Lehrerschaft an integrativen Schulen eine pädagogische Handlungskompetenz erzielt werden kann, die in sensibler, realistischer Auseinandersetzung mit den jeweiligen aktuellen gesellschaftlichen Rahmenbedingungen steht. Das umfangreiche Angebot an Weiterbildungskursen, das NICIE inzwischen für Pädagogen integrativer Schulen bereithält, kann zweifelsohne die fehlende integrative Lehrergrundausbildung nur schwer ersetzen.

Die unterschiedlichen Elternerwartungen an die Schulen (sozio-religiöse Integration versus Nachbarschaftsschule; reformorientierte Gesamtschulausrichtung (*Comprehensive Education*) versus hochschulorientierte Förderung leistungsstarker Schüler) können zu systematischen Fehlerpotentialen und Paradoxien im professionellen Handeln der Pädagogen an integrativen Schulen führen. Aufgrund des wachsenden Leistungsdrucks, im Wettbewerb mit dem Regelschulsystem zu bestehen, sind zudem Routineverfahren zu erwarten, die dem integrativen Ethos der Schulen zuwiderlaufen könnten, so z.B. eine Unterwerfung unter die Schulvergleichs und -wettbewerbslogik und -praxis, die letztlich zur primären Selektion von Schülern aufgrund von schulischen Leistungen führen würde. Die hohe gesellschaftliche Erwartungshaltung an den integrativen Sektor, ‚bessere Schulen' hervorzubringen, führt dazu, dass integrative Schulen mehr als andere Sektoren im öffentlichen Blickpunkt stehen.

Der im angelsächsischen Bildungssektor immer wiederkehrende und momentan heftig geführte Diskurs um die (mangelnde) Qualität von *Comprehensive Education* bedeutet, dass integrative Schulen in Nordirland nicht nur in Bezug auf ihre religiösen Integrationsansatz, sondern auch in Bezug auf ihre Orientierung auf traditionelle reformpädagogische Konzepte wie *Community Education* immer wieder neu in Argumentationszwänge verwickelt werden. Der Anspruch von *Community Education* und *Comprehensive Education*, Schulen entsprechend den lokalen Gegebenheiten zu gestalten, d.h. in Abhängigkeit von geographischer Lage, von sozialem Kontext und natürlichen Bedingungen des Umfelds sowie den Fähigkeiten, Interessen und Bedürfnissen aller Beteiligten, konkurriert mit der Erwartungshaltung, Spitzenleistungen bei besonders begabten Schülern zu erreichen und der damit zusammenhängenden Auffassung einiger Eltern und Bildungspolitiker, dass dies nur durch rigide Selektion realisiert werden kann.

Vor allem aber könnte die durch Teile der nordirischen Öffentlichkeit den integrativen Schulen Nordirlands gelegentlich zugeschriebene Allmacht der „Heilung der Wunden" des gesellschaftlichen Zentralkonflikts zu unrealistischen Erwartungshaltungen bei Pädagogen und somit bei den unweigerlich auftretenden Enttäuschungen und Misserfolgen in der Schulpraxis zu Desillusionierungen führen. Letztlich sind auch reformpädagogisch orientierte Schulen den Regeln bürokratischer, hoheitsstaatlicher Herrschaftsorganisationen (Schütze 1996) und deren immanenten systematischen Fehlern und paradoxen Effekten unterworfen. Für den Erfolg integrativer Schulen sind also auch eine realistische Einschätzung des Möglichkeitsrahmens integrativer Pädagogik und die Anerkennung ihrer Grenzen erforderlich. In diesem Sinne kann allerdings mit Fraser und Morgen (1999) geschlussfolgert werden, dass die integrativen Schulen in Nordirland erfolgreich neue Wege gegangen sind (*‚broke the mould'*) und sich in der Zwischenzeit etabliert haben. Integrative Schulen sind mit ihren Positionen und Orientierungen, aber gerade auch mit ihrer tagtäglichen Praxis nunmehr fester Bestandteil der grundsätzlichen Debatte über die Zukunft der nordirischen Gesellschaft. Diese Debatte geht weit über das Thema der sozio-religiösen Separierung Nordirland hinaus. Es bleibt hingegen abzuwarten, in welchem Maße sich integrative Schulen hierbei mit der von ihnen z.T. angestrebten Verankerung im

Mainstream zufrieden geben oder inwieweit sie dem distanzhaltenden Reformgedanken treu bleiben können.

Literatur

Cairns, Ed (1982): Intergroup conflict in Northern Ireland. In: Henri Tajfel (ed.) Social Identity and Intergroup Relations. Cambridge University Press, Cambridge.

Darby, John / Knox, Colin (2004): A Shared Future: a consultation paper on improving relations in Northern Ireland. Final report. Belfast. Office of the First Minister and Deputy First Minister (OFMDFM). <www.asharedfutureni.gov.uk/knox.doc> (Zugriff Juli 2005)

DETINI (Department of Enterprise Trade and Investment) (2005): Monthly Labour Market Report. April 2005. Belfast. <www.detini.gov.uk/cgi-bin/downdoc?id=1325> (Zugriff Juni 2005)

Donnelly, Caitlin (1999): Differences in Schools. A question of Ethos? British Educational Research Association Annual Conference, University of Sussex, Brighton. Unpublished Conference Paper.

Ewert, Shirley / Schubotz, Dirk with Abbs, Francis / Harris, Damian / Montgomery, Laura / Maguire, Gavin / Moynagh, Ciaran / Livingstone, Scott (2004): Voices Behind the Statistics. Young People's Views of Sectarianism in Northern Ireland. National Children's Bureau. London.

Fraser, Grace / Morgan, Valerie (1999): In the Frame. Integrated Education in Northern Ireland: the implications of expansion. Coleraine, University of Ulster.

Lijphart, Arend (1975): The Northern Ireland Problem. In: British Journal of Political Science. Jg. 5, Nr. 1, S. 83-106.

Ders. (1977): Democracy in Plural Societies. New Haven, Yale University Press.

McAllister, Ian / Hayes, Bernadette C. / Dowds, Lizanne (2005): The Erosion of Consent: Protestant Disillusionment with the Agreement. ARK Research Update Nr. 32. Belfast. ARK. <www.ark.ac.uk/publications/updates/update32.pdf> (Zugriff Juni 2005)

McGarry, John / O'Leary, Brendan (2003): The Northern Ireland Conflict: consociational engagements. Oxford, Oxford University Press.

NICIE (Northern Ireland Council for Integrated Education) (2003): Integrated Education in Northern Ireland. Public Opinion Survey. Belfast, Millward Brown Ulster.

Dies. (2004): Annual Report 2003/2004. Belfast

Dies. (2005): NICIE Website, Zugriff Oktober 2005 <www.nicie.org/aboutus/>

Schubotz, Dirk (2003): Just Giving People a Choice. Können Pädagogen an integrativen Schulen zur Demokratisierung der nordirischen Gesellschaft beitragen? Frankfurt/Main, Peter Lang.

Schubotz, Dirk / Devine, Paula (2005): What now? Exploring community relations among 16-year olds in Northern Ireland. In: Shared Space, Jg 1, Nr. 1, S. 53-70.

Schütze, Fritz (1996): Organisationszwänge und hoheitsstaatliche Rahmenbedingungen im Sozialwesen: Ihre Auswirkungen auf die Paradoxien des professionellen Handelns. In: Combe, Arno / Helsper, Werner: Pädagogische Professionalität. Untersuchungen zum Typus pädagogischen Handelns. Frankfurt Main, Suhrkamp, S. 183-275.

Ders. (2000): Schwierigkeiten bei der Arbeit und Paradoxien des professionellen Handelns. Ein grundlagentheoretischer Aufriß. In Zeitschrift für Qualitative Bildungs-, Beratungs- und Sozialforschung (ZBBS), Jg 1, H1

Slavin, Robert E. (1990): Achievement Effects of Ability Grouping in Secondary Schools: A Best Evidence Synthesis. In: Review of Educational Research, 60. Jg., Nr. 3, S. 471-499.

Tajfel, Henri (1978): Differentiation Between Social Groups: studies in the social psychology of intergroup relations. London, Academic Press.

2. Lernprozesse und neue Schulkultur

Christina Huf

Ein befremdender Blick auf die Wochenplanarbeit – Lernprozesse im Anfangsunterricht aus der Perspektive von Schulanfängerinnen[1]

1. Einleitung

In Abgrenzung von der „exclusive power of adults in defining children" (Alanen 1998, p. 58) wird von VertreterInnen der Kindheitsforschung seit mehreren Jahren dafür gestritten, Kinder als kompetente Akteure und Konstrukteure ihrer sozialen Wirklichkeit zu verstehen (vgl. Behnken/Zinnecker 2001; Breidenstein/Kelle 1998; Honig/ Lange/ Leu 1999; James 2001; Kelle/ Breidenstein 1996; Zinnecker 1996b; Zinnecker 1999).

Das Paradigma der Kindheitsforschung aufgreifend, „that children inhabit a world of meaning created by themselves and through their interaction with adults" (Prout et.al. 1998, p. 28), machen auch VertreterInnen der Schulforschung zunehmend die Notwendigkeit geltend, Schule und Unterricht aus der Perspektive von SchülerInnen zu erforschen (vgl. Heinzel 2005; Naujok 2000; Panagiotopoulou 2002; Wiesemann 2000). Die folgenden Ausführungen basieren auf einem Forschungsprojekt, das dementsprechend danach fragt, wie sich Lernprozesse im Anfangsunterricht aus der Perspektive von Schulanfängerinnen gestalten und von ihnen gestaltet werden (vgl. Huf 2006).

Ein möglicher Zugang zur Erforschung der Perspektive von Kindern ist die Ethnografie, als deren Erkenntnisinteresse Zinnecker beschreibt „die eingeübten Handlungs- und Kommunikationsstrategien des Pädagogenberufes und die darauf aufbauenden Selbstverständlichkeiten methodisch und auf Zeit auszusetzen" (2001, S. 154).

Eine der von Zinnecker angezweifelten Selbstverständlichkeiten ist die Annahme, dass LehrerInnen und SchülerInnen Schule und Unterricht als „gemeinsame Umwelt" teilen (ebd., S. 153). Auf der Basis von ausgewählten Szenen aus

---

1 Die in den nachfolgenden Protokollauszügen handelnden Schülerinnen sind ausschließlich Mädchen.

ethnografischen Beobachtungsprotokollen und deren Analyse soll im folgenden nach den Alltagspraktiken, Deutungsmustern und Handlungsperspektiven gefragt werden, die Schülerinnen einer Stammgruppe der Eingangsstufe der Bielefelder Laborschule im Umgang mit dem Wochenplan entwickelt haben. Dabei soll zum einen gezeigt werden, dass die Handlungsperspektiven der Schülerinnen deutlich different zu den Intentionen sind, die ihre Lehrerin mit der Wochenplanarbeit verfolgt. Zum anderen soll der Erkenntnisgewinn einer ethnografischen Erforschung der Perspektive von SchülerInnen dahingehend konkretisiert werden, dass die Betrachtung schulischen Lernens mit den Augen der SchülerInnen unintendierte Effekte pädagogischen und didaktischen Handelns offen legen und dabei idealisierende Vorstellungen bezüglich der Reform von Schule hinterfragen kann.

2. Wochenplanarbeit aus der Perspektive von Schulanfängerinnen

2.1 „Aber das steht ja gar nicht auf dem Wochenplan"

Arbeitsbesprechung vom 10. September 1998[2]
Während des gleitenden Morgenbeginns haben sich Jill, Leonie, Anna, Nuria und Malena in die Versammlungsecke gesetzt und sich dort gemeinsam Bücher angeschaut. Bevor sie die Kinder zum Morgenkreis zusammenrief, äußerte ihre Lehrerin Ulrike mir gegenüber, wie schwer es ihr falle, die Mädchen zu unterbrechen.

In der sich der Erzählrunde anschließenden Arbeitsbesprechung schlug Ulrike den Mädchen vor, dass, nachdem alle ein wenig in ihren Heften gearbeitet hätten, die größeren den kleineren Mädchen doch etwas vorlesen könnten. Aber das stände doch gar nicht auf dem Wochenplan, wandte Anna nun gegen diesen Vorschlag ein. Als Ulrike ihr entgegnete, auf dem Wochenplan stände ja immer ‚Lesen' und das wäre ja ‚Lesen', fragte Anna Ulrike, ob sie dann eine der auf dem Wochenplan stehenden Leseseiten durchstreichen dürfe. Das ginge natürlich nicht, war Ulrikes Antwort, aber wenn Anna deshalb eine Leseseite auf ihrem Wochenplan nicht schaffen würde, solle sie diese Seite doch einfach nächste Woche bearbeiten.

Für die SchülerInnen der Eingangsstufe der Bielefelder Laborschule beginnt der Schultag mit dem gleitenden Morgenbeginn. Er ist eine Zeit des individuellen Ankommens, die die selbst bestimmte Gestaltung des Beginns eines Schultages ermöglicht (vgl. Bambach/ Rathert 1996). Am 10. September nutzen Nuria, Malena, Jill und Leonie diese Zeit, um sich gemeinsam Bilderbücher anzuschauen und sich darüber zu unterhalten. Die Situation ist dabei insofern eine besondere, als Jill und Leonie, die erst wenige Tage zuvor eingeschult worden sind, diese

2 Alle Gruppen der Bielefelder Laborschule tragen Farbnamen, die ebenso wie die Namen der SchülerInnen in der gesamten Arbeit maskiert sind. Der Praxis entsprechend, dass die SchülerInnen ihre LehrerInnen mit dem Vornamen ansprechen, wird auch die Lehrerin mit – ebenfalls maskiertem – Vornamen benannt.

Zeit mit ihren Patinnen verbringen. Als ihre Lehrerin Ulrike mir gegenüber äußert, wie schwer es ihr falle, die Mädchen zu unterbrechen, ist es insbesondere die der Situation inhärente Chance, dass Nuria, Malena und Anna ihre Patenkinder in eine interessegeleitete, selbst bestimmte Kultur des Umgangs mit Büchern einführen, aufgrund derer sie die Situation als förderlich für die Lernentwicklung ihrer Schülerinnen erachtet.

Als Ulrike dieser Einschätzung entsprechend ihren Schülerinnen vorschlägt, das gemeinsame Lesen *nach* der Arbeit in ihrem Wochenplan fortzusetzen, bringt sie einerseits ihre Offenheit für die Lerninteressen ihrer Schülerinnen zum Ausdruck, denen nachzugehen Ulrike ihren Schülerinnen trotz der Wochenplanarbeit ermöglichen möchte. Gleichzeitig jedoch weist Ulrike die Arbeit am Wochenplan sowohl als unumgehbar wie auch als vorrangig aus. Doch auch wenn Ulrike auf der unbedingten Notwendigkeit und Vorrangigkeit der Arbeit am Pensum des Wochenplans insistiert, vertritt sie eindeutig den Standpunkt, dass das Erarbeiten eines vorgegebenen Pensums und das Verfolgen eigener Lerninteressen sich nicht gegenseitig ausschließen.

Anna hingegen bringt mit ihrer Entgegnung, das Vorlesen stünde doch gar nicht auf dem Wochenplan, zum Ausdruck, dass sie den Wochenplan zwar als die ihr Lernen normierende Instanz akzeptiert, diese Akzeptanz jedoch impliziert, dass Anna ausschließlich die Anforderungen als für ihr Lernen maßgeblich erachtet.

Aus Annas Perspektive ist der Wochenplan somit der exklusive Repräsentant schulischer Leistungsanforderungen, der nicht nur ihr wöchentliches Lernpensum vorgibt, sondern der ihr auch die Möglichkeit eröffnet, über den Wochenplan hinausgehende Lernanforderungen begründet zurückzuweisen. Den Vorschlag ihrer Lehrerin, die gemeinsamen Leseaktivitäten nach der Erfüllung der Aufgabe des Wochenplans fortzusetzen, deutet Anna somit als die ungerechtfertigte Zumutung von Mehrarbeit, mit der Ulrike gegen die Vereinbarungen des Wochenplans verstößt. Die Differenz in den von Anna und Ulrike verfolgten Handlungsperspektiven liegt somit darin, dass Ulrike das Wochenplanpensum als vereinbar mit darüber hinaus gehenden Lernaktivitäten einschätzt, während Anna deren Unvereinbarkeit geltend macht.

Als Ulrike Anna antwortet, dass der auf dem Wochenplan angegebene Lernbereich „Lesen“ so weit gefasst sei, dass er neben dem vorgeschriebenen Pensum der Erarbeitung von fünf Seiten im Leselehrgang auch andere Leseaktivitäten – in diesem spezifischen Fall die kommunikative und eigenaktive Auseinandersetzung mit Bilderbüchern – umfasse, impliziert dies keine Widerlegung des von Anna postulierten Ausschließlichkeitsprinzips der Wochenplanarbeit. Vielmehr begegnet Ulrike Annas Argument dadurch, dass sie das Anforderungsprofil des Wochenplans umfassender definiert.

Wenn auch Ulrike ihre Intention nicht aufgibt, die Mädchen zur Fortsetzung der kommunikativen Auseinandersetzung mit den Bilderbüchern zu bewegen, so hat sie doch indirekt Annas Argument konzediert, dass nur solche Lernanforderungen maßgeblich sind, die auf dem Wochenplan stehen. Indem Ulrike die gemeinsame Auseinandersetzung mit den Bilderbüchern zunächst als selbst bestimmte, über das Wochenplanpensum hinaus gehende, im nächsten Argumentationsschritt jedoch als eine dem Wochenplan inklusive Lernaktivität beschreibt, begegnet sie dem Widerspruch ihrer Schülerin mit einer in sich selbst widersprüchlichen Argumentation.

Nachdem Anna die Ablehnung von der in ihren Augen zusätzlichen, ungerechtfertigten und willkürlichen Lernanforderung der Lehrerin nicht gelungen ist, versucht sie in ihrem nächsten Argumentationsschritt, die Fortsetzung der gemeinsamen Leseaktivitäten mit den anderen Mädchen durch die Aufhebung einer der fünf der auf dem Wochenplan festgeschrieben Seiten des Leselehrgangs zu kompensieren. Damit kommt Anna ihrer Lehrerin insofern entgegen, als sie sich darauf einlässt, die gemeinsamen Leseaktivitäten fortzusetzen. Mit dem Vorschlag der Abgeltung mit einem Teil des Wochenplanpensums verteidigt Anna jedoch weiterhin ihre Vorstellung von einem fest umgrenzten Lernpensum und versucht, ihre Lehrerin zu der Einhaltung der von ihr selbst vorgezeichneten Begrenzungen des Lernpensums zu bewegen.

Genauso wie Anna ihrer Lehrerin gegenüber ihre Vorstellung des Wochenplans als einem Lernvertrag geltend macht, dessen Erfüllung sie als ihre vorrangige Pflicht erachtet, insistiert Ulrike, als sie Anna den Vorschlag unterbreitet, das gegebenenfalls nicht erarbeitete Pensum im Lesen in der darauf folgenden Woche zu erarbeiten, darauf, dass die Inhalte des Wochenplans nicht verhandelbar sind. Der Kompromiss der möglichen Aufschiebung des Lernpensums im Lesen auf die darauf folgende Woche, den Ulrike Anna als Lösung des Problems vorschlägt, muss Anna insofern inakzeptabel erscheinen, als er ihr Dilemma der Mehrarbeit nicht löst, sondern lediglich auf die nächste Woche verschiebt.

Während Ulrike somit in der Interaktion mit Anna versucht, die Erfüllung des Pflichtpensums und das Verfolgen eigener Lerninteressen als miteinander vereinbar auszuweisen, macht Anna mit ihren Argumenten auf die sich für sie bei der Wochenplanarbeit ergebende Widersprüchlichkeit zwischen der Notwendigkeit des Erarbeitens eines festgeschriebenen Pflichtpensums und der Kultivierung eigener Lerninteressen aufmerksam. Bemerkenswerterweise sind es dabei nicht ihre persönlichen Lerninteressen, für deren Wahrnehmung Anna eintritt, sondern das Erfüllen des Pensums des Wochenplans, das Anna zur exklusiven Handlungsperspektive für ihr Lernen macht.

2.2 „Dann verschwendet man nicht so viel Zeit"

Die folgenden Szenen unterscheiden sich von der vorhergehenden insofern, als die Aushandlungen über die Wochenplanarbeit nicht zwischen Schülerin und Lehrerin stattfinden. Vielmehr sind es in der Szene vom 26. November drei Schülerinnen, die über Alltagspraktiken bei der Wochenplanarbeit verhandeln, während in der Szene vom 28. Mai Farina mit sich selbst ringt. Doch auch wenn ihre Lehrerin nicht direkt an den Aushandlungen ihrer Schülerinnen beteiligt ist, bilden die Handlungsstrategien, die Ulrike ihren SchülerInnen für die erfolgreiche Bewältigung ihres Wochenplans vermittelt hat, einen wichtigen Hintergrund für die Aushandlungen von Farina, Maren und Janine.

> Arbeitszeit vom 26. November 1998
> Während der Arbeitszeit habe ich heute am kleinen runden Tisch bei Maren, Farina und Janine gesessen. Zu Beginn der Arbeitszeit arbeiteten Farina und Maren in ihrem Schreibheft, während Janine in ihrem Leseheft arbeitete. Nachdem Farina eine Seite in ihrem Schreibheft erarbeitet hatte, kreuzte sie dies auf dem Wochenplan an, wandte sich an Maren und zeigte ihr, was sie alles schon auf dem Wochenplan geschafft hatte: *„Guck mal hier, Montag war ich krank, und trotzdem hab' ich so viel geschafft!" „Wie viel Seiten?"*, fragte Maren zurück, und Farina zählte: *„Sechs". „Ich hab' neun"*, ermittelte nun Maren, und Janine fügte, nachdem auch sie die auf ihrem Wochenplan erarbeiteten Seiten gezählt hatte, hinzu *„Ich hab' vier". „Vier erst?"*, fragte Maren zurück, und wies Janine darauf hin: *„Den musst de bis morgen fertig haben!" „Muss ich gar nicht!"*, erwiderte Janine.
>
> Kurz darauf beendete Farina die Arbeit in ihrem Schreiblehrgang, nahm sich ihren Lesebegleiter aus ihrem Fach und wies Maren darauf hin: *„Ich bin schon hier, obwohl ich erst vorletzte Woche angefangen habe". „Äh, äh"*, verneinte dies Maren, und begann mit Farina darüber zu diskutieren, wie lange sie bereits an ihrem Lesebegleiter arbeitete. Nach Marens Dafürhalten betrug der Zeitraum wesentlich mehr als zwei Wochen.
>
> Als wenig später Janine mit der Arbeit in ihrem Schreibheft begann, fragte Farina sie bei einem Blick auf die Seite, an der Janine arbeitete: *„Erst da? Da war ich schon lange"*. Nachdem Janine eine Zeile geschrieben hatte, begann sie, eine auf dem Übungsblatt abgebildete Zeichnung auszumalen. Als Farina dies sah, erklärte sie Janine: *„Ich mach' das immer am Schluss. Dann verschwendet man nicht so viel Zeit"*.

> Arbeitszeit vom 28. Mai 1999
> Als Farina bei der Arbeit in ihrem Leseheft auf eine Seite stieß, deren Aufgabenstellung das Erlesen eines Gedichtes war, das viele Wortspiele und somit unbekannte Worte enthielt, beschloss Farina nach kurzer Zeit: *„Das kann ich nicht lesen. Jetzt überspring ich mal die Seite. Das sind ganz schwierige Worte"*.

Sie sollten, so hat Ulrike ihren SchülerInnen die Handlungslogik der Wochenplanarbeit vermittelt, versuchen, den Wochenplan zu schaffen, dem jedoch stets hinzugefügt, es sei nicht schlimm, wenn ihnen dies nicht gelänge. Als Janine Farinas Aufforderung *„Den musste bis morgen fertig haben!"* entgegenhält *„Muss ich gar nicht!"*, mag es Janines Wissen darum gewesen sein, dass ihre Lehrerin die Nichterfüllung des Wochenplanpensums als möglich ausgewiesen hat, das ihr den argumentativen Widerstand gegen ihre beiden Mitschülerinnen ermöglicht hat. Doch so sehr Janine sich gegen den Zeitdruck wehrt, den Maren und Farina zu erzeugen versuchen, so sehr insistieren Maren und Farina darauf, Janine ihre Logik des Arbeitens mit dem Wochenplan beizubringen.

„Von der Erlernung der Langsamkeit" lautet der Untertitel, den Huschke (1996) seiner Studie über die Grundlagen der Wochenplanarbeit gegeben hat. Einen ganz ähnlichen Wortlaut haben die HerausgeberInnen der ‚Grundschule' für den Themenschwerpunkt der Ausgabe vom Oktober 1999 gewählt, den sie mit den Worten ‚Lernziel Langsamkeit' überschrieben haben[3]. Als Begründung für die Forderung, das Lernen in der Grundschule nicht an den Prinzipien der Akkumulation und Akzeleration gesellschaftlicher Produktionsprozesse auszurichten, führt Claussen (1999, S. 8) die Erkenntnis an, dass Kinder „unkalkulierbar viel Zeit (brauchen), um sich eigene Sinnstrukturen ... anzueignen". Auch Popp (1999, S. 10-12) weist eindrücklich darauf hin, dass Prozesse des Verstehens und Lernens nicht linear und ohne Umwege verlaufen – Langsamkeit somit äußerst produktiv sein kann.

Die Handlungslogik, die Farina und Maren bei der Wochenplanarbeit entwickelt haben, lässt sich im Kontrast dazu als die „Erlernung der Schnelligkeit" beschreiben: Als Farina Maren gegenüber bemerkt *„Guck mal hier, Montag war ich krank, und trotzdem hab' ich so viel geschafft!"*, bringt sie zum Ausdruck, dass der Maßstab zur Ermittlung ihrer eigenen Leistungsfähigkeit aus einer Abgleichung des auf ihrem Wochenplan bereits erarbeiteten Pensums und der dazu benötigten Zeit resultiert. Während Farina ihre Leistung zunächst lediglich als *viel* beschreibt, bringt Maren sie mit ihrer anschließenden Frage *„Wie viel Seiten?"* in einen Konkretisierungszwang. Farina kommt diesem nach, indem sie die auf dem Wochenplan erarbeiteten Seiten zählt und dabei sechs Seiten ermittelt. Als Maren dem hinzufügt *„Ich hab' neun"*, relativiert sie damit indirekt die von Farina erbrachte Leistung. Denn auch wenn Farina betont, trotz eines Krankheitstages viel geleistet zu haben, reicht Farinas Leistung nicht an die von Maren erarbeiteten Seiten heran. In der Interaktion entwickeln die beiden Mädchen einen Maßstab zur Ermittlung und zum Vergleich ihrer Leistungsfähigkeit, der sich mit der Formel ‚Seiten pro Zeit' prägnant zusammenfassen lässt.

Eben diesen Maßstab legt Farina auch für die Evaluation ihres Lernfortschritts in ihrem Lesebegleiter an. Marens Einwand, dass Farina bereits über einen längeren Zeitraum als den von ihr angegebenen an den Aufgaben ihres Lesebegleiters gearbeitet hat, impliziert zwar den Versuch der Relativierung des Lerntempos von Farina. Die Bedeutung, die die beiden Mädchen der Schnelligkeit zugedenken, mindert Marens Einwand jedoch nicht.

---

3 Grundschule. 31.Jg. Oktober 1999, Heft 10.

So mühelos und schnell Farina die Erarbeitung der Lerninhalte des Wochenplans gelungen ist, so wenig hat sie die dadurch gewonnene Zeit für die Auseinandersetzung mit zeitaufwändigen Lerninhalten genutzt. Denn so sehr Farina bei der Wochenplanarbeit die Herausforderungen des Schnellseins annimmt, so schnell stellt sie am 28. Mai ihre Bemühungen ein, die Wortspiele zu verstehen, sondern fasst bereits nach wenigen Zeilen den Beschluss:*„Das kann ich nicht lesen. Jetzt überspring ich mal die Seite. Das sind ganz schwierige Worte"*. Führt Farina zunächst als Grund für den Entschluss, das Gedicht nicht bis zu seinem Ende zu lesen, ihr Unvermögen an, dies zu tun, konkretisiert sie mit der Bemerkung *„Das sind ganz schwierige Worte"* ihre Schwierigkeiten: Die Wortspiele sind für die geübte und routinierte Leserin Farina zwar schwierig, aber nicht zu schwierig, um sie sinnerfassend zu lesen. Sie fordern Farinas persönliche Anstrengungsbereitschaft heraus, mit deren Einsatz sie die Aufgabe jedoch bewältigen könnte. Statt sich den Herausforderungen zu stellen, beschließt Farina jedoch, die von ihrer Lehrerin nicht kontrollierbare Aufgabe, das Gedicht zu lesen, auf dem Wochenplan anzukreuzen, ohne sie erfüllt zu haben.

In einer individuumzentrierten Betrachtungsweise ließe sich die von Farina im Umgang mit dem Wochenplan entwickelte Strategie der Vermeidung der Auseinandersetzung mit problemhaltigen, anspruchsvollen, zeitaufwändigen Lerngegenständen, deren Nicht- Erarbeitung leicht kaschiert werden kann, als mangelnde persönliche Anstrengungsbereitschaft deuten. Aus Farinas Sicht jedoch entspricht ihr Lernverhalten der Logik, bei der Wochenplanarbeit in möglichst kurzer Zeit möglichst viel erreichen zu wollen. Mit ihren Vermeidungsstrategien bringt Farina somit weniger einen spezifischen Mangel an persönlicher Anstrengungsbereitschaft zum Ausdruck als vielmehr die von ihr bei der Wochenplanarbeit empfundene Notwendigkeit, die Schnelligkeit zum Leitprinzip ihrer Erarbeitung des Wochenplans zu machen, die ihr keine Zeit lässt, sich intensiv mit Noch-nicht-Verstandenem auseinanderzusetzen.

Mit der Koppelung der Vorgabe von Lerninhalten an einen Zeitraum, innerhalb dessen diese erarbeitet werden sollen, ist die Zeitökonomie eine der für die Konzeption der Wochenplanarbeit konstitutiven Handlungsmaximen. Gleichermaßen grundlegend für die Wochenplanarbeit ist jedoch die Maxime der Entlastung von Zeit- und Konkurrenzdruck, die durch die Möglichkeit der selbst bestimmten Auswahl zwischen unterschiedlichen Lerninhalten und deren Erarbeitung in einem selbst bestimmten Lerntempo gewährleistet werden soll. Mit ihrem Hinweis, sie sollten versuchen, den Wochenplan zu schaffen, es sei aber nicht schlimm, wenn ihnen dies nicht gelänge, versucht Ulrike ihren SchülerInnen eben diese für die Konzeption des Wochenplans charakteristische Logik zu vermitteln und dabei den Balanceakt zwischen der Anleitung zu zeiteffizientem Arbeiten und der Entlastung von Zeitdruck so zu gestalten, dass das dabei entstehende Spannungsverhältnis für das Lernen ihrer SchülerInnen produktiv ist.

Farina jedoch hat ihr Lernen so sehr an der Maxime der effektiven Schnellbewältigung ausgerichtet, dass sie problemhaltige Lernaufgaben übergangen und dabei ihre Anstrengungsbereitschaft bezüglich inhaltlicher Intensität drastisch reduziert hat. Für sie steht die Vorgabe eines Lernpensums im Widerspruch zu der Möglichkeit des zeitvergessenen Umgangs mit kreativen, problemhaltigen Aufgaben, den sie für sich löst, indem sie sich ausschließlich auf die zeiteffiziente Erarbeitung des Wochenplans konzentriert.

Das Deutungsmuster, dass die effektive Schnellbewältigung die für die Wochenplanarbeit handlungsleitende Maxime sei, hat Farina dabei nicht nur für sich selbst geltend gemacht, sondern auch ihren MitschülerInnen anerzogen. Als Farina Janine den Ratschlag gibt, die zeichnerische Ausgestaltung der Lehrgangsseite auf das Ende der Wochenplanarbeit zu verschieben, vermittelt sie Janine aus ihrer Sicht eine Strategie zur erfolgreichen Bewältigung des Wochenplans. Aus Janines Sicht jedoch erzeugt Farina einen rigiden normativen Erfüllungsdruck sowie eine permanente Konkurrenzsituation, die für Janine die Möglichkeit der Wahrnehmung ihrer eigenen Leistungsfähigkeit in doppelter Weise einschränken. Denn weder im Hinblick auf die ihr vom Wochenplan vorgeschriebenen Lernziele noch im Vergleich mit ihren Mitschülerinnen kann Janine sich als leistungsfähig erfahren.

3. Paradoxe Anforderungen der Wochenplanarbeit

In der Einleitung habe ich die Aussage von Zinnecker zitiert, dass „Lehrer und Schüler keineswegs und selbstverständlich Grundschule und Unterricht als gemeinsame Umwelt [teilen]". „Sie erleben und durchleben vielmehr", so setzt Zinnecker seine Überlegungen fort, „getrennte Lebenswelten, während sie zusammen sind und handeln. Die gemeinsam geteilte soziale Wirklichkeit ihrer subjektiven Schulerfahrungen wird – nicht ohne Anstrengung und Konflikt – untereinander ausgehandelt und im Umgang miteinander hergestellt" (Zinnecker 2001, S. 154).

Die Maximen, die Ulrike in Auseinandersetzung mit der didaktischen Theorie der Wochenplanarbeit entwickelt hat, lassen sich auf der Grundlage der oben analysierten Szenen wie folgt zusammenfassen:

1. Die Arbeit mit dem Wochenplan kann so gestaltet werden, dass die Erarbeitung eines Pflichtpensums und die Kultivierung eigener Lerninteressen gleichermaßen realisierbar sind.
2. Die Arbeit mit dem Wochenplan kann so gestaltet werden, dass SchülerInnen gleichermaßen zu einem effizienten Umgang mit ihrer Lernzeit angehalten wie auch von Zeit- und Konkurrenzdruck entlastet werden.

3. Das Regelwerk, das die Wochenplanarbeit festschreibt, setzt die Möglichkeit situativer Lösungen für die Gestaltung des Lernens nicht außer Kraft.

Die subjektiven Handlungsperspektiven, die die SchülerInnen der blauen Gruppe im Umgang mit dem Wochenplan entwickelt haben, lauten hingegen:
1. Für die inhaltliche Ausrichtung schulischen Lernens sind ausschließlich die im Wochenplan festgeschriebenen Lerninhalte maßgeblich.
2. Um die Anforderungen des Wochenplans zu erfüllen ist die maßgebliche Maxime zur Erarbeitung der Lerninhalte des Wochenplans die Schnelligkeit.
3. Zur Gestaltung des Lernens sind die Regeln des Wochenplans unbedingt und ausschließlich maßgeblich.

Während Zinnecker von *getrennten Lebenswelten* spricht, in denen LehrerInnen und SchülerInnen ihren Schulalltag erleben, weisen die Handlungsperspektiven, die die SchülerInnen der blauen Gruppe bei der Wochenplanarbeit für ihr Lernen entwickelt haben, zunächst offensichtliche Überschneidungen zu den didaktischen Intentionen auf, die die Lehrerin mit der Wochenplanarbeit verfolgt: Sowohl Ulrike wie auch Anna erachten die Inhalte des Wochenplans als maßgeblich für die Gestaltung des Lernens, und weder Ulrike noch Anna sind bereit, die vom Wochenplan festgelegten Regelhaftigkeiten des Lernens außer Kraft zu setzen. Und als Farina Janine mit der Begründung *„Dann verschwendet man nicht so viel Zeit“* rät, das zeichnerische Gestalten auf das Ende der Wochenplanarbeit zu verschieben, findet in der Interaktion zwischen den beiden Mädchen genau die Anleitung zu effizientem Lernen statt, die ihre Lehrerin mit der Wochenplanarbeit erreichen möchte.

Die Aushandlung, die Anna mit ihrer Lehrerin führt, macht gleichwohl deutlich, wie different die Handlungsperspektiven von Schülerin und Lehrerin sind. Die Frage, ob und unter welchen Zugeständnissen von Seiten ihrer Lehrerin Anna bereit ist, das gemeinsame Betrachten des Bilderbuchs fortzusetzen, ist dabei nur vordergründig Gegenstand der gemeinsamen Aushandlungen. Der eigentliche Konflikt zwischen Anna und ihrer Lehrerin resultiert vielmehr daraus, dass Ulrike Pflichterfüllung und interessegeleitetes Lernen für vereinbar hält, während Anna diese als eine paradoxe Anforderung an ihr Lernen einschätzt.

Fritz Schütze u.a. haben Paradoxien als „irritierende Problemkomplexe“ beschrieben, die „im Kern unvereinbare Anforderungen aufeinanderprallen [lassen], denen die Handelnden ‚irgendwie gerecht werden müssen‘“ (Schütze u.a. 1996, S. 333). Dementsprechend hält Anna es für eine unvereinbare Anforderung, im Wissen um die Notwendigkeit der Erarbeitung eines Wochenpensums ihren eigenen Lerninteressen nachzugehen. Und Farina sieht sich im Umgang mit dem Wochenplan mit der Unvereinbarkeit der Maxime der zeiteffizienten

Erarbeitung des ihr vorgegebenen Pensums und der Maxime des zeitvergessenen Umgangs mit den ihr vorgegebenen Lernaufgaben konfrontiert. Das Problem, den als paradox empfundenen Anforderungen gerecht werden zu müssen, haben Anna und Farina für sich gelöst, indem sie den Fokus ihrer Lernanstrengungen auf die erfolgreiche Bewältigung des Pflichtpensums gerichtet haben.

Die Selbstbeschränkungen, die Anna und Farina für die erfolgreiche Bewältigung des Wochenplans auf sich genommen haben, haben sie nicht nur für sich selbst geltend gemacht, sondern auch ihren MitschülerInnen als Handlungsperspektiven nahe gelegt. Als mikropolitische Leitliniensetzerinnen haben Anna und Farina dabei einen viel rigideren Umgang mit den Leistungsnormen des Wochenplans durchgesetzt, als ihre Lehrerin dies intendiert hat.

Aus der Perspektive von Erwachsenen mag diese Rigidität als eine Überfokussierung erscheinen. Aus der Perspektive der Kinder jedoch sind diese Überfokussierung Ausdruck der von ihnen empfundenen Übergewichtigkeit des festgeschriebenen Lernpensums gegenüber inhaltlich und zeitlich flexiblen, selbst bestimmten Gestaltungsmöglichkeiten des Lernens. Aufgrund dieser Einschätzung haben die SchülerInnen der blauen Gruppe ihren eigenen Lernweg nicht als Balanceakt zwischen selbst- und fremdbestimmten Anforderungen schulischen Lernens, sondern vielmehr als das Begehen sicherer, auf die Pflichterfüllung konzentrierter Pfade gestaltet.

Aus der Perspektive der SchülerInnen der blauen Gruppe erklärt sich die Zweckrationalität bei der Gestaltung ihres eigenen Lernens somit aus der damit gewonnenen Sicherheit, das vorgeschriebene Lernziel in der vorgeschriebenen Lernzeit tatsächlich erreichen zu können. Aus der Perspektive der für die Gestaltung des Lernens von SchulanfängerInnen Verantwortlichen macht die von den Blauen entwickelte Zweckrationalität bei der Gestaltung ihres eigenen Lernens auf unintendierte Effekte der Wochenplanarbeit aufmerksam: Mit den für die Wochenplanarbeit konzeptionell konstitutiven Festlegungen von Lerninhalten und Lernzeit verringern sich die Möglichkeiten des selbst bestimmten, von Interesse, Neugier, Nachdenklichkeit, Kreativität und inhaltlicher Intensität geprägten Lernens drastisch. Losgelöst von diesen Möglichkeiten reduziert sich die Arbeit mit dem Wochenplan auf das möglichst schnelle Abarbeiten vorgegebener Lerninhalte. Dabei lernen SchülerInnen ihr Lernen zweckrational zu organisieren, ihre Lernzeit zeitbewusst und zeitsparend zu nutzen, Lerninhalte auf ihre Effizienz zu hinterfragen und das Regelwerk des Wochenplans zu befolgen. Die selbst bestimmte und selbst verantwortete Gestaltung ihres Lernens erlernen sie dabei jedoch nicht.

4. Idealisierende Unterstellungen

Die Aushandlungen von Anna und ihrer Lehrerin nehmen in dem Anliegen der Lehrerin ihren Ursprung, ihren Schülerinnen die Fortsetzung der gemeinsamen Leseaktivitäten zu ermöglichen. Mit ihrem Vorschlag, die Leseaktivitäten nach der Wochenplanarbeit fortzusetzen, macht Ulrike eine prästabile Harmonie zwischen der unbedingten Maßgeblichkeit der Verfahrensordnung des Wochenplans einerseits und seiner situativen Anwendung andererseits geltend. Die von ihr behauptete Harmonie hätte Ulrike nicht in Frage gestellt, wenn sie Anna erlaubt hätte, für die eigenaktive Beschäftigung mit einem Bilderbuch eine Seite der Wochenplanarbeit zu streichen. Anna gegenüber hätte Ulrike jedoch mit dieser Erlaubnis herausgestellt, dass sie das eigenaktive, selbst bestimmte Lernen für so wünschenswert erachtet, dass es ihr zuweilen wichtiger ist als die Erfüllung des Wochenplans.

Dass Ulrike dies nicht tut, obwohl ihr selbst an der Fortsetzung der selbst bestimmten Lernaktivitäten gelegen ist, kann als ein Hinweis darauf verstanden werden, dass idealtypische Lösungsmuster kontraproduktiv für die Versöhnung von Widersprüchen schulischen Lernens sein können. Denn in der Annahme, mit dem Wochenplan ein idealtypisches Lösungsmuster für die Gestaltung der Lernprozesse ihrer Schülerinnen gefunden zu haben, hat Ulrike es oftmals nicht bemerkt, dass für ihre SchülerInnen Spannungen nicht produktiv bearbeitet waren. Während Ulrike somit einerseits das Lernen ihrer SchülerInnen der Prämisse unterstellt hat, dass divergente Anforderungen des Lernens im Kontext der Wochenplanarbeit in ein produktives Spannungsverhältnis gestellt werden können, musste sie auch ihr eigenes professionelles Handeln an den Prämissen der Wochenplanarbeit ausrichten (vgl. Huf 2002). Die Auseinandersetzung von Anna und Ulrike hat sich insofern auch deshalb so schwierig gestaltet, weil die situationssensitive Lösung, die Ulrike gesucht hat, um Anna die Fortsetzung ihrer selbst bestimmten Lernaktivitäten zu ermöglichen, die Wichtigkeit und die Logik des Wochenplans nicht in Frage stellen durfte.

Der Versuch von Ulrike, Fremd- und Selbstbestimmung in ein produktives Spannungsverhältnis zu stellen, ist dadurch um ein Weiteres schwierig geworden, dass Anna Ulrikes Vorschlägen ihre eigenen Deutungsmuster entgegensetzt hat. Denn mit ihrem Widerspruch hat Anna nicht nur zum Ausdruck gebracht, dass sie die an sie gestellten Lernanforderungen für paradox erachtet. Indem sie die Harmonisierungstendenzen ihrer Lehrerin mit ihrer eigenen Handlungsperspektive der Rationalisierung ihres Lernens konfrontiert hat, hat Anna auch die Deutungshoheit ihrer Lehrerin über die Logik der Wochenplanarbeit in Frage gestellt.

Zinnecker hat es als eine der professionell bedingten Engführungen des Handelns von LehrerInnen beschrieben „einheitliche Definitionen der schulischen

Wirklichkeit herstellen und deren Gültigkeit bei den Beteiligten durchsetzen [zu müssen]“, die mit *idealisierenden Unterstellungen* über die Wirklichkeit von Unterricht und Schule einhergehen (2201, S. 153-154). Dem von ihrer Lehrerin vertretenen Anspruch, dass sich Widersprüche schulischen Lernens vermittels der Wochenplanarbeit in ein produktives Spannungsverhältnis stellen ließen, lassen sich im Wissen um die Alltagspraktiken, Deutungsmuster und Handlungsperspektiven der Schülerinnen der blauen Gruppe folgende Überlegungen entgegenhalten: Schulreform ist oftmals von dem Anspruch geprägt, Widersprüche schulischen Lernens in ein produktives Spannungsverhältnis zu stellen. Je stärker jedoch die Annahme, dass dieses gelungen sei, zur Prämisse schulischen Lernens und diese Prämisse zu einem festen Regelwerk verdichtet wird, um so schwieriger wird es, situationssensitive Lösungen zu finden, wenn Lernanforderungen als widersprüchlich empfunden werden. Der Anspruch von Schulreform, Lösungsentwürfe für die Überwindung von Widersprüchen schulischen Lernens zu finden, droht sich somit in sein kontraproduktives Gegenteil zu verkehren, wenn er für eingelöst erachtet wird.

Literatur

Alanen, Lena (1988): Rethinking Childhood. Acta Sociologica (1), p. 53-67.

Bambach, Heide/ Rathert, Barbara (1996): Zeit zum Ankommen. In: Die Grundschulzeitschrift, Heft 99, S. 16-19.

Behnken, Imbke/ Zinnecker, Jürgen (2001): Neue Kindheitsforschung ohne eine Perspektive der Kinder? In: Fölling-Albers u.a. (Hrsg.): Jahrbuch Grundschule III: Kindheitsforschung – Forschung zum Sachunterricht. Fragen der Praxis – Befunde der Forschung. Frankfurt am Main, S. 52-55.

Breidenstein, Georg/ Kelle, Helga (1998): Geschlechteralltag in der Schulklasse. Ethnografische Studien zur Gleichaltrigenkultur. Weinheim und München.

Claussen, Claus (1994): Wochenplanarbeit in der Grundschule – Möglichkeiten zu markanten Veränderungen der üblichen Unterrichtsplanung. In: Haarmann, D. (Hrsg.): Handbuch Grundschule Band 1. Frankfurt, 2. erg. Aufl., S. 223-239.

Claussen, Claus (1997): Unterrichten mit Wochenplänen. Kinder zur Selbständigkeit begleiten. Weinheim und Basel

Claussen, Claus (1999): Lernziel Langsamkeit. In: Grundschule 31. Jg, Heft 10, S. 8.

Heinzel, Friederike (2005): Subjekt und Methode. Wege einer kindzentrierten Grundschulforschung. In: Götz, M./Müller, K. (Hrsg.): Grundschule zwischen den Ansprüchen der Individualisierung und Standardisierung. Wiesbaden, S. 53-68.

Honig, Michael-Sebastian/ Lange, Andreas/ Leu, Hans Rudolf (Hrsg.) (1999): Aus der Perspektive von Kindern? Zur Methodologie der Kindheitsforschung. Weinheim und München.

Huf, Christina (2002): ‚Aber das steht ja gar nicht auf dem Wochenplan' – Paradoxien des Lehrerhandelns bei der Arbeit mit dem Wochenplan. Heinzel, F./ Prengel A. (Hrsg.): Heterogenität, Integration und Differenzierung in der Primarstufe. Jahrbuch Grundschulforschung Band 6. Opladen, S. 136-140.

Huf, Christina (2006): Didaktische Arrangements aus der Perspektive von SchulanfängerInnen. Bad Heilbrunn.

Huschke, Peter (1996): Grundlagen des Wochenplanunterrichts. Von der Entdeckung der Langsamkeit. Weinheim und Basel.

James, Allison (2001): Ethnography in the Study of Children and Childhood. In: Atkinson, Paul u.a. (Hrsg.): Handbook of Ethnography. London/ New Delhi, p. 246-257.

Kelle, Helga/ Breidenstein Georg (1996): Kinder als Akteure: Ethnografische Ansätze in der Kindheitsforschung. In: Zeitschrift für Sozialisationsforschung und Erziehungssoziologie, Heft 1, S. 47-67.

Naujok, Natascha (2000): Schülerkooperation im Rahmen von Wochenplanunterricht. Analyse von Unterrichtsausschnitten aus der Grundschule. Weinheim.

Panagiotopoulou, Agyro (2002): Lernbiografien von Schulanfängern im schriftkulturellen Kontext. In: Heinzel /Prengel (Hrsg.): Heterogenität, Integration und Differenzierung in der Primarstufe. Jahrbuch Grundschulforschung Band 6. Opladen, S. 235-241.

Popp, Walter (1999): Nicht an Halmen ziehen. In: Grundschule, Heft 10, S. 10-13.

Prout, Alan/ James, Allison/ Jenks (1990): Constructing and Reconstructing Childhood: New Directions in the Sociological Study of Childhood. London/New York/ Philadephia.

Schütze, Fritz/ Bräu, Karin/ Liermann, Hildegard/ Prokopp, Karl/ Speth, Martin/ Wiesemann, Jutta (1996): Überlegungen zu Paradoxien des Lehrerhandelns in den Dimensionen der Schulorganisation. In: Helsper, W. u.a. (Hrsg.): Schule und Gesellschaft im Umbruch. Band 1: Theoretische und internationale Perspektiven. Weinheim, S. 333-377.

Wiesemann, Jutta (2000): Lernen als Alltagspraxis. Lernformen von Kindern an einer Freien Schule. Bad Heilbrunn.

Zinnecker, Jürgen (1996): Grundschule als Lebenswelt des Kindes. Plädoyer für eine pädagogische Ethnografie. In: Bartmann, T./ Ulonska, H. (Hrsg.): Kinder in der Grundschule. Anthropologische Grundlagenforschung. Bad Heilbrunn , S. 41-74.

Zinnecker, Jürgen (1996b): Soziologie der Kindheit oder Sozialisation des Kindes – Überlegungen zu einem aktuellen Paradigmenstreit. In: Honig, M.-S. u.a. (Hrsg.): Kinder und Kindheit. Soziokulturelle Muster – Sozialisationstheoretische Perspektiven. Weinheim und München, S. 31-54.

Zinnecker, Jürgen (1999): Forschen für Kinder – Forschen mit Kindern – Kinderforschung. Über die Verbindung von Kindheits- und Methodendiskurs in der neuen Kindheitsforschung zu Beginn und am Ende des 20. Jahrhunderts. In: Honig/Lange/Leu (Hrsg.), S. 69-80.

Zinnecker, Jürgen (2001): Stadtkids. Kinderleben zwischen Straße und Schule. Weinheim und München.

Heike de Boer

Der Klassenrat im Spannungsfeld von schulischer Autorität und Handlungsautonomie

1. Einleitung

Auf die Frage einer Lehrerin an Zweitklässler, was sie im Klassenrat lernen würden, antwortete ein Kind, dass man dort Ärger bekäme. Die Nachfrage der Lehrerin, ob sie denn nicht ihre Probleme lösen lernten, verneinten einige Kinder im Chor.

Die Differenz zwischen pädagogischer Intention und pädagogischer Praxis tritt hier zu Tage und lässt vermuten, dass der Klassenrat aus Perspektive der Schüler und Schülerinnen möglicherweise mit eigensinnigen Bedeutungen gefüllt wird, die sich von den pädagogischen Intentionen unterscheiden.

Um zu ergründen, was der Klassenrat für die Akteure bedeutet, steht die interaktive Praxis des Klassenrates hier im Mittelpunkt. Die kindliche Perspektive wird als Akteursperspektive rekonstruiert. Dazu schließe ich mich dem Paradigma der neueren Kindheitsforschung an und betrachte Kinder als kompetente Akteure und Personen „aus eigenem Recht", die ihre soziale Welt in Interaktionen herstellen und interpretativ reproduzieren.[1]

Dem Klassenrat wird u.a. die bedeutende Funktion zugewiesen, schulisch-institutionelle Macht abzubauen. Im Folgenden möchte ich der Frage nachgehen, ob

---

1 Honig, Lange und Leu (1999) machen in ihren Überlegungen zur Methodologie der Kindheitsforschung darauf aufmerksam, dass die Rekonstruktion der Perspektive der Kinder immer nur eine Annäherung sein kann. Mit der „Perspektive der Kinder" sei die Beachtung des eigenständigen Zugangs von Kindern zur gesellschaftlichen Wirklichkeit gemeint. Sie verweisen auf die Paradoxie, dass der Versuch als Forscher/innen etwas über Kinder erfahren zu wollen, immer damit verknüpft sei, an eine Perspektive anknüpfen zu wollen, die man erst noch kennen lernen möchte (ebd., S. 21). In diesem Sinne sind Perspektivität und Bezogenheit zwei miteinander verbundene Aspekte. Mit der „Perspektive des Kindes" sei nicht gemeint, gewissermaßen in dessen Haut zu schlüpfen. Sie ist als „reflektierte-generationale, als inter-subjektive Wirklichkeit aufzufassen" (ebd., S. 47). Die Perspektive der Kinder in der Schule rekonstruieren zu wollen bedeutet somit auch, Perspektivität als etwas anzusehen, was von den aktiven, kompetenten Schülern / Schülerinnen strukturiert wird, ebenso wie von Macht, Verantwortung und dem spezifischen Erkenntnisinteresse der Erwachsenen (vgl. ebd.).

dies gelingt. Dazu werde ich ein empirisches Beispiel darstellen, das Nebeneinander von Peer-Kultur und schulischer Ordnung im Klassenrat reflektieren und zeigen, dass sich Auseinandersetzungen im Klassenrat zwischen schulischer Autorität und dem Gewinn von Handlungsautonomie abspielen. Abschließend komme ich zu einer Neubestimmung der Grenzen und Chancen für das schulische Gremium Klassenrat.

2. Abbau oder Reproduktion schulischer Macht im Klassenrat?

Der Klassenrat ist eine Konstruktion von Erwachsenen für Schüler/innen, mit der ihnen ein Forum für die Besprechung von alltäglichen Konflikten im Sinne sozialen Lernens und der Beteiligung an der Planung und Gestaltung des Schulalltags geboten wird. Mit ihm verknüpft sich die Intention, Kinder zu demokratischen, verantwortungsvollen Menschen zu erziehen – er wird als Ort des Demokratie-Lernens gesehen. Daran schließt sich die Vorstellung an, mittels schulischer Bildung die demokratische Gesellschaft mit ihren demokratischen Ideen reproduzieren zu können. Auch im aktuell laufenden Schulentwicklungsprogramm der Bund-Länder-Kommission „Demokratie lernen & leben“ (vgl. Edelstein/ Fauser 2001) erhält der Klassenrat als bedeutender Baustein der demokratischen Schule seinen Platz. Er ist als schulisches Gremium zur Mitbestimmung für Schüler/innen konzipiert. Ihm wird in diesem Kontext auch die Funktion zugeschrieben, schulisch-institutionelle Macht abzubauen (vgl. www.blk-demokratie.de, 08.08.05).

Aktuelle schulische Praxisberichte, auch zwei empirische Untersuchungen (vgl. Kiper 1997 und Friedrichs 2004), zeigen allerdings, dass der Klassenrat heute häufig auf ein Medium der interindividuellen Konfliktklärung reduziert wird. Besonders in schulpädagogischen Handlungsanweisungen zum Klassenrat wird sichtbar, dass der pädagogischen Generationenbeziehung keine besondere Beachtung geschenkt wird. Lehrende verstehen sich als den Schülern/innen Gleichgestellte[2], ohne der durch Macht-, Kompetenz- und Wissensunterschiede

---

2 Viele Publikationen zum Klassenrat aus der Praxis orientieren sich an dem individualpsychologisch orientierten Ansatz von Dreikurs u.a. Diese verstehen den Klassenrat als Ort der Problembesprechung. Es sollen „Lehrdialoge“ mit den Kindern eingeübt werden, die darauf hinwirken, im Gespräch Werte zu vermitteln. Außerdem soll damit die Haltung von Kindern, die unsoziales Verhalten zeigen, verändert werden. Auch wenn das Ziel in der selbstständigen Lösung von Konflikten durch Schüler und Schülerinnen liegt, wird den Handlungen der Lehrperson große Bedeutung beigemessen; ihr wird das „Paradigma des Richtigen“ nahegelegt (Oelkers 1995, S. 56). Hier geht es einerseits um die Verteilung von Verantwortung und die Beteiligung an Entscheidungen, andererseits um das Einüben moralisch richtiger und friedlicher Handlungen. Dreikurs u. a. entwickeln „Tugendkataloge“, die in die Lehrdialoge einfließen sollten, um damit adäquate Lösungsvorschläge herbeizuführen. Der Klassenrat wird zu dem Ort, an dem Konflikte ei-

gekennzeichneten schulischen Generationenbeziehung (vgl. Kramer 2004) Beachtung zu schenken. Die in zahlreichen Handlungsanweisungen beschriebene Vorstellung (vgl. Stähling 2003; Friedrich/Kleinert 1994; Flissikowski 2002; Dreikurs u.a. 1995), Lehrende und Schüler/innen seien im Klassenrat gleichberechtigt, tragen der Asymmetrie des Lehrer/Schüler-Verhältnisses keine Rechnung. So bewegt sich die Ambivalenz der Lehrerrolle im Spannungsfeld des Bestrebens gleichwertige Teilnehmer/innen und positives Vorbild zugleich sein zu wollen. Dies spiegelt sich auch in dem unauflösbaren Widerspruch, im Klassenrat Selbsttätigkeit ermöglichen und gleichzeitig eine autoritative Moral entwickeln zu wollen.

Mit der ethnografischen Perspektive gerät nun die pädagogische Praxis, also der gemeinsame Herstellungsprozess des „Klassenrat-Machens“ von Lehrerin und Schüler/innen in den Blick. Auch nicht intendierte Effekte werden offensichtlich.

Meine These in diesem Kontext lautet:

- Der Klassenrat als öffentliches Klärungsgespräch interindividueller Konflikte führt zur Imagepflege und Selbstprofilierungen.
  Es kommt nicht zur Auflösung von schulisch-institutioneller Macht und Ungleichheit, sondern zu ihrer Reproduktion.

3. „Und warum machst du's dann, wenn es dir keinen Spaß macht?“

Für diese ethnografisch angelegte Studie nahm ich als teilnehmende Beobachterin vom ersten bis zum vierten Schuljahr am Unterricht einer Regelschulklasse teil und beobachtete den Klassenrat. Im Sinne einer ethnografisch orientierten Feldforschung wurde die teilnehmende Beobachtung nicht nur auf Klassenratssitzungen beschränkt, sondern auf Projekttage, Klassenunterricht und pädagogische Tage ausgeweitet, um ein möglichst facettenreiches Bild von der Kultur des Feldes zu erhalten.[3] Im Mittelpunkt der empirischen Analyse stehen videoge-

---

nerseits selbstständig und andererseits nach den Maßgaben der Lehrperson zu lösen sind. Unter Selbstständigkeit wird das Nachahmen der erlebten Lehrdialoge verstanden. Die Lehrperson wird als gleichberechtigtes Gruppenmitglied gesehen, das erst von der Gesprächsleitung zurücktreten kann, wenn die Schüler/innen gelernt haben, selbstständig zu leiten. Auch wenn Dreikurs u.a. darauf aufmerksam machen, dass Lehrende den Klassenrat nicht für eigene Ideen ausnutzen dürfen, bleibt deren Einfluss bedeutend; schließlich geht es maßgeblich um die positive Veränderung des kindlichen Verhaltens und um die „Stärkung eines gesunden Wertesystems“ (Dreikurs u.a. 1995, S. 153).

3 Diese Untersuchung wurde im Rahmen meiner Dissertation: „Klassenrat als interaktive Praxis. Auseinandersetzung – Kooperation – Imagepflege“ durchgeführt. Sie wurde im Sommer 2005 abgeschlossen. Eine die Grundschulzeit abschließende schriftliche Befragung der Schüler/innen

stützte Beobachtungen, die ich in Anlehnung an die ethnomethodologische Konversationsanalyse bearbeitet habe.

Ich stelle nun einen Ausschnitt aus einem Klassenratsgespräch vor, das am Ende des dritten Schuljahres stattfand. Die Schüler/innen sind zu diesem Zeitpunkt circa neun Jahre alt und blicken auf eine dreijährige Klassenratserfahrung zurück. Sie leiten den Klassenrat selbst und gehen dabei nach einer festen Tagesordnung vor. Zunächst wird ein Wochenrückblick vorgenommen. Dann folgt das Gespräch über angemeldete Probleme. Dieser Punkt ist von allen der zeitaufwändigste und führt in der Regel dazu, dass die sich anschließende Runde mit Wünschen für die Folgewoche nur noch sehr gerafft stattfinden kann[4]. Abschließend werden Rückmeldungen für die leitenden Schüler/innen, Präsidenten genannt, formuliert. In dieser Szene geht es nun um ein Problem zwischen Lisa und Christian; es ist einer von drei angemeldeten Problemfällen. Lisa ist Fallgeberin und Moderatorin[5] zugleich. Sie beschwert sich bei Christian darüber, dass er sie oft mit Spitznamen rufe.

Lisa:		Okay (..)[6] Also, ähm, der Christian, der (.) also, Christian, du sagst zu mir immer Lisa-Wisa und so, und ich sag' dir immer, dass ich das nicht will (..) und du machst das immer weiter und dann habe ich das letztens auch ma' mit dir besprochen, und dann hast du gesagt: Okay, Entschuldigung. Und dann hast du's wieder gemacht. Und ich möchte es nicht. Und du hast es gemacht! (4)
Lisa:		Was sagst du dazu, Christian? (8)
Christian:	pp	Ich weiß es nicht. (5)
Lisa:		*(verärgert)* Ich finde das nicht toll. Du hast auch schon gesagt, dass du nicht Christian-Pisstian genannt werden willst. (4)
Christian:		Bloß weil ich das gesagt habe... Könnt ihr ma'... Könntet ihr auch ma' zu mir sagen...
Lisa:		Ja, aber, aber wieso soll ich's zu dir sagen? Ich will doch, dass du aufhörst.
Raphael:		Sonst geht der Streit weiter.
Christian:	pp	Okay.
Lisa:		Und warum hast du das gemacht? Macht's dir Spaß, oder was? Dir macht's Spaß, mir nicht.
Christian:		Nein *(unverständlich)*
Lisa:		Und warum machst du's dann, wenn's dir keinen Spaß macht?
Christian:		*(zuckt mit den Schultern, grinst)* Einfach so.
Lisa:		Na, einfach so. Toll! Kann ich nicht folgen, wirklich nicht.

---

zum Klassenrat, auch die Dokumentenanalyse sämtlicher Klassenratsprotokolle ergänzen das entstandene Kontextwissen und wurden als ethnografisches Wissen zur Einschätzung der Repräsentativität der Daten, ihrer Relevanz und Typikalität eingesetzt.

4 Dies zog die Konsequenz nach sich, dass der Klassenrat vor allem zum Gremium für die Aushandlung interindividueller Konflikte wurde.

5 Da die Schüler/innen für diesen Sonderfall keine alternative Regelung entwickelt haben, ist es durchaus möglich Fallgeberin und Präsidentin des Klassenrates zugleich zu sein.

6 Folgende Transkriptionszeichen werden verwendet: (..) 2 Sek. Redepause, (8) 8 Sek. Redepause, „<“ Redeüberlappungen, „p“ leise, „pp“ sehr leise, „ge-“ Wortabbruch, „Ja, weil...“ Satzabbruch, „ff“ sehr laut

Lisa:		Ja, das hast du immer gesagt und hast immer weiter gemacht und ich möchte, dass du jetzt wirklich aufhörst.
Christian:	p	Ja, ich höre damit auf.
Lisa:		Okay.

Lisa zeigt Christian auf, dass sie sich von ihm nicht ernst genommen fühlt und deswegen verärgert ist. Christian bietet ihr eine Ausgleichshandlung an, ein für das öffentliche Verfahren ungewöhnlicher Vorschlag. Die Idee einen Normbruch mit einen weiteren Normbruch zu vergelten, verletzt den üblichen schulischen Handlungsrahmen, in dem normkonformes Verhalten erwartet wird. Lisa lehnt seinen Vorschlag dementsprechend empört ab mit der Begründung, dass ihr damit nicht geholfen sei. Sie bewertet seine Umgangsweise als Grenzverletzung und kann auf seinen impliziten Vorschlag, daraus ein gegenseitiges Spiel zu machen, nicht eingehen. Ihr Verweis auf eine zurückliegende Klassenratssituation, in der sich Christian über eine ähnliche Handlung beschwert hatte, dient der Stützung ihrer Argumentation, im Sinne der Maxime: „Was du nicht willst, das man dir tut, das füg auch keinem anderen zu“. Lisas Ablehnung impliziert, dass sie über solche Späße nicht lachen kann. Sie vermutet, dass Christian Spaß am Ärgern habe. Gleichzeitig zeigt sie ihm auf, dass es für sie kein Spaß sei. Sie benutzt die Kontrastierung beider Perspektiven für die Begründung ihres Ärgers. Ihre Ausdifferenzierung, dass sie nun „wirklich“ im Sinne von ernsthaft wünsche, dass er aufhöre wird von Christian akzeptiert und bestätigt. Lisa inszeniert sich in diesem Gespräch als moralisch Handelnde, die feste Grundsätze hat. Sie hat kein Verständnis für Spaßärgern, weist Christian die Sinnlosigkeit seiner Handlung nach und suggeriert gleichzeitig, selbst ausschließlich sinnvoll handeln zu wollen. Sie stellt sich als Schülerin dar, die regelkonformes Verhalten erwartet. Lisa weiß sich auf der „sicheren Seite“. Sie kann einen Normbruch nachweisen und damit gewiss sein, die Akzeptanz der Lehrerin zu haben.

Christian hat innerhalb der ganzen Äußerungssequenz mehrmals bestätigt, aufzuhören und Lisa signalisiert, sie zu verstehen. Er kann ihre Fragen nicht beantworten und zeigt die Nicht- Begründbarkeit seines Handelns auf, ohne sich weiter zu rechtfertigen oder in neue Widerspruchsformen zu flüchten. Seine Bereitschaft einzulenken könnte einerseits auf die Erkenntnis zurückgehen, dass ihn Lisas Rationalisierungspraxis überzeugt hat und von ihm nicht entkräftet werden kann. Andererseits weiß er, dass das Verfahren vorsieht, dass am Ende ein Schadensausgleich steht und dass zügiges Einlenken schneller zum Beenden des Gesprächs führt als lange Rechtfertigungen. Er versucht hier, „Ärger“ zu vermeiden. Sein kooperatives Verhalten suggeriert, dass er ohne Sorge vor der Beschädigung seines Images einlenken kann. Christian zeigt sich einerseits einsichtig, die Folgen seines Handelns erkennend und öffentlich einlenkend. Andererseits stellt er sich als jemand dar, der Spaß und Spaßärgern versteht. Hier stehen sich zwei Facetten seines Handelns gegenüber: Zum einen der normkonform handelnde Schüler, der sein Verhalten öffentlich als grenzverletzendes anerkennt. Zum anderen beinhalten seine Aussagen eine weitere Adressierung[7] an die Schüler/innen als Publikum, indem er mit seinem anfänglichen Vorschlag den spielerischen Gehalt der Situation aufzeigt.

Beide kommen hier zu einer Einigung, ohne in ihren Situationsdeutungen übereinzustimmen. In diesem Kontext ist bedeutsam, dass das Gespräch zwischen Lisa und Christian sich in Form eines unmittelbaren Dialogs vollzieht und durch Lisas Fragen an Christian weiterentwickelt wird. Lisa und Christian kommunizieren hier, ohne dass die Lehrerin auf ihr Gespräch einwirkt. Es entsteht kommunikative Kooperativität[8]. Der Gesprächsanalytiker Fiehler (1999) hebt hervor, dass kommunikative Kooperativität eine Modalität gemeinsamen Handelns und eine interaktive Leistung ist. Lisa und Christian stellen kommunikative Kooperativität her, indem sie sich gegenseitig direkt ansprechen, wechselseitig auf ihre Äußerungen eingehen, Reziprozität herstellen und eine Einigung finden. Obwohl sich beide zumindest teilweise einvernehmlich verständigt haben, kommt es zu einer weiteren Intervention durch Felix.

Felix:			Christian? Aber wo, ähm, du zur Lisa und so gesagt hast,
			Lisa-Wisa und so, hättest du die, wenn die dann zu dir,
		<	ähm, Christian genannt haben…
Schülerin:		<	Nee, Kisstian
Felix:		<	Weißt du was dann passiert wär'? Du hättest sie zusammengeschlagen.
Christian:			Nein.
Felix:	ff	<	Doch.

Felix' Aussage führt zur Infragestellung von Christians Darstellung und zeigt, dass er dessen Inszenierung durchschaut. Felix widerlegt Christians Handlungsvorschlag und verwendet diesen gegen ihn, indem er Christian als Schläger stigmatisiert. Seine Intervention verletzt die implizite Regel, im Klassenrat nur das preiszugeben, was mit den bekannten schulischen Regeln zu vereinbaren ist. So hatte Christian zuvor darauf insistiert, dass ihm Ärgern keinen Spaß macht, genauso wie Lisa seinen Vorschlag, zurückzuärgern, empört abgelehnt hat. Beide haben sich hier normkonform verhalten. Felix durchbricht diese Vorgehensweise, obwohl er vermutlich weiß, dass niemand öffentlich im Klassenrat als „Schlä-

7 Breidenstein und Kelle (2002, S. 325) arbeiten in ihrer Untersuchung die „doppelte Adressierung" von Schüleräußerungen heraus, indem sie den Gehalt einer Aussage im Hinblick auf den Hinweis für die Mitschüler/innen als Publikum und als Hinweis zur Distanzierung von der Lehrperson aufzeigen.

8 Fiehler (1999, S. 54f.) benennt Phänomene kommunikativer Kooperativität, z. B.: Rückmeldungen und Bestätigungen geben; Wiederholungen vornehmen; gemeinsame Formulierungen finden; Strukturierungen entwickeln; zur Verständnissicherung nachfragen.

ger“ dargestellt werden möchte. Alle Schüler/innen wissen, dass Konflikte in der Schule verbal ausgehandelt werden sollen. Felix’ Handlung kann in diesem Kontext als Ausgleichshandlung bewertet werden. Christian hatte einige Minuten zuvor in einem Konflikt zwischen Felix und einem anderen Mädchen, Felix einen Perspektivwechsel vorgeschlagen und sich mit der Klägerin gegen diesen solidarisiert. Nun wendet Felix dessen Argumentation gegen Christian selbst, um ihn gleichsam damit bloß zu stellen. Er profiliert sich auf Christians Kosten. Hier wird deutlich, dass die öffentliche Aushandlung einen Balanceakt darstellt. Auf der einen Seite steht die Erfüllung schulisch geforderter Handlungsmuster, regelgeleitet und friedlich Konflikte zu besprechen und dabei die Perspektivenübernahme zu üben. Auf der anderen Seite droht die Reaktion der kritischen Klassenöffentlichkeit, die „überangepasstes“ Verhalten mit stigmatisierenden Äußerungen bestrafen und die öffentliche Aushandlung für ‚private’ Fehden missbrauchen kann.

4. Konfliktgespräche im Nebeneinander von Peer-Kultur und schulischer Ordnung

Im analytischen Prozess konnte mit einer an Goffman (1980) angelehnten Analyse des schulisch-institutionellen Rahmens[9] der Klassenrat als spezielle Dilemmasituation typisiert werden. Deutlich wurde, dass sich die öffentlichen Auseinandersetzungen im Nebeneinander von Peer-Kultur und schulischer Ordnung abspielten, da die meisten Konflikte ihren Ursprung in der Pause hatten. Damit wurden die zumeist aus Pauseninteraktionen hervorgegangen Peer-Konflikte zu einem Thema auf der öffentlichen Klassenratssitzung im schulisch-pädagogischen Setting gemacht.

Die Pause bietet im Gegensatz zum Unterricht unbeobachtete Interaktionsräume, in denen andere Regeln gelten. Hier darf getobt, gerannt und gespielt werden. In der Pause darf man „keine Lust“ zu etwas haben, Schimpfwörter benutzen, sich ärgern und prügeln (solange keine erwachsene Person in der Nähe ist). Nun werden im Klassenrat Probleme, die in der Pause entstanden sind, öffentlich gemacht. Das bedeutet in diesem Kontext, dass die ganze Klasse und die Lehrerin von der wie auch immer gearteten Begebenheit zwischen Christian und Lisa erfahren. Indem nun Themen aus Pauseninteraktionen, also einem (fast)

9 Der Begriff Rahmen macht nach Goffmans Verständnis „einen sonst sinnlosen Aspekt der Szene zu etwas Sinnvollem“ (vgl. Goffman 1980, S. 31). Das bedeutet in diesem Kontext, dass sich kein Kind mit anderen Kindern in der Pause in den Kreis setzen würde, um Probleme zu besprechen. Dies ist eine rein schulische Inszenierung.

lehrerinnenfreien Raum, in den Unterricht geholt werden, besteht für die Kinder die Gefahr, einen Imageschaden vor der Lehrerin zu erfahren.

Die Kinder wissen, dass es wichtig ist, dass die Lehrerin positiv über sie denkt. Sie haben für sich eine Praktik entwickelt, wie sie mit der Lehrerin umgehen, damit diese sie vorteilhaft wahrnehmen kann. Goffman spricht von einem "Image", das als positiver Zielpunkt einer Verhaltensstrategie gesehen werden kann, mit dem eine einzelne Person in einer bestimmten Interaktion ein mit anerkannten Eigenschaften einhergehendes Selbstbild zu zeigen versucht (vgl. Goffman 1986, S. 10). Die Kinder verhalten sich in der Pause anders als im Unterricht. Möglicherweise differiert auch ihr Pausenimage von dem des Unterrichts. Hier werden sie von den Mitschülern/innen für andere Eigenschaften anerkannt als im Unterricht von der Lehrerin, obwohl die Ordnung der Peer-Kultur auch im Unterricht wirksam ist. Das macht die Imagepflege im Klassenrat noch einmal zusätzlich anspruchsvoll.

Breidenstein und Kelle (1998) stellten in ihren Untersuchungen zum Geschlechteralltag in der Schulklasse fest, dass gerade die Altershomogenität und der pädagogisch normative Gleichheitsanspruch in der Jahrgangsklasse dazu führt, dass sich die Mitglieder vergleichen und ihr Image pflegen müssen. Die Klassenöffentlichkeit stellt ein permanent anwesendes Publikum dar (vgl. Breidenstein/ Kelle 2002). Hier zeichnet sich auch insofern ein Imagekonflikt ab, als es fast unmöglich ist, den Mitschülern/innen und der Lehrerin mit den gleichen Eigenschaften zu gefallen. Damit stellt sich für die Betroffenen, in diesem Fall für Lisa und Christian, die schwierige Frage, welche Informationen veröffentlicht werden können, ohne eine Beschädigung des Images vor der Lehrerin und den Mitschülern/innen zu riskieren.

Im Sinne Goffmans erhält die „Wirklichkeitsfrage" (vgl. Goffman 1986, S. 59) des zu verhandelnden Problems in diesem Kontext verschiedene Facetten: Es gibt erstens die Handlungen, die im Pausenrahmen (in situ) geschehen sind und von jedem einzelnen beteiligten Kind individuell aufgefasst und gedeutet wurden. Diese Handlungen werden zweitens in der Öffentlichkeit des Klassenrats nachträglich besprochen und in einen schulisch-institutionellen Kontext gebracht. Wie aufgezeigt wurde, liegt den Pauseninteraktionen ein anderer Rahmen zu Grunde als dem Unterricht. Die Schüler/innen müssen mit einer Rahmendifferenz umgehen.

In der Klassenöffentlichkeit wird das Geschehene rückblickend (ex post) aus der Perspektive jeder einzelnen Person rekonstruiert. In diese Rekonstruktionen fließen die individuellen Deutungen der durch die Kinder wahrgenommen „Rahmendifferenz" ein und führen zu einer Reihe von unterschiedlichen Strategien. Außerdem spielen in diesem Zusammenhang auch die einzelnen lebensweltlichen Erfahrungen der Kinder im Umgang mit Konflikten eine Rolle. Vor diesem Hintergrund erhält der Aushandlungsprozess im Klassenrat eine anspruchsvolle Qualität. Die Schüler/innen müssen sich gegenseitig wahrnehmen und einschätzen. Hierbei spielt ihre persönliche Beziehungsgeschichte und die Stellung im Peergruppengeflecht eine Rolle. Darüber hinaus müssen sie die schulischen Kontextbedingungen mitdenken und innerhalb dieses Rahmens eigene Handlungen begründen und kollektiv und kooperativ diskutieren.

5. Zwischen schulischer Autorität und Handlungsautonomie

Sichtbar wird in diesem Prozess, dass die schulische Autorität stets anwesend ist. Die Interventionen der Kinder im Klassenrat zeigten, wie sich diese wechselseitig klar machten, dass sie sich in der Schule befinden und die Aufgabe bearbeiteten, regelgeleitet Konflikte zu besprechen. Sowohl die Handlungen der leitenden und diskutierenden als auch der zuhörenden Schüler/innen machten deutlich, dass hier nicht „einfach so“ unter Kindern verhandelt wurde, sondern dass die Kinder als Schülerinnen und Schüler Teil eines Verfahrens waren, dem eine schulische Ordnung zu Grunde liegt. Der schulische Handlungsrahmen blieb immer präsent. An den Aussagen der Schüler/innen war erkennbar, dass es ein geteiltes Wissen darüber gibt, welche Verhaltensweisen in der Schule gewünscht werden und welche nicht. Christian z. B. zeigt mit seinem Verhalten, dass ihm bewusst ist, dass er eine schulische Norm verletzt hat (Hör auf-Regel) und sich gegenüber Lisa einsichtig zeigen muss. Lisa argumentiert hingegen selbstbewusst aus der Perspektive des Opfers, das einen Schadensausgleich verdient hat.

Erkennbar war auch, dass in der Schule nicht geduldete Vorgehensweisen, z. B. Spaßärgern, durchaus geduldete implizite Handlungsmuster der Peer-Kultur sein können. So zeigte sich ein Nebeneinander von offiziellen, schulischen Argumentationen und inoffiziellen, mimisch und gestisch nur angedeuteten Vorstellungen. Auch wenn Lisa auf Christians Angebot, ihn auch mit Spitznamen zu betiteln, im Klassenrat nicht einging, heißt dies noch lange nicht, dass sie ihn nicht bei nächster Gelegenheit in der Pause entsprechend ansprechen wird. Die Gespräche im Klassenrat verwiesen zum einen darauf, dass die Schüler/innen kein Interesse daran hatten, die Differenz zwischen den Erwartungen der Gleichaltrigen und denen der Schule aufzuheben und den Klassenrat zum Ort persönlicher Eingeständnisse zu machen. Sie waren im Klassenratsgespräch um die soziale Anerkennung der Lehrerin und der Peers bemüht und lösten diese Dilemmasituation, indem sie nur das veröffentlichten, was mit dem Aufrechterhalten eines konsistenten Images vereinbart werden konnte. Die Aussagen sollten sowohl die schulischen Erwartungen erfüllen als auch vor den Augen der Gleichaltrigen Bestand haben können.

Dennoch zeigte sich in den regelmäßigen, kindergeleiteten Klassenratsgesprächen auch ein Gewinn von Handlungsautonomie. Krummheuer und Brandt

(2001) definieren den Gewinn von Handlungsautonomie in Anlehnung an Bruner (1983) als Rollenverschiebung innerhalb fester Interaktionsmuster[10]. Der kindergeleitete Klassenrat mit seinem schematischen Ablauf ermöglichte eine solche Rollenverschiebung. Die zunehmend differenzierter werdende Begründungspraxis der Schüler/innen erweckte den Eindruck von wachsendem Interesse am kollektiven Austausch und eines Ringens um die besseren Argumente. Die Analyse zeigt, dass die Kinder sich auch ohne Hilfe der Lehrerin[11] verständigten und auseinander setzten. Die Lehrerin hielt sich auch in den Folgeszenen dieser Sitzung komplett aus dem Gespräch. Sichtbar wurde, dass die Schüler/innen mit der wachsenden Zurückhaltung der Lehrerin die Funktion der Gesprächsmoderation selbständig ausfüllten und zunehmend Rollenanteile übernahmen, die sonst die Lehrerin inne hatte. In diesem Kontext wird der Gewinn von Handlungsautonomie an der Übernahme argumentativer und moderierender Anteile im Gespräch sichtbar. Die Schüler/innen machten sich gegenseitig deutlich, welche Aussagen akzeptiert und welche nicht anerkannt wurden. Es kam zu einer Auflösung der für unterrichtliche Kommunikation typischen Asymmetrie (vgl. Mehan 1979) und zur Entwicklung von Argumentationen, die den Gewinn von kommunikativer Kooperativität erkennen ließen. Die Interaktionen zwischen den Schülerinnen und Schülern zeigten, dass zwischen den Beteiligten phasenweise Reziprozität und Egalität hergestellt bzw. darum gerungen wurde und kein Kind unhinterfragt für sich die Deutungsmacht beanspruchen konnte. So kann die wechselseitig aufeinander bezogene Kommunikation von Christian und Lisa einerseits als reziproke Handlung gedeutet werden. Andererseits kann Christians rasches Einlenken und Nachgeben ein Indiz für die Überformung des Klassenrates durch strategisches Verhalten sein. So zeigte der kindergeleitete Klassenrat einerseits, dass es zur Entwicklung gegenseitiger Achtung in Kooperation unter „Gleichen" kam. Dazu war das gegenseitige kognitive Verstehen und Begründen nötig, aber auch das Zuhören und Rücksichtnehmen. In diesem Prozess wurden die sozialen und kommunikativen Fähigkeiten der Schüler/innen herausgefordert. Dennoch wurde offenbar, dass die Öffentlichkeit des Verfahrens einerseits taktische Verhaltensweisen nach sich zog und sie andererseits durch ihre kontrollierende Funktion wieder einschränkte. Kooperative Einigungen am Ende von Konfliktgesprächen waren somit das Resultat taktischer Erwägungen als auch überzeugender Argumentationen.

---

10 Bruner verbindet mit dem Begriff „Format" die Vorstellung von Lernen als schrittweise zunehmende Handlungsautonomie im Rahmen standardisierter Interaktionsmuster (vgl. Bruner 1983, S. 120). Autonomiezuwachs dokumentiert sich hier in der Rollenverschiebung der beteiligten Personen innerhalb stabiler Interaktionsstrukturen.

11 Die Lehrerin saß zwar mit im Stuhlkreis, hielt sich jedoch mit Interventionen zurück.

Das öffentliche Klassenratsverfahren verlangte von seinen Akteuren spezifische Handlungskompetenzen, die es zu lernen galt. Denn der Klassenrat fand auf der Klassenbühne statt. Als institutionelles Verfahren unterschieden es die Kinder deutlich von privaten Aushandlungen. Der offizielle, schulisch-institutionelle Rahmen des Klassenrates führte somit einerseits zur Reproduktion schulischer Erwartungen. Andererseits führte die kontinuierliche Auseinandersetzung im geregelten Setting zur Herausbildung einer klassenratstypischen Gesprächskultur, die sich in der Ausprägung individueller und kollektiver Argumentationen[12] und der Herstellung kommunikativer Kooperativität zeigte und gleichsam offizielle und inoffizielle Rationalisierungspraxen zu vereinen suchte.

Die Klassenlehrerin erkannte im Laufe des Forschungsprozesses dieses Spannungsverhältnis und befragte in einem Gespräch zu Beginn des vierten Schuljahres die Kinder danach, wie sie die Situation empfänden, in einen Konflikt verwickelt zu sein, der im Klassenrat besprochen würde. Dreiviertel der Kinder beschrieben die Situation für sich als peinlich und beschämend. In einem Gespräch über Handlungsalternativen entschieden sie daraufhin gemeinsam, nur noch Themen im Klassenrat zu besprechen, welche die ganze Klasse betrafen bzw. zumindest einen großen Teil der Klasse. Für interindividuelle Konflikte richteten sie den Streitschlichterdienst ein (vgl. de Boer 2006). Diese Entscheidung führte zu einer Umstrukturierung der Klassenratstagesordnung und dementsprechend zu einer Veränderung der Gesprächsthemen.

6. Fazit

Sichtbar wurde, dass die Auseinandersetzungen im Klassenrat von der Macht der Institution gerahmt werden und sich im Spannungsfeld schulischer Antinomien[13] bewegen. Schulklassen sind administrativ gebildete Zweck- und keine Wahlgemeinschaften. Schüler/innen und Lehrer/innen müssen in diesem auf institutionellem Weg gebildeten Klassenzusammenhang zusammenarbeiten. Die pädagogische Vorstellung, den Klassenrat als Gremium des Demokratie-Lernens zu betrachten und ihn gleichzeitig auf die diskursive Aushandlung von interindividuellen Konflikten zu reduzieren, blendet die Erfahrungen der Schüler/innen mit dem System Schule und den damit verbundenen Anpassungsmechanismen aus. Mit dem Ansatz der ethnografischen Unterrichtsforschung ließen sich Praktiken

12 Die Analyse weiterer Szenen zeigte, dass es wiederholt zu kollektiven Argumentationen kam, die weit über die bloße Zusammenfassung individueller Argumente hinausgingen und sich erst in der Dynamik des Interaktionsprozesses entfaltet hatten (vgl. de Boer 2006, S. 121f.).

13 Helsper (2002) arbeitet in seinen Untersuchungen zur Lehrerprofessionalität die antinomische Handlungsstruktur heraus und weist vielfältige Spannungsverhältnisse nach (z.B. Nähe und Distanz, Selektion und Fördern, Individuum und Gemeinschaft).

explizieren, welche die Präsenz der Autorität der Institution Schule für die Schüler/innen offensichtlich und eine Neubestimmung der Grenzen und Chancen des Klassenrates möglich machen.

An den Gesprächen der Schüler/innen im Klassenrat war erkennbar, dass sie zwischen den Erwartungen der Institution und denen der Mitschüler/innen unterschieden. Es zeigte sich, dass die Beteiligten ihr Peersein und ihr Schüler/innensein im Klassenrat miteinander ausloteten und beides nicht immer voneinander zu trennen war. Die Peerbühne, nach Zinnecker (1975) auch Hinterbühne, wurde wiederholt zur Vorderbühne und ließ erkennen, dass sich Peer-Kultur und Unterricht gegenseitig beeinflussen und zur Ausbildung spezieller kultureller Peerpraktiken führen, mit denen die Schüler/innen aktiv „zur Verschulung der Schule“ (Wiesemann 2005, S. 33) beitragen.

Schüler und Schülerinnen, auch jene im Anfangsunterricht der Grundschule, haben bereits gelernt, sich im schulischen Rahmen zu bewegen. Sie haben Praktiken entwickelt mit den an sie gestellten schulischen Anforderungen umzugehen. Ihre Auseinandersetzungen im Klassenrat zu interindividuellen Konflikten zeigten, dass der Klassenrat nicht zu einem Ort der persönlichen Ein- und Zugeständnisse wird und die öffentliche Situation zu keiner Kultur der Nähe oder Intimität führt. Diese Erkenntnis ist auch ein Indiz dafür, dass die pädagogische Generationenbeziehung zwischen Lehrenden und Schülern/innen eine durch Distanz geprägte Beziehung ist. Aus der Distanz heraus kann in der alltäglichen Interaktion Nähe und Sicherheit aufgebaut und ermöglicht, jedoch nicht selbstverständlich vorausgesetzt werden (vgl. auch Kramer u. a. 2001, S. 144).

Auch im kindergeleiteten Setting blieb die Sorge vor Beschämung und Missachtung bestehen. In diesem Sinne zeigte sich, dass mit dem institutionalisierten Konfliktlösungsprozedere im Klassenrat die Gefahr besteht, Konflikte festzuschreiben, Personen zu typisieren, Probleme zu reproduzieren, bzw. neue Missachtungssituationen zu schaffen (vgl. hierzu Kelle 2005, S. 155). Helsper und Lingkost konstatieren in diesem Kontext, dass die individuellen Selbstdarstellungen schulischer Akteure „im Rahmen symbolischer Kämpfe um die Definition prestigeträchtiger Attribute“ geführt werde (vgl. Helsper/Lingkost 2002, S. 137)[14]. Demzufolge liegt eine bedeutende Problematik darin, dass das Verfahren, das zu Autonomie und Partizipation anregen will, zu Heteronomie und überangepasstem schulischem Verhalten führen kann. Bewertende Äußerungen von Lehrpersonen sind in diesem Zusammenhang stets der Gefahr ausgesetzt, an ihren Norm- und Zielvorgaben orientierte Schüler/innenaussagen nach sich zu zie-

---

14 In ihrer umfangreichen Studie „Schulkultur und Schulmythos“ skizzieren sie schulische Anerkennungsverhältnisse als Rahmen moralischer Anerkennung. Sie sehen die Partizipationsmöglichkeiten der schulischen Akteure als konstitutiven Bestandteil der Schulkultur an (Helsper u.a. 2001, S. 31f.).

hen. Damit führen sie eben nicht zu kritischer Meinungsbildung und individuellen Positionierungen im Klassenrat, sondern bewirken die Ausführung einer verordneten oder instrumentellen Autonomie, die zur Reduzierung der schulischen Partizipationsvorstellungen auf die Erfüllung schulischer Handlungsaufgaben führt und schulische Macht reproduziert. So lässt sich schlussfolgern, dass der Klassenrat als Gremium für die öffentliche Klärung interindividueller Konflikte nicht geeignet ist. Erst die Fokussierung des Gesprächs auf schulische Themen, die die Klasse als Gemeinschaft berührt, führt zur stärkeren Verwiesenheit der Schüler/innen aufeinander und kann die Gefahr der Beschämung Einzelner vermindern. Damit können kooperative und kollektive Kommunikationsprozesse ausgebaut und zugleich der Gewinn von Handlungsautonomie ermöglichet werden und zur Entstehung einer partizipativen Gesprächskultur beitragen helfen.

Literatur

Benner, D. (1987): Allgemeine Pädagogik. Eine systematisch-problemgeschichtliche Einführung in die Grundstruktur pädagogischen Denkens und Handelns. Weinheim und München

Breidenstein G./Kelle, H. (1998): Geschlechteralltag in der Schulklasse. Ethnografische Studien zur Gleichaltrigenkultur. Weinheim und München

Breidenstein, G./Kelle, H. (2002): Die Schulklasse als Publikum. In: Die deutsche Schule 94. Jg., Heft 3, S. 318-329

Bruner, J. (1983): Child's talk. Learning to use language. Oxford

Bund-Länder-Kommission (2005): www.blk.demokratie.de

De Boer, H. (2006): Klassenrat als interaktive Praxis. Auseinandersetzung – Kooperation – Imagepflege. Wiesbaden (im Erscheinen)

Dreikurs, R./Grunwald, B. B./Pepper, F. C. (1995): Lehrer und Schüler lösen Disziplinprobleme. Weinheim und Basel

Edelstein, W./Fauser, P. (2001): Demokratie lernen und leben. Gutachten zum Programm der Bund-Länder-Kommission von Prof. Dr. Wolfgang Edelstein und Prof. Dr. Peter Fauser. Materialien zur Bildungsplanung und zur Forschungsförderung, Bonn

Fiehler, R. (1999): Was tut man, wenn man „kooperativ" ist? Eine gesprächsanalytische Explikation der Konzepte ‚Kooperation' und ‚Kooperativität'. In: Mönnich, A./Jaskolski, E. W. (Hrsg.): Kooperation in der Kommunikation. München und Basel, S. 52-58

Flissikowski, S. (2002): Der Klassenrat: Ein praxisorientiertes Konzept für den Umgang mit Konflikten in der Grundschule. In: Itze, U./Ulnoska, H./Bartsch, Ch.(Hrsg.): Problemsituationen in der Grundschule. Bad Heilbrunn, S. 290 -307

Friedrich, A./Kleinert, I. (1994): Der Klassenrat. Eine Einrichtung der sozialen und demokratischen Grundbildung. In: Grundschule Heft 4, S. 26-27

Friedrichs, B. (2004): Kinder lösen Konflikte. Klassenrat als pädagogisches Ritual. Hohengehren

Goffman, E. (1980): Rahmen-Analyse. Ein Versuch über die Organisation von Alltagserfahrung. Frankfurt am Main

Goffman, E. (1986): Interaktionsrituale. Über Verhalten in direkter Kommunikation. Frankfurt am Main

Grabbe, B. (1992): Der Klassenrat. Umgang mit verhaltensauffälligen Kindern – 12. Teil. In: Grundschule Heft 3, S. 53-55

Helsper, W. (2002): Lehrerprofessionalität als antinomische Handlungsstruktur. In: Kraul, M./ Marotzki, W./Schweppe, C. (Hrsg.): Biografie und Profession. Bad Heilbrunn

Helsper, W./Böhme, J./Kramer, R.-T./Lingkost, A. (2001): Schulkultur und Schulmythos. Rekonstruktionen zur Schulkultur I. Opladen

Helsper, W./Lingkost, A. (2002): Schülerpartizipationen in den Antinomien von Zwang sowie Organisation und Interaktion – exemplarische Rekonstruktionen im Horizont einer Theorie schulischer Anerkennung. In: Hafeneger, B./Henkenborg, P./Scherr, A. (Hrsg.): Pädagogik der Anerkennung. Grundlagen, Konzepte, Praxisfelder. Schwalbach/Ts., S. 132-156

Honig, H.-M./Lange, A./Leu, H.-R. (Hrsg.) (1999): Eigenart und Fremdheit. Kindheitsforschung und das Problem der Differenz von Kindern und Erwachsenen. In: Dies.: Aus der Perspektive von Kindern? Zur Methodologie der Kindheitsforschung. Weinheim/München, S. 9-32

Honneth, A. (1992): Kampf um Anerkennung. Zur moralischen Grammatik sozialer Konflikte. Frankfurt am Main

Kelle, H. (2005): Kinder in der Schule. Zum Zusammenhang von Schulpädagogik und Kindheitsforschung. In: Breidenstein, G./Prengel, A. (Hrsg.): Schulforschung und Kindheitsforschung – ein Gegensatz? Wiesbaden, S. 139-160

Kiper, H. (1997): Selbst- und Mitbestimmung in der Schule. Das Beispiel Klassenrat. Grundlagen der Schulpädagogik, Band 20, Hohengehren

Kramer, R.-T. (2004): Schule und Generation – Konturen und Entwicklungsperspektiven eines Forschungsfeldes. In: Helsper, W./Böhme, J. (Hrsg.): Handbuch der Schulforschung. Wiesbaden, S. 671-688

Kramer, R.-T./Helsper, W./Busse, S. (2001): Pädagogische Generationenbeziehungen und die symbolische Generationsordnung – Überlegungen zur Anerkennung zwischen den Generationen als antinomischer Struktur. In: Kramer, R.-T./Helsper, W./Busse, S. (Hrsg.): Pädagogische Generationenbeziehungen. Jugendliche im Spannungsfeld von Schule und Familie. Opladen, S. 129-155

Krummheuer, G./Brandt, B. (2001): Paraphrase und Traduktion. Partizipationstheoretische Elemente einer Interaktionstheorie des Mathematiklernens in der Grundschule. Weinheim und Basel

Mehan, H. (1979): Learning lessons. Cambridge

Oelkers, J. (1995): Pädagogische Ratgeber: Erziehungswissen in populären Medien. Frankfurt am Main

Ott, L. (2004): Die Rolle der Lehrerin im Klassenrat – Interviews mit Lehrerinnen an einer Grundschule. Erste Staatsexamensarbeit. Frankfurt am Main (unveröffentlicht)

Stähling, R. (2003): Der Klassenrat – Eine Fortführung reformpädagogischer Praxis. In: Burk, K./ Speck-Hamdan, A./Wedekind, H. (Hrsg.): Kinder beteiligen – Demokratie lernen. Frankfurt am Main, S. 197-207

Wiesemann, J. (2005): Wohin führt die Forschung im Klassenzimmer? In: Breidenstein, G./Prengel, A. (Hrsg.): Schulforschung und Kindheitsforschung – ein Gegensatz? Wiesbaden, S. 15-36

Zinnecker, J. (1975) (Hrsg.): Der heimliche Lehrplan. Untersuchungen zum Schulunterricht. Weinheim

Christiane Lähnemann

Freiarbeit und Regelschule – ein Antagonismus?

Der folgende Beitrag bezieht sich auf ein Forschungsprojekt zur Freiarbeit aus SchülerInnensicht in den Klassen 5 und 6 eines Gymnasiums. Dabei werden für diesen Beitrag diejenigen Ergebnisse der Forschungsarbeit herausgegriffen, die das Verhältnis von Freiarbeit und Regelschule beleuchten. Nach einer kurzen Zusammenfassung des Forschungsstandes zum Thema Freiarbeit folgen eine Beschreibung von Untersuchungsgegenstand und Forschungsdesign und eine Erläuterung der Auswertung der Daten mit der dokumentarischen Methode. Die Auswertungs-Ergebnisse zu den Themen „Freiarbeit und normaler Unterricht" sowie „Projektunterricht als Gegenhorizont zur Freiarbeit" werden anhand von Originalzitaten der Kinder aus Kreisgesprächen, Interviews und Gruppendiskussionen zusammengefasst. Aus der Gegenüberstellung der Ergebnisse dieser beiden Schwerpunkte werden Schlussfolgerungen in Bezug auf das Verhältnis von Freiarbeit und Regelschule gezogen.

1. Begründung des Themas

Die bildungspolitische Diskussion ist in den letzten Jahren – insbesondere seit der Veröffentlichung der Ergebnisse der PISA-Studien – dominiert von der Forderung nach einer Reform der Schule. Gefordert wird nicht nur eine äußere Reform des Schulsystems, sondern auch eine innere Reform des Unterrichts an den Schulen. Jürgen Baumert betont, dass auf dem Hintergrund des internationalen Vergleichs Schulen in Deutschland lernen müssen, mit Differenz innerhalb der Schülerschaft produktiv umzugehen. Dies ist bei unserem weit verbreiteten Standard-Unterrichtskonzept des „fragend-entwickelnden Unterrichts" kaum möglich: Geht der Lehrer auf Schülerbeiträge ein, die über das Thema hinausführen,

> „beginnt der Unterricht leicht zu mäandern und das Unterrichtsziel gerät aus dem Blick. Ebenso fällt es Lehrkräften bei dieser Choreografie schwer, Fehler produktiv zu machen; dies verlangt eine Interpunktion im Unterrichtsgang, die nicht vorgesehen ist. Diese Struktur des Un-

> terrichtsskripts lässt der Lehrkraft wenig Chancen, auf Heterogenität angemessen und individuell zu antworten.“ (Baumert 2002: 25)

Sind in Alternativschulen und Modellversuchen Formen binnendifferenzierenden Unterrichts schon lange selbstverständlich, dominiert in der Regelschule das von Baumert geschilderte Konzept des „fragend-entwickelnden Unterrichts“. Es ist also dringend erforderlich, für die Regelschule Unterrichtsformen zu finden, die die Heterogenität der Schülerschaft berücksichtigen, welche in allen Schulen des viergliedrigen Schulsystems vorhanden ist. Es gibt dazu zahlreiche Ansätze an einzelnen Schulen, insbesondere im Bereich der Grundschule, wie eine Vielzahl von Praxisberichten in pädagogischen Fachzeitschriften, einige Buchveröffentlichungen mit Praxisanleitungen und eine Reihe empirischer Untersuchungen zeigen.[1] Während in Schulversuchen die wissenschaftliche Evaluation der pädagogischen Praxis oft Teil des Konzeptes ist, gibt es nur relativ wenige wissenschaftliche Untersuchungen zu Formen Offenen Unterrichtes an Regelschulen, wie der folgende kurze Überblick zeigt:

2. Forschungsstand zum Thema „Freiarbeit“

Britische und amerikanische Groß-Studien stellten in den 1970er Jahren fest, dass die kognitiven Fähigkeiten stärker im traditionellen (lehrerzentrierten) Unterricht gefördert und die sozialen Kompetenzen im offenen (schülerorientierten) Unterricht besser entwickelt werden (Bennett 1979, Galton/Simon/Croll 1980). Dagegen belegt Hilgendorf (1979) bei seiner Untersuchung von drei Projektklassen mit offenem Unterricht und fünf Vergleichsklassen an einer Grundschule in Berlin-Tempelhof, dass der Lernzuwachs im offenen Unterricht genauso groß ist wie im lehrerzentrierten Unterricht. Er macht dafür das ausgeprägte LehrerInnen-Engagement in den Projektklassen verantwortlich. Auch die Bennett-Studie führt ein Beispiel an, bei dem der Wissenszuwachs im informellen Unterricht größer war als im formellen, weil die Lehrerin den informellen Unterricht gut strukturierte. Die Effektivität des offenen Unterrichts in Bezug auf den Lernerfolg steigt demnach mit einer guten Vorbereitung und Strukturierung dieses Unterrichts. Andererseits darf die Strukturierung nicht zu stark sein, wie Huschke (1982) in seiner Untersuchung zur Wochenplanarbeit an der Grundschule feststellt, weil eine zu starke Kleinschrittigkeit in den vorgegebenen Wochenplänen keine Krea-

1 Die verschiedensten Aufsätze zur Thematik „Freiarbeit“ in den Zeitschriften „Grundschulmagazin“, „Die Grundschulzeitschrift“, „Grundschule“ und „Pädagogik“ in den letzten Jahren können hier nicht einzeln aufgeführt werden. Als Praxisanleitungen in Buchform seien die folgenden genannt, wobei sich die letzten drei auf die Sekundarstufe beziehen: Bartnitzky/ Christiani 1998, Claussen 1995, Jürgens 1996, Rademacher 1998, Sehrbrock 1993, Traub 2000

tivität der Kinder zulässt und den Erwerb sozialer und persönlichkeitsbildender Fähigkeiten verringert. Naujok (2000) stellt allerdings in einer qualitativen Studie fest, dass Wochenplan-Arbeit die Kooperationsfähigkeit der SchülerInnen fördert, auch wenn er hauptsächlich aus Aufgaben besteht, die an einzelne SchülerInnen gerichtet sind.

Weitere Untersuchungen beschäftigen sich mit spezifischen Aspekten der Freiarbeit. Fähmel (1981) und Dartmann (1988) zeigen auf, dass die Wahlfreiheit in der Freiarbeit nicht zu Einseitigkeit hinsichtlich der Unterrichtsgegenstände führt, die die SchülerInnen wählen. Eine insgesamt gute Lernzeitnutzung weisen Fähmel (1981), Dartmann (1988), Lipowsky (1999) und Prengel u.a. (2004) nach. Röbe beobachtet in seiner qualitativen Studie, dass „gerade für Kinder mit Konzentrationsschwächen und Verhaltensproblemen" die freie Arbeit Möglichkeiten bietet, „ohne Abwehr, Angst und Furcht vor Misserfolgen zu handeln und zu lernen" (Röbe 1986: 488). Bannach (2002) arbeitet bei einer Untersuchung der Themenarbeit von SchülerInnen einer 6. Klasse einer integrativen Grundschule in Berlin heraus, dass die SchülerInnen vielfältige Lernchancen nutzten und dadurch biografierelevantes Lernen stattfand.

Mit der Rolle von Freiarbeit an der Regelschule hat sich nur die Untersuchung von Drews/Wallrabenstein (2002) befasst, die bei einer Befragung von 262 GrundschullehrerInnen in Brandenburg und 50 in Hamburg feststellten, dass 90% von ihnen mehr oder weniger häufig Freiarbeit als Ergänzung zum lehrerzentrierten Unterricht praktizieren. Als neuralgischer Punkt erwies sich die Notwendigkeit der Veränderung traditioneller Rollenmuster im offenen Unterricht (vgl. Wallrabenstein 2002: 94). Eine parallele Befragung von 90 SchülerInnen der dritten Klassen im Land Brandenburg ergab, dass die Mehrheit der SchülerInnen Unterrichtssituationen bevorzugt, die ihnen Entscheidungsspielräume für ein selbstbestimmtes Handeln eröffnen (vgl. Felger-Pärsch 2002: 89). Sowohl LehrerInnen als auch SchülerInnen sehen die Einführung von Regeln als konstitutiv für die Freiarbeit an (vgl. Heusinger 2002).

Das diesem Artikel zugrunde liegende Forschungsvorhaben bezog sich generell auf „Freiarbeit aus SchülerInnensicht" und nicht auf den potentiellen Gegensatz von Freiarbeit und Regelschule. Die untersuchte Freiarbeit fand jedoch an einer Regelschule statt und die für das Forschungsprojekt durchgeführten Kreisgespräche und Gruppendiskussionen eröffneten bei ihrer Interpretation mit der „dokumentarischen Methode" einige Einblicke in die spezifische Rolle von Freiarbeitsunterricht an der Regelschule, die in diesem Beitrag zusammengefasst und diskutiert werden sollen.

3. Beschreibung von Forschungsgegenstand, Datenerhebung und Auswertungsmethode

In diesem Abschnitt soll zunächst der Freiarbeitsunterricht beschrieben werden, der in dem Forschungsprojekt untersucht wurde. Anschließend wird die Datenerhebung durch Kreisgespräche, Interviews und Gruppendiskussionen skizziert sowie die Auswertung der Aufzeichnungen mit der dokumentarischen Methode erläutert.

3.1 Forschungsgegenstand

Die Autorin dieses Artikels führt seit vielen Jahren Freiarbeitsunterricht in den 5. und 6. Klassen eines Gymnasiums durch. Dieser Unterricht umfasst 2-3 Stunden/Woche, die von den Fächern Englisch, Deutsch oder Mathematik abgetreten werden. Strukturiert wird die Arbeit der SchülerInnen durch einen Monatsplan, der Aufgaben aus verschiedenen Fächern enthält, die in 8-12 Unterrichtsstunden zu erledigen sind. Neben den genannten Fächern gibt es in der Freiarbeit auch Aufgaben aus den Fächern Geografie, Geschichte, Biologie, Physik, Kunst und Musik. Die SchülerInnen können die Reihenfolge wählen, in der sie die Aufgaben erledigen, sowie die Sozialform (Einzel-, PartnerInnen- oder Gruppenarbeit). Sie können sich aussuchen, mit wem sie zusammen arbeiten möchten, können sich im Raum bewegen und mit Zustimmung der Lehrerin auch außerhalb des Raumes arbeiten. Die Freiarbeits-Klasse war so groß (28-30 SchülerInnen), dass die Lehrerin es nicht geschafft hat, individuell differenzierte Pläne zu erstellen. Auch war der Pflichtbereich fast immer so umfangreich, dass die SchülerInnen kaum Zeit hatten, noch zusätzliche Wahlaufgaben zu erledigen. Es gab also für alle SchülerInnen den gleichen Monatsplan, und die Wahlfreiheit bestand lediglich in Entscheidungsfreiheit über Reihenfolge, Zeit und Sozialform sowie Bewegungsfreiheit (vgl. Krieger 1998: 201). Bei offeneren Aufgaben wie dem Erstellen von Referaten bestand auch die Freiheit der Wahl des Themas, bei Übungsaufgaben konnte z.T. die Übungsform gewählt werden.

Die Freiarbeit eröffnet im Gegensatz zum fragend-entwickelnden Unterricht die Chance, die SchülerInnen stärker in ihrem eigenen Rhythmus und weniger nach den zeitlichen Vorgaben der Lehrkraft arbeiten zu lassen. Das Ziel der Freiarbeit ist es, dass die SchülerInnen lernen, selbstständig ihre Zeit einzuteilen, sich selber ihren individuellen Lernvoraussetzungen entsprechend Wissensstoff anzueignen bzw. diesen zu festigen, Themen zu erarbeiten sowie mit anderen zu kooperieren.

Da die SchülerInnen sich in der retrospektiven Gruppendiskussion auf den Projektunterricht beziehen, soll auch dieser hier kurz dargestellt werden: Projektunterricht fand als Fortsetzung der Freiarbeit in der 7. Klasse mit zwei Stunden pro Woche statt. Hier wählten die SchülerInnen sich zunächst zu dem Oberthema „Klassenfahrt zur Hallig Hooge“ eigene Projektthemen aus, die sie in Gruppen bearbeiteten. Es wurden ein Film und eine Zeitung über die Klassenfahrt erstellt, ein Modell der Hallig Hooge gebaut und Plakate zum Leben im Wattenmeer und zu Robben in der Nordsee erstellt. Im zweiten Halbjahr konnten die SchülerInnen sich nicht auf ein gemeinsames Oberthema einigen, so dass einige zu lokalgeschichtlichen Themen arbeiteten, andere sich mit den Themen „Zweiter Weltkrieg“ und „Rassismus heute“ beschäftigten. Letztere Gruppe testete die Zivilcourage der Bevölkerung, indem sie Reaktionen auf gespielte Ausländerfeindlichkeit filmte. Die anderen Gruppen bereiteten Plakate und Vorträge zu ihren Themen vor.

3.2 Datenerhebung

Zwei Jahre lang hat die Autorin ihren eigenen Freiarbeitsunterricht dokumentiert durch Szenenprotokolle der Freiarbeitsstunden, Audioaufnahmen von fünf Kreisgesprächen mit den SchülerInnen über die Freiarbeit und Videoaufzeichnungen von vier Freiarbeitsstunden. Zwei Jahre nach Beendigung der Freiarbeit wurde außerdem eine Gruppendiskussion mit 11 SchülerInnen dieser Klasse aufgezeichnet, in der sie rückblickend über die Freiarbeit sprachen. Vier weitere Gruppendiskussionen wurden mit SchülerInnen anderer Klassen geführt, die Freiarbeitsunterricht bei anderen LehrerInnen hatten. In die Auswertung einbezogen wurden die fünf Kreisgespräche, die im Laufe der zwei Jahre der Freiarbeit stattfanden, fünf video-aufgezeichnete Kurzinterviews mit SchülerInnen sowie vier Passagen aus drei Gruppendiskussionen.

Alle drei Dokumentarten zielten auf kollektiv ausgehandelte Einschätzungen, die aber in unterschiedlichen Arrangements entstanden: Die Kreisgespräche waren ein institutionalisierter Rahmen in der Freiarbeitsklasse. Alle 30 SchülerInnen der Klasse nahmen daran teil, die Lehrerin hatte die Diskussionsleitung. Die anderen Dokumente von SchülerInnenäußerungen entstanden in Abwesenheit der jeweils unterrichtenden Lehrpersonen. An den Gruppendiskussionen waren 8-11 SchülerInnen der jeweiligen Klasse beteiligt, an den Interviews jeweils 2-3 SchülerInnen der untersuchten Freiarbeitsklasse. Die Interviews dokumentieren ebenso wie Kreisgespräche und Gruppendiskussionen eine Kollektivperspektive, da sie mit mehreren SchülerInnen gemeinsam geführt wurden, die sich in ihren Äußerungen aufeinander beziehen.

3.3 *Auswertung von Kreisgesprächen, Interviews und Gruppendiskussionen nach der dokumentarischen Methode*

Da die forschende Lehrerin ihren eigenen Unterricht untersucht hat, war es wichtig, eine Methode zu finden, die es ermöglichte, eine Distanz zwischen der Forscherin und ihrem Material herzustellen. Dies ist mit der „dokumentarischen Methode" gelungen.[2] Die „dokumentarische Methode" unterscheidet zwischen dem immanenten und dem dokumentarischen Sinngehalt: „Das, *was* gesagt, berichtet, diskutiert wird, also das, was *thematisch* wird, gilt es von dem zu trennen, was sich in dem Gesagten über die Gruppe *dokumentiert*" (Bohnsack 2000: S. 383). Die Unterscheidung dieser beiden Ebenen findet sich in den beiden Arbeitsschritten der Textinterpretation wieder: der *formulierenden* und *der reflektierenden Interpretation.* In der *formulierenden Interpretation* werden die Inhalte des Gesagten, also der immanente Sinngehalt zusammenfassend formuliert. In der *reflektierenden Interpretation* wird zunächst die *Diskursorganisation* rekonstruiert. Hier geht es darum, wie ein Thema behandelt wird, insbesondere wie die verschiedenen GesprächsteilnehmerInnen aufeinander Bezug nehmen und wie dadurch Gruppenmeinungen im Sinne kollektiver Bedeutungsmuster im Laufe des Gespräches entwickelt bzw. aktualisiert werden. Bei der anschließenden fallinternen und fallübergreifenden *komparativen Analyse* verschiedener Gesprächspassagen lassen sich auf der Grundlage von Gemeinsamkeiten und Kontrasten der Fälle Typen herauskristallisieren, die auf den dokumentarischen Sinngehalt der Diskussionen schließen lassen. Der subjektive Interpretationsrahmen der Forscherin wird somit nach und nach durch die objektivere komparative Analyse ersetzt. Durch die Anwendung der dokumentarischen Methode gelingt es, eine neutrale Sicht auf das Material herzustellen, aufgrund derer Schlüsse gezogen werden können, die unabhängig von persönlichen Empfindsamkeiten und moralischen Wertungen der forschenden Lehrerin sind.

Die Ergebnisse der komparativen Analyse von Kreisgesprächen, Interviews und Gruppendiskussionen wurden miteinander in Beziehung gesetzt. Zwei Schwerpunkte dieses Vergleichs, die die besondere Situation des Freiarbeitsunterrichtes an einer Regelschule beleuchten, sollen im Folgenden vorgestellt werden.

---

2 Eine umfassende Darstellung der dokumentarischen Methode findet sich in Bohnsack (2003), insbesondere Kap. 3, 7 und 8.

4. Ergebnisse des Vergleichs von Kreisgesprächen, Interviews und Gruppendiskussionen

Aus dem Vergleich von Kreisgesprächen, Interviews und Gruppendiskussionen werden hier die beiden Vergleichsaspekte „Freiarbeit in Gegenüberstellung zum normalen Unterricht" und „Projektunterricht als positiver Gegenhorizont zur Freiarbeit" dargestellt, weil sich an ihnen das Verhältnis von Freiarbeit und Regelschule beleuchten lässt.

4.1 Gegenhorizont „Freiarbeit – normaler Unterricht"

Sowohl in den Interviews als auch in den Kreisgesprächen bauen die SchülerInnen einen Gegenhorizont von Freiarbeit und normalem Unterricht auf. Im Interview sagt Thomas[3], Freiarbeit „ist besser als normaler Unterricht". Auf Nachfrage hin erläutert er dies:

> *Thomas*: Oh (2) na ja da is' eben mehr irgendwie e'n bisschen mehr Stimmung – da muss man nich' die ganze – Zeit – die Schulbank drücken oder so[4]

In der Kreisgesprächspassage „Terminierung der Freiarbeit im wöchentlichen Stundenplan" betonen die meisten der SchülerInnen, die sich zu Wort melden, dass das Besondere an der Freiarbeit ist, dass es „kein richtiger Unterricht ist", weil man sich dabei „entspannen" kann und weil in der Freiarbeit Peergroupaktivitäten möglich sind wie „Quatschen" (Vanessa) und „Hallo" sagen:

> *Illo*: ...weil man sich da ma erholen kann und ma miteinander reden so gesagt kann. Das kann man im nomalen Unterricht nich kann ma' einfach zu ee'm hingehen (1) Hallo,

Thomas' Begründung, dass in der Freiarbeit „mehr Stimmung" ist, entspricht Illos Aussage, dass man miteinander reden kann. Thomas Abgrenzung von „Schulbank drücken" im „normalen Unterricht" korrespondiert mit Illos Feststellung, dass man im „normalen Unterricht" nicht einfach „zu ee'm hingehen" kann.

---

3 Die Namen aller beteiligten SchülerInnen wurden durch von ihnen gewählte Wunschnamen ersetzt.

4 Wichtigste Transkriptionsrichtlinien (nach Loos/Schäffer 2001: 57):
– ganz kurzes Absetzen; (.) kurzes Absetzen; (3) Pause, Dauer in Sekunden
[Gemurmel] nicht verbale oder gesprächsexterne Ereignisse; *nein* Betonung
@(.)@ kurzes Auflachen; @Text@ Text wird lachen gesprochen
. ; stark/schwach sinkende Intonation; ? , stark/schwach steigende Intonation

„Mehr Stimmung" in der Freiarbeit konstatieren auch mehrere Äußerungen im letzten Kreisgespräch. Hier wird die Bedeutung der informellen Ebene, insbesondere des „Quatschens", die in den früheren Kreisgesprächen nur vorsichtig angedeutet wurde, ganz offen benannt, z.B. von Pünktchen:

> *Pünktchen:* da konnten wir eben *nebenbei – beim* Arbeiten – eben auch mal quatschen; und und erzählen (.) was wa in den anderen Stunden eben nicht könn' (.) und darum hat das einem eben *mehr* Spaß gemacht als *normalen* Unterricht

Es wird also von verschiedenen SchülerInnen sowohl in den Kreisgesprächen als auch in den Interviews betont, dass sie die entspanntere Atmosphäre des Freiarbeitsunterrichts gegenüber dem „normalen Unterricht" schätzen, die sich darin ausdrückt, dass sie miteinander sprechen dürfen, nicht die ganze Zeit auf ihrem Platz sitzen bleiben müssen und sogar außerhalb des Klassenraumes arbeiten dürfen.

Als weiteren Vorteil der Freiarbeit gegenüber dem „normalen Unterricht" nennen die SchülerInnen sowohl in einer Kreisgesprächspassage als auch in den Interviews die Möglichkeit, in der Freiarbeit zwischen verschiedenen Fächern zu wechseln sowie die Aufgaben und ihre Reihenfolge wählen zu können. So betont Dorothea im Interview:

> *Dorothea*: ...ja – aber sons' ist's eigentlich ganz o.k. weil's halt ein bisschen lockerer is' so und die Atmosphäre so wenn man halt sich aussuchen kann ´s heißt ja nich Stundenplan aha 3. Stunde Mathe und so sondern – jetz' kann ich mir aussuchen ob ich in Mathe oder Deutsch machen will oder was weiß ich-

Die Möglichkeit der Entscheidung, wann man welche Aufgabe bearbeitet, bringt Barney im Interview noch mit dem Umstand in Zusammenhang, dass ihnen in der Freiarbeit nicht alles vom Lehrer vorgesetzt wird:

> *Barney:* Und ich denke – bei der Freiarbeit muss man lernen dass man s'ch selber arbeiten kann [legt beide Hände flach zusammen und faltet die Finger ineinander] dass man nicht immer nur – vom Lehrer was vorgekriegt [Wegwischbewegung mit der Hand] – das Aufgaben macht – dass man auch selber entscheiden kann was man machen kann.

Die gleiche Aussage in etwas drastischerer Form trifft Illo in der Kreisgesprächspassage „Fortsetzung der Freiarbeit in der 7. Klasse?"

> *Illo:* ...dass man da nicht halt die ganze Zeit *da sitzen* muss (.) irgendwelche Aufgaben an den Kopf gedonnert kriegt (.) weil man da kann man ja auch selbst bestimm was man macht. Das find ich einfach voll klasse.

Barneys vorsichtige Einschätzung, die stärker in seiner Gestik als in seinen Worten zum Ausdruck kommt (Wegwischbewegung, als er davon spricht, vom Lehrer etwas vorgesetzt zu bekommen; dagegen Hände zusammenlegen beim Erwähnen des „selber Arbeitens") entspricht genau Illos positiver Wertung, dass er es „voll klasse" findet, wenn man in Freiarbeit „selbst bestimm (kann) was man macht".

Insgesamt lässt sich festhalten, dass der Gegenhorizont „Freiarbeit – normaler Unterricht", der als positive Möglichkeiten der Freiarbeit das Quatschen, das Herumlaufen-Dürfen und die Entscheidung über die Reihenfolge der Arbeiten im Gegensatz zum Leise-Sein-, Still-sitzen-Müssen und vom-Lehrer-etwas-vorgesetzt-bekommen umfasst, für die SchülerInnen eine wichtige Rolle spielt, solange sie Freiarbeitsunterricht haben; denn er dokumentiert sich in den parallel zum Freiarbeits-Unterricht durchgeführten Interviews und Kreisgesprächen. In dieser Zeit werden die Freiarbeits-Stunden vehement gegen eine eventuelle Umwandlung in „normalen Unterricht" verteidigt, weil dies eine konkrete Beschneidung vorhandener Freiräume bedeutet hätte. In der rückblickenden Gruppendiskussion zwei Jahre später spielt dieser Aspekt so gut wie keine Rolle mehr.

4.2 Projektunterricht als positiver Gegenhorizont zur Freiarbeit

In der Gruppendiskussion der 8. Klasse ist ein anderer Gegenhorizont zur Freiarbeit sehr viel zentraler als der des Regelunterrichtes. Die SchülerInnen thematisieren an mehreren Stellen den Projektunterricht, der für sie einen positiven Gegenpol zur Freiarbeit darstellt. Im Projektunterricht gab es ein Ziel, Noten und ein konkretes, praktisches Ergebnis. In der Freiarbeit dagegen gab es nur einen Plan, den die SchülerInnen abarbeiten mussten, dessen Sinn und praktischen Nutzen sie aber nicht sahen. Dies lässt sich durch folgenden Gruppendiskussionsausschnitt verdeutlichen:

> *Illo*: Aber aber ich wollt mal sagen danach haben wir ja das weitergeführt, (1) zum zum Projektunterricht, [einer imitiert Schnarchen]
> └: das fand ich toll
> └: Kent, Kent [lautes Schnarchgeräusch im Hintergrund]
> └*Illo*: und da war's eig'ntlich auch besser – weil's darauf Noten gab und es wollt' ja keiner – auch wenn's bloß so'ne ich sag mal Billignote ist wollt keiner ne Vier oder Fünf auf'em Zeugnis wenn's geht haben (.) weil ähm und äh
> └*Skater:* Na Boris /ironischer Tonfall/
> └*Illo*: deswegen hat man
> └*Josephine:* @Hahaha@
> └*Illo*: sich da da auch ein bisschen angestrengt und so – und das war denn besser weil da hat man auch mehr

aufgepasst [prustendes Lachen im Hintergrund] weil ja alle – auch wa- auch was abgeben mussten und so und nicht so'n blöden Plan aus- – und wir ham da auch noch'en richtig super geniales – extrem hübsches jetzt für die

└*Dorothea*: Hallig-Hooge-Modell gebaut

└Illo: jetzt für die Geographie genutztes Hallig-Hooge-Modell gebaut

Illo greift hier den Begriff Projektunterricht auf und nennt ihn eine Weiterführung (der Freiarbeit). Der Begriff „Projektunterricht" löst zum einen Schnarchgeräusche aus, zum anderen eine spontane positive Äußerung („das fand ich toll"). Auch Illo wertet den Projektunterricht positiv, weil es darauf Noten gab. Er wertet die Bedeutung dieser Noten zunächst ab („Billignoten"), betont dann aber, dass sie auf dem Zeugnis stehen, was wiederum eine Aufwertung ist. Offensichtlich stellen auch „Billignoten" eine Motivation dar, insbesondere, wenn sie auf dem Zeugnis stehen. Für Illo treten die Noten hier an die Stelle der selbstgesetzten Ziele, bzw. sie fördern es, sich ein Ziel zu setzen; sie sind somit sinngebend. Illo benutzt mehrere positive Begriffe für die Folgen der Notengebung im Projektunterricht: Die Benotung bietet den Anreiz, sich anzustrengen und aufzupassen. Damit stehen nicht die Noten, sondern der Wunsch, etwas zu lernen, im Zentrum. Illo grenzt die positiven Aspekte des Projektunterrichts gegen die Freiarbeit ab: Im Projektunterricht mussten alle etwas abgeben, in der Freiarbeit gab es nur einen „blöden Plan". Das Produkt des Projektunterrichts kommt dem selbstgesteckten, freien Zielsetzen einer Lernarbeit sehr nahe. Illo beschreibt es mit lauter Superlativen („super genial", „extrem hübsch").

Der positive Effekt von Noten für Schülerarbeiten auf die Wertschätzung von freier Arbeit kam auch in einer Äußerung von Thomas im letzten Kreisgespräch zwei Jahre zuvor zum Ausdruck, in dem diskutiert wurde, ob die SchülerInnen in der 7. Klasse weiterhin Freiarbeit machen wollten:

Thomas: Also wir ham ja auch Referate und (.) Buchvorstellungen und so da gemacht (.) und da sind ja nun nich' – nur Fünfen und Sechsen raus gesprungen; es sind ja auch gute Noten da raus gekommen – Einsen und – Einsen und Zweien – und Dreien vielleicht;

Im Relevanzsystem von SchülerInnen eines Gymnasiums sind gute Noten ein erstrebenswertes Ziel. Wenn dieses Ziel durch die Freiarbeit erreicht werden kann, wird die Freiarbeit dadurch attraktiver. Die Note bietet den Anreiz, sich anzustrengen und mitzumachen.

Im zweiten Teil der Gruppendiskussion malen die AchtklässlerInnen den Gegenhorizont zur Freiarbeit noch konkreter aus: Tiffy beschreibt die Freiarbeit als "langweilig", „anspruchslos", „immer dasselbe". Diese Wortwahl drückt sehr plastisch ihr Desinteresse daran aus. Den Projektunterricht dagegen charakterisiert sie mit positiven Begriffen: man konnte sich ein Thema „aussuchen", hat das „gern gemacht" und sich „damit auch beschäftigt". Die Ergebnisse wurden in der Klasse vorgestellt. Josephine bringt dies dann auf den Punkt: In der Freiarbeit gab es nur „Arbeitsblätter die man löst und denn steht auf'm Zettel dass man das gemacht hat“. Im Projektunterricht hat man in einer Gruppe gearbeitet, sich die Aufgabe „selber ausgesucht“ und ein Ergebnis zum Vorzeigen gehabt. Beim Projektunterricht konnten die SchülerInnen das Thema wählen, haben in der Gruppe gearbeitet und hatten ein konkretes Ergebnis, das sie präsentieren konnten, bei der Freiarbeit gab es nur einen Zettel zum Abzeichnen. Josephine formuliert damit den Gegensatz „Exteriorer Plan“ (in der Freiarbeit) versus „selbstgesetztes Ziel“ (im Projektunterricht). In diesen Ausführungen werden die Noten als Anreiz nicht mehr erwähnt. Die Wahlfreiheit und das Präsentieren eines konkreten praktischen Ergebnisses waren die Hauptmotivation beim Projektunterricht und lassen diesen auch im Nachhinein als sinnvoller erscheinen als die Freiarbeit.

Positive Erfahrungen mit Projektunterricht beschreiben auch die SchülerInnen der 7. Klasse in ihrer Gruppendiskussion. Sie bauen ebenso wie die Achtklässler einen Gegenhorizont „Projektunterricht – Freiarbeit“ auf. Das wichtigste für sie ist, dass sie sich im Projektunterricht das Thema selbst aussuchen konnten und deswegen mit Interesse gearbeitet haben, während ihnen in der Freiarbeit die Aufgaben vorgesetzt wurden. Sie betonen weder die Bedeutung des Produktes als Ergebnis einer Projektarbeit noch den Anreiz der Note, der sie zu engagierter Mitarbeit motiviert. Für die GruppendiskussionsteilnehmerInnen der 7. Klasse ist die Wahlfreiheit in Bezug auf das Thema das entscheidende Kriterium, das den Projektunterricht attraktiv erscheinen lässt. Diese Wahlfreiheit war für sie bei der Freiarbeit nicht gegeben.

In den Kreisgesprächen in den Klassen 5 und 6 konnten die SchülerInnen noch keinen Vergleich mit dem Projektunterricht ziehen, weil dieser erst im Anschluss an die Freiarbeit (in der 7. Klasse) in die Stundentafel aufgenommen wurde. Ähnlich reagiert wie in Bezug auf den Projektunterricht haben sie in den Kreisgesprächen aber bei den Diskussionen um Erfahrungen mit Freiarbeit in der Grundschule, über den Projekttag, die Referate und das Erstellen der Mathespiele. Diese Aufgaben nahmen sie als sehr positiv wahr, weil sie umfangreicher waren, Kreativität erforderten und in Kooperation mit MitschülerInnen stattfanden. Sie ordneten diese Aktivitäten begrifflich aber nicht als Besonderheit der Freiarbeit ein, sondern bauten einen Gegenhorizont Freiarbeit (=langweiliges Abarbeiten des Planes) versus Projektarbeit bzw. Referatserarbeitung auf. Dies ist der gleiche Gegenhorizont, der in den Gruppendiskussionen zwischen Freiarbeit und dem Projektunterricht aufgebaut wird.

Sowohl in den Kreisgesprächen, die zeitlich parallel zum Freiarbeitsunterricht geführt wurden, als auch in den Gruppendiskussionen, die ein bis zwei Jahre später im Rückblick auf die Freiarbeit stattfanden, schätzen die SchülerInnen alle Vorhaben positiv ein, bei denen sie mit selbstgewählten PartnerInnen über einen längeren Zeitraum an einer umfangreicheren Aufgabe arbeiten konnten, die ein konkretes Ergebnis hatte (Produkt oder Präsentation) und bei denen die Gestaltung ihnen selbst überlassen blieb. Außerdem war es ihnen wichtig, dass sie bei der Erarbeitung dieser Aufgaben nicht ständiger Kontrolle durch die Lehrerin ausgesetzt waren. Das Ansehen der freien Arbeit stieg, wenn ihre Ergebnisse zensiert wurden.

5. Gegenüberstellung der Ergebnisse

Den Gegenhorizont „Freiarbeit – normaler Unterricht" entfalten die SchülerInnen sowohl in den Kreisgesprächen als auch in den Interviews. Beide Erhebungsformen fanden zu der Zeit statt, als die SchülerInnen gerade Freiarbeitsunterricht hatten. In dieser Zeit schätzen sie an der Freiarbeit

- die Möglichkeit, im Klassenraum herumlaufen zu dürfen
- sich unterhalten zu können
- PartnerInnen zur Zusammenarbeit aussuchen zu können
- nicht nur in einem Fach zu arbeiten
- die Reihenfolge der Aufgaben zu wählen
- ihre Zeit selber einzuteilen

Sie verteidigen die Freiarbeit vehement gegen Vorschläge der Lehrerin, Freiarbeitsstunden in „normale Unterrichtsstunden" zu verwandeln, in denen sie stillsitzen müssen und alles vom Lehrer vorgesetzt bekommen.

Ein bis zwei Jahre später in den Gruppendiskussionen der 7. bzw. 8. Klasse ist ihre Einschätzung eine ganz andere: Freiarbeit erscheint als Spielwiese, auf der sie sich tummeln konnten, aber nicht wirklich etwas gelernt haben. So spricht Boris davon, dass man sich in der Freiarbeit „ausruhen, ... auf andere Stunden vorbereiten, (.) ... Hausaufgaben machen, (.) Spaß haben, ..." konnte. Für Tiffy war Freiarbeit langweilig und anspruchslos. Josephine vermisst das Ziel in der Freiarbeit. Im Rückblick sehen sie die Freiarbeit also sehr kritisch. Von der positiven Einschätzung, „Freiarbeit ist besser als normaler Unterricht" (Thomas im Interview, Illo im Kreisgespräch) ist nur Boris' Charakterisierung von Freiarbeit als Ausruhstunde übrig geblieben. Diese Beschreibung entspricht aber nicht der Wahrnehmung der Freiarbeit wie sie in den Kreisgesprächen zeitlich parallel zur Freiarbeit zum Ausdruck kam. In diesen Kreisgesprächen hatte auch Boris mehrfach betont, dass er Freiarbeit anstrengend finde und den Monatsplan kaum schaffen könne. Gleichzeitig hatte er die Freiarbeitsstunden gegenüber dem Plan einer Umwandlung in „normalen" Unterricht verteidigt:

Boris: ... ich will lieber *mehr Stunden* Freiarbeit machen (.) und denn zwar *Englisch drinne*, – ′n *bisschen mehr Englisch drinne* – aber dafür da ha'm wa – keene volle Stunde Englisch;

Ein Erklärungsansatz für diese unterschiedliche Einschätzung ist der jeweilige Erfahrungshintergrund: Die SchülerInnen hatten Freiarbeit bis zum Ende der 6. Klasse, in der 7. Klasse wurde die Freiarbeit durch Projektunterricht fortgeführt, in der 8. Klasse gab es keinen entsprechenden Unterricht mehr. Der aktuelle Erfahrungshorizont der Achtklässler ist also nur noch Fachunterricht, der in der Regel frontal stattfindet. Zu diesem Zeitpunkt brauchen sie den Freiraum der Freiarbeit nicht mehr zu verteidigen, weil dieser für sie sowieso nicht mehr existiert. Zum anderen ist ihre aktuelle Erfahrungs"folie", auf der sie die Freiarbeit betrachten, nur noch der lehrerzentrierte Unterricht, in dem sie Wissen vermittelt bekommen, das sie bei der nächsten Klassenarbeit reproduzieren müssen und das benotet wird. Die selbstständige Wissenserarbeitung und -festigung in der Freiarbeit erscheint demgegenüber als Spielerei, insbesondere, da die Inhalte selten getestet und nicht benotet wurden.

Gleichzeitig bleiben die SchülerInnen in den Gruppendiskussionen nicht bei der im Rückblick konstatierten Sinnlosigkeit der Freiarbeit stehen. Sie suchen nach einem Sinn und Zweck in der Freiarbeit. Dabei stoßen sie auf den Projektunterricht, den sie in der 7. Klasse als Fortsetzung der Freiarbeit hatten. Dieser weckt bei ihnen rückblickend sehr viel positivere Assoziationen als die Freiarbeit. Im Projektunterricht konnten sie sich ein Thema aussuchen. Sie haben in einer Gruppe gearbeitet und die Projektarbeit hatte ein konkretes, praktisches Ergebnis, das sie der Klasse präsentieren konnten. Außerdem gab es für die Projekte Noten, was diese in den Augen der SchülerInnen gegenüber der Freiarbeit erheblich aufwertete. Dies entspricht wiederum auch dem aktuellen Erfahrungshintergrund der SchülerInnen; denn im „normalen Unterricht" wird jedes Ergebnis zensiert und gewinnt dadurch seinen Wert. Ein Fach wie die Freiarbeit, das nicht benotet wird, ist damit aus der Sicht der SchülerInnen wert-los! Die beiden anderen wichtigen Aspekte des Projektunterrichtes sind die Wahlfreiheit und die Produktorientierung. Diese Aspekte des ganzheitlichen Lernens wissen die SchülerInnen sehr wohl zu schätzen, auch schon in der Freiarbeit, wo sie alle projektartigen Aktivitäten sehr positiv beurteilt hatten wie die Referate, das Erstellen der Mathespiele und den Projekttag. Interessanterweise sehen die SchülerInnen diese Aufgaben, die im Rahmen der Freiarbeit durchgeführt wurden, aber schon in den damaligen Kreisgesprächen nicht als Teil der Freiarbeit, sondern als positive Zusatzaktivitäten:

Shirley: also mir hat's auch gut gefallen dass wir die Referate vorbereiten durften weil dann konnte uns auch nicht nachgesagt werden dass wir nicht so viel Freiarbeit machen mussten praktisch

Der hier ausgedrückte Gegensatz von „Referate vorbereiten durften" und „Freiarbeit machen mussten" entspricht dem in den späteren Gruppendiskussionen entworfenen Gegenhorizont von positiv wahrgenommenem Projektunterricht und negativ konnotierter Freiarbeit. Des Weiteren erscheint hier die Einschätzung, dass den SchülerInnen „nicht nachgesagt" werden konnte, dass sie nicht genug ernsthafte Freiarbeit gemacht hatten. Dies legt den Schluss nahe, dass ihr persönlicher Einsatz bei der Freiarbeit ansonsten problematisiert und zu gering befunden wurde. Es ist zwar nicht ganz klar, wer das „nachsagte", ob es MitschülerInnen oder LehrerInnen waren. Da Shirley mit dem „uns" ihre MitschülerInnen einschließt, ist es jedoch wahrscheinlicher, dass in ihren Augen die Lehrerin ihnen nachsagte, nicht genug Arbeitseinsatz bei der Freiarbeit gezeigt zu haben. Die Referate bedeuteten eine Entlastung von diesem Vorwurf, da ein Teil der Freiarbeitszeit für deren Erarbeitung genutzt werden konnte.

Der Gegenhorizont „Freiarbeit – Referate" verdeutlicht auch schon im sechsten Schuljahr ein negatives Image der Freiarbeit. Mit dem Begriff „Freiarbeit" assoziieren die SchülerInnen Arbeitsblätter und Übungsaufgaben sowie das Abarbeiten des Monatsplanes. Während ihnen diese Aktivitäten in der 5. und 6. Klasse immer noch besser gefallen als der „normale Unterricht", bezeichnen sie die Freiarbeit im Rückblick als langweilig. An projektartige Aktivitäten der Freiarbeit im 5. und 6. Schuljahr erinnern sie sich nicht. Da steht ihnen das Bild des Projektunterrichtes aus der 7. Klasse klarer vor Augen. Und dieser ist für sie uneingeschränkt positiv konnotiert. Die SchülerInnen äußern die Einschätzung, dass die Freiarbeit eine Hinführung zum Projektunterricht gewesen sei, wie folgender Ausschnitt aus der Gruppendiskussion der 8. Klasse zeigt:

> *Kent:* Also ich glaube auch dass Fünftklässler noch nich' so richtig mit Projektunterricht klarkommen würden (.) mit diesem – selbstständig und im Kollektiv arbeiten und auch außerhalb der Schule mal was für die Schule tun... es is' vielleicht ein bisschen (1) schwer
> ⌊*Josephine*: Dann muss man's ihnen beibringen – ich meine das kann's ja nich' sein
> ⌊ : Na aber (.) also
> *Kent:* Na aber Frau L. (1) Frau L. hat uns jetzt zwei Jahre lang spielerisch an den Projektunterricht *herangeführt* (...)
>
> *Thomas:* Du hast das sehr schön ausgedrückt dass ja Freiarbeit vielleicht eine Vorstufe ist von – sowas – ... jalso dass de- der Projektunterricht dann eine weitere Stufe ist bloß die würde ich schon inner *Sechsten* einführen (.) und nur *ein* Jahr praktisch dann Freiarbeit machen (3) [Durcheinanderreden von anderen]
> ⌊*Skater*: in'er dritten @(.)@ in'er dritten Klasse ja
> *Thomas:* und vielleicht sollte das dann schon früher angefangen werden (.) also dass man Freiarbeit dann ebent – nur bis zu Fünften macht – aber – also die Fünfte auch noch – aber – ähm – schon *vorher* sagen wir ab der dritten Klasse – wie du's eben sagst

Hier scheint durch, dass die SchülerInnen eine Idee von Freiarbeit als Hinführung zum selbstständigen Arbeiten haben, welches sie in der Form des Projektunterrichtes auch wertschätzen. Kents Ausdruck „spielerisch" für die Freiarbeit verdeutlicht wieder, dass sie diese einerseits nicht ganz ernst genommen haben, Freiarbeit andererseits aber eine positive Abwechslung zur Ernsthaftigkeit des sonstigen Schulunterrichtes war. Thomas Ausdrücke „Vorstufe" für die Freiarbeit und „weitere Stufe" für den Projektunterricht deuten auf einen Entwicklungsprozess hin, den sie rückblickend konstatieren. Daraus entwickelt Thomas einen Vorschlag, wie Freiarbeit und Projektunterricht umgesetzt werden könnten, um den Einschätzungen der SchülerInnen (Freiarbeit ist langweilig, wenn sie nur das Abarbeiten von Arbeitsblättern enthält; Projektunterricht ist interessant, weil es ein selbstgestecktes Ziel gibt) gerecht zu werden: Es solle früher mit der Freiarbeit begonnen werden (z.B. in der 3. Klasse), diese solle nur bis zum Ende der 5. Klasse durchgeführt und danach durch Projektunterricht ersetzt werden.

6. Schlussfolgerungen für den Freiarbeitsunterricht an Regelschulen

Da die SchülerInnen in den Kreisgesprächen unter Leitung der forschenden Lehrerin die Freiarbeit überwiegend positiv beurteilten und sich in den von neutralen Personen geleiteten Gruppendiskussionen sehr kritisch gegenüber der Freiarbeit äußern, ist es naheliegend anzunehmen, dass dies mit der Erhebungsform und der An- bzw. Abwesenheit der Lehrerin bei den Erhebungen zusammenhängt. Diese Einschätzung muss auf folgendem Hintergrund relativiert werden: Die hier referierten positiven Äußerungen der SchülerInnen zur Freiarbeit (sie ist aufgrund der in ihr vorhandenen Freiräume besser als „normaler Unterricht") wurden während der Erhebungsphase von der forschenden Lehrerin, die die Kreisgespräche leitete, keineswegs als positiv empfunden. Im Gegenteil, in einer ersten Auswertung der Kreisgespräche nach Abschluss der Freiarbeit ignorierte die forschende Lehrerin diese Äußerungen systematisch, weil sie ihr kontraproduktiv gegenüber ihrem Anliegen erschienen, anderen LehrerInnen zu verdeutlichen, dass die Freiarbeit ein ebenso effektiver und ernstzunehmender Unterricht sei wie der lehrerzentrierte Unterricht. Erst die dokumentarische Interpretation der Kreisgespräche zwang die forschende Lehrerin dazu, diese Äußerungen der Kinder als Argumente für die Freiarbeit aus SchülerInnenperspektive wahrzunehmen. Die SchülerInnen bedienten mit dem skizzierten Gegenhorizont „Freiarbeit – normaler Unterricht" also nicht die Erwartung ihrer Lehrerin, die das Kreisgespräch leitete. Bei der komparativen Analyse aller dokumentarisch interpretierten Kreisgespräche ließ sich außerdem feststellen, dass die Orientierung der SchülerInnen sich oft konträr zu der von der Lehrerin vorgegebenen Orientierung entwickelte; die SchülerInnen also nicht der Lehrerin „nach dem Munde redeten".

Des Weiteren wurden auch die Interviews in Abwesenheit der Lehrerin durchgeführt, wobei die SchülerInnen bei den Interviews ebenso wie bei der

Gruppendiskussion wussten, dass die Lehrerin ihre Äußerungen später hören würde. Wäre die Einschätzung der SchülerInnen von der An- bzw. Abwesenheit der Lehrerin beeinflusst, so hätten sich die Äußerungen aus Interviews und Gruppendiskussion ähneln müssen in Abgrenzung zu den Kreisgesprächen. Die Tatsache, dass der Gegenhorizont „Freiarbeit – normaler Unterricht" sowohl in den Kreisgesprächen als auch in den Interviews aufgebaut wird, jedoch nicht in der zwei Jahr später durchgeführten Gruppendiskussion lässt darauf schließen, dass die Einschätzung der SchülerInnen eher vom Erhebungszeitpunkt beeinflusst ist als von der Erhebungsform und der An- bzw. Abwesenheit der Lehrerin.

Solange die SchülerInnen Freiarbeitsunterricht haben, erscheint dieser als positive Ergänzung zum Fachunterricht. Im Rückblick sehen sie ihn als „Spielerei" an. Erleben die SchülerInnen nur noch den lehrerzentrierten Fachunterricht, sehen sie keinen Sinn mehr in der offeneren Form des Lernens, die in der Freiarbeit praktiziert wird. Dagegen schätzen die SchülerInnen auch im Rückblick alle projektartigen Aktivitäten – sowohl während der Freiarbeit als auch im Projektunterricht. Denn bei den Projekten haben sie – so ihre Perspektive – ein Ziel vor Augen, und sie arbeiten auf ein konkretes Ergebnis hin, das sie vorzeigen können. Die SchülerInnen wünschen sich, früher mit der Freiarbeit zu beginnen und auch früher zum Projektunterricht überzugehen.

Aus der Gruppendiskussion der 8. Klasse lässt sich herauslesen, dass den SchülerInnen der Projektunterricht u.a. deswegen sinnvoller erscheint als die Freiarbeit, weil es darauf Noten gibt. Im letzten Kreisgespräch der 6. Klasse heben sie positiv hervor, dass bei den Referaten meist gute Noten „raus gesprungen" sind. Die Aufgaben der Freiarbeit wurden nicht zensiert. Bewertet wurden nur die Referate, die in der Freiarbeit erarbeitet und im Fachunterricht gehalten wurden. Dies entspricht den Ideen des offenen Unterrichtes, in dem die SchülerInnen aus Interesse lernen und sich eigene Ziele setzen sollen. Der Wunsch der SchülerInnen nach Noten auf die in der Freiarbeit erledigten Aufgaben offenbart damit einen Widerspruch zwischen Freiarbeit und Regelschule. Wenn die SchülerInnen gewohnt sind, dass im überwiegenden lehrerzentrierten Unterricht alles zensiert wird, fällt es ihnen schwer, die Freiarbeit als Unterricht ernst zu nehmen, falls diese nicht benotet wird. Allerdings haben sie während der beiden Jahre, in denen sie Freiarbeit hatten, niemals angemahnt, Noten für Freiarbeitsaufgaben zu bekommen. Im Rückblick jedoch bewerten sie es als sehr positiv, dass die Ergebnisse des Projektunterrichtes und die Referate aus der Freiarbeit benotet wurden. Diese unterschiedliche Einschätzung im Zweijahresabstand deutet darauf hin, dass Freiarbeit und Regelschule dadurch zum Antagonismus werden können, dass der Freiarbeitsunterricht nicht fortgeführt wird. Solange Freiarbeit zum Erfahrungsbereich der SchülerInnen gehört, überwiegen in ihrer Wahrnehmung die positiven Aspekte. Ist der Freiraum der Freiarbeit in der aktuellen Erfahrung nicht mehr vorhanden, so sehen die SchülerInnen die Freiarbeit sehr viel kritischer.

Diesem Widerspruch lässt sich mit zwei möglichen Konsequenzen begegnen: Entweder die Freiarbeit wird der Regelschule angepasst und auch die Aufgaben aus der Freiarbeit werden benotet oder aber die Regelschule wird der Freiarbeit angepasst und der Unterricht insgesamt geöffnet. Natürlich kann es auch Kompromisse zwischen beiden Alternativen geben. So spricht nichts dagegen, außer den Referaten auch andere umfangreichere Aufgaben aus der Freiarbeit zu zensieren (Plakate, Aufsätze, Geschichten, etc.), um damit der ersten Alternative entgegenzukommen. Andererseits wäre es wichtig, die Anteile von Freiarbeit und offenem Unterricht an der jeweiligen Schule auszubauen, damit sie für die SchülerInnen nicht nur als Spielwiese in Klasse 5 und 6 erscheinen, sondern als ernstzunehmendes Lernarrangement in der Regelschule, das auch in den höheren Klassen seine Berechtigung hat. Für die Sinn-Erfahrung von Freiarbeit in der Regelschule ist es also wichtig, dass sie nicht nur eine „nette Abwechslung" in den Klassen 5 und 6 bleibt, sondern anschließend systematisch fortgesetzt wird. Im untersuchten Beispiel war der Projektunterricht in der 7. Klasse ein guter Ansatz dazu, der jedoch weiter hätte verfolgt werden müssen mit altersangemessenen Formen freier Arbeit in den höheren Klassen. Dies ist insofern ein schwieriges Unterfangen, als die Regelschule mit ihren umfangreichen Lehrplänen darauf ausgerichtet ist, Ergebnis-Wissensbestände zu vermitteln, und kaum Zeit lässt für Entdeckungsprozesse und exemplarisches Lernen, die wiederum zu kritischen Anfragen an die Wissensvermittlung der Schule führen könnten. Das Anliegen, offenen Unterricht in der Sekundarstufe fortzuführen, erfordert also auch institutionelle Veränderungen dieser Schulform. Diese erscheinen umso dringender geboten, als im späteren Berufsleben bzw. Studium genau die in der Freiarbeit einzuübenden Fähigkeiten der selbstständigen Wissensaneignung und Teamfähigkeit gefordert werden. Natürlich können genauso, wie Freiarbeit vom lehrerzentrierten Unterricht abgezweigt wurde, in höheren Klassen engagierte LehrerInnen Lernräume für eigene Erkundungs- und Untersuchungsprozesse der SchülerInnen schaffen. Dies erfordert allerdings ein hohes Maß an Einsatz der LehrerInnen, die die SchülerInnen dabei unterstützen müssen, die Vorteile z.B. von Gruppenarbeit zu erkennen und zu nutzen (vgl. Bräu 2002: 269 ff.).

Bräu weist darauf hin, dass wichtige Potenziale des offenen Unterrichtes ungenutzt bleiben, wenn den SchülerInnen diese Potenziale nicht bewusst sind. Sie mahnt einen ständigen Reflexionsprozess an (ebd.: 272 ff.). Dies ist auch ein Ergebnis der vorliegenden Forschungsarbeit: Der beim Referieren des Forschungsstandes zu Beginn dieses Artikels aufgezeigte Vorteil der Freiarbeit, dass sie die Selbstständigkeit und Kooperationsbereitschaft der SchülerInnen fördert, sollte auch im Gespräch mit den SchülerInnen thematisiert werden. Es sollte von

Anfang an mit den SchülerInnen ein Diskurs über Sinn und Zweck der Freiarbeit und über den notwendigen Rollenwechsel von LehrerInnen und SchülerInnen vom „normalen“ Unterricht zur Freiarbeit geführt werden, den auch Drews/ Wallrabenstein (2002) als neuralgischen Punkt in der Freiarbeit herausgestellt haben. Eine solche Bewusstmachung der Anliegen des offenen Unterrichtes würde vielleicht die im Rückblick kritische Sicht der SchülerInnen auf die Freiarbeit verringern.

Bei der Aufarbeitung des Forschungsstandes zum Thema Freiarbeit wurde außerdem festgestellt, dass eine gute Strukturierung der Freiarbeit wichtig ist, um einen Lernerfolg auch in der freien Arbeit zu erreichen. Das hier untersuchte Projekt zeigt allerdings, dass die SchülerInnen die weniger strukturierten Aufgaben der Freiarbeit am meisten schätzen und häufiger über zu starke Strukturierung klagen (der Arbeitsplan, den sie abarbeiten „mussten“ gegenüber den Referaten, die sie machen „durften“). Dies entspricht auch den Ergebnissen von Huschke (1982), der festgestellt hat, dass zu kleinschrittige Aufgaben in der Wochenplanarbeit die Entwicklung von Kreativität verhindern. In der Freiarbeit muss also ein ausgewogenes Verhältnis von Strukturierung und Offenheit gefunden werden, das einerseits der Tatsache gerecht wird, dass SchülerInnen vom lehrerzentrierten Unterricht herkommen und das freie Arbeiten erst lernen müssen, und das ihnen andererseits die Möglichkeit gibt, ihre Kreativität zu entfalten und sich in Kooperationsfähigkeit zu üben. Dieses Konzept stellt hohe Anforderungen an die Lehrerin, die einerseits ausreichende Freiräume zur Verfügung stellen und aushalten und andererseits genügend Struktur vorgeben muss, damit diese Freiräume produktiv genutzt werden.

Wenn Freiarbeit in der Regelschule nur für zwei Stunden in zwei Jahren durchgeführt wird, so können Freiarbeit und Regelschule für die SchülerInnen zu einem Antagonismus werden. Ist Freiarbeit eingebettet in ein langfristiges pädagogisches Konzept, in dem freies Lernen und selbstständiges Arbeiten in jeweils anspruchsvolleren Formen bis in die höheren Klassen hinein fortgesetzt wird, so kann sie den Beginn von offenem Unterricht in der Sekundarstufe darstellen. Dabei sollte in der Freiarbeit von stärkerer Strukturierung am Anfang, um das selbstständige Arbeiten zunächst einzuüben, bald zu freieren Arbeitsformen übergegangen werden. So bleibt der Unterricht einerseits für die SchülerInnen interessant, andererseits wird er damit dem eigenen Anspruch gerecht, die SchülerInnen zu Selbsttätigkeit und Kooperationsfähigkeit zu erziehen. Diese Zielsetzung sollte in einem gemeinsamen Diskurs mit den SchülerInnen immer wieder thematisiert werden, um ein Bewusstsein für Sinn und Zweck der Freiarbeit zu schaffen.

Literatur

Bannach, M. (2002): Selbstbestimmtes Lernen. Freie Arbeit an selbstgewählten Themen. Hohengehren

Bartnitzky, H./Christiani, R. (Hrsg.) (1998): Die Fundgrube für die Freie Arbeit. Das Nachschlagewerk für Einsteigerinnen und Fortgeschrittene. Berlin

Baumert, J. im Gespräch mit Welzel, S. (2002): Intelligenter Umgang mit Heterogenität. In: Erziehung &Wissenschaft 1, S. 24f.

Bennett, N. (1979): Unterrichtsstil und Schülerleistung. Stuttgart

Bohnsack, R. (2000): Gruppendiskussion. In: Flick (2000): S. 369-383

Bohnsack, R. (2003): Rekonstruktive Sozialforschung, Einführung in qualitative Methoden. Opladen

Bräu, K. (2002): Selbstständiges Lernen in der gymnasialen Oberstufe. Hohengehren

Claussen, C. (Hrsg.) (1995): Handbuch Freie Arbeit. Konzepte und Erfahrungen. Weinheim und Basel

Dartmann, W. (1988): Realisierungschancen Freier Arbeit in der Grundschule und die Frage ihrer Kontinuität beim Übergang zur Sekundarstufe I. Münster

Drews, U./Wallrabenstein, W. (2002): Freiarbeit in der Grundschule. Offener Unterricht in Theorie, Forschung und Praxis. Frankfurt/Main

Fähmel, I. (1981): Zur Struktur schulischen Unterrichts nach Maria Montessori. Frankfurt/Main, Bern

Felger-Pärsch, A. (2002): Freiarbeit – Ergebnisse von Befragungen. In: Drews/Wallrabenstein (2002): S. 100-111

Flick, U. (Hrsg.) (2000): Qualitative Forschung. Ein Handbuch. Reinbek bei Hamburg

Galton, M./Simon, B./Croll, P. (1980): Inside the primary classroom. London

Heusinger, R. (2002): Zum Umgang mit Regeln des Miteinanders in der Freiarbeit. In: Drews/Wallrabenstein (2002): S. 111-124

Hilgendorf, E. (1979): Teilevaluation des Tempelhofer Projekts. Pädagogisches Zentrum Berlin

Huschke, P. (1982): Wochenplan-Unterricht – Entwicklung, Adaption, Evaluation. Kritik eines Unterrichtskonzepts und Perspektiven für seine Weiterentwicklung. In: Klafki u.a. (1982): S. 200-278

Jürgens, E. (1996): Die ‚neue' Reformpädagogik und die Bewegung Offener Unterricht. Theorie, Praxis und Forschungslage. Sankt Augustin

Klafki, W./Scheffer, U./Koch-Priewe, B./Stöcker, H./Huschke, P./Stange H. u.a. (1982): Schulnahe Curriculumentwicklung und Handlungsforschung. Forschungsbericht des Marburger Grundschulprojekts. Weinheim und Basel

Krieger, C.-G. (1998): Mut zur Freiarbeit. Hohengehren

Lipowsky, F. (1999): Offene Lernsituationen im Grundschulunterricht. Eine empirische Studie zur Lernzeitnutzung von Grundschülern mit unterschiedlicher Konzentrationsfähigkeit. Frankfurt/Main

Loos, P./Schäffer, B. (2001): Das Gruppendiskussionsverfahren. Opladen

Naujok, N. (2000): Schülerkooperation im Rahmen von Wochenplanunterricht. Analyse von Unterrichtsausschnitten aus der Grundschule. Weinheim

Prengel, A., unter Mitarbeit von Meiß, G./ Weide, D./ Thiel, M. (2004): Kinder im Prisma der Lehrerwahrnehmung – Verfahren der Leistungs- und Entwicklungsdokumentation an der Montessori-Gesamtschule Potsdam – Abschlussbericht zum Schulversuch in der Primarstufe. Forschungsbericht Potsdam

Rademacher, B. (1998): Freiarbeit in der Sekundarstufe: „... und morgen fangen wir an". Lichtenau

Röbe, H. J. (1986): Freie Arbeit – eine Bedingung zur Realisierung des Erziehungsauftrags der Grundschule? Ein Beitrag zur Schulforschung. Frankfurt/Main, Bern, New York

Sehrbrock, P. (1993): Freiarbeit in der Sekundarstufe I. Frankfurt/Main

Traub, S. (2000): Schrittweise zur erfolgreichen Freiarbeit. Ein Arbeitsbuch für Lehrende und Studierende. Bad Heilbrunn
Wallrabenstein, W. (2002): Lehrerinnen in der Freiarbeit. In: Drews/Wallrabenstein (2002): S. 91-99

Jutta Wiesemann

Was ist schulisches Lernen?

1. Einleitung: Lernen in der Schule ist anders.

Kinder bilden „im schulpflichtigen Alter, noch bevor sie zum ersten Mal in ihrem Leben die Schwelle zum Klassenraum überschritten haben, zum Teil sehr konkrete Vorstellungen und Bilder aus, wie *das Handlungsschema des Unterrichtmachens* funktioniert.... Der entscheidende Punkt ist, dass das Kind eine essentielle Differenz zwischen dem Dasein eines Kindergartenkindes und dem eines Schülers erkennt und darauf vorbereitet ist, dass die Dinge in der Schule potentiell *eine andere Bedeutung* haben als im Kindergarten." (Nittel 2001, S. 450 f).

Der Übergang und Eintritt in die Schule kann demnach als der Übertritt in eine neue soziale Welt aufgefasst werden. In ihr sind die jungen Neulinge noch Fremde. Bald jedoch werden ihnen die in dieser Welt herrschenden Verhaltensweisen zur Selbstverständlichkeit. Dann sind aus Kindern Schülerinnen und Schüler geworden. Theodor Wilhelm (1969) verschärft das Bild dieses Übertritts in Anlehnung an Langeveld, wenn er das Schülerdasein als den „zweiten Modus des Menschseins" bezeichnet (zitiert nach Fingerle 2001, S. 1334). Scholz formuliert ähnlich radikal: „Der Schüler ist also keine Fortsetzung des Kindes mit anderen Schwerpunkten". Er bezeichnet den Schüler als „völlig neues Wesen". (1994, S. 193)

Eine solche radikale Unterscheidung zwischen Kinderwelten und Schülerwelten – zwischen Kind-Sein und Schülerexistenz – hilft, die *Spezifik des Schulischen* in den analytischen Blick zu bekommen. Sie ermöglicht uns, Kinder nicht nur als Rollenwechsler zwischen verschiedenen sozialen Handlungsfeldern (Familie, Kindergarten, Schule, ...) zu begreifen, sondern in ihren Aktivitäten als Schüler die konstitutiven Eigenheiten der schulischen Sozialwelt zu entdecken. Eine der zentralen Eigen-Artigkeiten der schulischen Sozialwelt besteht im *schulischen Lernen.* Die Eigen-Artigkeit dieses Lernens, so lautet die zentrale These dieses Aufsatzes, wird tagtäglich durch die Akteure – als SchülerInnen und als LehrerInnen – in ihrer spezifischen schulischen Praxis hervorgebracht. Das kulturelle Selbstverständnis schulischen Lernens zeigen uns die Akteure in dem, wie sie ihren schulischen (Lern-)Alltag gestalten. Damit aus Kindern Schülerinnen und Schüler werden, bedarf es einer umfassenden Akkulturationsleistung, einer gemeinsamen Anstrengung der beteiligten Akteure in der jeweiligen Grundschule. In einem Klassenverband leben, das Schulgebäude, der Klassenraum, der Schulhof, die Flure und die Schulutensilien, der Platz, von dem aus agiert wird – LehrerInnen und andere Klassen, usw. All das sind feste Elemente des Lebens und Lernens in der Grundschule, zu denen die Neulinge in ein *schulisches* Verhältnis gesetzt werden. Dazu gehört beispielsweise, wie und wann man sich in einem Schulgebäude aufhalten kann, wie die Platzierung im Klassenraum von der Wahrnehmung der eigenen Aktivitäten durch die Lehrer abhängt, welche Dinge man zu welcher Zeit an welchem Ort machen darf, welche nicht usw. In diesem schulischen Verhältnis der Akteure zu ihrer Sozialwelt unterscheidet sich das, was wir dann aus einer pädagogischen Perspektive als *Lernen* verstehen, ganz massiv von den kindlichen Lernerfahrungen, zu denen Laufen und Sprechen lernen, Malen, Spielen und Arbeiten lernen gehören.

In begrifflicher Hilflosigkeit sprechen wir meist davon, dass das vor- oder außerschulische ein „spielerisches" Lernen wäre. Dieses „spielerische" Lernen kann sich zwar durchaus auf Themen und Gegenstände erstrecken, die ihren Platz genauso in der schulischen Unterrichtssituation haben können: bis 10 oder 100 zu zählen, Farben und Tiere zu unterscheiden u.ä. Es zeichnet sich in seinen Formen jedoch durch eine Ferne zu (pädagogisch) gestalteten Situationen schulischen Lernens aus.

Erst einmal ins schulische Verhältnis gebracht, erfahren die Kinder als Schüler am eigenen Leib, dass schulisches Lernen gesellschaftlich als Normalform und als Paradigma des „Lernens" gilt. *Die Fähigkeit und das performative Wissen, das Wissen um das „Wie" des schulischen Lernens ist dabei das, was aus einem Kind erkennbar einen Schüler macht.*

Scholz schreibt, dass der erfolgreiche Schüler derjenige ist, „der in den ersten Schulmonaten seine Vorstellungen über sich, Lernen und Schule vollständig ändern konnte" (1994, S. 195). Nittel (2001) geht davon aus, dass Kinder bereits vor Schuleintritt mit einem allgemeinen, kulturellen Grundwissen über das Handlungsschema ‚Unterricht machen' vertraut sind. Zu diesem Grundwissen gehören u.a.: Pause Machen, Hausaufgaben Machen, „Arbeiten" Schreiben und Sich-Melden. Auf diesem Grundwissen baut der schulische Akkulturationsprozess unmittelbar auf. Es verweist uns auf die zentralen Handlungsroutinen, die es in den Anfängen der Schülerzeit praktisch beherrschen zu lernen gilt. – Wie stellt sich dieser Prozess aber in der Reformschule dar, die beansprucht an das „natürliche" Lernen des Kindes anzuknüpfen?

2. Schulische Lernsituationen: „Hier wird gelernt!“

Linus: In der Schule hier kann man doch irgendwie nicht lernen
Tim (schaut dabei weiter ins Lexikon, blättert herum...): Kann man finde ich schon. ich würde hier bleiben ich find das gut hier wird man nicht gezwungen.
Linus: Ich finde an der andern Schule wird man gezwungen und das find ich blöd und da lernt man zu viel
Tim: Wo?
Linus: In der anderen Schule
Boris: Ja, an der anderen Schule lernt man das und vergisst es
Linus: ...in der anderen Schule lernt man was und am anderen Tag ....[1]

In meinen früheren Arbeiten hat die systematische Analyse von Lernsituationen einer Freien Schule einen mikroskopischen Blick auf Lernen als soziale Praxis ermöglicht (Wiesemann 2000). Dabei wurden konkrete *Lernoperationen* (Strukturierung, Wiedererinnerung, Vergleich, Evaluation und Generalisierung) und drei *Dimensionen schulischer Lernsituationen* (Formulieren, Zeigen, Tun) herausgearbeitet. Formen der interaktiven Herstellung des Lernens sind sichtbar und beobachtbar geworden. In den dimensionalisierten drei unterschiedlichen Situationen – auch das wurde deutlich – haben Kinder alleine oder mit dem „Lehrer“ nicht nur intensiv an einer Sache gearbeitet – sie haben den institutionellen Kontext immer mit in die Situation getragen: Wir sind hier in einer Schule und nicht auf einem Spielplatz oder zu Hause – diese Orientierung gewinnt in allen Situationen eine Bedeutung.

Dass überhaupt Lernen in der Schule „einfach“ statt zu finden hat – und nicht vielmehr etwas anderes oder in einem gegebenen Schulmodell gar kein Lernen stattfindet – erscheint uns als institutionelle Tatsache unhintergehbar. Schule bedeutet darüber hinaus aber noch: *Das Lernen schulischer Inhalte findet in als schulisch erkennbaren Formen statt.*

Ohne die selbstverständliche Voraussetzung des Lesen-, Rechnen- und Schreibenlernens und ohne die gelingende Überprüfung entsprechender Kenntnisse bei den Schülerinnen und Schülern wäre beispielsweise eine Grundschule keine Schule. Wenn sie nicht gegenüber allen Beteiligten prinzipiell zeigen könnte, dass sie entsprechende *schulische Lernprozesse* organisiert, würde sie sehr rasch ihre Legitimation verlieren.

Schulen, die sich reformieren wollen, die „Schule“ anders machen wollen, zielen auf die Veränderung des *Wie* schulischer Lernformate. Fragen an das konkrete schulische Lernen konstatieren meist Mängel in den schulischen Lernarrangements. Gesucht werden Wege von „schlechtem“ zu besserem oder gutem Lernen. Die Protagonisten einer Schulreform müssen dabei (neu) klären, was für

1 Aus einem Gespräch unter 10- bis 11-jährigen Kindern an der Freien Schule Untertaunus.

sie schulisches Lernen ausmacht und wie es sich tagtäglich vollziehen soll. Konfrontiert werden entsprechende Veränderungsversuche mit der expliziten Aufforderung zu zeigen, wie und was unter solchen veränderten Bedingungen gelernt wird.

Dabei müssen wir allerdings davon ausgehen, dass *jede* institutionell realisierte Form des schulischen Lernens selbst eine Antwort auf die pädagogische Forderung ist, dass etwas ‚beigebracht' und demnach etwas ‚gelernt' wird. Deshalb gilt für schulisches Lernen grundsätzlich, dass sich die beteiligten Akteure dieses Lernen auch nachvollziehbar *zeigen* können müssen: Die Kinder zeigen sich dies untereinander, der Lehrerin und den Eltern; die Lehrerin den Eltern, den Kindern und dem Kollegium.

Wir sind alle mehr oder weniger mit den klassischen Formaten solcher Lernbeweisführung vertraut, sie sind Teil der Selbstverständlichkeiten des schulischen Lernens: Tests, Klassenarbeiten, Hausaufgabenkontrollen, Drannehmen. Aber auch das Zuhören, wenn der Lehrer etwas erklärt, das Mitdenken, wenn der Lehrer etwas fragt: Sich Melden und Antworten sind die klassischen Formate, um zu zeigen, dass gelernt wird. Gleiches gilt für unterschiedliche Varianten des Übens und Auswendiglernens. Das Abschreiben von der Tafel und in stiller Arbeit Aufgaben im Heft lösen sind weitere bekannte Verfahren. All diese Formate gibt es in unterschiedlichen Ausformungen von autoritär/streng – bis egalitär/locker.

Die Beantwortung der Frage nach dem Wie des schulischen Lernens ist nicht allein eine Herausforderung an Reformschulen. Als Lernbeweisführung ist sie ein integraler Teil jeden schulischen Arrangements.

In den Debatten der Schulakteure um Schulreform findet eine direkte Thematisierung des Lernens äußerst selten statt. Zur Sprache kommen dagegen die unterschiedlichen Formen des Unterrichts, die auf ihre Effektivität hin befragt werden. In Frage steht außerdem die Kontrolle über die Schüleraktivitäten. Wenn beispielsweise nicht alle Kinder zur gleichen Zeit das gleiche tun, wie kann das, was sie tun, überwacht werden? Um diese Kontrolle zu behalten, sind vor allem in der Grundschule bereits eine Menge Verfahren etabliert.

Festzuhalten gilt es an dieser Stelle, dass methodische, organisatorische, strukturelle und curriculare Varianten des Schulischen in Schulen, die sich reformieren wollen, zur Disposition stehen (vgl. Ullrich 2004, S. 11) – nicht jedoch die Tatsache des Lernens.

Bei einer Zwischenbilanz und der gemeinsamen Sichtung meines Beobachtungsmaterials mit den Lehrerinnen der Regenbogenschule[2] konzentrierte sich

2 Im Rahmen einer von mir durchgeführten Begleituntersuchung „Eine Grundschule auf dem Weg zur Öffnung. Schulalltag zwischen Routine und Reform" (Juni 2003 bis März 2005) wurden auf

das Interesse auf die Frage des Lernklimas. Dass in dieser Schule gelernt wird, stellen weder die Kinder noch die Eltern oder Lehrerinnen in Frage. Dagegen herrscht Unsicherheit, ob „das Richtige" gelernt wird und ob „richtig" gelernt wird.

3. Lernen als empirisches Phänomen: eine pädagogische Perspektive

In meiner weiteren Argumentation benutze ich den Begriff des Lernens auf zwei Ebenen:

- *Lernen als sozialer Prozess*. Lernen findet als sozialwissenschaftlich- empirisches Phänomen nicht im Kopf statt, sondern in Situationen. Lernen ist als soziale Handlung beobachtbar.
- *Lernen als performativer Akt*. Lernen findet dann statt, wenn die Beteiligten sich darüber verständigen, dass Lernen stattfindet.

Die ausdrücklich pädagogische Perspektive auf Lernen steht im Zentrum der weiteren Überlegungen. Wenn der psychologische Lernbegriff Lernen als internen Effekt versteht, der durch Leistungsüberprüfungen externalisiert wird, sind die Produkte des Lernens die Individuen und ihre kognitiven Strukturen, die sich erkennbar verändern. Dagegen geht es mir darum, Lernen als Eigenschaft eines kommunikativen, interaktiven Prozesses zu verstehen. Mit *Lernen* wird eine Prozessstruktur bezeichnet, die bestimmte Merkmale aufweist. Dieses Lernen ist eine soziale, kommunikative Tätigkeit, es ist das Unterscheidungsmerkmal, das uns erlaubt, von einer Lernsituation zu sprechen. Lernsituationen brauchen demnach Akteure, die ‚in' Situationen für Beteiligte wie Beobachter als Lernen erkennbare und darstellbare Aktivitäten entfalten (vgl. Wiesemann 2006).

Was es heißt, ‚Schüler' zu sein und in der Schule zu lernen wird im Folgenden aus der Perspektive der Schülerinnen und Schüler rekonstruiert. Die Grundannahme ist, dass Schule spezifische Lernmodi hervorbringt. Schulisches Lernen setzt Kinder als institutionell akkulturierte Akteure – als Schüler – voraus. Der Prozess des schulischen Lernen Lernens als Akkulturationsprozess zieht sich dabei bis weit ins 2. Schuljahr hinein (vgl. Nittel 2001, S. 457). Die Interaktionen bei der Herstellung von Lernsituationen und die entsprechenden Interpretationsleistungen lassen diesen Prozess erkennbar werden. Die Akteure bewegen sich in Zusammenhängen, die unterschiedliche *Handlungsprobleme* hervorbringen.

Anregung und Antrag der Schulleiterin die angestoßenen Reformprozesse wissenschaftlich begleitet und evaluiert; vgl. Kap. 4.1.

Mit Hilfe des ethnographischen Zugangs wurde in den letzten Jahren schulischer Alltag unter die Lupe genommen. Dabei stand die Perspektive der Schülerinnen und Schüler im Mittelpunkt – die Perspektive der Akteure auf ihren schulischen Alltag. Aus empirisch analytischer Sicht wird der „Schüler" als der Akteur in der Schule konzipiert – nicht das Kind. (Scholz 2003, Wiesemann 2005, siehe dazu auch Breidenstein/Jergus 2005). Schüler erscheinen in diesen Forschungen als Akteure in einem hochkomplexen sozialen Feld, das viele verschiedene oft nur schwer zu vereinbarende Anforderungen an sie stellt. Die folgende kurze Zusammenfassung soll einen Überblick über die Ergebnisse geben:

- Schülerinnen und Schüler befragen offene Angebote auf das Schulische oder schulisch Wertvolle. Sie fordern kalkulierbare Settings.
- Schüler und Schülerinnen verhalten sich im Rahmen schulischer Settings strategisch. Sie wägen Vor- und Nachteile, Schaden und Nutzen ab.
- Schüler und Schülerinnen bewahren ihre Privatheit gerade auch in den schulischen Settings, die ihnen als Kindern Raum für ihre persönlichen Anliegen, Sorgen und Nöte bereitstellen wollen.
- Schüler und Schülerinnen neigen oft dazu an traditionellen schulischen Mustern fest zu halten. Sie zeigen sich damit deutlich effektorientiert: Was kommt am Ende dabei heraus? Was zählt denn wirklich?
- Die Etablierung alternativer/ kindorientierter und offener Lernformen stoßen auf ungeahntes Hindernisse: die konventionelle Orientierung der Kinder selbst als Schüler in der Schule.
- Die Etablierung demokratischer Verfahren in der Schule, jenseits von Unterricht (zum Beispiel im Klassenrat) bleibt nicht ohne Spuren des Schulischen. Die Schüler erkennen die Differenz zwischen den Erwartungen der Gleichaltrigen und denen der Schule und halten sie aufrecht.
- Schülerinnen und Schüler tragen zur Verschulung der Schule bei. Ihr Mitwirken am unterrichtlichen Verlauf geschieht über die Enaktierung stabiler schulischer Handlungsmuster.
- Schüler und Schülerinnen agieren im Unterricht parallel in ihrer Schülerrolle und im Rahmen der Peer-Kultur; dabei sind allerdings auch die Peeraktivitäten Bestandteil schulischer Verfahren.

Mit dem Verfahren der teilnehmenden Beobachtung ist so erstes Wissen über schulische Realverläufe gesammelt und im Hinblick auf die Handlungsprobleme und die Bewältigungsstrategien der Schülerinnen und Schüler und der Kinder analysiert worden. (vgl. dazu Breidenstein/ Kelle 2002, Kelle 2005, Panagiotopoulou 2002, Friedrichs 2004, Breidenstein 2006, de Boer 2006, Wiesemann 2000 und 2005, Huf 2006). Als zentrales Ergebnis der Studien kann resümiert werden, dass die Schulakteure in ihrem alltäglichen Handeln in der Schule immer auch an dem Verhältnis zwischen Kind- und Schülersein arbeiten (müssen).

4. Kulturelle Muster von Schule

Das Kerngeschäft von Schule ist das Lernen. Ob Lernen stattfindet oder nicht, erfahren wir durch die Beobachtung der wechselseitigen Verständigung der Akteure darüber, ob und wie gelernt wird oder gelernt worden ist. Die Beobachtungen beziehen sich auf die normalen Formen des schulischen Alltags. Unabhängig von den einzelnen Formen verstehen die schulischen Akteure ihre normalen Aktivitäten als solche, die zum Lernen zugehörig sind, ohne dass dies thematisiert werden muss. Zwei unterschiedliche institutionelle Arrangements und ihre Charakteristika stehen im Fokus der folgenden Darstellung. Die Unterschiede der beiden Schultypen werden durch die Beschreibungen jeweils spezifischer Handlungsprobleme der Akteure zum Gegenstand weiterer analytischer Überlegungen.

4.1 Das Beispiel Regenbogenschule

Im Rahmen einer Begleituntersuchung habe ich zwei Schulklassen in einer ländlichen Grundschule beobachtet, an der versucht wird, durch vielfältige Reformen im Unterricht den Schulalltag zu verändern. Das Klassenlernen (der Frontalunterricht) verschwindet mehr und mehr zu Gunsten eigenständiger Arbeiten einzelner Schülerinnen, Schülerpaare oder Schülergruppen.

Die Regenbogenschule gibt ihrer Schule ein besonderes Profil. Initiatorin des Projektes „Offener Unterricht" ist die Schulleiterin. Sie regt Veränderungen des Schulablaufs und der Schulgestaltung an, die nach und nach von den Kolleginnen umgesetzt werden. Ich gehe hier nur auf die innerunterrichtlichen Veränderungen ein:

- Werkstattlernen
- Kleingruppen
- Tagespläne

Äußerlicher – auch für die Eltern sichtbarer – Effekt ist zunächst das Fehlen von Unterrichtsfächern im Stundenplan. Mit Hilfe der Tagespläne, die die Kinder selbstständig führen, müssen sie ein festgelegtes Pensum erfüllen. Das Pensum ist für alle Schülerinnen und Schüler gleich und steht auf farbig markierten Karten an der großen Pinnwand im Klassenzimmer. Das Pensum ist die Erfüllung eines Lehrplans, den die Lehrerin mit Hilfe der Lehrpläne für die Grundschulen in Hessen festlegt. *Das bedeutet, dass im Unterricht nicht mehr unterrichtet wird, sondern Aufgaben erledigt werden.* Ungewöhnlich ist dabei vor allem, dass nicht alle Kinder zur gleichen Zeit das Gleiche tun (müssen). Jeder erledigt das Pensum, die Reihenfolge bleibt dem Schüler überlassen, genauso wie der Überblick über das Erledigte und noch offene Aufgaben. Die Organisation der Arbeitsabläufe wird in die Verantwortung der Schüler und Schülerinnen gegeben.

Der Unterricht findet in sog. Kleingruppen statt. Hier werden neue Aufgaben erarbeitet, die dann über den Tagesplan vertieft, geübt oder angewendet werden. Die Kleingruppen sind nach Leistung der einzelnen Kinder eingeteilt. Das sollen so aber nur die Lehrerinnen (und die Eltern?) wissen. In der Schule für die Schülerinnen sind es dann die „Biber“ und die „Dackel“. Im Ablauf des Schultages fällt außerdem auf, dass die Kinder sich bewegen, zu anderen Kindern gehen, sich Partner suchen und andere Räume suchen, um dort ihr Pensum zu bearbeiten.

Was also auf den ersten Blick vom „normalen“ Unterricht abweicht sind drei Aspekte:

- Der Bewegungsspielraum der Kinder. Die Kinder bewegen sich nicht nur frei im Klassenraum, sondern dürfen zu bestimmten Zeiten und für bestimmte Tätigkeiten auch im Flur, im Büro der Schulleiterin oder im Lehrerzimmer oder im Computerraum sein.
- Räume und Zeiten der Freiheit von Kontrolle. An all diesen Orten sind sie potentiell ohne erwachsene „Aufsicht“.
- Die Minimierung des kollektiv belehrenden Unterrichts zu Gunsten selbst bestimmter Arbeitszeiten. Frontalunterricht mit der gesamten Klasse findet kaum statt; oft nur um Anweisungen zu geben oder Hausaufgaben zu kontrollieren wird das Klassenkollektiv aufgerufen.

Die folgenden Beispiele aus den Beobachtungen zeigen Facetten des kulturellen Musters.

Lernen als das Verwalten der Akten

Das kontrollierbare Erledigen der Aufgaben in der Schule funktioniert über einen Wochenplan, in den die Kinder ihre Arbeiten eintragen. Wenn die Arbeit erledigt ist, sollen die Kinder ein Kreuz in ihrem Plan machen. Schulisches Lernen wird als ein öffentlich nachvollziehbares, kontinuierlich und chronologisch ablaufendes Procedere konzipiert. Der Plan ist also jeden Montag leer: keine Aufgaben – keine Kreuze. Die Kinder müssen nun aus dem Pensum, welches auf – nach Fächern sortierten, farblich unterschiedenen – Karten an der Wand hängt, ihren

Plan für den Tag zusammenstellen. Frau Honig erinnert jeden Morgen an das Verfahren.

Frau Honig: Denkt daran – tragt immer erst das was ihr machen wollt in den Plan ein. Erst in die Liste eintragen und dann anfangen!

Die Kinder machen es trotzdem immer wieder umgekehrt. Die pädagogische Intention, nämlich zu lernen sich Arbeit vorzunehmen und selbstständig einzuteilen wird täglich von den Kindern missachtet. Mir scheint, sie wollen unbedingt vermeiden, dass sichtbar wird, wenn sie ein Vorhaben nicht zum Ende gebracht haben. Während der Arbeit an den Aufgaben kommentieren die Kinder ständig den Stand ihrer Arbeiten und den der anderen.

Daniela: ich bin bald fertig
Marco: ich auch
Daniela: Du hast schon gestern angefangen
Marco: ist doch egal

Im folgenden Dialog bringt Daniela eine zusätzliche Dimension ins Spiel, nämlich die Unzulässigkeit, beim Arbeiten nur auf die Geschwindigkeit zu achten. Marco jedoch bleibt dabei: es kommt darauf an, was am Ende steht – nämlich das Kreuz auf dem Plan.

Daniela und Marco malen Zeichnungen auf einem Arbeitsblatt aus und unterhalten sich dabei über ihre Arbeit. Es geht darum, wer schneller ist oder wer ordentlicher ausmalt:
Daniela: Du willst ja nur schnell auf der nächsten Seite sein
Marco: Na und?
Beide malen noch eine Weile und beschließen dann, fertig zu sein. Beide überprüfen ihren Tagesplan und kreuzen die erledigte Arbeit an.

Frau Honig ermuntert die Kinder immer wieder, doch zwischendurch eine Pause zu machen und zu spielen. (Es stehen diverse Kinderspiele zur Verfügung). Immerhin besteht die Arbeitszeit an den Wochenplänen aus zwei Unterrichtsstunden, also 90 Minuten. Erst danach gibt es eine offizielle Pause – eine Pause für alle, auch für die Lehrerin.
Die Kinder wissen nicht, wie das geht. „Was soll ich denn machen?" Sie gehen zu anderen und „stören" – die arbeiten doch noch! Sie langweilen sich „ich weiß nicht was ich machen soll". Verlassen langsam ihre Aufgaben zu Gunsten kleiner Spielchen mit den Nachbarn – sie „stören". Wohl aus diesem Dilemma herau, regt Frau Honig an, auch Pausen, nämlich täglich 10 Minuten, in den Wochenplan aufzunehmen, sie nennt dies „Spielzeit", natürlich auch in dem Wissen, dass Spielen und Lernen zusammen gehört – vor allem im 2. Schuljahr.
Marco (mit Blick auf seinen Plan): Ok. noch eine halbe Stunde Spielzeit
Er erklärt nun an mich gewandt, dass das so im Tagesplan steht und zeigt ihn mir.
Marco: siehst du da steht 10 Minuten Spielzeit....oh...
Er wird nun etwas unsicher, schaut mich an und sagt dann im Weggehen: aber wir sind ja schon fertig!

Es wird deutlich, wie komplex die alltägliche Deutung schulischen Handelns für alle Beteiligten ist und dass es im Rahmen der Schulklasse im Unterricht kaum Handlungsmöglichkeiten gibt, die nicht von den Akteuren als schulische legitimiert werden (müssen?). Dabei dienen klare Verfahren, die hier an Verwaltungsmechanismen erinnern, dazu, die täglichen Schularbeiten und Schulzeiten zu organisieren und zu strukturieren. Alles hat so scheinbar seinen Ort und seine Zeit. Die lokale Ausführung zeigt jedoch immer wieder Unsicherheiten in der konkreten Durchführung.

> Miro geht zur Lehrerin mit seinem Ordner unterm Arm.
> Miro: Frau Honig, guck mal ob ich das richtig gemacht habe!
> Frau Honig: Seit wann kontrolliere ich im Unterricht eure Arbeitsblätter? Leg Deine Sachen in die Kontrollkiste.
> Miro geht etwas mürrisch zurück an seinen Platz.

Geht es in dieser Szene um die Arbeitszeit der Lehrerin als Kontrollzeit, verweist die folgende Szene einmal auf die Frage nach dem Pensum – ‚Pflicht und Kür' – gleichzeitig geht es um die Schwierigkeit, das schulische Material von einem Ort zum anderen zu transportieren.

> Miro, Jo und Emil sitzen im Flur auf dem Boden und haben Mathehefte und Bücher vor sich.
> Miro: Komm wir machen noch die Nummer 2 (als wären sie bei einem Wettrennen)
> Jo: Nein, wir sollten nur die 1 machen
> Miro: ach so dann sind wir fertig.
> Arbeitsplätze und Arbeitsmaterial wandern von einem zum anderen Ort – das ist nicht immer so einfach zu bewältigen. Die drei räumen hektisch ihre Sachen zusammen. Emil ist so voll gepackt, dass er mit keiner Hand an den Türgriff kommt. Er versucht die Tür mit dem Mund zu öffnen, was ihm dann mit dem Kinn gelingt.

Schließlich sieht sich auch die Lehrerin in ihren Versuchen, ein optimales Lernarrangement herzustellen, immer wieder gefordert, eine Balance zwischen schulischen und privaten Tätigkeiten ihrer Klientel herzustellen.

> Als ich heute in die Klasse komme, ist die Sitzordnung wieder geändert. Diesmal hat Frau Honig Gruppentische eingerichtet. Die Kinder sitzen nun in diesen kleinen Gruppen, sprechen miteinander, schauen, was die anderen machen, zeigen sich ihre Aufgaben usw. – eine angenehme Atmosphäre – eine Mischung aus plaudern und arbeiten. Frau Honig kommt auf mich zu, grüßt mich und flüstert: Die Sitzordnung will ich wieder ändern. Die richten sich alle in so eine Kaffeekränzchenrunde ein!

Was ist hier Lernen?

Die Schülerinnen und Schüler zeigen sich in ihren schulischen Tätigkeiten vor allem als VerwalterInnen von Karteien, Ordnern und Arbeitsblättern. Lernen erscheint als die Selbstverwaltung schulischer Tätigkeiten. Die Verfahren sind vorgegeben und für alle gleich. Die Arbeit mit Text und Schrift dominiert. Die Kontrollarbeit einzelner Wissens-/Lernleistungen ist zentral.

Folgendes Dilemma ergibt sich daraus: Der Mechanismus erscheint eindeutig und ist vorgegeben. Für die Schülerinnen und Schüler bedeutet dies die Aufforderung: „Daran musst du dich halten!" Bei der täglichen Erfüllung dieser an sie heran getragenen Erwartung kann die Lern-Sache selbst jedoch unwesentlich werden. Die schriftliche Dokumentation als Ziel und Methode aller schulischer Tätigkeiten ist der Kern bewertbarer und kontrollierbarer Aktivitäten in der Schule (vgl. dazu auch Breidenstein 2006, S. 214 ff.).

4.2 Das Beispiel Freie Schule

Freie Schulen können den Kindern den „Lebensraum überlassen, statt ihn nur auszuleihen" (vgl. Scholz 1994, S. 195). In diesem Sinne und mit der gesamten Problematik der Integration einer Schule in den Lebensraum für Kinder stellt sich für mich als Forscherin die Freie Schule Untertaunus (FSU) dar und rückblickend auch als Lehrerin an dieser Schule. Die FSU ist eine von inzwischen über 80 Freien Alternativschulen in Deutschland, die die Selbstbestimmung im Lernprozess der Kinder zum zentralen konzeptionellen Orientierungspunkt erhoben haben. Freie Schulen machen das Lernen selbst zum Thema, in dem sie das Was, Wann, Wo und Wie des Lernens für die öffentlichen Debatte in der Schule zulassen.

In kleinen Gruppen von (damals) maximal 12 Kindern wird zusammen mit jeweils einer Bezugsperson „Schule gemacht". Es gibt Konstanten und Rituale, die den Schultag und das Schuljahr rhythmisieren. Es gibt jedoch vor allem tägliche *Aushandlungen* darüber wie, was, wann und wo gelernt wird.

Der Schulalltag gestaltet sich folgendermaßen: In der täglichen Gruppenzeit werden in Absprache mit dem Pädagogen bestimmte Vorhaben realisiert, die vor allem die dort so genannten Kulturtechniken lernbar machen sollen. Hier werden mit Hilfe von Wochen- oder Tagesplänen Lernaufgaben strukturiert und zeitlich organisiert. Typisch dabei ist die jeweils für ein Kind und oft auch mit oder von dem Kind erstellte Planung. Vor der Lern- oder Gruppenzeit findet der Morgenkreis statt, nach der Lern- bzw. Gruppenzeit und auch zwischendurch treffen sich unterschiedliche AGs,

- zu denen die Kinder gehen, weil es sie interessiert,
- zu denen die Kinder gehen sollten, weil es wichtig für ihren schulischen Lernprozess ist und sie hier auch nach ihrem Leistungsstand sortiert sind,
- zu denen die Kinder „eigentlich" gehen müssen, weil sie sonst etwas Wichtiges verpassen.

Es gibt also Gruppen, für die sich Kinder entscheiden können oder Gruppen für die sie eingeteilt werden. Bei beiden Gruppenformaten ist nicht definitiv geklärt, wie verbindlich die Teilnahme ist, das heißt, die Teilnahme ist Gegenstand fast täglicher Aushandlungen. Das konventionelle Skript „Schulemachen“ wird hier in vielerlei Hinsicht verletzt: Es gibt außerdem keine Klassenarbeiten, keine Zensuren und kein Sitzenbleiben. Die folgenden Szenen sollen wieder einen Einblick geben in die Facetten des an der Schule vorherrschenden kulturellen Musters.

Schulaufgaben finden und erfinden

Als ich in den Gruppenraum komme, sehe ich gleich Tim und Kurt (den Lehrer) zusammen an einem Tisch sitzen. Benno sitzt hinter ihnen auf einem Tisch mit einem Taschenrechner, der Aufgaben aufgibt. Im Raum vorne sitzt Saskia, schaukelt auf ihrem Stuhl und guckt sich die Fotos an der Wand an. Es ist ruhig, nur Tim redet mit Kurt. Es geht darum, dass er Geographie machen will, sich aber noch ein genaueres Thema überlegen soll.

Kurt: was willst du jetzt machen?
Tim: ...über Länder erfahren und so...
Kurt: ...über Länder...
Tim: was man über Länder halt so lernt..
Kurt.: sag mal ein Land..
Tim: ich weiß doch nicht ... Norwegen

Auf dem Tisch liegen drei Lexika für Kinder, in denen nun beide rumblättern. Tim sucht im Inhaltsverzeichnis "Norwegen" und findet es. Beide unterhalten sich darüber, wie man mit Hilfe der Zeichen und Zahlen im Inhaltsverzeichnis die entsprechende Seite finden kann. Tim schlägt sie auf, aber es steht da kaum etwas über das Land. Kurt zeigt Tim die Seite über Skandinavien.

Tim: Oh interessant

Kurt geht zu Benno, der sich vor mein Aufnahmegerät gesetzt hat. Tim studiert die Buchseite und kommentiert, alles was er sieht.

Tim: oh geil, geil Schlittenfahren... oh kumma die Hunde....

Damit hat er Kurt wieder angelockt, der sich hinter ihn stellt und auf das Buch guckt. Tim will wissen, was das für Hunde sind.

Kurt: lies es einfach!

Im Gegensatz zur Regenbogenschule sind die Aufgaben nicht vorgegeben, sie müssen erst gefunden werden. Der Lehrer hat hier die Aufgabe, im umfassenden Sinn für jedes einzelne Kind und mit jedem einzelnen Kind eine Aufgabe zu finden und zu vereinbaren (vgl. dazu ausführlich Wiesemann 2000, S. 94ff). Entscheidend in dieser Szene ist dabei das Lerninteresse des jeweiligen Kindes. Ein anderer Vormittag in Kurts Gruppe:

Tim holt sich ein Rechenheft und geht damit zu Kurt. Kurt schreibt ihm wortlos Aufgaben in das Heft. Tim schaut ihm dabei zu und beschwert sich ein bisschen über den Schwierigkeitsgrad, lacht aber dabei. Nachdem Kurt ihm das Heft zurückgibt, geht Tim sofort an seinen Platz

> und beginnt mit der Arbeit. Er ist dabei sehr konzentriert, macht zwischendurch stille Bemerkungen wie: son Mist! man! Ach so.... Er hat offensichtlich Probleme, ackert sich aber weiter alleine durch. Kurz nachdem Tim seine Aufgaben bekommen hat, steht Linus mit der Bemerkung auf: Ich will auch rechnen. Er holt sich ein Rechenheft, legt es vor sich auf seinen Tisch und holt sich noch einen "Schmierzettel". Er sagt dabei immer was er tut. Kurt kniet sich neben Linus und schreibt ihm Aufgaben ins Heft.

Zentraler Motor der Auseinandersetzung mit Themen und Schulaufgaben ist an dieser Schule das „andere Kind“ (vgl. dazu auch Scholz 1990). Linus will *auch* rechnen und lässt sich scheinbar angeregt durch Tims Arbeiten von seinem Lehrer Aufgaben ins Heft schreiben. Auch wenn der Lehrer ein virtuelles Pensum und den tatsächlichen Lehrplan ‚im Kopf‘ hat, zählt in der konkreten pädagogischen Situation die momentane Bereitschaft des einzelnen Kindes. Beide Szenen deuten die Orientierung der täglichen Schulpraxis an „Eigenthemen“ und „Eigenzeiten“ der Kinder an (vgl. dazu Lambrich/Scholz 1992).

Was ist hier Lernen?

Für die Akteure dieser Schule ist Schulemachen eine tägliche Herausforderung, da viele Mechanismen nicht eindeutig sind. Lernen erscheint an der FSU als eine selbst-bestimmte Auseinandersetzung mit der Sache. „Wohlfühlen“ ist dabei eine zentrale Kategorie. Dahinter verbirgt sich die täglich zu fällende Entscheidung jedes einzelnen Kindes zu einer konkreten schulischen Tätigkeit aus „freien Stücken“. Es gibt keinen äußeren Verfahrensdruck, keine eindeutigen Muster und keine eindeutige Zeitstruktur. Das Sprechen und Aushandeln dominiert gegenüber klaren Vorgaben. Die Fähigkeit zur Eigeninitiative und Selbstständigkeit wird am Ende resümiert. Das Lernziel ist die Eigenständigkeit. Wenn die Mechanismen schulischer Lernprozesse derart uneindeutig bleiben und konkrete Verfahren der Beweisführung des Lernens so wenig Relevanz gewinnen, bedeutet dies die Aufforderung an die Schülerinnen und Schüler: „Lerne, dass du es selber lernen musst!“ Diese Uneindeutigkeit kann zu Überforderungen der Akteure (Schüler und Lehrer) führen und hat vielerlei Unsicherheiten aller Beteiligten (Kinder, Eltern sowie Lehrerinnen und Lehrer) zur Folge, denn es bleibt unklar, wie sich schulisches Lernen alltäglich *sichtbar* vollzieht.

5. Resümee

Schulisches Lernen, so kann eine erste, vorläufige Antwort lauten, erschöpft sich nicht in der individuellen Aneignung der typischen, in Lehrplänen niedergeschriebenen Inhalte. In der empirischen Perspektive auf die schulische Lernpraxis erkennen wir Lernprozesse als performative Akte. Lernen als performativen Akt zu verstehen heißt, Lernen als soziale Handlung zu begreifen, die in konkreten Situationen an konkreten Orten zur Aufführung kommt.[3]

Lernsituationen in der Schule sind u.a. das Resultat pädagogischer Arrangements. Ihre Ausgestaltung eröffnet – wie wir gesehen haben – unterschiedliche Möglichkeiten, Lernkulturen zu etablieren. Als neue ‚Lösungen' müssen sie sich gegenüber den Beteiligten wie gegenüber Beobachtern als Arrangements von Lernprozessen begründen lassen. Es entstehen dabei für die Akteure eigentümliche Begründungsdefizite.

Für die Regenbogenschule bedeutet dies einerseits: Die Sicherheit einer Routine, hergestellt über Ablagen, Listen und Ordner, kann die Lernsache scheinbar zum Verschwinden bringen. Überspitzt formuliert: Die Kinder können eine Einheit zum Thema Dschungel „abheften", ohne einmal über die Sache gesprochen oder sich ausgetauscht zu haben, weder mit dem Nachbarn, noch mit der Lehrerin, noch in einem Klassengespräch.

Für die FSU bedeutet dies andererseits: Die Offenheit ihrer Lernarrangements kann im Prinzip ständig etwas als Lernsache zum Thema machen. Ohne ein Ergebnis oder einen Prozess schriftlich zu dokumentieren, können sich die SchülerInnen mit ihrem spontanen Interessen an Dingen verlieren. Oft verstehen sie sich selbst in dieser Auseinandersetzung um eine Sache nicht mal als Lernende.

Offenheit in schulpädagogischen Settings kann so zu Überforderung für alle Beteiligten werden, routinierte Sicherheit zur Lähmung des Lernens an der Sache. Für die Begleitung von Schulreformprozessen sind solche Unterschiede schulkultureller Muster von Bedeutung.

Festzuhalten bleibt:
Schulische Lernsituationen sind *eigen-artig*. Ihre Teilnehmer machen sie selbst verschieden von außerschulischem Lernen. Kinder (und Erwachsene) institutionalisieren Schule als Kontext ihres Lernens *in der Lernsituation*. Für die Lernforschung kann die teilnehmende Beobachtung an Einzelschulen einen wesentlichen empirischen Beitrag leisten.

Aus einer theoretischen Perspektive erscheint Schule als Ort, an dem sich spezifische *kulturelle Handlungsmuster des Lernens* etablieren. Weder dieses schulische Lernen, noch die Qualität von Lernprozessen ist ohne ihren jeweiligen kulturellen Kontext zu erfassen.

---

3 Zum Lernen als sozialem Prozess und der daraus resultierenden Forschungslogik siehe Wiesemann 2000 und Wiesemann/Amann 2002, zum Begriff des Performativen siehe auch Wulf u.a. 2001.

Reformschulen, die Schule neu definieren wollen, stehen vor der Aufgabe, die Verständigung über ihre Organisation schulischen Lernens in Gang zu halten und immer wieder neu zu führen. An beiden untersuchten Schulen scheint jenseits klarer Mechanismen und offener Thematisierungen eine grundlegende Unklarheit der Akteure darüber zu bestehen, *was schulisches Lernen „eigentlich" sein soll oder ist.*

Literatur

Breidenstein, G. (2006): Teilnahme am Unterricht. Ethnographische Studien zum Schülerjob. Wiesbaden.

Breidenstein, G./ Jergus, K.: (2005): Schule als „Job"? Beobachtungen aus der achten Klasse. In: Breidenstein, G./ Prengel, A. (Hrsg.): Schulforschung und Kindheitsforschung – ein Gegensatz? Wiesbaden. S. 177-200.

Breidenstein, G./ Kelle, H. (2002): Die Schulklasse als Publikum. Zum Verhältnis von Peer Culture und Unterricht. In: Die Deutsche Schule, 94 Jg., H. 3, S. 318-329.

De Boer, H. (2006): Klassenrat als interaktive Praxis. Auseinandersetzung – Kooperation – Imagepflege. Wiesbaden.

Fingerle, K. (2001): Schüler. In: Lenzen, D. (2001): Pädagogische Grundbegriffe. Band 2. Jugend bis Zeugnis. 6. Auflage. Reinbek.

Friedrichs, B. (2004): Kinder lösen Konflikte. Klassenrat als pädagogisches Ritual. Hohengehren.

Huf, Chr. (2006): Didaktische Arrangements aus der Perspektive von SchulanfängerInnen. Eine ethnographische Feldstudie über Alltagspraktiken, Deutungsmuster und Handlungsperspektiven von SchülerInnen der Eingangsstufe der Bielefelder Laborschule. Bad Heilbrunn.

Kelle, H. (2005): Kinder in der Schule. Zum Zusammenhang von Schulpädagogik und Kindheitsforschung. In: Breidenstein, G./ Prengel, A. (Hrsg.): Schulforschung und Kindheitsforschung – ein Gegensatz? Wiesbaden. S. 139-156.

Lambrich, J./ Scholz, G. (1992): „Schau mal!" – Kinder lernen mit Kindern, In: Neue Sammlung, S. 287-299.

Nittel, D. (2001): Kindliches Erleben und heimlicher Lehrplan des Schuleintritt. Über die Aneignung schulischer Sozietätsformen. In: Behnken, I./ Zinnecker, J. (Hrsg.): Kinder-Kindheit – Lebensgeschichte. Ein Handbuch. Seelze-Velber. S. 444-457.

Panagiotopoulou, A. (2002): Beobachtungen im Anfangsunterricht: Zum Nichteinlassen von SchulanfängerInnen auf das „freie" bzw. selbstständige Schreiben. In: Brinkmann, E./ Kruse, N./ Osburg, C. (Hrsg): Kinder schreiben und lesen. Beobachten – Verstehen – Lehren. Jahrbuch der deutschen Gesellschaft für Lesen und Schreiben. Freiburg im Breisgau. S. 47-61.

Scholz, G. (1990): Die Bedeutung des „anderen" Kindes in den Freien Schulen Marburg und Frankfurt, Gutachten vorgelegt dem Hessischen Institut für Bildungsplanung und Schulentwicklung. Wiesbaden.

Scholz, G. (1994): Die Konstruktion des Kindes. Über Kinder und Kindheit. Opladen.

Scholz, G. (2003): Was ist eigentlich ein Schüler? Anmerkungen zur Schulpädagogik. Ms. Frankfurt am Main.

Ullrich, H./Idel, T.-S./ Kunze, K. (2004): Das Andere erforschen. Empirische Impulse aus Reform- und Alternativschulen. Wiesbaden.

Wiesemann, J. (2000): Lernen als Alltagspraxis. Lernformen von Kindern an einer Freien Schule. Bad Heilbrunn.

Wiesemann, J. (2005): Wohin führt die Forschung im Klassenzimmer? In: Breidenstein, G./ Prengel, A. (Hrsg.): Schulforschung und Kindheitsforschung – ein Gegensatz? Wiesbaden. S. 15-36.

Wiesemann, J. (2006): Die Sichtbarkeit des Lernens – empirische Annäherungen an einen pädagogischen Lernbegriff. In: Cloos, P./ Thole, W. (Hrsg.) (2006): Ethnographische Zugänge. Professions- und adressatInnenbezogene Forschung im Kontext von Schule und Sozialer Arbeit. Wiesbaden. S. 171-183.
Wiesemann, J./ Amann, K. (2002): Situationistische Unterrichtsforschung. In: Breidenstein, G./ Combe, A./ Helsper, W./ Stelmaszyk (Hrsg.) (2002): Forum qualitative Schulforschung 2. Interpretative Unterrichts- und Schulbegleitforschung. Opladen.
Wulf, Chr./ Göhlich, M./ Zirfas, J. (Hrsg.) (2001): Grundlagen des Performativen. Eine Einführung in die Zusammenhänge von Sprache, Macht und Handeln. Weinheim und München.

3. Lehrerarbeit

Karin Bräu

Die Betreuung selbstständigen Lernens – vom Umgang mit Antinomien und Dilemmata

Die Selbstständigkeit von Schülern beim Lernen zu fördern steht hoch im Kurs. Sowohl in bildungspolitischen Debatten und Entscheidungen (z.B. durch die Einführung neuer Prüfungsformen, wie Projekt- oder Präsentationsprüfungen) als auch im wissenschaftlichen schulpädagogischen Diskurs spielt selbstständiges Lernen eine wichtige Rolle. Dabei werden einerseits funktionale Aspekte von Selbstständigkeit betont, im Sinne einer Schlüsselqualifikation für das Zurechtkommen im beruflichen und gesellschaftlichen Leben[1]. Andererseits geht es um das Bildungsziel der Mündigkeit bzw. der selbstständig denkenden Persönlichkeit, die Grundlage einer demokratischen Gesellschaft ist.

Selbstständiges Lernen kann in *kooperierenden* und in *individualisierenden* Lernarrangements praktiziert werden.

- Ersteres, z.B. in Form von Gruppenprojekten, ermöglicht selbstständiges Lernen nicht nur auf der Grundlage der selbstständig zu bewältigenden fachlichen Aufgaben, sondern auch über die soziale Anregung der Schülerinnen und Schüler untereinander. Aushandlungsprozesse, Koordination von Arbeitsteilung und Abstimmungsaufgaben sind demnach prägende Elemente dieser Lernform, aber ebenso Lernprozesse der einzelnen Gruppenmitglieder, die unabhängig von der Gruppe aktiviert werden. D.h., dass auch in kooperativen Lernarrangements individuelle Lernprozesse stattfinden, nicht zuletzt, wenn Arbeitsteilung verabredet ist.
- Individualisiertes selbstständiges Lernen, also das individuelle Lernen Einzelner an Aufgaben oder Projekten, z.B. organisiert über Arbeitspläne oder als individuelle Projekte, wie Jahresarbeiten, betont hingegen stärker die Einzigartigkeit jedes Schülers, sein Recht auf Individualität und Verschieden-

1 Man denke z.B. an die häufig betonte Anforderung „lebenslangen Lernens" oder an die zunehmende Individualisierung von Lebensrisiken, die selbstständige Auffangmaßnahmen erforderlich macht, etwa der Abschluss privater Altersversorgung.

heit[2]. Ausgehend von der konstruktivistischen Lernvorstellung, dass Wissenserwerb nicht automatisch durch den passiven Empfang von Instruktion geschieht, sondern nur durch die aktive Auseinandersetzung jedes Subjektes mit seiner Umwelt, die wiederum abhängig ist vom Vorwissen, den Vorerfahrungen und anderen individuellen Voraussetzungen, wird Individualisierung geradezu als Lösung im Umgang mit einer als für den Unterricht problematisch empfundenen Heterogenität der Schülerinnen und Schüler in einer Klasse angesehen, um effektiver als durch lehrerzentrierten, im Gleichschritt organisierten Unterricht alle Kinder auf ein höheres Wissens- und Kompetenzniveau zu bringen. Da individualisiertes Lernen aber auch – z.B. über stark vorstrukturierte Aufgaben oder Computerprogramme – den Charakter starker Vorbestimmtheit annehmen kann, ist nicht jedes individualisierte Lernen auch selbstständiges Lernen.

Charakteristisch für selbstständiges Lernen, wie es hier betrachtet wird, sind über das Verständnis selbstständigen Lernens als Methodenlernen und als eigenständiges Organisieren von Lernabläufen (funktionale Selbstständigkeit) hinaus

- das Ziel der Persönlichkeitsentwicklung der Kinder bzw. Jugendlichen, das durch die Förderung eigener Ideen und Entscheidungen, von Eigen-Sinn und von kritischer Reflexion der Schüler realisiert werden soll und
- die daraus ableitbare nicht vollständige Determiniertheit von Lernergebnissen und die damit verbundene Aufgabe für die Lehrerin bzw. den Lehrer, mitzulernen.

Bei der folgenden Betrachtung der Spannungsverhältnisse bezüglich selbstständigen Lernens beziehe ich sowohl kooperierende als auch individualisierende Lern-Arrangements ein, lege den Schwerpunkt aber auf die Antinomien, Paradoxien und Dilemmata, die v.a. im Zusammenhang mit dem selbstständigen Lernen *des einzelnen Schülers* (ob er in der Gruppe oder alleine arbeitet) wirksam werden und berücksichtige nur bedingt die Spannungsverhältnisse, die aus dem sozialen Arrangement gemeinsamer Lernprozesse (im Sinne der Ko-Konstruktion, der gemeinsamen Konstruktion von Wissen[3]) erwachsen.

Dabei beziehe ich mich auf drei qualitativ-empirische Studien, in denen ich einerseits Schüleraktivitäten und andererseits das Lehrerhandeln in unterschiedlichen Arrangements selbstständigen Lernens untersucht habe:

2 Zum individualisierenden Unterricht vgl. Bräu 2005.
3 Vgl. Krappmann 2004.

- Im Rahmen des Forschungsprojektes „Selbstständiges Lernen in der gymnasialen Oberstufe“ (vgl. Bräu 2002a) wurden Schülergruppen eines Deutschkurses dabei beobachtet, was sie tun, wenn sie über einen längeren Zeitraum eine Erkundungs- mit anschließender Präsentationsaufgabe bearbeiten. In dem Literaturunterricht ging es um „Schriftstellerinnen des 20. Jahrhunderts“ und um „Literatur zum Thema Liebe“. Die Kleingruppen waren aufgefordert, Präsentationen zu ihren Themen zu erstellen. Die Arbeit der Schülerinnen bis zur Präsentation ihrer Arbeit im Kurs und das begleitende Lehrerhandeln, v.a. die Aufgabenstellung, Interventionen und Beratungen während der Arbeit sowie die Rückmeldungen bzw. Bewertungen am Ende, bildeten den Schwerpunkt der Erhebungen. Die große Zurückhaltung der Lehrerin bei ihrer Betreuungsarbeit, die mit dem Nicht-Eingreifen-Wollen in die Selbstständigkeit des Lernens der Schülerinnen begründet war, hatte eine teilweise defizitäre Bewältigung der Erkundungs- und Präsentationsaufgabe zur Folge, so dass sich die Frage stellt: Wie könnte die Betreuungstätigkeit ein Lernen bei den SchülerInnen unterstützen, das nicht nur deren Selbstständigkeit fördert, sondern auch gelingende anspruchsvolle inhaltliche Lernprozesse erreicht?

- Ziel sich anschließender Forschungsarbeiten war es daher, die Lehrerarbeit im Zusammenhang mit der Initiierung, Betreuung und Bewertung selbstständigen Lernens näher zu untersuchen. Die Fallstudie „Betreuung von Jahresarbeiten“ (vgl. Bräu 2004) legte den Schwerpunkt auf die Beratungsgespräche, die ein Lehrer mit einzelnen Schülern führt bei der Betreuung ihrer Jahresarbeiten, die sie obligatorisch, aber mit einem frei gewählten Thema, im 12. Schuljahr anfertigen müssen. Da Jahresarbeiten individuelle Projekte sind mit weitreichender Offenheit des Arbeitsganges und der inhaltlichen Ausrichtung sowie mit der Anforderung an den Schüler, den Lernprozess über einen langen Zeitraum selbstständig zu planen, zu organisieren, aufrecht zu erhalten und immer wieder zu evaluieren, sind die Beratungsgespräche in diesem Lern-Arrangement der (einzige) „Ort“ der Kontrolle, der Einflussnahme/ Intervention, der Korrektur und der Rückmeldung, also der eigentlichen Lehraktivitäten.

- Ebenfalls mit dem Fokus auf die Beratungstätigkeit des Lehrers während individueller selbstständiger Lernprozesse habe ich im Projekt „Lehrerhandeln im individualisierenden Unterricht“ (vgl. Bräu 2006 und 2007) mit Hilfe der Analyse von Beratungsgesprächen Spannungsverhältnisse und Umgangsweisen der Lehrerinnen und Lehrer damit in Unterrichtsstunden der Sekundarstufe I rekonstruiert. Hier wird insbesondere die Schwierigkeit deutlich, v.a. für die leistungsschwächeren Schülerinnen und Schüler den Anspruch aufrecht zu erhalten einer sowohl offenen Lernorganisation mit Möglichkeiten individueller Schwerpunktbildungen als auch einer Verpflichtung auf das Erreichen inhaltlich bestimmter Lehrziele.

Obwohl die Persönlichkeitsentfaltung auf der Grundlage von Selbstständigkeitsentwicklung als zentrales Bildungsziel aller Schularten und -formen gelten kann, ist die Institution Schule nicht per se auf Offenheit von Lernprozessen und Entscheidungsfreiheiten von Schülerinnen und Schülern ausgerichtet. Standardvoraussetzungen der Institution Schule ist vielmehr, dass Lehr- und Lernstoffe weitgehend curricular festgelegt und damit für die Lehrpersonen bekannt sind. Selbst im Falle von Kerncurricula, die nur einen Teil der Lehrinhalte festlegen, werden die Spielräume häufig von den Lehrenden gefüllt. Dies geschieht v.a. in der Überzeugung, dass die Erwachsenen (besser als die Schüler selbst) gesellschaftlich relevantes Wissen definieren können und dies sogar im Vorausblick auf künftige Erfordernisse für die Heranwachsenden. Selbstständiges Lernen ist also in einer Institution zu realisieren, zu deren Grundverständnis und Zielsetzung dies zwar durchaus gehört, deren Organisation aber eher auf Präformierung ausgerichtet ist.

Ich werde also im Folgenden zunächst die Spannungsverhältnisse darstellen, in denen sich Lehrerinnen und Lehrer bei der Anleitung, Betreuung und Bewertung selbstständigen Lernens bewegen. Im Anschluss daran werden einige Möglichkeiten skizziert, in welcher Form die Kontrastpole in der Praxis aufeinander bezogen werden können, wie also eine Balance zumindest kurzfristig hergestellt werden kann oder mit welchen Strategien ein reflektierter Umgang mit den Spannungsfeldern möglich ist. Wenn aber solche ständigen Balancebemühungen einen Kern des Lehrerhandelns im Zusammenhang mit selbstständigem Lernen ausmachen, müssen in jedem Einzelfall individuelle Entscheidungen getroffen werden, was sehr schnell als Überforderung wahrgenommen werden kann. Notwendig wären „Routinen“, die nicht starr, sondern flexibel den Erfordernissen des professionellen Handelns gerecht würden. Hier soll das Konzept des „Arbeitsbogens“ (Arc of Work) von Anselm Strauss, das von mir für die Erforschung der Gruppenprozesse als heuristisches Rahmenkonzept eingesetzt wurde (vgl. Bräu 2002a, S. 146-221 sowie Bräu 2002b) als *didaktisches Instrument* vorgeschlagen werden, das Lehrerinnen und Lehrern bei der Begleitung selbstständigen Lernens hilfreich sein könnte.

Widersprüchliche Aufgaben bei der Betreuung selbstständigen Lernens

Fritz Schütze und Georg Breidenstein haben in ihrem einleitenden Beitrag zu diesem Band eine Reihe von Schulentwicklungsbereichen beschrieben, die durch Paradoxien oder Spannungsfelder geprägt sind, insbesondere was die Lehrerarbeit und Lernprozesse betrifft. Dass professionelles Lehrerhandeln konstitutiv und als Normalfall durch das Ausbalancieren paradoxer Anforderungen gekennzeichnet ist, stellt – obwohl es bereits seit einigen Jahren diskutiert wird – keineswegs eine verbreitete Überzeugung dar. Das Berufsbild des Lehrers ist – noch gesteigert in schulischen Reformmilieus – stattdessen meist durch Ideale, Normen und Programmatik bestimmt. Es wäre daher notwendig, die v.a. von Werner Helsper (1996, 2000) und Fritz Schütze (Schütze u.a. 1996) vorgelegten systematischen Betrachtungen weiter auszudifferenzieren und für die verschiedenen Bereiche der Lehrerarbeit konkrete Situationen und Felder zu beschreiben, in denen Widersprüche zu bewältigen sind.

Ich unterscheide vier Ebenen von Widerspruchsverhältnissen im Zusammenhang mit selbstständigem Lernen:

- Auf einer ersten Ebene wird die *allgemeine gesellschaftspolitische Antinomie* betrachtet, die durch die Doppelfunktion von Schule des (individuellen) Förderns einerseits und des Auslesens andererseits besteht.
- Sodann führe ich antinomische Anforderungen aus, die mit der Maxime des individualisiert-selbstständigen Lernens verbunden sind, also *generelle Individualisierungsantinomien*.

Antinomien auf diesen beiden Ebenen beziehen sich auf widersprüchliche *Ziel*anforderungen. Aus diesen ergeben sich zwei Arten von widersprüchlichen Notwendigkeiten des Lehrer*handelns* bei der Initiierung, Betreuung und Bewertung selbstständigen Lernens. Unterscheiden lassen sich Handlungs-Dilemmata und echte Paradoxien.

- *Handlungs-Dilemmata* kennzeichnen konkrete Handlungswidersprüchlichkeiten für den Lehrer, die aber prinzipiell auflösbar wären, wenn sich Ausgangsbedingungen ändern würden.
- Echte *Paradoxien* sind solche Handlungswidersprüchlichkeiten, die tatsächlich unauflösbar sind. Obwohl beide Seiten als notwendig angesehen werden, gilt: Sobald eine der beiden Seiten realisiert ist, lässt sich die andere Seite nicht mehr im ursprünglichen Sinn durchführen.

Allgemeine gesellschaftspolitische Antinomien

Förderung – Selektion

Der Widerspruch zwischen diesen beiden Funktionen von Schule kann als grundlegende Spannung des Schulsystems angesehen werden, die sich gerade im Zusammenhang mit der Individualisierung des Lernens zuspitzt. Einerseits ist es die zentrale Aufgabe der Schule, jedes einzelne Kind, jeden Heranwachsenden, nach seinen Möglichkeiten zu fördern und Bildung zu ermöglichen. Andererseits dienen die in der Schule zu erwerbenden Zeugnisse und Abschlüsse der Selektion – zunächst bezüglich unterschiedlicher Bildungsgänge, darauf aufbauend bezüglich der Zugänge zu unterschiedlichen Berufsausbildungen. Damit werden Berechtigungen für unterschiedliche Lebenschancen durch die Schule verteilt. Die Perspektive der individuellen Förderung von Kompetenz- und Wissenserwerb und der Entfaltung von Persönlichkeit ist die auf den einzelnen Schüler, wenngleich dieses Ziel durchaus sowohl zum Wohle des Einzelnen als auch der ganzen Gesellschaft gedacht ist. Die Logik der Selektionsfunktion der Schule geht nicht vom Einzelnen aus, sondern von gesellschaftlichen Funktionen, die nach Leistungsvermögen verteilt werden sollen. Dieser Zielwiderspruch ist ein historisch und gesellschaftlich geformter Widerspruch, indem Schule diese Funktionen übernommen hat bzw. diese festgeschrieben wurden. Er ist letztlich v.a. durch demokratisierende Entwicklungen bedingt, dass gesellschaftliche Funktionen nicht mehr qua Geburt und Stand, sondern aufgrund von Leistung vergeben werden sollen. Und dann geht es auch um Gerechtigkeit bei der Selektion bzw. Allokation. Diese generelle Funktionsantinomie von Fördern und Selektieren lässt sich unter diesen Gesichtspunkten in damit verbundene Individualisierungsantinomien differenzieren.

Individualisierungsantinomien

Mit Individualisierungsantinomien sind demnach Antinomien gemeint, die im Zusammenhang mit der Beachtung der Individualität jedes einzelnen Kindes und der gleichzeitigen Orientierung von Schule auf gesellschaftliche Interessen bestehen. Aber auch jedes einzelne Individuum hat nicht nur ein Interesse an Individualität, sondern ebenso ein Interesse an das Eingebundensein in einen größeren Zusammenhang. Jedes Kind hat ein Interesse daran und einen Anspruch darauf, wie alle anderen und gleichzeitig ganz individuell gesehen und behandelt zu werden (vgl. auch Bräu 2005). Annedore Prengel spricht von dem Grundwiderspruch zwischen dem Recht auf Gleichheit und dem Recht auf Differenz. In einer „Pädagogik der Vielfalt“ möchte sie durch *egalitäre Differenz* diese beiden Seiten ausbalancieren (1995, 2001). Die eine Seite, das „Recht auf Gleichheit“, bedeutet nicht nur Recht auf Gleichbehandlung oder Chancengleichheit, sondern schließt das Eingebundensein in eine größere Gemeinschaft ein, die als Kollektiv an Gleiches gebunden ist. Dies kann auf kleinerer Ebene die Gemeinschaft der Schulklasse sein, auf größerer Ebene sind damit auch die Verbindlichkeiten des politischen Systems, hier z.B. von Lehrplänen oder Bildungsstandards, gemeint. Die andere Seite, das „Recht auf Differenz“ enthält alle Aspekte des sich von anderen Unterscheidens: Recht auf individuelle Persönlichkeit, auf eigene Lebenswege und Sichtweisen, auf individuelle Behandlung usw. Folgende Individualisierungsantinomien müssen also in der Schule bearbeitet werden:

Individuelle Förderung – Chancengleichheit

Wenn Chancengleichheit nicht nur den formal gleichberechtigten Zugang aller zu den bestehenden Bildungsangeboten bedeutet, sondern eine besondere Zuwendung zu denjenigen Kindern und Jugendlichen, die aufgrund ihrer Herkunft, ihrer Biographie oder ihren körperlichen und/ oder geistigen Voraussetzungen im Bildungssystem besonders benachteiligt sind, dann muss diese Gruppe im Sinne einer Kompensation in besonders starkem Maße gefördert werden. Dies bedeutet aber gleichzeitig, dass die weniger Benachteiligten, die Angepassten und die Leistungsstärksten *nicht* das gleiche Maß an individueller Förderung zugesprochen bekommen. Eine solche Ausprägung von Chancengleichheit – wenn sie punktuell überhaupt realisiert wurde – hat sich den Vorwurf von Gleichmacherei Ungleicher eingetragen, wenngleich sie aus dem Gedanken der Solidarität mit Schwachen gespeist ist. Dagegen bedeutet ein liberales Verständnis von individueller Förderung aller in gleichem Ausmaß – eines jeden nach seinen Voraussetzungen, Möglichkeiten und Interessen – jedoch ein hohes Maß an Akzeptanz von Unterschiedlichkeit, im besten Fall auf einem nicht allzu niedrigen Grundniveau, im negativen Sinn bedeutet es, ein gewisses Maß an Bildungsverlierern hinzunehmen.

Individualität – Einbindung in eine Gemeinschaft

Ausbildung von Individualität und Persönlichkeit und entsprechend der Raum für individuelle Förderung je nach Lernvoraussetzungen, -möglichkeiten und -interessen stehen im Zielkonflikt zu sozialen Zielen, wie Solidarität, Kooperationsfähigkeit, Kompromissbereitschaft oder Verbindlichkeit gegenüber der Gruppe. Wenn jeder nur das in der jeweiligen unterrichtlichen Situation für ihn Passende und Angemessene macht und lernt, können die Gruppe und das Gemeinsame aus dem Blick verloren werden. In übersteigerter Form kann eine solche Förderung von Individualität egozentrischen Individualismus unterstützen, der zu verstärktem Konkurrenzdenken und -verhalten führen kann. Andererseits mag es auch Situationen geben, in denen der Druck der Gemeinschaft so stark wird, dass Individualität in Frage gestellt wird. Schule und Unterricht müssen solchen Eskalationen oder gesteigerten Ausprägungen entgegenwirken, obwohl sie gleichzeitig sowohl das Individuum als auch die Gemeinschaft stärken müssen. Diese Antinomie wird z.B. in der Situation deutlich, in der eine Schülerin in einer selbstständigen Gruppenarbeit durch besonders fleißiges Arbeiten zu Hause einerseits für sich selbst und die Gruppe den Lern- und Arbeitsprozess vorantreibt, andererseits aber enttäuscht ist, dass die anderen Gruppenmitglieder nicht ebenso aktiv gearbeitet haben. Ihre eigene Lernmotivation und das Interesse an der Thematik, die in zusätzliche Lernaktivitäten münden, werden in gewisser Weise von der Gruppe blockiert, die sich ihrerseits von der Eigenmächtigkeit der Mitschülerin überrumpelt fühlt (vgl. Bräu 2002a, S. 179).

Eigen-Sinn – Anforderungen und Erwartungen der Gesellschaft

Selbstständigkeit und Individualität haben notwendigerweise etwas damit zu tun, eigene Entscheidungen treffen zu können, eigen-sinnig zu sein und sich als Individuum auch von den Erwartungen anderer abzugrenzen. Aufgabe von Schule ist es, eine solche Ausbildung von Individualität, Selbstständigkeit und Eigen-Sinn zu unterstützen. Eine andere Aufgabe von Schule wiederum ist es, gesellschaftlich legitimierte Erwartungen und Anforderungen an die Schüler und Schülerinnen heranzutragen. Beides steht jedoch im Konflikt miteinander. Gleichzeitig und ganz harmonisch im Lernen und im Anspruch den eigenen Vorstellungen zu folgen *und* denen, die durch die Lehrerin bzw. durch Lehrpläne, Prüfungsanforderungen und Bildungsstandards institutionell herangetragen werden, ist nur möglich, wenn diese sich zufällig decken. Dies wird jedoch in der Regel von der Lehrerin bzw. dem Lehrer als Machtperson definiert. Wenn aber Selbstständigkeit und Eigensinn nur in solchen Fällen zugelassen werden, in denen der Schüler das gleiche möchte wie der Lehrer, muss dieser Selbstständigkeitsbegriff als unehrlich zurückgewiesen werden. Es ist aber andererseits die Pflicht der Schule – gerade auch im Sinne von Chancengleichheit – die Heranwachsenden mit Anforderungen, Themengebieten und Qualitätsmaßstäben zu konfrontieren, die über die bisherige Erfahrungswelt der SchülerInnen hinausreichen und also gerade nicht zu einer harmonischen Anforderungsgleichheit führen. Besonders brisant zeigt sich diese Antinomie im Fall des Schülers, der in seiner Jahresarbeit der Frage nachgehen möchte, warum die militärische Strategie Hitlers im Luftkrieg über England scheitern musste und wie die Kriegshandlungen hätten erfolgreicher ausgehen können. Der Lehrer akzeptiert die Thematik zwar als selbstständige Entscheidung des Schülers und dessen Eigenleistung, versucht aber, ihn dazu zu verpflichten, dieser Frage auf der Grundlage einer politischen Sichtweise, die den Angriffskrieg Hitlers verurteilt, nachzugehen. Damit trägt er seine Erwartungen an den Schüler heran, bemüht sich aber, dessen Eigen-Sinn nicht durch eine Ablehnung der Fragestellung zu brechen (vgl. Bräu 2004, S. 234-237). In diesem Fall mag eine solche Intervention als notwendig angesehen werden (hier zur Wahrung der demokratischen und zur Verhinderung einer rein militärstrategischen, vermutlich sogar verfälschend rechtsorientierten Sichtweise), in anderen Fällen als Unterdrückung von kreativer Selbstbestimmung. Die Entscheidung darüber bedarf der sensiblen Analyse des Einzelfalls.

Individualisierung – Standardisierung

Verschärft wird diese letzte Antinomie, wenn also Selbstbestimmung ebenso Raum haben soll wie verbindliche Bildungsgüter festgelegt werden, durch die aktuellen Tendenzen in der Bildungspolitik, verstärkt auf die Standardisierung schulischen Lernens zu setzen. Der grundsätzliche Paradigmenwechsel von der Input- zur Output-Orientierung, also die Abkehr von verbindlichen Lehrplänen hin zur Überprüfung des Erreichens von Bildungsstandards, verheißt eine noch stärkere Bindung an das, was jeder einzelne Schüler zu leisten hat. Indem für alle Schüler festgelegt wird, was sie erreicht haben sollen, kann dies zwar – wenn Bildungsstandards als *Mindest*standards verstanden werden[4] – auch einen Anspruch der Schüler an ihre Lehrer markieren, was diese ihnen beibringen müssen. Die Standardisierung kann aber auch – insbesondere bei der stattdessen verbreiteten Form der Standards als *Regel*standards – den Druck auf das Lernklima erhöhen, so dass umso weniger Spielräume im Unterricht für individuelle Besonderheiten bleiben. Bildungsstandards markieren deutlicher als bislang Lehrpläne, was und auf welchem Niveau gelernt werden soll, nein: *muss*. Biographische Besonderheiten – sowohl der Schüler als auch der Lehrer – sowie die spezifischen Kontexte der Lernsituationen könnten dabei (da sie individuell und nicht standardisierbar sind) als störend empfunden werden, obgleich jegliches Lernen gerade von den je spezifischen Besonderheiten abhängt. Die Antinomie besteht also darin, dass einerseits Lernen an je individuellen Gegebenheiten anknüpft und andererseits durch die Standardisierung der Lernergebnisse diese individuellen Besonderheiten zu Störfaktoren werden können.

---

4 Vgl. Klieme 2003.

Handlungsdilemmata

Aus solchen grundsätzlichen Antinomien entstehen Handlungsdilemmata, wenn die Grundsätze selbstständigen, individualisierten Lernens in konkrete Lernarrangements in der Schule, wie sie sich heute darstellt, umgesetzt werden. Es entstehen also Schwierigkeiten des konkreten Handelns, die nicht auf defizitärem Lehrerhandeln beruhen, sondern darauf, dass Schule, wie bei den Antinomien dargestellt, nur zu einem Teil auf Selbstbestimmung und Förderung ausgerichtet ist.

Individualisierte – standardisierte Prüfungsleistungen

Um an die letzte Antinomie anzuschließen: Stärker standardisiert werden in den letzten Jahren auch die Prüfungen, z.B. durch die Einführung des Zentralabiturs in fast allen Bundesländern oder durch zentrale Prüfungen für die Haupt- und Realschul-Abschlüsse. Gleichzeitig werden stark individualisierende Prüfungsformen eingeführt: Projekt- oder Präsentationsprüfungen sowie Facharbeiten bzw. Besondere Lernleistungen. Unterricht muss also die Schülerinnen und Schüler sowohl dazu befähigen, eigene Projekte zu verfolgen und diese dann in Prüfungssituationen präsentieren zu können, als auch standardisierte Klausuren zu schreiben. Während Projektprüfungen oder Facharbeiten die Forderung nach authentischer Individualität erheben (auch bei kooperativen Projekten arbeitet die Gruppe und in ihr jeder Einzelne individuell), besteht bei zentralen Prüfungsaufgaben der Druck zur möglichst perfekten Ausführung standardisierter Anforderungen. Der „Mentalitätswiderstreit" zwischen der Bewältigung von Aufgaben, die biographische Besonderheit geradezu fordern, und solchen, die sie ausschließen und stattdessen die Erledigung festgelegter Aktivitäten beanspruchen, ist nur schwer überbrückbar. Das Problem besteht darin, dass zwei grundsätzlich entgegen gesetzte Anforderungen, die als Prüfungen zwar unabhängig voneinander sind, nacheinander absolviert werden müssen, in der Vorbereitung darauf aber zumindest ein zeitliches Dilemma entsteht, wann im Unterricht wie viel Zeit für das eine und für das andere eingeräumt wird. Die Handlungsanforderung für den Lehrer besteht darin, sowohl dem selbstständigen, individuellen Lernen, das auf Projektprüfungen vorbereitet, als auch dem Einüben des Bearbeitens standardisierter Aufgaben entsprechenden Raum zu geben. Eine paradoxe Situation im gleichen Zusammenhang ergibt sich auch, wenn eine Schülerin der gymnasialen Oberstufe in konsequenter Verfolgung einer ökonomischen Punktesammel-Strategie den Aufwand einer individuellen Jahresarbeit im Verhältnis zum erreichbaren Punktgegenwert als zu hoch einstuft und damit selbstständig auf selbstständiges Lernen verzichtet (vgl. Bräu 2004, S. 241-243), um Zeit zu sparen, sich auf die stärker standardisierten Prüfungen vorzubereiten.

Bewertung nach individueller Bezugsnorm – nach sachlicher und sozialer Bezugsnorm

Die Bewertung von Lernprozessen kann grundsätzlich nach drei verschiedenen Maßstäben vollzogen werden: nach der individuellen Bezugsnorm (individueller Lernfortschritt), nach der sachlichen Bezugsnorm (Lernerfolg an den Lehrzielen gemessen) oder nach der sozialen Bezugsnorm (Position innerhalb der Lernleistungen einer Klasse)[5]. Dabei schließen sich die individuelle und die soziale Bezugsnorm aus, denn die Bewertung des individuellen Lernfortschritts gibt keinen Anhaltspunkt darüber, wie eine Leistung im Vergleich mit der von anderen eingeschätzt werden kann (es sei denn man vergliche die Fortschritte untereinander). Beide Bezugsnormen brauchen aber sachliche bzw. inhaltliche Kriterien, an denen entweder der individuelle Lernfortschritt oder die Leistungsposition innerhalb der Klasse gemessen werden können. Schülerleistungen an Lehrzielen oder an der Leistungserwartung zu messen (die sachliche Bezugsnorm), erhebt den Anspruch, dass alle Lernergebnisse am gleichen sachlichen Bezugspunkt gemessen werden, so dass sie sich auch untereinander vergleichen lassen. Man kann also sagen, dass die sachliche und die soziale Bezugsnorm bei der Leistungsbewertung leicht in Kombination miteinander verwendet werden können (und dies ist auch häufige Praxis in der Schule, z.B. indem Notenspiegel aufgestellt oder indem Leistungserwartungen den Möglichkeiten der jeweiligen Schulklasse angepasst werden).

Für individualisiertes Lernen, das gerade individuelle Voraussetzungen und Möglichkeiten berücksichtigt, ist die Bewertung der *Lernfortschritte jedes Einzelnen* ein wichtiges Element der individuellen Förderung. Unter der Voraussetzung, dass aber im oben dargestellten Sinn neben individuell selbstbestimmten Lerngegenständen v.a. extern festgelegte Anforderungen den Unterricht bestimmen, lässt sich allerdings nicht auf eine Rückmeldung, die sich an den Lehrzielen orientiert, verzichten. Das Dilemma besteht also darin, einerseits das individuelle Vorankommen zu begutachten, andererseits aber sachlich-universelle und – im Zuge der Selektion – auch lerngruppenvergleichende Kriterien zum Maßstab von Leistungsbewertungen machen zu müssen.

Im Zusammenhang mit selbstständigem Lernen ist allerdings zu beobachten, dass die sachliche Bezugsnorm in Gestalt der Lehrzielgehalte, also der von außen gestellten Anforderungen, häufig nur ungenau formuliert wird oder dass sogar

5 Vgl. z.B. Rheinberg 2001.

ganz darauf verzichtet wird, sie näher zu bestimmen. Dies ist wegen der notwendigen Offenheit der Lernprozesse vielleicht sogar folgerichtig. Denn fachliche Ziele können ja auch bei individuellen Schwerpunktsetzungen oder bei der Wahl von Lerngegenständen zu einem Rahmenthema verfolgt werden. Darüber hinaus werden Prozessziele verfolgt, die transparent gemacht werden können. Das Bewertungsproblem als Bezugsnorm-Dilemma und zusätzlich als Frage nach der Transparenz von Bewertungskriterien äußert sich z.B., wenn selbst Oberstufenschülerinnen keine Vorstellung darüber haben, nach welcher Norm und nach welchen Kriterien ihre Arbeit bewertet wird (vgl. Bräu 2002a, S. 253-256).

Paradoxien

Die beiden folgenden Widersprüche sind echte Paradoxien, da nur ein Entweder-Oder der jeweiligen Pole möglich ist. Im ersten Fall handelt es sich um eine paradoxe Handlungssituation, bei der beide Handlungsoptionen, obwohl sie sich gegenseitig ausschließen, angemessen scheinen. Das zweite Paradoxon ist ein grundsätzlicher Widerspruch der Rolle, die selbstständiges Lernen im schulischen Unterricht einnimmt.

Selbst tun lassen – Intervenieren bzw. Helfen/ Unterstützen

Die Diskrepanz zwischen Eigensinn des Schülers und den Anforderungen, die die Lehrerin repräsentiert und einfordert, spiegelt sich in den beiden sich widersprechenden Verhaltenspolen bei der Betreuung selbstständig arbeitender Schüler. Der Lehrer kann einerseits die Schüler eigenständig arbeiten lassen und nicht eingreifen, andererseits durch Interventionen und Hilfsangebote Anforderungen von außen an die Schüler herantragen und damit zwar das Risiko des Scheiterns für die Schülerinnen und Schüler minimieren, u.U. aber auch das selbstständige Tun unangemessen regulieren. Die Lehrerin eines Oberstufen-Deutschkurses vertritt beispielsweise die Auffassung, dass sie bei der von ihr initiierten selbstständigen Gruppenarbeit nur auf Wunsch der Schülerinnen selbst Hilfe anbieten möchte, um deren Selbstständigkeit möglichst wenig einzuschränken. Die Analyse der Gruppenarbeit über einen Text von J.P. Sartre[6] machte deutlich, dass die Schülerinnen zwar über existenzialistische Denkweisen sprachen, ohne sich dessen allerdings bewusst zu sein. Ein relativ kleiner Hinweis der Lehrerin hätte die Qualität ihrer Arbeit insofern angehoben, da die auf der Grundlage des Tex-

6 Die Schülerinnen beschäftigten sich mit J.P. Sartre: Das Spiel ist aus. Hamburg 1996 (Neuausgabe).

tes von den Schülerinnen diskutierten Aspekte dann mit theoretischen Kenntnissen über die existenzialistische Philosophie Sartres in neuem Licht erschienen wäre. Dies hätte keineswegs die Selbstständigkeit beeinträchtigt, sondern möglicherweise das selbstständige Weiterdenken auf höherem Niveau ausgelöst. Ein zu früher Hinweis wiederum hätte sehr wohl verhindern können, dass die Mädchen von sich aus so differenziert den Sartretext diskutieren (vgl. Bräu 2002a, S. 164-167).

Wenn man die nachweisliche Bedeutung *gelingender* Lernprozesse für das Gefühl von Selbstwirksamkeit und damit für weitere Lernprozesse zum Maßstab für das Betreuungshandeln macht, wird der Gefahr entgegengetreten, selbstständiges Lernen zu einseitig mit *alleine tun* zu konnotieren. Ein beständiger Dialog zwischen Lehrer und Schüler über das Vorgehen und die Teilergebnisse selbstständiger Arbeit während des Lernprozesses kann der Gefahr zu enger Interventionen einerseits, die die Selbstständigkeit deutlich beschränken, und zu großer Zurückhaltung andererseits, die auf Zwischenevaluationen des Lernprozesses und auf Hilfestellungen durch die Lehrerin verzichtet, entgegen wirken.

Selbstständigkeit als Ziel – Selbstständigkeit als Voraussetzung selbstständigen Lernens

Selbstständigkeit wird im unterrichtlichen Zusammenhang einerseits als Erziehungs*ziel*, andererseits aber auch bereits als *Voraussetzung* für selbstständiges Lernen angesehen. Wenn etwas als Ziel vorgesehen ist, kann es nicht gleichzeitig zu dessen Erreichen notwendige Voraussetzung sein. Schülerinnen und Schüler sollen lernen, größere Erkundungsgänge selbstständig vorzunehmen. Die Aneignung einer solchen Kompetenz kann aber nur geschehen, wenn bereits Teilschritte selbstständig bewältigt werden können. Dies lässt sich nur bearbeiten, indem kontrafaktisch Kompetenz unterstellt wird (s.u.): ein wenig Selbstständigkeit ist für die ersten selbstständigen Schritte beim Lernen notwendig, die Lehrerin unterstützt diese ersten Erfahrungen, so dass sich dadurch das selbstständige Verhaltensrepertoire des Schülers erweitert für die nächsten, weiterreichenden Selbstständigkeitsbewegungen usw.

Solche Widerspruchsverhältnisse, wie sie hier im Zusammenhang mit selbstständigem und individualisiertem Lernen aufgezeigt wurden, lassen sich auch für viele andere Bereiche des Lehrerhandelns und von Schulentwicklungsprozessen jenseits des individualisierten Lernens aufzeigen. Diese in ähnlicher Weise aufzuschlüsseln, wäre eine wichtige Maßnahme, den Blick für die genuinen professionellen Anforderungswidersprüche auch in der Lehrerausbildung zu schärfen und sie gleichzeitig weniger als Störfaktoren, sondern als Ausgangslage von

Schul- und Unterrichtsprozessen anzusehen. Schulische Entwicklungsprozesse sollten nicht danach ausgerichtet werden, die Spannungsfelder und Widersprüche – Antinomien wie Paradoxien und Dilemmata – durch Reformmaßnahmen zu umgehen oder aufzulösen (da das bekanntlich gar nicht möglich ist, zumindest nicht bei echten Paradoxien), sondern das Bewusstsein hierfür zu schärfen und den Umgang mit den Widersprüchen im Sinne einer ständigen Balancesuche zu veralltäglichen. Daher sollen nun einige Bearbeitungsmöglichkeiten im Umgang mit den Widersprüchen und Dilemmata dargelegt werden.

Möglichkeiten des Umgangs mit Kontrastpolen bzw. Widersprüchen

Bislang war die Rede davon, es müsse im professionellen Umgang mit Antinomien und Dilemmata eine *Balance* zwischen den Polen widersprüchlicher Anforderungen gefunden werden. Unter Balance ist ein Ausgleich zwischen zwei widerstrebenden Seiten zu verstehen, der jedoch prinzipiell instabil ist und daher immer wieder je nach Situationsanforderung neu hergestellt werden muss. Man kann hierfür auch die Metapher des *Changierens* verwenden: Ein changierender Stoff schimmert je nach Blickrichtung und Lichteinfall in der einen oder der anderen – konträren – Farbe, ohne dass die eine Sichtweise dauerhaft aufrecht erhalten werden kann. Auch bei diesem Begriff spielt also das Labile und Wechselnde zwischen den beiden Polen eine entscheidende Rolle. Was aber bedeutet es genau, eine Balance herzustellen oder allgemeiner: Kontrastpole aufeinander zu beziehen? Es gibt dafür verschiedene Möglichkeiten, die je nach Situation oder Einzelfall angemessen sein können.

- Die einfachste, aber oft problematische Strategie ist, die beiden Pole zwar zu sehen, sie aber als *harmonisch und miteinander vereinbar zu definieren*, indem sie *nacheinander* abgearbeitet werden. Dies geht in jenen Fällen, in denen beide Pole im Prinzip parallel, quasi unabhängig voneinander, oder zeitlich nacheinander verfolgt werden können. Prüfungsvorbereitungen können – wenn es zeitlich im Unterricht untergebracht wird – einmal auf individuelles, projektartiges Arbeiten und dann auf das Bewältigen standardisierter Aufgaben abgestimmt werden. Leistungsbewertungen können zunächst auf den individuellen Fortschritt und dann zusätzlich auf Lehrziele, die für alle gelten, bezogen werden. Die Schwierigkeit besteht in diesem Fall darin, gegenüber dem Schüler und den Eltern die unterschiedlichen Bezugsnormen und v.a. ihre jeweilige Wertigkeit deutlich zu machen. Damit zeigt sich zugleich, wann diese Strategie der Harmonisierung der beiden Pole problematisch wird bzw. unter welchen Bedingungen sie gelingen kann: Das Hintereinanderschalten von nicht gleichzeitig umsetzbaren Aktivitäten oder Ansprüchen muss zum einen zeitlich realisierbar und zum anderen für alle Beteiligten nachvollziehbar sein, da sich in der Regel die Logiken der beiden Seiten unterscheiden. Wichtig ist, dass zumindest die Lehrerin bzw. der Lehrer die grundsätzliche Gegensätzlichkeit der beiden Pole nicht aus den Augen verliert.

- Eine pädagogisch optimistische Haltung drückt sich in einer *kontrafaktischen Vorwegnahme* aus, die Kennzeichen vieler Reformszenarien ist. Man könnte es auch als Learning by doing (dem Lernen, indem man es tut) bezeichnen, bei dem immer bereits ein wenig vorausgesetzt wird, was für das Lernen notwendig ist. Wenn Selbstständigkeit erreicht werden soll, dafür aber bereits vorhanden sein muss, wird ein Verhalten als bereits verfügbar unterstellt, obwohl davon ausgegangen werden kann, dass es noch nicht ausgeprägt ist. Dieses Mittel setzt den Schwerpunkt auf das Einräumen von Entwicklungsmöglichkeiten, birgt aber die Gefahr, dass die Vorwegnahme in der Realität eine Überforderung darstellt. Eine solche Kompetenzunterstellung darf daher nur ein kleines Stück über die bislang erreichte Kompetenz hinausgreifen. Ist das Ziel zu fern angelegt und die Vorwegnahme bzw. Unterstellung einer faktisch noch nicht erreichten Fähigkeit zu grundlegend, ist die Gefahr des Scheiterns oder aber des zufälligen Gelingens besonders groß. Beides gewährt keinen Zuwachs an Lernkompetenz und kein Gefühl von Selbstwirksamkeit. Eine selbstständige und selbstgesteuerte Arbeit über einen längeren Zeitraum, beispielsweise eine erstmalige Buchvorstellung mit Buchkritik, bedarf der kontrafaktischen Unterstellung von Kompetenz, wenn individuelle Ausprägungen bei der Bearbeitung möglich sein sollen. Diese gelingen aber nur dann, wenn wenigsten Teilbereiche und Teilschritte des Projektes bereits geübt oder besprochen worden sind, d.h. eine Basis für die Kompetenzunterstellung bereits gelegt ist. Fehlerhaftes Lehrverhalten wäre ein *ständiges* voraussetzungsloses Vorwegnehmen von Kompetenz und die damit einhergehende ständige Überforderung.

- Ähnlich ist eine Strategie, die ein spiralförmiges, *zyklisches Berücksichtigen des einen und des anderen Pols* vorsieht. Diese Strategie eignet sich bei Aufgaben, die schrittweise bearbeitbar sind oder die so langfristig angelegt sind, dass mehrere Teilschritte deutlich voneinander zu trennen sind. Wenn ein Oberstufenschüler eine Jahresarbeit anfertigt, macht er dies in der Regel zum ersten Mal und muss sich also schrittweise an diese Arbeit herantasten. Er legt selbstständig ein wenig vor, wird dann vom Lehrer beraten, d.h. enger an Leistungserwartungen herangeführt, um dann auf dieser Basis wieder stärker nach eigenen Vorstellungen arbeiten zu können. Das Spannungsverhältnis von Offenheit der Lernwege und -ergebnisse einerseits und Festlegungen andererseits kann bearbeitet werden, indem im Beratungsgespräch curriculare

Vorgaben und Ansprüche an die eigenen Entscheidungen von SchülerInnen vom Lehrer herangetragen werden und vom ihm für die Ideen der SchülerInnen übersetzt werden. Dies erfordert allerdings vom Lehrer ein sensibles Erfassen der Leistungen des einzelnen Schülers und ein flexibles Anpassen der einzufordernden Ansprüche auf das vom Schüler Vorgesehene. Dem Schüler muss geholfen werden, seine selbstständigen Ideen und Entscheidungen mit vorgegebenen Ansprüchen zu verbinden, ohne seine Entscheidungen damit nichtig zu machen. Dabei sind eine fehlerfreundliche und respektvolle Atmosphäre sowie die Bereitschaft des Lehrers, die Lernprozesse des Schülers nachzuvollziehen und damit selbst mitzulernen, besonders wichtig.

- Die Existenz von sich widersprechenden Anforderungen kann auch expliziert und damit einer gemeinsamen Bearbeitung zugänglich gemacht werden. Lehrer besprechen die Polarität mit ihren Schülern und heben sie damit nicht auf, aber verhindern deren Verschärfung, indem sie transparent werden. So kann (oder muss sogar) die unterschiedliche Logik und deren jeweiliger Sinn einer gleichzeitigen Bewertung des individuellen Fortschritts und der Leistung an Lehrzielen gemessen mit den Schülern (und den Eltern) besprochen werden, damit die Bewertungen als Rückmeldungen für das eigene Lernen verstanden werden können und transparent sind. Auch das ambivalente „Eingreifen" einerseits und „Laufen lassen" andererseits bei selbstständigen Projekten kann mit älteren Schülern besprochen werden. Zu bedenken ist jedoch, dass das Einbezogen-Werden in die dilemmatische Situation ein hohes Maß an Reflexionsvermögen voraussetzt und den Schülerinnen und Schülern so etwas wie didaktisches (Mit-)Denken zumutet. Dies ist sicher erst in höheren Schulklassen sinnvoll, und selbst da ist im Einzelfall zu entscheiden, inwieweit dieses Vorgehen eine Überforderung darstellt. Denn die Verantwortung für das Finden einer angemessenen Balance bleibt stets beim Lehrer als dessen professionelle Aufgabe.

- In einigen Fällen kann auch die Entscheidung für den einen oder den anderen Pol die richtige Strategie sein, also das bewusste Aussetzen einer ausgewogenen Balance. Allerdings müssten in den allermeisten Fällen solche Entscheidungen in ein langfristiges Balancekonzept eingebunden sein, so dass zu einem späteren Zeitpunkt der andere Pol zum Tragen kommen kann. Als Bild hierfür könnte eine Wippbewegung dienen. Wenn ein Kind z.B. an einer besonders kreativen Lösung arbeitet, die allerdings von der Aufgabenstellung und den Erwartungen deutlich abweicht, kann es in diesem Einzelfall dennoch besonders große Lernmöglichkeiten bedeuten, wenn der Lehrer bzw. die Lehrerin zurückhaltend agiert. Dem Eigen-Sinn des Kindes hier Raum zu geben und die schulischen Erwartungen und Anforderungen zurückzustellen, können das kindliche Selbstbewusstsein und den Spaß am Lernen stärken, aber auch das Reflexionsvermögen schulen, z.B. beim Vergleich der eigenen Arbeit mit denen der Mitschüler. Auf Dauer gesehen wäre es aber ein fehlerhaftes und unverantwortliches Verhalten der Lehrerin oder des Lehrers, wenn bei künftigen Lernaufgaben das Kind nicht ebenso mit der Seite der schulischen Ansprüche konfrontiert würde.

Neben diesen Möglichkeiten des Umgangs mit Spannungsverhältnissen soll im Folgenden ein Konzept als didaktisches Instrument vorgestellt werden, das sich eignen könnte, im Umgang mit selbstständigem und individualisiertem Lernen die Betreuungsarbeit so zu steuern, dass die skizzierten Grundwidersprüche nicht aufgelöst, sondern durchgearbeitet und austariert werden können. Das Konzept des „Arbeitsbogens“ ist ein sehr allgemeines theoretisches Konzept, das ich zunächst als analytisches Instrument bzw. als heuristisches Rahmenkonzept bei meinem Forschungsprojekt zum „Selbstständigen Lernen in der gymnasialen Oberstufe“ eingesetzt habe (vgl. Bräu 2002a und 2002b). Das Arbeitsbogenkonzept scheint mir aber nicht nur als Instrument wissenschaftlicher Erkenntnis interessant zu sein, sondern auch als didaktisches Instrument. Dies möchte ich im Folgenden skizzieren:

Das Arbeitsbogenkonzeptes von Anselm Strauss als didaktisches Instrument

Das Konzept des „Arbeitsbogens“ („Arc of work“) wurde von Anselm Strauss im Rahmen seiner Untersuchungen zur Arbeit im Krankenhaus und zum Einfluss von medizinisch-technischen Geräten und von technischem Denken in der Medizin auf diese Arbeit entwickelt (Strauss u.a. 1985). Es ist als Rahmenkonzept auch auf schulische Lernprozesse übertragbar, weil es in sehr allgemeiner Weise Überlegungen zur Initiierung und zur Durchführung von handlungsbasierten Veränderungsprozessen, zu kollektiven Gestaltungs-, Entwicklungs- oder Erkundungsaufgaben und zur Realisierung alltäglicher Arbeit verbindet zu einem allgemeinen Modell von Arbeit, gerade auch der Arbeit in Projekten. Der „Arbeitsbogen“ umfasst die Gesamtheit der für ein Projekt erforderlichen Arbeitsschritte, Überlegungen und Aufgaben. In der Konzeption finden sowohl die beabsichtigten Handlungen als auch die mit ihnen verbundenen Kontingenzen, d.h. die sich (zufällig) ergebenden oder unerwarteten Zwischenfälle Berücksichtigung. Gerade diese Einbeziehung von Unerwartetem und Nicht-Vorhersehbarem lassen das Arbeitsbogenkonzept für die analytische Rekonstruktion und für die Begleitung selbstständiger Lernprozesse wertvoll werden. Denn selbstständiges Lernen impliziert geradezu ungeahnte Lernwege, nicht vorhersehbare Wendungen, kreative, erst im konkreten Zusammenhang sich entwickelnde Prozesse, aber auch unerwartete Widerstände, Überforderungen oder Verzögerungen. Durch nicht festgelegte Lernabfolgen ist gleichermaßen die Gefahr von Hindernissen wie die Chance auf glückliche Umstände gegeben, z.B. bei der Informationssuche (die eben nicht einfach durch das Lehrbuch erledigt werden, die sich aber gerade deshalb auch als besonders vielseitig erweisen kann). Die oben beschriebenen Antinomien und Dilemmata bewirken fortlaufend Ungewissheit des Prozesses, also Kontingenz.

Die Metapher des Bogens suggeriert zwar auf den ersten Blick einen definierten Beginn und ein ebenso definiertes Ende der Gesamtgestalt; das Modell geht aber gerade nicht von einem festgelegten Verlauf an Arbeitsschritten und Tätigkeiten aus, sondern von vier Komponenten, aus denen sich der Gesamtbogen zusammensetzt: die Einrichtungskomponente, die Sozialkomponente, die Inhaltskomponente und die Evaluationskomponente. Dies sind die Hauptkategorien des Modells, die von Strauss weiter ausdifferenziert werden.

Die *Einrichtungskomponente* umfasst jene Aktivitäten, die der Einrichtung und Aufrechterhaltung der Arbeit dienen – nicht nur zu Beginn des Prozesses, sondern im ganzen Verlauf. Besonders wichtig war Strauss dabei die „Artikulationsarbeit“. Damit sind Aufgaben der Sequenzierung, der Zuteilung und der Koordinierung von Arbeitsschritten gemeint, gerade auch im Umgang mit und in der Anpassung an sich ständig wandelnde Gegebenheiten. Außerdem gehören zur Einrichtungskomponente planende Tätigkeiten, die Informationsbeschaffung zu Beginn der Arbeit sowie die Einrichtung und Aufrechterhaltung einer förderlichen Arbeitsumgebung. Die Interaktionen zwischen den Beteiligten bei der Bearbeitung des Projektes machen die *Sozialkomponente* aus. Hierzu gehören z.B. die Aufteilung von Teilbereichen (Arbeitsteilung) oder der Umgang mit Konflikten bei Gruppenprojekten. Gerade zur Arbeitsteilung hat Strauss besonders ausdifferenzierte Überlegungen angestellt. Wichtige Elemente sind hierbei die Verteilung von Verantwortlichkeiten, von Macht und Rechten, das Zustandekommen der Arbeitsaufteilung und die Zuteilung von Arbeit (nach Anzahl der Personen, nach Fertigkeiten oder unter inhaltlichen Gesichtspunkten) oder das Zusammenführen getrennt ausgearbeiteter Teilhandlungen (Strauss 1991, pp. 71-98). Die *Inhaltskomponente* beschreibt diejenigen Tätigkeiten, die für die Durchführung der inhaltlichen Aufgaben notwendig sind. Diese werden sich je nach Projekt und Arbeitszusammenhang grundlegend unterscheiden. Bei Erkundungs- und Präsentationsaufgaben, wie sie im Zusammenhang mit selbstständigem Lernen häufig gestellt werden, sind dies z.B. inhaltliche Analysen von Texten oder eigenständige Experimentdurchführungen, Formulierungsaufgaben sowie die Durchführung von Präsentationen. Alle Reflexionsprozesse im Sinne der Planung, der Steuerung und der abschließenden Evaluation des Projektes machen die *Evaluationskomponente* aus. Reflexionen im Stadium der Planung bedeuten stets das Abwägen von Alternativen. Bei der Steuerung geht es v.a. um Soll- und

Haben-Analysen, also um die Überprüfung und Bewertung der geleisteten Arbeit im Verhältnis zur Zielsetzung, um gegebenenfalls Korrekturen der Planung vorzunehmen.

Die besondere analytische Qualität des Arbeitsbogen-Konzeptes besteht darin, dass es – ohne von einer Idealabfolge von Schritten zur Durchführung eines Projektes auszugehen – Teilaktivitäten bei Projekt- oder Standardarbeitsprozessen ausdifferenziert und strukturiert. Dahinter steckt die Erkenntnis, dass es sehr unterschiedliche Verläufe gelingender Projekte und Normalarbeitsprozesse geben kann, dass aber bestimmte Komponenten immer wiederkehren. Diese Komponenten liefern ein Instrumentarium, die Antinomien und Dilemmata analytisch zu erkennen. Damit stellt das Modell einerseits Kategorien für die *Rekonstruktion* abgeschlossener Arbeitsprozesse zur Verfügung, um undurchschaubare Strukturen, ungewollte Dynamiken und Verläufe und unerwartetes Ge- oder Misslingen rückblickend verstehen zu können. Gleichzeitig legt das Konzept durch seine vier analytischen Komponenten Hinweise für *gelingende* Arbeitsbögen von Arbeits- und Entwicklungsprozessen vor, indem es ausdifferenziert, welche Elemente z.B. bei einem umfassenden Projekt zu bedenken sind. Diese Elemente – und das verweist nun auf die didaktische Bedeutung, die das Arbeitsbogenkonzept bei der Betreuung selbstständiger Projektarbeitsprozesse einnehmen könnte – können Anhaltspunkte für den Lehrer zur Strukturierung seiner Projektbetreuungsarbeit liefern. Wenn der Lehrer die vier Komponenten und die damit verbundenen Kategorien, wie sie eben ausgeführt wurden, kennt, kann er bei der Betreuung auf dieser Grundlage zunächst entscheiden, auf welcher Ebene eventuelle Hilfe oder Unterstützung notwendig ist: Brauchen die Schülerinnen Hilfe bei der inhaltlichen Arbeit oder eher bei Koordinierungsaufgaben? Haben sie Schwierigkeiten bei der Aufteilung und Zusammenführung von Teilaufgaben oder bei sozialen Aushandlungen? Er wird zudem gezielter und ausgewogener mit den erkannten Antinomien und Dilemmata umgehen können, da das Offenheit und Kontingenzen von Lernprozessen einbeziehende Modell eine differenzierte Betrachtungsweise erlaubt.

Die Betreuung selbstständiger Lernprozesse würde also nicht mehr auf der Grundlage einer Idealabfolge von Arbeitsschritten erfolgen, sondern auf der Basis der zeitlich nicht hierarchischen Komponenten. Der Lehrer oder die Lehrerin kann angesichts des Arbeitsstandes eines Schülers die Schwerpunkte der Beratung auf den Inhalt, die soziale Komponente, die Reflexionsprozesse oder die Einrichtungsaufgaben der Arbeit legen. Als Hilfsinstrument zur Lösung des Problems der Ausbalancierung von paradoxen Anforderungen bei der Betreuung selbstständigen Lernens scheint das Arbeitsbogenkonzept gerade deshalb geeignet, weil es sehr individuelle Wege von Schülern berücksichtigen kann. Das von einer Schülerin oder einer Gruppe eingeschlagene Vorgehen wird zunächst als solches wahrgenommen, mit- oder nachverfolgt und akzeptiert. Die Kategorien erlauben dann eine differenzierte Defizitanalyse – übrigens in einer selbstreflexiven Wendung auch die des Lehrers selbst – und damit Hinweise, an welchen Punkten Interventionen, Hilfsangebote oder auch Selbstkorrekturen des Lehrers angebracht sind, damit der Lernprozess gelingt. Gerade hierfür ist das Mitlernen des Lehrers mit den Schülern Voraussetzung. Selbstständige Lerner auf fortgeschrittenem Niveau könnten vielleicht sogar selbst in das Arbeitsbogenkonzept und dessen kritische Beobachtungsweise eingeführt werden und damit eine Hilfe erhalten, ihre Arbeit besser zu strukturieren und zu steuern.

Damit es Lehrerinnen und Lehrern gelingt, mit widersprüchlichen Anforderungen angemessen umzugehen – im Kontext selbstständigen und individualisierten Lernens gleichermaßen wie in anderen schulischen und unterrichtlichen Zusammenhängen – müssen sie entsprechend ausgebildet sein. Der Umgang mit Widersprüchen in der Praxis der Lehrerarbeit ist jedoch ein in der Lehrerausbildung noch wenig berücksichtigtes Feld. Daher sollte nicht nur die theoretische Fundierung, sondern insbesondere die Fallarbeit verstärkt Eingang in Studium und Referendariat finden. Die Auseinandersetzung mit konkreten Beispielen sowie das Durchspielen von Handlungsalternativen und von Bearbeitungsmöglichkeiten bei der Balance-Herstellung könnten die Professionalisierung des Lehrerhandelns entscheidend verbessern (vgl. auch Beck u.a. 2000).

Literatur

Beck, Chr./ Helper, W./ Heuer, B./ Stelmaszyk, B./ Ullrich, H. (2000): Fallarbeit in der universitären LehrerInnenbildung. Professionalisierung durch fallrekonstruktive Seminare? Eine Evaluation. Opladen.

Bräu, K. (2002a): Selbstständiges Lernen in der gymnasialen Oberstufe: Grundlagen, Fallbeispiel, Anregungen für die Praxis. Baltmannsweiler.

Bräu, K. (2002b): Qualitative Schul- und Unterrichtsforschung. Zum Einsatz des Arbeitsbogenkonzeptes von Anselm Strauss als heuristisches Instrument zur Analyse von Schüler-Gruppenarbeit. In: ZBBS 2/2002, S. 241-261.

Bräu, K. (2004): Lernberatung – Schulnahe Forschung im Kontext von Schulprogrammarbeit und Evaluation. In: Ackermann, H./ Rahm, S. (Hg.): Kooperative Schulentwicklung. Wiesbaden, S. 219-248.

Bräu, K. (2005): Individualisierung des Lernens – Zum Lehrerhandeln bei der Bewältigung eines Balanceproblems. In: Bräu, K./ Schwerdt, U. (Hg.): Heterogenität als Chance. Münster u.a., S. 129-149.

Bräu, K. (2006): Gesprächsanalytische Untersuchung der Lehrer-Schüler-Kommunikation bei der Betreuung individualisierten Lernens in der Schule. In: Rahm, S./ Mammes, I./ Schratz, M. (Hg.): Schulpädagogische Forschung. Unterrichtsforschung – Perspektiven innovativer Ansätze. Innsbruck, S. 15-25.

Bräu, K. (2007): Die Betreuung der Schüler im individualisierenden Unterricht der Sekundarstufe. In: Rabenstein, K./ Reh, S. (Hg.): Kooperatives und selbstständiges Lernen von Schülern. Zur Qualitätsentwicklung von Unterricht. Wiesbaden.

Helsper, W. (1996): Antinomien des Lehrerhandelns in modernisierten pädagogischen Kulturen. Paradoxe Verwendungsweise von Autonomie und Selbstverantwortlichkeit. In: Combe, A./ Helsper, W. (Hg.): Pädagogische Professionalität. Frankfurt/M.

Helsper, W. (2000): Antinomien des Lehrerhandelns und die Bedeutung der Fallrekonstruktion – Überlegungen zu einer Professionalisierung im Rahmen universitärer Lehrerausbildung. In: Cloer, E./ Klika, D./ Kunert, H. (Hg.): Welche Lehrer braucht das Land? Notwendige und mögliche Reformen der Lehrerbildung. Weinheim, München.

Klieme, E. u.a. (2003): Expertise: Zur Entwicklung nationaler Bildungsstandards. Bonn.

Krappmann, L. (2004): Sozialisation in Interaktionen und Beziehungen unter Gleichaltrigen in der Schulklasse. In: Geulen, D./ Veith, H. (Hg.): Sozialisationstheorie interdisziplinär. Aktuelle Perspektiven. Stuttgart, S. 253-271.

Prengel, A. (1995[2]): Pädagogik der Vielfalt. Opladen.

Prengel, A. (2001): Egalitäre Differenz in der Bildung. In: Lutz, H./ Wenning, N. (Hg.): Unterschiedlich verschieden. Differenz in der Erziehungswissenschaft. Opladen, S. 93-107.

Rheinberg, F. (2001): Bezugsnormen und schulische Leistungsbeurteilung. In: Weinert, F.E. (Hg.): Leistungsmessungen in Schulen. Weinheim, S. 59-71.

Schütze, F. u.a. (1996): Überlegungen zu Paradoxien des professionellen Lehrerhandelns in den Dimensionen der Schulorganisation. In: Helsper, W./ Krüger, H.-H./ Wenzel, H. (Hg.): Schule und Gesellschaft im Umbruch. Reihe: Studien zur Schul- und Bildungsforschung, Bd. 1: Theoretische und internationale Perspektiven. Weinheim, S. 333-377.

Strauss, A. (1991): Creating Sociological Awareness. New Brunswick, N.J.

Strauss, A. u.a. (1985): Social Organization of Medical Work. Chicago, London.

Silvia-Iris Beutel

Das Wissen der Kinder über die Schule und ihr Lernen einbeziehen – Neuere Forschungen zur Leistungsbeurteilung

Dass der Umgang mit Leistungsbeurteilung in schul-, reform- und professionstheoretischer, aber auch didaktischer Perspektive mehr und mehr an Brisanz gewinnt, scheint eine in der Tendenz zunehmende Einsicht in Erziehungswissenschaft und Schulforschung zu sein. Spätestens seitdem in der Schulpädagogik in Wissenschaft und Praxis die Befunde internationaler Vergleichsuntersuchungen (TIMSS, PISA, IGLU) intensiv diskutiert werden, ist auch die Frage nach einer pädagogischen Qualifizierung in der Leistungsbeurteilung – als bedeutsamem Segment der Professionalisierung des Lehrerberufs – Bestandteil gegenwärtiger Reformdebatten: Wie können Leistungen nachvollziehbar dokumentiert, differenziert gewürdigt, mit kritisch-lernförderlichem und schülernahem Gestus zurückgemeldet und als Gesprächsanlass über das Lernen wieder in den Unterricht integriert werden? Welche Formen eignen sich dafür? Wie kann ihre Wirkung gesichert werden?

Um auf diese Fragen Antworten zu finden, bedarf es verschiedener Zugänge. Die Schule und die dort empirisch anzutreffende Praxis der Leistungsbeurteilung muss dabei auf der Ebene der Institution, auf der Ebene des professionellen Handelns der Lehrenden und auf der Ebene der subjektiven und individuellen Rezeption durch die Kinder und Jugendlichen selbst gesehen werden. Gerade deren Wissen über Qualität und Rezeption von Zeugnissen ist eine bislang eher vernachlässigte Quelle, die in der Forschung erst langsam entdeckt wird (Maier 2001; Valtin 2002; Beutel 2005). Dies geschieht in einer Zeit, in der das wissenschaftliche Interesse sich vorzugsweise auf Fragen der Leistungsfähigkeit der Schule als System – im allgemeinbildenden Schulwesen insgesamt ebenso wie in der einzelnen Schule als Institution – konzentriert, weniger auf die einzelnen Lernenden, ihr Verstehen von Leistungsrückmeldungen und die zugehörige Kommunikation. In diesem Beitrag wird deshalb der Schritt hin zur Expertise der Schülerinnen und Schüler vollzogen, indem die Qualität der Leistungsbeurteilung als Ausweis pädagogischer Schulentwicklung vor Ort durch die Wahrnehmung und das Wissen der Kinder und Jugendlichen beleuchtet wird.

Ein solcher dezidiert qualitativer Ansatz in der Schulforschung hat eine wichtige impulsgebende Seite in Blick auf die Praxisverhältnisse der Schulen heute. Wir wissen, dass dann, wenn Lehrende ihre Schülerinnen und Schüler fördern wollen, sie mit ihnen über ihr Lernen und ihre Leistung sprechen müssen. Die Probleme und Aufgaben, die sich mit der Beurteilung von Schülerleistung und der Diagnose der Leistungsentwicklung von Lernenden verbinden, konkretisieren dieses Thema im engeren Sinne. Im Mittelpunkt dieses Beitrages steht zunächst eine empirische Untersuchung, die vor knapp einer Dekade an der Laborschule Bielefeld durchgeführt worden ist[1] (Lübke 1996). Dabei geht es um Erkundungen zu der Frage, wie die Praxis der „Berichte zum Lernvorgang" (BzLV) der Laborschule sich zu dem diese Schule kennzeichnenden Ziel der individuellen Förderung und Würdigung des Lernens der Kinder verhält, der sowohl diese Form der Leistungsbeurteilung als auch den Anspruch der Schule insgesamt prägt. Von da führt die Argumentation auf Untersuchungsergebnisse, die im Rahmen empirischer Forschungen zur differenzierenden Leistungsbeurteilung an Schulen in Hamburg und Thüringen erzielt werden konnten (Beutel 2005). Stand bei der Untersuchung der BzLV eine Reformschule im Mittelpunkt der Analyse, so wendet sich der Blick in der nachfolgenden Untersuchung den Reformpotenzialen im Regelschulwesen zu. Potenziale und Probleme der Schulreform werden hier in einem Spannungsfeld sichtbar, das die Besonderheit einer elaborierten Reformschulpraxis mit dem Anspruch auf Impulsgebung und Entwicklung im allgemeinbildenden Regelschulwesen verbindet.

Die Argumentation gliedert sich in vier Schritte: Zunächst werden zentrale Ergebnisse der Arbeit mit der Berichtspraxis der Laborschule – insbesondere dort, wo sie unmittelbar professionsspezifisches Handeln der Lehrerschaft betrifft – angesprochen (1.). Daran anschließend wird die im Kollegium dieser Schule selbst entstandene Frage nach „Schreibstandards" für die Qualität und Differenziertheit von Lernberichten als übergreifenden und leitenden Kriterien für das Beurteilungshandeln skizziert (2.). In einem weitergehenden Schritt wird der Zusammenhang von Leistungsbeurteilung und Lehrerhandeln aus der Perspektive von Schülerinnen und Schülern betrachtet, weil gerade bei den Lernenden in der Schule eine spezifische Wahrnehmung des Lehrerhandelns in diesem Feld entsteht, die lohnt, intensiv diskutiert und mit qualitativen Forschungsansätzen weiter ausdifferenziert zu werden (3.) Ein vierter Schritt stellt Ergebnisse aus Interviewanalysen mit Kindern in den Mittelpunkt, ehe ein abschließender

1 Die Studie war zugleich Gegenstand meiner Dissertation 1996, eingereicht an der Universität Bielefeld.

Schritt die Darstellung bündelt und auf aktuelle reformtheoretische Fragen insbesondere unter dem Focus professionellen Lehrerhandelns zu beziehen sucht (4.).

Die dabei zugrunde gelegten beiden empirischen Forschungsprojekte kennen einen gemeinsamen Bezugspunkt: Dieser liegt darin, nach der Qualität und der Wirksamkeit beruflich professionellen Handelns von Lehrerinnen und Lehrern zu fragen und dabei in der Tradition der Bielefelder Pädagogik die Stimme der Kinder ernst zu nehmen. Insgesamt gesehen zeigt sich, dass die Professionalisierung der Beurteilungskompetenz der Lehrenden durch eine Kultur der Kommunikation im Kollegium, besonders aber durch professionell abgesicherte und bewusst eingesetzte Kommunikationsformen mit den Lernenden ergänzt werden muss.

1. Zum Zusammenhang von Berichtspraxis und Lehrerhandeln an der Laborschule Bielefeld

Zunächst werden die zentralen Befunde der Laborschul-Studie (Lübke 1996) in Erinnerung gerufen, wobei in Blick auf die Arbeitsstruktur der Schule auf die einschlägige Fachliteratur (Hentig 1973, 1983, Lübke 1996, Thurn/Tillmann 1997) zu verweisen ist. Der Anspruch des Beurteilungsgeschäftes an der Laborschule ist der, Leistungsbeurteilung als transparentes und dem Lernen der Kinder verpflichtetes Handeln aufzufassen. Es konnten in der Untersuchung folgende Grundtendenzen festgestellt und erhärtet werden:

- In der Beurteilungspraxis der Laborschule ist die Mehrdimensionalität ein durchgängiges Prinzip. Damit ist gemeint, dass die Beobachtung und Beurteilung sich auf verschiedene Kompetenzen und Fähigkeiten des Verhaltens und des Lernens richten. Doch dabei gibt es folgende auffällige Akzentuierungen.
- Zum einen zeigen sich in der Eingangssituation der Bielefelder Schule die Lernberichte zunächst als „Ganzheiten“. Das heißt, sie sind als Ganztexte auf eine Verständigung mit den Kindern angelegt und werden von dieser Verständigungsperspektive sprachlich und inhaltlich geprägt. Fachliche Rückmeldungen treten gegenüber dieser genuin pädagogischen Haltung in den Hintergrund.
- In der Übergangs- und Anschluss-Situation zu den weiterführenden Schulen (Stufe IV der Laborschule) erkennt man, dass die Anforderungen des Berechtigungswesens auch in die Lernberichte hineinreichen, deren Sprache und Gestus prägen und Verwandtschaften zur Ziffernbewertung erkennen lassen, auch wenn die Schule in dieser Stufe Berichte und Ziffernzeugnisse zugleich vergibt. Doch die Laborschule verschiebt offensichtlich den Zeitpunkt, an

dem die Selektions- und Allokationsfunktion wirksam werden und gewinnt damit einen wertvollen pädagogischen Entwicklungskorridor.
- Es lassen sich Effekte, die durch Fachkulturen verursacht werden und die Geschlechterdifferenz abbilden bzw. zur Ursache haben, aufzeigen. Auch hier wird eine Differenz zwischen Reformpraxis und Reformanspruch sichtbar.

Welche Konsequenz hat dies? Die Untersuchung der Beurteilungspraxis in der Laborschule bestätigt zwar, dass Lernberichte dort vorwiegend als Instrument der Lernförderung und Ermutigung verwendet werden. Die Analyse lässt zugleich aber erkennen, dass gerade dieser pädagogische Anspruch und seine schulpraktische Umsetzung für die alltägliche Arbeit mit den BzLV besondere Voraussetzungen erzeugen. So konnte bspw. gezeigt werden, dass Verbalbeurteilungen, wenn sie als individuelle Form der Rückmeldung schulischer Leistung wirksam werden sollen, die kollegiale Konsensfindung über die Anwendbarkeit von Kriterien benötigen. Eine Konsequenz dieser Seite des Handelns in Reformschulen ist die besondere Notwendigkeit innerschulischer Verständigung über Konzepte, Kriterien und Praxis der Leistungsbeurteilung durch Lernberichte. Wenn man vor dem Hintergrund dieser Einzelfallstudie in allgemeiner Absicht nach der Übertragbarkeit verbaler Beurteilung fragt, schließt das zwangsläufig Fragen an die Professionalisierung der Lehrerschaft mit ein. Die Notwendigkeit einer solchen Kriteriendiskussion unter fachlichen und pädagogischen Bezügen gehört dann zur Entwicklungsaufgabe von Schulen. Dieser Aufgabe durch Formen kollegialer Verständigung und entsprechendes förderdiagnostisches Wissen gerecht zu werden, gerät zum Anspruch an das professionelle Handeln der Lehrerschaft. Damit belegt die qualitative Forschung zur Leistungsbeurteilung an der Laborschule eine Notwendigkeit, die in der Fachdiskussion zur Reform der Lehrerbildung in den letzten Jahren einen bemerkenswerten Raum bekommen hat:

> „Der ‚Wert' von Abschlüssen hängt vornehmlich von außerschulischen Bedingungen ab. Diese bestimmen, welche Bedeutung den Lernerfolgskontrollen, Leistungsmessungen und Zensuren von den Schülern, Eltern, Ausbildern oder Arbeitgebern zugesprochen wird. Auf diese Weise hat sich ein besonderer Aufgaben- und Verantwortungsbereich für Lehrkräfte herausgebildet. Zwar setzt auch das Lehren diagnostische Kompetenz voraus, denn es müssen Lernvoraussetzungen festgestellt und Lernfortschritte beurteilt und an die Schüler zurückgemeldet werden. Doch unterscheiden sich die Ansätze und Probleme von Diagnosen zu Förderungs- gegenüber Selektionszwecken erheblich. Genau mit dieser Differenz müssen die Lehrkräfte sachkundig und verantwortungsvoll umgehen können. Eine entsprechende diagnostische Kompetenz ist im Übrigen Voraussetzung für eine sachkundige und hilfreiche Beratung der Schülerinnen und Schüler bzw. der Eltern" (Terhart 2000, S. 52).

So formuliert dies die „Kommission Lehrerbildung", die 1998 von der Kultusministerkonferenz eingesetzt worden ist und ihren Abschlussbericht zwei Jahre später vorgelegt hat. Auch Weinert/Schrader (1986) und Helmke (2003) betonen die zunehmende Bedeutung einer differenzierten diagnostischen Kompetenz als Grundkategorie des professionellen Lehrerhandelns speziell in Blick auf den Aspekt der Steigerung der Unterrichtsqualität.

Die Lernberichte der Laborschule zeigen so gesehen die große Bedeutung reflektierter Schreibstandards – gemeint sind damit bewusste und kollegial geteilte Regeln des Beurteilungshandelns – als Teil des reformerischen Instruments der BzLV selbst. Auf die bisherige Form der Lehrerausbildung bezogen bedeutet das, dass die „Pädagogische Diagnostik“ als Teilgebiet professionellen pädagogischen Handelns im Bereich der Evaluation von Lernprozessen bereits in der Lehrerausbildung eine größere Rolle spielen muss. Für die Fortbildung gilt dasselbe: Professionalisierung ist die Voraussetzung einer sinnvollen und auf die Bedürfnisse der einzelnen Schule ausgerichteten Beurteilungskultur. Schließlich sind die Lehrerinnen und Lehrer die Träger der Schulreform – und das gilt nicht nur an der Laborschule Bielefeld.

2. Schreibstandards: Kriterien für das Beurteilungshandeln

Die Frage nach den Schreibstandards als Grundlage für das Beurteilungshandeln in seiner differenzierenden pädagogischen Praxis ruft zugleich folgende Gesichtspunkte in Erinnerung: Es geht mit der Forderung nach Schreibstandards als Merkmalen von Lernberichten um die Qualität der dabei entstehenden Texte. Es geht um die berechtigten Anforderungen nach Angemessenheit, Transparenz, Verständlichkeit und diagnostischem Gehalt von Berichtszeugnissen. Sozialwissenschaftlich gesprochen geht es um die Reliabilität und die Validität der in den Lernberichten formulierten Urteile über das Lernen und die schulische Leistung von Kindern. Damit sind zugleich weitere Anforderungen an die Schule angesprochen.

Mit der Forderung nach „Schreibstandards“ rückt die professionelle Anwendung eines in hohem Grade anspruchsvollen Instrumentes individueller Förderung des Lernens in den Blick. Professionell meint hier zunächst die berufsspezifische Objektivierung und Verfeinerung eines den Lern- und Lehralltag prägenden Vorganges, der für die Schule heute von entscheidender Bedeutung ist: die Beurteilung und die Bewertung von Lernen und Leistung. Diese professionelle Anwendung hat entsprechende Anstrengungen der Professionalisierung zur Voraussetzung. Von hauptberuflichen und für ihre Tätigkeit wissenschaftlich ausgebildeten Lehrerinnen und Lehrern muss die Orientierung an Gütekriterien für ihr berufliches Handeln auch bei den Lernberichten und Zeugnisvergaben erwartet werden können. Voraussetzungen, um diese Gütekriterien von Leistungsurteilen im Schulalltag erreichen zu können, liegen u.a. in folgenden Punkten:

- *Selbstaufklärung und Selbstreflexion in Blick auf Leistungsbewertung:* Kollegien, die in ihrer Schule Lernberichte als förderdiagnostisches Instrument anwenden wollen, müssen einen Grundkonsens über ihr Verständnis von Leistung und Beurteilung erreichen.
- *Erwerb und Schulung diagnostischer und kommunikativer Kompetenzen sowie der Schreibfähigkeit:* Hierzu gehören Verfahren der Beobachtung, der Dokumentation sowie Techniken und Hilfen zur Kommunikation über Lernen und Leistung mit Schülerinnen und Schülern sowie mit den Kollegen.
- *Instrumente zur Unterstützung einer selbstkritischen Schreibhaltung zu entwickeln*: Gegenlesen und Diskussion von Lernberichten mit Fachkollegen, wechselseitige Unterrichtshospitationen, Formen der Selbstauswertung.
- *Gesichtspunkte des Aufbaus von Lernberichten bewusst wahrnehmen und abstimmen:* Gliederung, Redehaltung, Rhetorik und Adressatenbezug sind so gesehen von großer Bedeutung.

„Schreibstandards" meinen also keine einheitlichen Raster, Formen oder inhaltlichen Gesichtspunkte, die letztlich auf Vereinheitlichung der Berichte zielen würden. Im Gegenteil, die hier vorgeschlagenen Strukturmerkmale von Schreibstandards tragen dazu bei, die Individualität und Schülernähe der Lernberichte zu erhöhen und zugleich die Kultur der Leistungsbeurteilung an der Schule zu schärfen. Gerade die Berichtspraxis der Laborschule zeigt das beständige Bemühen der Kolleginnen und Kollegen, einen solchen Verständigungsprozess über diesen Aspekt beruflichen Handelns als Teil der Professionalisierung der Schule zu betreiben.

3. Zeugnisse und Lehrerhandeln aus der Perspektive von Kindern

In der nachfolgenden empirischen Untersuchung „Zeugnisse aus Kindersicht" (Beutel 2005) wird auf der Basis differenzierender qualitativ angelegter Schulforschung der Blick insbesondere auf die Wahrnehmungshaltung und Deutungsperspektiven von Schülerinnen und Schülern fokussiert. Diese „Expertise" der Kinder leistet einen Beitrag zur Erforschung von Möglichkeiten der Verbesserung schulischen Lernens.

In Anschluss an die in den Laborschul-Forschungen gewonnene Einsicht, dass der Wechsel des Instruments – hier also von der Ziffernzensur zum Lernbericht – und die beständige Schärfung seiner Qualität und seiner professionellen Handhabung alleine nicht genügt, sondern vielmehr eine kollegiale Selbstvergewisserung notwendig macht, geht es nicht nur um die Optimierung von Leistungsbeurteilung als Teil des Professionshandelns in der Schule. Vielmehr rückt der Gesichtspunkt der Kommunikation mit den Lernenden in den Focus. Valide und reliable Zeugnisse sowie ihre individuelle Differenzierung in Blick auf die Lernenden sind alleine nicht zureichend. Vielmehr müssen wir über die Frage sprechen, wie Kinder und Jugendliche ihre Lernberichte und ihre Zeugnisse verstehen.

Die These ist: Das Geschäft der Leistungsbeurteilung als berufstypisches Handeln von Lehrerinnen und Lehrern ist so bedeutsam, dass eine Steigerung der Lern- und Schulqualität auch die Verbesserung des Beurteilungs- und Bewertungshandelns im Lehrerberuf einschließt, also die Professionalität des Lehrerhandelns in diesem Feld zu erhöhen ist. „Professionelles Handeln" ist hierbei als Größe gemeint, die die Anforderungen an das Erstellen von Leistungsurteilen (ob als Note oder verbal oder gar in kombinativen Instrumenten) damit verbindet, nach der Rezeption der kodifizierten Urteile bei den Betroffenen (Schülerschaft und Eltern) zu fragen. Professionelles Handeln in diesem Sinne entsteht dann, wenn die beurteilende Lehrkraft ihr Leistungsurteil mit der Frage verknüpft, wie die Urteile aufgenommen werden. Ferner verweist das Kriterium der Professionalisierung darauf, dass Leistungsbeurteilung nachvollziehbar und verständlich ist. Sie muss Wege aufzeigen, die es den Schülerinnen und Schülern ermöglicht, daraus für die weitere Lernbiographie positive Konsequenzen zu ziehen.

Wie wird dabei vorgegangen? Anhand von Berichtszeugnissen und Notenzeugnissen, in denen Wortanteile eine Rolle spielen, wird deren Qualität unter pädagogischen, diagnostischen und sprachlichen Gesichtspunkten untersucht. Dabei steht im Mittelpunkt, welche Text- und Beurteilungsqualitäten die Berichtszeugnisse und verbale Bestandteile der Beurteilung in kombinierten Zeugnissen in der Schulpraxis erreichen und wie vor allem ein Qualitätslevel zu sichern ist, dass diesem Ansatz der Leistungsbeurteilung seine ursprüngliche Funktion einer pädagogischen – das Lernen fördernden und unterstützenden – Wirksamkeit sichert.

Aber nicht nur die förderdiagnostische und sprachliche Qualität der Leistungsbeurteilung kommt in den Blick. Vielmehr geht es zugleich auch um die Frage, wie die betroffenen Kinder die Zeugnisse selbst verstehen. Damit wendet sich die Untersuchung den rezeptionsanalytischen Dimensionen der Zeugnispraxis zu. Sie fragt danach, was Lernende in der Schule als deren Primäradressaten den Zeugnissen entnehmen.

Die Untersuchung hat zwei Schwerpunkte. Ein erster Schwerpunkt ergibt sich daraus, dass das Thema zunächst theoretisch eingegrenzt und durch die dieses Unternehmen bestimmenden Fragestellungen in Blick auf die Kindheitsforschung und die Schulpädagogik analytisch präzisiert wird. Die Bestandsaufnahme und Rückversicherung bei der „Kindheitsforschung" belegt, dass Kinder ein Wissen von den sie betreffenden Erfahrungen, Phänomenen und Weltausschnitten haben und dass dieses Wissen unter besonderen methodischen Prämissen erschlossen werden kann. Dabei werden verbale Formen der Zeugnisgebung als „Literatur" konstituiert und ein besonderes Augenmerk auf kindspezifische Formen der Rezeption und des Gespräches gerichtet: Die „narrative" Form der Welterschließung, in der das Leben und der Alltag von den Kindern mit Hilfe von „Geschichten" bewältigt wird, steht im Mittelpunkt dieses Zuganges. Damit ist gemeint, dass der Gestus des Erzählens – die Narrativität – und damit die Konstruktion der eigenen Erfahrungswelt in Geschichten ein wesentliches Medium kindlicher Weltkonstruktion ist. „Narrativität" meint eine Erzählhaltung, die sich an konkreten Ereignissen und Erfahrungen orientiert, die Handlungen zunächst nicht in Frage stellt, sondern sie aus der unmittelbaren Ich-Perspektive des erzählenden Kindes betrachtet. Es werden kaum abstrahierende Abwägungen vorgenommen, vielmehr werden die eigene Erfahrungswelt und deren Bedingtheit als Ausgangspunkt des Geschehens gesehen.

Dabei berufe ich mich hinsichtlich der Frage danach, „... ab welchem Alter Kinder ‚verlässliche' Respondenten in Interviews sein können" (Honig/Lange/Leu 1999, S. 25) auf den Kontext vorliegender Forschungsarbeiten und jüngerer Systematisierungsversuche (Behnken/Zinnecker 2001), wiewohl konzediert werden kann, dass hier ein grundlegendes Dilemma bearbeitet wird, dem die Kindheitsforschung allenthalben begegnet. Doch belegen einschlägige Forschungen, dass mittlerweile ein breites erfahrungsbezogenes Wissen vorliegt, auf dessen Basis Chancen und Grenzen von Verfahren und Methoden der Arbeit mit verbalen Auskünften von Kindern eingeschätzt werden können (vgl. Lipski 1998; Heinzel 2000). Diese Forschungen haben zudem entschieden den Vorwurf entkräften können, Kinderantworten seien unzuverlässig, Schwankungen unterworfen und von sprachlichen Missverständnissen geprägt, denn die Erfahrungen mit Kinderinterviews im Vergleich belegen, dass Fehlerquellen nicht als altersspezifisch anzusehen sind (Lipski 1998, S. 418; Honig/Lange/Leu 1999, S. 25). Vielmehr ist an Kinderbefragungen positiv hervorzuheben, dass – wenn Forschende sich in methodisch begründeter Weise mit Kindern auseinandersetzen – sie in hohem Maße mit deren Ernsthaftigkeit konfrontiert werden und zwar gerade dann, wenn an unmittelbare Erfahrungen der Kinder angeknüpft werden kann, im gegebenen Falle also an aktuell vorliegende Leistungsurteile und Zeugnisse.

Mit einem zweiten, empirisch geprägten Schwerpunkt wird diese Kindersicht auf die Zeugnisse untersucht. Zugrunde gelegt werden zwei unabhängig voneinander abgeschlossene Erhebungen: In der einen Studie stehen Kinder zweier Hamburger Grundschulen im Mittelpunkt, mit denen Interviews geführt worden sind. Durch eine inhaltsanalytische Auswertung dieser Gespräche insgesamt werden Themen, Probleme und Umgangsformen mit Zeugnissen aus Kindersicht rekonstruiert. Anschließend werden an vier Einzelfallanalysen von Interviews diese Ergebnisse individualisiert und vertieft. Dabei stehen das jeweilige Kinderinterview sowie das zugehörige Zeugnis im Zentrum.

Die andere Studie geht von Kinderinterviews aus, die in Thüringer Grundschulen durchgeführt worden sind. Dort geht es zugleich um die differenzierende Beurteilung des Lernens der Kinder mit Hilfe eines die Zeugnisse ergänzenden Einschätzungsbogens. Auch hier wird eine Reihe von Kinderinterviews vertiefend analysiert. Dies geschieht zugleich im Bemühen, einen Kontrast zwischen den dieser Zeugnisform eigenen Varianten – der alten Form des Bogens, die exemplarisch getestet worden ist und der neuen Form, die flächendeckend in Thüringen zum Einsatz kommen soll – herauszuarbeiten.

Die beiden empirischen Studien tragen dazu bei, Bedingungen für Qualitätsstandards bei der Leistungsbeurteilung auf der Ebene des Lehrerhandelns zu benennen. Diese werden in einer vergleichenden Bilanz dargestellt und schließlich auf die aktuellen Brennpunkte der schulpädagogischen Debatten bezogen. Die Frage einer effektiven und von den Kindern nicht nur akzeptierten, sondern auch zur Orientierung für die weitere Organisation ihres Lernens zu nutzenden Leistungsbeurteilung bekommt in Blick auf die aktuellen Diskussionen um den Leistungsstand deutscher Schülerinnen und Schüler und die Effektivität der Schulen im internationalen PISA-Vergleich ihre besondere Schärfe. Aber auch die Diskussion um die schulische Aufgabe, Werte zu vermitteln, zur Demokratie zu erziehen und diese durch substantielle Formen der Partizipation zu einer die Lernbiographie prägenden Erfahrung werden zu lassen, steht in enger Beziehung zu der Art und Weise, in der Kinder und Jugendliche die Bewertung ihrer Schulleistungen wahrnehmen.

4. Zu den Ergebnissen

Kinder sind „Experten“ ihres Lernens. Die Interviews mit den Kindern zeigen, dass sie ein höheres Bewusstsein von ihren Lernfortschritten und -defiziten haben, als dies die Pädagogik im Schulalltag üblicherweise unterstellt.

Es zeigt sich, dass besonders die sprachbetonten Zeugnisformen (also Lernberichte und Zeugnisse, die Noten mit Wortrückmeldungen kombinieren) auf ein Verstehen durch die Kinder angelegt sein sollten, gerade sie benötigen eine „kommunikative Perspektive“. Der Sprachgestus muss altersadäquat, die Begriffe müssen kindgerecht sein, wenn es die Grundschule betrifft. Bei den kombinierten Zeugnissen muss sichergestellt werden, dass die Form und die Sprache der notenergänzenden Instrumente von den Beurteilten auch gesprochen bzw. verstanden werden kann. Das klingt wie die Forderung nach einer Selbstverständlichkeit, belegt zugleich dadurch, dass Kinder solche Gesichtspunkte ansprechen, dass es eben keinesfalls selbstverständlich ist. So wird sichtbar, dass – als mit dem Lernen und Handeln der Kinder verbundenes Instrumente – Zeugnisse zu einer wertvollen Textsorte werden können, wenn es den Lehrkräften gelingt, einen zur Kommunikation darüber ernstlich einladenden Kontext zu schaffen. Die Kinderinterviews verdeutlichen in vielfältigen Schattierungen, wie wichtig den Kindern ein solches Gespräch ist. Ein Beispiel:

> Ich bin eigentlich sehr zufrieden. Also, was ich nicht verstanden habe auf dem Zeugnis: In Sport eine Zwei, weil ich bin sonst eigentlich gut in Sport. Und da wollte ich noch mal mit ihr (der Lehrerin; Anm.) reden, aber ich traue mir es nicht. (Beutel 2005, S. 223)

Dieser kommunikative Bezugspunkt schafft Verantwortlichkeiten und Chancen zugleich: Einerseits wird die Möglichkeit eröffnet, in ein kontinuierliches Gespräch über das Lernen und die schulische Leistung einzutreten. Andererseits muss zur Kommunikation über die persönliche Entwicklung von Kindern und zum Umgang mit deren personenbezogenen Daten auch ein adäquates Bewusstsein bei den Lehrerinnen und Lehrern entstehen. Eine Verantwortung der Schule für gelingende Kommunikation gibt es auch dort, wo aufgrund sprachlicher Defizite und geringer schulischer Leistungen die Kinder durch Zeugnisse oder Lernberichte kaum verhaltensfördernd erreicht werden. Dieser Anspruch wird in nachfolgendem Beispiel deutlich, das zeigt, wie ein nicht kommunikativ begleitetes verbales Leistungsurteil eben auch nicht verstanden wird – ohne dass gerade der schwache Schüler gleich eine Handhabe zur Einforderung dieser Kommunikation hat:

> Also ich finde das Zeugnis eigentlich nicht so schön, weil ich weiß auch nicht (...) wie andere Lehrer das jetzt wieder aufgefasst haben, weil da ja auch kein Wort des Lobes drin ist. (...) Ja, und dann hab ich gesagt, das versteh ich auch nicht so richtig, und dann haben wir noch mal überlegt und überlegt, aber kamen trotzdem nicht richtig drauf. (Beutel 2002, S. 411)

Gerade bei der Schülerklientel, die Lernschwierigkeiten, möglicherweise aber auch Sprachdefizite hat, muss sich eine lernförderliche Beurteilung von Schülerleistungen bewähren. Die Studie zu den Thüringer Beurteilungsbögen weist genau auf diesen Punkt hin: Die Interviews belegen, dass die Kinder nach Partnern suchen, mit deren Hilfe sie die in diesem Bogen getroffenen Einschätzungen verstehen können. Entsprechende Gesprächsangebote werden in der Schule ebenso erwartet wie bei den Eltern.

Die Untersuchungen zeigen insgesamt, dass Kinder ein umfangreiches und differenziertes Wissen über ihr Verhältnis zum Lernen und zur Leistung haben. Sie unterscheiden zwischen verschiedenen Normen, an denen Leistungen gemessen werden, sie reagieren sehr genau auf den Redegestus von Lernberichten und konfrontieren die Geschichten, Beobachtungen und Urteile, die in textorientierten Zeugnissen über sie getroffen werden, mit ihrer eigenen Beobachtung. Nachfolgendes Beispiel aus einem Kinderinterview belegt exemplarisch eine Wahrnehmungsdiskrepanz zwischen Beurteilung und Selbsteinschätzung:

> Du arbeitest über einen längeren Zeitraum konzentriert, das mache ich eigentlich nicht so prima, weil ich quatsche öfter mit meiner Nachbarin: Warum hat sie das angekreuzt? (Ebd., S. 395)

Die Interviewanalysen haben darüber hinaus belegt, dass Kinder Hinweise zur Verbesserung ihres Lernens erhalten möchten. Kritik, die Kindern nachvollziehbar ist, kann durchaus ausgesprochen werden, solange sie sich am zu kritisierenden Sachverhalt orientiert. Das folgende Beispiel gibt zugespitzt eine Anschauung davon, dass Kinder Handlungshilfen und Kritik an ihrem Lernen und Verhalten in der Schule erwarten:

> Manche Kinder haben garantiert noch einen Hinweis, und ich verstehe nicht, warum sie (die Lehrerin, Anm.) den Hinweis bei mir nicht noch hingeschrieben haben. Wenn ich weiter keine bekomme, dann werde ich mich in jedem Fall beschweren, warum sie es nicht hinschreibt, obwohl extra noch ein ganzer Kasten da steht (...) Ich würde sie lesen und sofort daran weiterarbeiten. (Ebd., S. 394)

Die Kinder gehen intensiv mit den Texten um, die über sie in den Berichtszeugnissen zu lesen sind. Sie interpretieren die Texte, rekonstruieren anhand dieser Geschichte Teile ihres Lernens und vergleichen es mit der eigenen Wahrnehmung davon. Sie belegen die These, dass der, der etwas liest und – vor allem – es versteht, selbst produktiv wird: „Was der Sinn eines Textes ist, darüber entscheidet nicht der Autor allein, sondern wenigstens ebenso sehr sein Partner, der Leser“ (Frank 1977, S. 372). Dieser kreative Prozess des „Verstehens“ kann sich hinsichtlich der Schule jedoch nicht völlig frei vollziehen, sondern bedarf der Unterstützung durch die Lehrerinnen und Lehrer. Diese müssen verschiedene Herangehensweisen an die Texte fördern. Sie müssen eine Atmosphäre des als Selbstverständlichkeit zu empfindenden Gespräches über Zeugnisse kultivieren, wenn diese dem Ideal der Lernförderung verpflichtet werden sollen, und sie müssen vor allem ein Auge darauf haben, dass alle Kinder diese Möglichkeit zur Kommunikation über ihr Lernen nutzen oder nutzen können.

Die Untersuchung hinterlässt über diese Ergebnisse hinausgehend die Anregung, bei der Schulforschung verstärkt das Wissen und die Vorstellungen von Kindern und Jugendlichen als Datenquelle einzubeziehen, sich ihrer Wahrnehmung der jeweils beforschten Probleme und Aspekte der Institution Schule zu versichern. Dabei geht es nicht allein um Leistungsmessung – wiewohl diese natürlich ein Aspekt des Einbeziehens von Schülerinnen und Schülern ist. Vielmehr geht es darum, anhand der Rekonstruktion von Wahrnehmungen der Kinder und Jugendlichen mehr über bspw. die Unterrichtsqualität, die Didaktik der Schule und die Rezeption einzelner Fachbereiche (beispielhaft für die politische Bildung: Reinhardt 2004) zu erkennen und dabei besonders auch etwas über die

Qualität von Schulleben und erzieherischen Effekten der Schule in Erfahrung zu bringen.

5. Ein vorläufiger Schluss

Geht man an dieser Linie qualitativer Schulforschung zum Zusammenhang von Lern- und Unterrichtsqualität mit Lehrerhandeln und der Berücksichtigung des Expertenwissens der Schülerinnen und Schüler entlang, zeigen sich verschiedene Aspekte, die sowohl als Potenziale, bisweilen aber auch als Probleme – in diesem Falle besser gesagt: als Aufgaben und Herausforderungen – in der Schulreform zu verstehen sind.

In der Zusammenschau der beiden hier skizzierten Untersuchungen wird die entscheidende Entwicklungslinie sichtbar. Hierbei geht es um die „Schreibstandards" als Bezugsgröße für professionelles Lehrerhandeln. Diese in der Beurteilungspraxis der Bielefelder Reformschule entstandene Bezugsgröße für verbale Leistungsbeurteilung zielt in ihrer Erweiterung bei den Schulen des Regelschulwesens nicht mehr nur auf die zwischen Lehrenden verbindlich werdenden oder in die Schulkultur „eingeschriebenen" Professionsregeln zur Leistungsbeurteilung durch Texte. Vielmehr spielen jetzt die Rezeption dieser Texte und die dazugehörigen Elemente der Transparenz, der Verständlichkeit und des Gesprächs eine entscheidende Rolle. Überdies kommt auf dieser Ebene berufspraktischen Handelns das grundsätzliche Wahrnehmungsverhältnis, das Lehrerinnen und Lehrer gegenüber ihren Schülerinnen und Schülern einnehmen, in den Blick: Leistungsbeurteilung ist in dieser Sicht berufliches Handeln über andere, nicht mit anderen Menschen. Zeugnisse sind bislang in der Sicht vieler Lehrerinnen und Lehrer zunächst Informationen für Eltern und „Abnehmer" schulischer Zertifikate. Für die Schülerinnen und Schüler sind sie in einer solchen Sichtweise oftmals erst in zweiter Linie bedeutsam – und auch da dominiert in der Einschätzung der Lehrenden die Leistungsmessung an der fachlich-curricularen Bezugsnorm.

Das Problem liegt also auf der Hand: Schulreformerisch gesprochen gibt es heute einen Korridor von Erfahrungen mit anderen Formen von Leistungsrückmeldung als nur der Ziffernzensur und der curricularen Bezugsnorm. Die entscheidende Frage ist dann die, wie daraus ein Beitrag und Impuls werden kann, der nicht nur für die „Reformschulen" wirksam ist, sondern in die Breite des Lehrerhandelns im Regelschulwesen hinein wirkt. Ferner: Wie wird das reformorientierte Handeln in der Reformschule selbst wahrgenommen? Wo werden Grenzen sichtbar, an denen der eigene Anspruch von Lehrerinnen und Lehrern in Reformschulen – besonders innovativ, differenziert und aufgeklärt zu handeln – mit den Grenzen der Empirie schulischer Alltäglichkeit in Spannung gerät? Es geht insgesamt gesehen also – über die Einzelfälle der diesen Untersuchungen zugrunde liegenden Schulen in Bielefeld, Hamburg und Thüringen hinaus – darum, Kinder anzuerkennen und gerade mit ihnen die notwendigen Gespräche über ihre Leistungen zu führen.

Die Reformschulpraxis schafft also durchaus Perspektiven für Schulentwicklung und Lösungsansätze professionellen Handelns – und stiftet doch zugleich wieder Anlässe für „neue" Probleme – auch darin mag eine der „Paradoxien" in der Reform der Schule liegen. Wenn zum einen Kinder als Experten für ihr eigenes Lernen ernst genommen werden, wenn zum anderen in deren Beobachtungen Wirkungen und Regeln des Lehrerhandelns erkennbar werden, ihre Expertise so gesehen zur Verbesserung der Professionalität von Schule beitragen kann, dann zeigt sich die produktive Seite der „Paradoxie". Wenn mit der Verbesserung des Beurteilungshandelns durch differenzierte Formen verbaler oder wenigstens Wortanteile enthaltender Zeugnisse die Leistungsbeurteilung effektiver – weil im Idealfall die Lernentwicklung unterstützend – wird, zeigt sich umso schärfer die Notwendigkeit ihrer kommunikativen Einbettung, als bei der eher „abstrakten" Ziffernzensur und wirkt zugleich im Schulreformprozess insgesamt auch auf diese zurück. Am bildungspolitischen Hin und Her bei der Handhabung der Verbalbeurteilung insbesondere im Bereich der Primarstufe ist das in den Veränderungen der Hamburger Bildungspolitik in den letzten Jahren intensiv nach zu verfolgen.

Diesen Paradoxien zum Trotz lässt sich vor dem Hintergrund der hier diskutierten Forschungen festhalten: Erste Ergebnisse dieser Arbeiten sind sichtbar in einer Hamburger Handreichung zu den verbalen Teilen der dortigen Zeugnisse (Beutel 2003), in dem in Thüringen inzwischen praktizierten Einschätzungsbogen (Lütgert/Pitz-Diefenbach 2003), der als differenzierendes Instrument der pädagogischen Beurteilung die reinen Ziffernzeugnisse ergänzt sowie schließlich in der Weiterentwicklung der Praxis und Handhabung der BzLV an der Bielefelder Laborschule (Döpp/von der Groeben/Thurn 2002).

Eine an qualitativen Methoden orientierte und auf die individuellen Konturen besonderer und einzelner Fälle bezogene Schulforschung hat dabei meines Erachtens auch weiterhin viel zu gewinnen – sie kann Ergänzung und Korrektiv zur primär quantitativ orientierten empirischen Bildungsforschung sein. Das gilt zudem nicht alleine für das hier verhandelte Professionsfeld „Leistungsbeurteilung", sondern für eine Fülle weiterer Aspekte des pädagogischen Alltagsgeschehens, insoweit es Unterricht und Lernen und damit auch dessen Qualität konstituiert. Meinert Meyer hat dieses Problem, das gleichermaßen für die Schulforschung Chancen auf Einsicht und Erkenntnis bietet, jüngst mit Blick auf die Didaktik durchbuchstabiert:

> „Wenn Schüler 11, 12 oder 13 Jahre lang in die Schule gegangen sind, dann sollte man zurecht vermuten, dass sie in einem zu präzisierenden Sinne ‚Schul Profis' sind. Sie kennen die Schule; sie kennen Lehrerinnen und Lehrer; sie wissen, wie Unterricht läuft; sie wissen, wie man Unterricht mitgestalten, umfunktionieren oder an sich abgleiten lassen kann. Selbstverständlich muss der Begriff der didaktischen Kompetenz der Schülerinnen und Schüler aber mit Vorsicht verwandt werden, weil es wenig glaubwürdig wäre, ihnen die gleiche Kompetenz zuzubilligen, die wir von Lehrerinnen und Lehrern nach einem langen Universitätsstudium und anschließendem Referendariat erwarten ..." (Meyer 2000, S. 126).

Nun schließt Meyer mit Blick auf die Didaktik ebenso wenig wie wir hinsichtlich der Leistungsbeurteilung auf eine gleich gelagerte Expertise zwischen Lernenden und Lehrenden. Aber es wird ein Wissen der Schülerinnen und Schüler erkannt, das zu ignorieren für die Steigerung der didaktischen Qualität von Unterricht wenigstens unsinnig, wenn nicht gar kontraproduktiv ist. Schülerinnen und Schüler müssen in die rationale Planung und Analyse von Unterricht demzufolge verstärkt einbezogen werden, und daraus resultieren Folgerungen für eine substanzielle Wahrnehmung der Schülerperspektive in der Didaktik:

> „Dies heißt zum Beispiel, den Schülern zunehmend ihre eigene Themenkonstitution zuzubilligen, etwa zu akzeptieren, dass sie eine Lernergrammatik, eine individuelle psychologische Grammatik, entwickeln, deren Kategorien sie tatsächlich verstehen, um sich dann allmählich der ‚korrekten' Grammatik der Zielsprache anzunähern. Es heißt zugleich, auf die Unterrichtsorganisation bezogen, dass den Schülern zunehmend die Verantwortung für ihr Lernen übertragen werden muss" (ebd., S. 127).

Was hier für die Didaktik diskutiert wird, gilt es im Bereich der Leistungsbeurteilung ebenso intensiv weiter zu verfolgen. Qualitativer Schulforschung kommt hierbei eine Schlüsselrolle zu, den sie alleine vermag es, individuelle Sichtweisen, biographisch konstituierte Erfahrungen und vor allem ein bereits in Ansätzen systematisch rational aufbereitetes Wissen um das eigene Lernen in entsprechenden Forschungskontexten auszuleuchten und für die weitere Verbesserung des Beurteilungshandelns in der Schule fruchtbar zu machen.

Literatur

Behnken, I./Zinnecker, J.: Kinder, Kindheit, Lebensgeschichte: Ein Handbuch. Seelze-Velber: Kallmeyer 2001.

Beutel, S.-I.: Zeugnisse aus Kindersicht. Habilitationsschrift. Vorgelegt an der Friedrich-Schiller-Universität Jena 2002 (Typoskript).

Beutel, S.-I.: Beurteilung des Arbeits- und Sozialverhaltens – Hinweise zur Lernentwicklung. Handreichung und Arbeitshilfe für die Schulen. Hrsgg. von der Behörde für Bildung und Sport der Freien und Hansestadt Hamburg 2003.

Beutel, S.-I.: Zeugnisse aus Kindersicht. Kommunikationskultur an der Schule und Professionalisierung der Leistungsbeurteilung. Weinheim/München: Juventa 2005.

Döpp, W./Groeben. A. v. d./Thurn, S.: Lernberichte statt Zensuren: Erfahrungen von Schülern, Lehrern und Eltern. Bad Heilbrunn: Klinkhardt 2002.

Frank, M.: Das individuelle Allgemeine. Textstrukturierung und Textinterpretation nach Schleiermacher. Frankfurt am Main: Suhrkamp 1977.

Heinzel, F.: Methoden und Zugänge der Kindheitsforschung im Überblick. In: Heinzel: Methoden der Kindheitsforschung: Ein Überblick über Forschungszugänge zur kindlichen Perspektive. Weinheim/Basel: Juventa 2000, S. 21-35.

Helmke, A.: Unterrichtsqualität erfassen, bewerten, verbessern. Seelze: Kallmeyer 2003.

Hentig, H.v.: Schule als Erfahrungsraum? Eine Übung im Konkretisieren einer pädagogischen Idee. Stuttgart: Klett 1973.

Hentig, H.v.: Das Beurteilungssystem der Bielefelder Laborschule. In: Becker, H./Hentig, H.v. (Hrsg.): Zensuren. Lüge – Notwendigkeit – Alternativen. Frankfurt a.M./Berlin/Wien: Ullstein 1983, S. 97-180.

Honig, M. S./Lange, A./Leu, H. R. (Hrsg.): Aus der Perspektive von Kindern? Zur Methodologie der Kindheitsforschung. Weinheim/Basel: Beltz 1999.

Lipski, J.: Kindern eine Stimme geben. Erfahrungen mit sozialwissenschaftlicher Kinderbefragung. In: Zeitschrift für Soziologie der Erziehung und Sozialisation, 18, 4, 1998, S. 403-422.

Lübke, S.-I.: Schule ohne Noten. Lernberichte in der Praxis der Laborschule. Opladen: Leske+Budrich 1996.

Lütgert, W./Pitz-Diefenbach, D.: „Einschätzung zur Kompetenzentwicklung" – Ein Beispiel für Schulentwicklung in Thüringen. Herausgegeben vom ThILLM. Bad Berka 2003.

Maier, M.: Das Verbalzeugnis in der Grundschule – Anspruch und Wirklichkeit. Landau: Verlag für Empirische Pädagogik 2001.

Meyer, M.: Interaktion und Professionalität. Lehrer und Schüler im Unterricht – Gemeinsame Gestaltung der Arbeit? In: Bastian, J./Helsper, W./Reh, S./Schelle, C. (Hrsg.): Professionalisierung im Lehrerberuf. Opladen: Leske+Budrich 2000, S. 125-144.

Reinhardt, V.: Partizipative Schul- und Unterrichtsentwicklung. Schule, Unterricht und politisch-ökonomische Bildung aus Sicht von Schülerinnen und Schülern. Hohengehren 2004: Burg-Bücherei Schneider.

Terhart, E. (Hrsg.): Perspektiven der Lehrerbildung in Deutschland. Abschlussbericht der von der Kultusministerkonferenz eingesetzten Kommission. Weinheim/Basel: Beltz 2000.

Thurn, S./ Tillmann, K.-J. (Hrsg.): Unsere Schule ist ein Haus des Lernens. Das Beispiel Laborschule Bielefeld. Reinbek: Rowohlt 1997.

Valtin, R.: Was ist ein gutes Zeugnis? Noten und verbale Beurteilungen auf dem Prüfstand. Weinheim/München: Juventa 2002.

Weinert, F.E./Schrader, F.-W.: Diagnose des Lehrers als Diagnostiker. In: Petillon, H./Wagner, J./Wolf, B. (Hrsg.): Schülergerechte Diagnose. Weinheim/Basel: Beltz, 1986, S. 11-29.

Davina Höblich und Gunther Graßhoff

Probleme der Klassenlehrerarbeit in der Waldorfschule

1. Einleitung

Waldorfschulen stellen die größte Gruppe unter den Reformschulen dar. Mit mittlerweile 187[1] Schulen in ganz Deutschland sind sie zu einer profilierten Alternative zum Regelschulsystem avanciert. Das *Klassenlehrerprinzip* an Waldorfschulen stellt nun ein ganz spezifisches pädagogisches Verhältnis dar. Die auf Vorbild, Autorität und Identifikation angelegte Lehrerrolle lässt sich vor dem Hintergrund modernisierungstheoretischer Diagnosen einer Erosion von Autorität und einer Informalisierung des Generationenverhältnisses (vgl. Bois-Reymond 1998; Kramer / Helsper / Busse 2001) als Gegenentwurf deuten, den zu erforschen sich angesichts einer zunehmenden Ausweitung und Verlängerung des Einflusses von Schule auf die Kinder- und Jugendbiographie (vgl. Helsper / Bertram 1999; Wiezorek 2005) lohnt.

Der Anspruch der Waldorfschulen weitet den erzieherischen Auftrag der Schule auch im Vergleich zu anderen Reformschulen maximal aus. Daher verspricht die Erforschung dieses Prinzips und seiner Praxis an konkreten Einzelschulen Erkenntnisse in Bezug auf Lehrer-Schüler-Beziehungen, professionstheoretische Fragen der Lehrerarbeit und das Verhältnis von Wissensvermittlung und Erziehung an Schulen. Gerade im Kontext einer Debatte um die Öffnung der Schule als Ganztagsschule mit umfassender pädagogischer Betreuung (vgl. Holtappels 1994) oder der Begrenzung der Erziehungsaufgabe von Schule (vgl. Giesecke 1996a, b; Terhart 1996) stellt dieses Konzept ein sehr weitreichendes Verständnis des pädagogischen Auftrages dar, dessen Erforschung weiterführende Einsichten verspricht. Dabei interessieren hier vor allem folgende Aspekte: Mit welchen Aufgaben beziehungsweise Anforderungen werden Waldorfklassenlehrerinnen und -lehrer konfrontiert? Welche Spannungsmomente und

1 Diese Angabe entstammt dem offiziellen Geschäftsbericht des Bundes der Freien Waldorfschulen aus dem Jahre 2004, der im Internet unter der Adresse http://www.waldorfschule.info/upload/pdf/WS04.pdf nachzulesen ist.

Problemfoki ergeben sich aus diesem spezifischen Entwurf der Klassenlehrertätigkeit und wie werden diese bearbeitet und bewältigt? Und nicht zuletzt: Welche Chancen und Risken ergeben sich für die Ausgestaltung von Lehrer-Schüler-Beziehungen zu konkreten Schülerinnen und Schülern und der Peergemeinschaft?

Im Folgenden wird zunächst die Programmatik des Klassenlehrerprinzips an Waldorfschulen dargestellt und dann die empirische Grundlage der im Weiteren referierten Ergebnisse erläutert. Im Anschluss werden mit Bezug auf die Erhebung die unmittelbar aus der Programmatik erwachsenden Anforderungen und Probleme der Klassenlehrerarbeit in der Praxis skizziert, bevor dann die Chancen und Risiken der Klassenlehrerarbeit auf der Basis unserer ersten Eckfälle für folgende drei Ebenen näher ausgeführt werden: (a) biografische und professionstheoretische Gesichtspunkte, (b) die Klassenlehrer-Schüler-Beziehung und die Unterrichtsinteraktion und schließlich (c) die Ebene der konkreten Schülerinnen und Schüler und die Peerbeziehungen. Abschließend werden die Erkenntnisse auf die Debatte um das Verhältnis von Schule und Familie, professionstheoretische Fragen und die Lehrer-Schüler-Beziehung an Reformschulen bezogen und diskutiert.

2. Die Programmatik des Klassenlehrerdaseins

Die Waldorfklassenlehrerinnen und -lehrer haben die Aufgabe, in der Zeit von der Schulreife bis zur Pubertät als richtungsgebende Persönlichkeit dem Kind durch einen anschaulichen phänomenologischen Unterricht, in dem sinnliches Erleben der Lerninhalte ermöglicht wird, zu einem umfassenden Weltinteresse zu verhelfen. Der Entwurf dieses Verhältnisses rekurriert auf die Entwicklungslehre der Anthroposophie und ihrer *goetheanischen* Anthropologie, nach der das Kind in seinem Zugang zur Welt verschiedene Stufen durchläuft. Als „natürliche Autorität" (vgl. Kranich 1994) unterrichtet die Klassenlehrerin und der Klassenlehrer ihre Schülerinnen und Schüler in der Regel von der ersten bis zur achten Klasse jeden Morgen im zweistündigen Haupt- bzw. Epochenunterricht in allen Fächern, mit Ausnahme der Fremdsprachen und musisch-praktischer Fächerinhalte. Die Lernenden benutzen dabei keine fachspezifischen Lehrbücher, sondern halten die Unterrichtsinhalte in bildhaft gestalteten Epochenheften fest. Dieser Haupt- bzw. Epochenunterricht soll nicht nur der vertieften inhaltlichen Auseinandersetzung dienen, sondern auch zur Stiftung einer besonderen persönlichen Beziehung zwischen den Lehrenden und ihren Schülerinnen und Schülern beitragen. Zu den Aufgaben von Klasselehrerinnen und Klassenlehrern gehören daher nicht nur der fachliche Unterricht, sondern auch die Durchführung zum

Teil monatlicher Elternabende. Wenigstens einmal pro Schuljahr besuchen sie jede Schülerin und jeden Schüler zu Hause, um das tägliche Umfeld ihrer Schützlinge zu erkunden. Sie erstellen am Schuljahresende umfassende Berichtszeugnisse, in denen nicht nur die inhaltlichen Leistungen der Schülerinnen und Schüler, sondern auch deren persönliche Entwicklung in Form eines Lern- und Entwicklungsberichts umfassend beurteilt wird. Notenzeugnisse und Sitzenbleiben existieren in der Waldorfschule nicht. Vielmehr wird der Klassengemeinschaft, die von ihrem Lehrer oder ihrer Lehrerin von der ersten bis zu achten Klasse geführt wird, und somit der Kontinuität von sozialen Beziehungen ein hoher Stellenwert beigemessen. Während dieser Zeit werden auch zahlreiche Projekte durchgeführt, die auf den genetischen Lehrplan zurückgehen, wie z. B. die Theateraufführung eines „Klassenstückes“ und die Anfertigung von „Jahresarbeiten“ am Ende der Klassenlehrerzeit. (vgl. Ullrich 1986, 2002)

Die Klassenlehrer und -lehrerinnen haben damit einen hohen Stellenwert als zentrale Bezugspersonen und Ansprechpartner und -partnerinnen für Schülerinnen und Schüler, Fachlehrer und -lehrerinnen und Eltern einer Klasse. Für die Ausübung dieser Rolle wird von den Schulen eine spezifische Waldorfklassenlehrerausbildung vorausgesetzt.

3. Der empirische Bezugsrahmen

Als Datengrundlage unserer Ausführungen und Erkenntnisse zur Klassenlehrertätigkeit dienen die Erhebungen des seit Januar 2003 laufenden DFG-Projekts „Lehrer-Schüler-Beziehungen an Waldorfschulen“[2]. In diesem Rahmen wurden narrative biografische Interviews mit Schülerinnen und Schülern sowie Lehrerinnen und Lehrern, Unterrichtsaufzeichnungen, Verbalzeugnisse und Gruppendiskussionen mit der Lehrerschaft rekonstruktiv-hermeneutisch analysiert. Darüber gewannen wir Einblicke in die biografischen Zugänge der Klassenlehrerinnen und -lehrer, ihre professionellen Selbstverständnisse, ihre Unterrichtsinteraktionen mit Lernenden, die Praxis ihrer Lernberichte und Beurteilungen in den

---

2 Das Projekt richtet sich ausgehend von und in Absetzung zu dem programmatischen Entwurf, was in der Lehrer-Schüler-Beziehung passieren sollte, darauf, was tatsächlich in der alltäglichen Praxis dieser Schulen geschieht (vgl. Combe/Helsper 1994). Damit reiht sich das Projekt in die Linie der qualitativen hermeneutisch-rekonstruktiven Schulforschung ein (vgl. Combe/Helsper/Stelmaszyk 1999; Breidenstein u.a. 2002). Durch das rekonstruktive Vorgehen wird eine Überformung des Forschungsprozesses durch vorgefertigte Hypothesen, ein subsumtionslogisches Vorgehen verhindert und der Blick frei auf die vorfindbaren Strukturen (vgl. Bohnsack 2003, S. 13-31). Die Konzeption des Forschungsprojektes kann im DFG-Antrag nachgelesen werden. Er wurde in Heft 23 der Werkstatthefte „Diskurse zu Schule und Bildung“, herausgegeben vom Zentrum für Schulforschung und Fragen der Lehrerbildung (ZSL) an der Martin-Luther-Universität Halle-Wittenberg, abgedruckt.

Zeugnissen und in die schulkulturelle Ausgestaltung des Klassenlehrerprinzips an der jeweiligen Einzelschule. Im Folgenden betrachten wir die Chancen, Risiken, Probleme und Ressourcen der Klassenlehrerarbeit. Dies geschieht auf der Basis unserer ersten Eckfälle von Lehrer-Schüler-Beziehungen und ihrer Kontrastierung. Im Mittelpunkt stehen hier jedoch nicht die einzelnen Fälle und ihre Logiken und Strukturen, sondern die fallübergreifenden Einsichten in Bezug auf die Klassenlehrertätigkeit, ausgehend von den ersten Kontrastierungslinien.

4. Die Perspektive der Lehrerinnen und Lehrer in den Gruppendiskussionen: zwischen Omnipotenz und Überbeanspruchung

Vor allem in den Gruppendiskussionen hat sich gezeigt, dass „Belastung" ein großes Thema für die Klassenlehrerinnen und -lehrer ist. Unter dieses Thema fallen nicht nur die zeitliche Arbeitsbelastung durch die vielfältigen Aufgaben an der Schule, sondern auch die psychosoziale Belastung, die als Folge der besonders nahen Lehrer-Schüler-Beziehung gesehen wird. Als ein wesentlicher Faktor für eine hohe Belastung der Waldorfklassenlehrer und -lehrerinnen wurde wiederholt das Konzept des *Epochenunterrichts* angesprochen. Wie oben dargestellt gilt es, den Stoff möglichst ganzheitlich ohne die Unterstützung durch vorstrukturierte Lernmaterialien zu vermitteln. Angesichts der Fächerbreite stellt dies einen hohen Anspruch an die Klassenlehrer und -lehrerinnen dar, die vor allem in den oberen Klassenstufen, also in der siebten und achten, didaktisch und auch fachlich an ihre Grenzen geraten. So nahm in allen von uns erhobenen Gruppendiskussionen dieser Aspekt einen großen Raum ein und verdeutlichte die Wichtigkeit des Problems in der Alltagspraxis der Lehrkräfte:

> „...der andre punkt also neben der prägung is n andrer punkt dass der klassenlehrer ja weitestgehend die fachepochen och gibt also von deutsch bis mathematik von biologie über chemie physik und geschichte und geographie und geologie und astronomie und das kann ja kein mensch bewerkstelligen..."

Dieser Anspruch erfährt angesichts kultureller Modernisierung und neuer Medien wie z.B. dem Internet eine Steigerung. Wissensvermittlung läuft nicht nur innerhalb von Schule ab, sondern vollzieht sich zunehmend auch außerhalb schulischer Lehr-Lern-Prozesse. Damit löst sich der fachliche Wissensvorsprung der Lehrer und Lehrerinnen angesichts der Fülle des Unterrichtsstoffes zunehmend auf. Der Anspruch einer auch fachlich versierten geliebten Autorität gerät tendenziell an den Rand der Krise.

In unseren Gruppendiskussionen fanden sich sowohl ein Problembewusstsein zu dieser Thematik als auch unterschiedliche Strategien ihrer Bearbeitung. Einige Lehrerinnen und Lehrer erklärten, sich auf die konzipierten Epochenmaterialien von Kolleginnen und Kollegen stützen zu können und ganze Epochen en detail zu übernehmen.

Nicht nur inhaltliche, sondern auch *zeitliche Belastungen* durch ihre Schlüsselstellung wurden ebenfalls vielfach in den Gruppendiskussionen und auch in den berufsbiographischen Interviews mit den Lehrkräften hervorgehoben. So sind Klassenlehrerinnen und -lehrer mit einer Vielzahl von Aufgaben konfrontiert, die parallel zum Unterrichtsgeschehen ablaufen. Dazu gehören das Klassenspiel, die Jahresarbeit, die wöchentliche Konferenz von mehreren Stunden – oft bis in den späten Abend, monatliche Elternabende und Hausbesuche. All diese Punkte kamen nicht nur als Bestandteil der beruflichen Alltagspraxis, sondern auch unter dem Aspekt der Belastung und Überforderung zur Sprache:

> „...weil man hat äh oft so das gefühl dass klassenlehrer, *all das*, äh, was nich läuft, man ist so die beschwerdestelle, für eltern, für schüler, für fachlehrer, also ja der sammelpunkt für sämtlichen müll..."

Kehrseitig dazu trat jedoch v.a. in den Gruppendiskussionen eine besondere Stellung der Klassenlehrer und -lehrerinnen zu Tage, deren aufwändige Tätigkeiten anerkannt und durch die Kolleginnen und Kollegen besonders wertgeschätzt wurden. Innerhalb der Lernkultur kommt den Klassenlehrern und -lehrerinnen eine expansive Rolle zu, da sie nicht nur das Gros des Unterrichts, sondern auch fast alle außerunterrichtlichen schulischen Lerngelegenheiten wie z. B. die Jahresarbeit und das Klassenspiel in den ersten acht Schuljahren betreuen.

Ein weiterer Belastungsfaktor der Klassenlehrerarbeit liegt in der Abfassung der ausführlichen, den Schüler umfassend charakterisierenden *Verbalzeugnisse*. Die in den Zeugnissen auffindbare Tendenz zu Phrasenhaftigkeit und Schematismus kann als Anzeiger für Abkürzungsstrategien mit dem Ziel einer Arbeitsentlastung gelesen werden.

Insgesamt lässt sich eine hohe zeitliche und psychische Belastung feststellen, die jedoch subjektiv ganz unterschiedlich wahrgenommen und bearbeitet wird. Voraussetzung scheint allerdings aus Sicht der Lehrerinnen und Lehrer ein hohes Maß an Idealismus, da das Verhältnis von Arbeitsbelastung und finanzieller Anerkennung sich ungleich schlechter als an Regelschulen darstellt. Die Erkenntnis, die Ausübung einer persönlich für besser empfundenen beruflich-pädagogischen Praxis mit einer niedrigeren finanziellen Anerkennung zu erkaufen, bricht exemplarisch in folgendem Zitat einer Lehrperson durch:

> „..., ich denke halt *nur* (etwas gedehnt) daß, daß man ja schon korrekt bezahlt werden muß, denn wir gebm ja unser, wir gebm ja alles rein was wir habm, die meisten lehrer,[ehm] und (atmet ein), einige sind auch aus diesen gründen frustiert und gebm auch nicht mehr so viel rein,..."

5. Chancen und Risiken dieses besonderen pädagogischen Konzeptes der „Klassenlehrerzeit“

Nach diesen ersten Ausführungen, die vor allem auf den Ergebnissen der Gruppendiskussionen beruhen, geht nun der Blick auf die konkrete Lehrerarbeit. Die Darstellung folgt im Weiteren der Linie von ersten Kontrastierungen und abstrahiert somit von den erstellten Fallportraits in ausgewählten Themenfoki.

5.1 Biographische und professionstheoretische Aspekte

Klassenlehrer und -lehrerinnen an Waldorfschulen haben oft sehr *bewegte Biographien*: Die Zugänge zum Lehrerberuf können ganz verschiedene sein. Nur eine der von uns untersuchten Klassenlehrerinnen hat ein staatlich anerkanntes Lehramtsstudium an einer Pädagogischen Hochschule absolviert. Bei anderen Lehrern geht der Weg über ein Kunststudium an einer anthroposophischen Hochschule oder über eine eher lebensreformerische Absicht und die Suche nach Antworten auf existenzielle und religiöse Sinnfragen. Diese unterschiedlichen Zugänge zu dem Lehrerberuf werden von den Waldorfpädagogen und -pädagoginnen gerne als *biographisches Kapital* und besondere Qualifikation für den anspruchsvollen Klassenlehrerberuf angesehen. In Abgrenzung zu Staatsschullehrern und -lehrerinnen wird der besondere Erfahrungsvorsprung, die biographischen Ressourcen der Waldorflehrer, gegenüber den *gradlinigen* Berufsbiographien von Staatsschullehrern hervorgehoben. Die Klassenlehrer oder -lehrerinnen brächten Kompetenzen mit in die berufliche Praxis, welche die vielfältige Arbeit, die in den acht Jahren auf sie zukommt, zu bewältigen helfe (z.B. beim Klassenspiel oder bei der Betreuung der Jahresarbeiten).

Auch die Kehrseite dieses berufsbiographischen Zugangs ist jedoch aus professionstheoretischer Perspektive zu beschreiben: Die Auseinandersetzung mit genuin schulpädagogischen Themen beginnt – bei den von uns untersuchten Lehrerbiographien – ohne Lehramtsstudium, praktisch erst mit der Übernahme der ersten Klassen. Ein spezifischer Lehrerhabitus und ein „professionelles Selbst“ (Bauer 2000) sind in der Ausbildung oder in den Praktika nicht ausgebildet worden. Professionalität wird bei diesen Lehrerinnen und Lehrern zu einem angeborenen, nicht erlernbaren Handeln im Sinne eines „geborenen Erziehers“ (Hermann 2000). Die ersten Berufsjahre werden als ein Sprung ins kalte Wasser beschrieben: Den hohen didaktischen Anforderungen und Idealen steht dann in der Praxis oft ein wenig reflektierter, lehrerzentrierter Unterricht gegenüber. Die Auseinandersetzung mit pädagogischen Fragen beginnt dann in der Praxis selbst nach dem Prinzip *learning by doing*. Die Lehrerbildung wird an den Schulen oft durch Mentorenprogramme ergänzt, in denen erfahrene Kollegen und Kolleginnen sich der jungen Klassenlehrer oder -lehrerinnen annehmen.

Gleichzeitig mit diesem Defizit an Professionalität sind in den von uns untersuchten Selbstdeutungen der Lehrer und Lehrerinnen jedoch sehr weitgehende Erziehungs- und Bildungsansprüche zu entdecken. Die Klassenlehrer und -lehrerinnen definieren ihre Aufgabe weit über die reine Wissensvermittlung hinaus. Die Sicht auf den Beruf des Waldorfklassenlehrers bzw. der Klassenlehrerin ist in den von uns untersuchten Fällen tief verwurzelt in der jeweiligen Fallstruktur der Lehrerinnen und Lehrer und Beruf wird damit auch zu einer persönlichen Berufung. Die Folge dieser engen Verflechtung von persönlichem und beruflichem Selbst ist die hohe Krisenanfälligkeit einer solch affektiv aufgeladenen beruflichen Praxis. In dieser Logik kann mit einem *Scheitern* des Klassenlehrers gleichzeitig die ganze Person in eine Krise geraten.

Umgekehrt ist jedoch auch der Transfer eigener biographischer Krisen der Lehrerinnen und Lehrer in die Unterrichtspraxis zu beobachten. Das Passungsverhältnis zwischen Klassenlehrer bzw. Klassenlehrerin und den von uns ausgewählten Waldorfschülern ist entscheidend von der Lebensgeschichte beider abhängig. Ein so affektiv aufgeladener pädagogischer Bezug lässt somit Möglichkeitsspielräume für den Transfer von Selbstproblematiken auf Seiten von Klassenlehrern aber auch Schülern. Gerade eine solche pädagogische Beziehung macht aber eine professionelle Auseinandersetzung, beispielsweise mit den eigenen Schulerfahrungen, unbedingt erforderlich, um eine Instrumentalisierung der Schüler zur Krisenbewältigung der Lehrer zu vermeiden. Die erhebliche Differenz zwischen pädagogischer Professionalität (vgl. Helsper 2002) und einem ganzheitlichen erzieherischen Anspruch ist in den von uns untersuchten Fällen als zentrales Problem zu identifizieren.

5.2 Klassenlehrer-Schüler-Beziehung und Unterrichtsinteraktion

Die besondere pädagogische Beziehung der Klassenlehrerinnen und Klassenlehrer zu den Schülern hat auch Auswirkungen auf die Unterrichts- bzw. Interaktionsebene.

Die affektiv aufgeladene Lehrer-Schüler-Beziehung kann dazu führen, dass der Klassenlehrer zu einem signifikanten Anderen für den Schüler wird (vgl. Nittel 1992, S. 411-419; Combe/Helsper 1994, S. 77-83). Vor allem bei Schülerinnen und Schülern, die mit bestimmten *Anerkennungsdefiziten* in die Schule kommen, kann der Klassenlehrer eine entscheidende Bezugsperson werden und wichtige sozialisatorische Aufgaben übernehmen (vgl. Kramer 2002, Idel 2005). Gerade diese fast schon familiale Beziehungskonstellation führt aber dazu, dass auch die adoleszenten Ablösungsprozesse in ähnlich heftiger Weise wie im Elternhaus ablaufen. In der Unterrichtsinteraktion lassen sich dann Ablösungskrisen zwischen den Schülern und Schülerinnen und Klassenlehrern sowie Klassenlehrerinnen beobachten, die von allen Akteuren in dieser Zeit als sehr belastend empfunden werden. Im Einzelfall erzählen Waldorfschüler in den schulbiographischen Interviews von einem so spannungsreichen Lehrer-Schüler-Verhältnis ab der sechsten bis siebten Klasse, dass sie nur noch auf den erlösenden Lehrerwechsel nach der achten Klasse warten. Auch die Klassenlehrerinnen und Klassenlehrer berichten von Schülerinnen und Schülern, die sie aufgrund heftiger Konflikte praktisch nicht mehr erreichen können. Nicht selten sind solche „*Problemschüler*" gerade diejenigen, die bis zur Adoleszenz eine ausgesprochen enge Lehrer-Schüler-Beziehung unterhalten haben. Im Gegensatz zu familiären Adoleszenzkrisen ist natürlich eine solche im Klassenverband mit 35 anderen Schülerinnen und Schülern noch wesentlich spannungsreicher, als dies für den Familienkontext gilt.

Dies weist auch auf ein weiter reichendes Problem hin: die spannungsreiche Ausbalancierung einerseits der Klassengemeinschaft und andererseits der jeweiligen Schülerindividualitäten. Erste rekonstruktive Ergebnisse belegen hier eine entscheidende Zuspitzung aufgrund der besonderen Bedeutung, die in den Waldorfschulen das Klassenkollektiv als soziale Gemeinschaft bildet (Idel 2002). Die Bedeutung der Klassengemeinschaft geht soweit, dass einige Klassenlehrer sogar ein eigenes Zeugnis über die Klassengemeinschaft anfertigen. Eine Waldorfklasse ist damit mehr als eine bestimmte Anzahl von Schülerindividualitäten; die Klasse bildet in der Sicht der Waldorf-Pädagogik ein darüber hinausgehendes *Klassenwese*n aus, eine eigene Entität. Dieser hohe Vergemeinschaftungsanspruch kann zu Lasten von Individualisierungsmöglichkeiten von Schülerinnen und Schülern gehen, nämlich dann, wenn sie habituell sehr weit von diesem *kollektiven Klassenmythos* entfernt sind. Kollektivität und Individualität stehen sich deshalb aber keinesfalls gegensätzlich gegenüber, sondern sie ermöglichen in ihrer jeweilig spezifischen Ausgestaltung unterschiedliche Spielräume für das jugendliche Selbst. So kann gerade für bestimmte Schülerinnen und Schüler die Vergemeinschaftung in das Klassenkollektiv Individualisierungsmöglichkeiten bieten.

Die achtjährige Klassenlehrerzeit erfordert von den Lehrerinnen und Lehrern auch eine große Bereitschaft, mit unterschiedlichen Altersgruppen, nämlich sowohl Kindern als auch Jugendlichen, zu arbeiten. Jeder der von uns untersuchten Klassenlehrerinnen und Klassenlehrer hat jedoch eine eigene Präferenz: entweder eher die spielerische Arbeit mit den Kindern oder die fachlich *anspruchsvollere* Arbeit mit den Jugendlichen. Trotzdem muss der Klassenlehrer und die Klassenlehrerin aber die Klassen über die gesamte Klassenlehrerzeit hinweg führen, von der Einschulung bis in die Adoleszenz sind sie die pädagogischen Begleiter der Schülerinnen und Schüler. Das verlangt eine hohe Kompetenz, sich mit der Entwicklung der Schülerinnen und Schüler auch selbst entsprechend *weiterzuentwickeln*. Aus der Sicht der Lehrerinnen und Lehrer wird dies gerade zum Ende der Klassenlehrerzeit schwierig. Die Jugendlichen verlangen nun ganz andere Autonomiespielräume, und der Klassenlehrer muss seine Rolle neu definieren. Gelingt ihm dieser Wandel nicht, so kann dies zu einer Verweigerung bestimmter Autonomiebestrebungen bei den Schülerinnen und Schülern führen. Sie berichten dann, dass sie von den Lehrerinnen und Lehrern noch zu lange als *Kinder* behandelt wurden.

Ein weiterer hier zu nennender Aspekt betrifft eher die Vermittlungsebene des Unterrichtsgeschehens. Waldorfschulen sind Gesamtschulen und Waldorfklassen sind geprägt durch eine heterogene Lerngruppe. Den großen Klassen und den heterogenen Lerngruppen steht ein meist lehrerzentrierter und wenig differenzierender Unterrichtsablauf entgegen. Das Austarieren zwischen einerseits den Schülerindividualitäten (Person) und andererseits den Unterrichtsinhalten (Sache) ist in diesem Unterrichtssetting nur schwer zu leisten (Helsper 1996). Die Klassenlehrerinnen und -lehrer richten sich dann in ihrer Unterrichtsgestaltung meist an den *Klassendurchschnitt*. Ein besonderes Eingehen auf individuelle Schülerinteressen ist sowohl aufgrund des Unterrichtsorganisation als auch der Klassengröße kaum leistbar. Ein Lehrer bezeichnet in einer der Gruppendiskussionen diese Tendenz an Waldorfschulen als den *„Hang zum Rasenmäherprinzp"*.

5.3 Ebene der Schüler bzw. Gleichaltrigen

Den letzten Punkt können wir an dieser Stelle nur kurz anreißen. Die Ebene der Peers stand nicht im besonderen Fokus unserer Unterrichtsbeobachtungen, offenbarte sich jedoch als interessantes Forschungsfeld, das bislang weitgehend unerforscht ist. Das Konzept des Klassenlehrerprinzips hat erheblichen Einfluss auf die Organisation der Gleichaltrigenbeziehungen in den Klassen.

Besonders für Schülerinnen und Schüler, die in einem exklusiven Verhältnis zu ihrer Klassenlehrerin oder ihrem Klassenlehrer stehen, hat diese enge Beziehung *Nebenwirkungen* für die Integration in die Peergemeinschaft. Die von uns untersuchten Fälle zeigen, dass die exklusive Beziehung zu dem Klassenlehrer verbunden sein kann mit einer randständigen Position in der Gleichaltrigengruppe. Keinesfalls ist diese These jedoch in einer kausalen Verbindung zu sehen, aber die Schülerinnen und Schüler müssen die Nähe zum Lehrer oder zur Lehrerin ab einem bestimmten Alter zumindest vor den Freunden begründen. Besonders groß wird der Erklärungsdruck dann, wenn sich die exklusive Lehrer-Schüler-Beziehung vor allem in der Unterrichtsinteraktion konstituiert. Dies muss jedoch nicht der Fall sein: In einem von uns untersuchtem Fall findet die besondere Lehrer-Schüler-Beziehung gerade erst nach dem offiziellen Unterrichtsgeschehen ihren Ausgangspunkt, nämlich dann, wenn sich die beiden gemeinsam über die *„wirklichen Dinge"* des Lebens austauschen und philosophieren.

6. Schluss

Die Ergebnisse der Untersuchung können vor dem Hintergrund der aktuellen Diskussion um Lehrer-Professionalität betrachtet werden. Unabhängig von den Unterschieden zwischen den einzelnen Ansätzen verweisen alle auf einen Strukturkern professionellen Handelns, der durch antinomische, paradoxe Anforderungen, Ungewissheit und Störanfälligkeit gekennzeichnet ist. Es herrscht weitgehende Einigkeit über die Existenz widersprüchlicher Anforderungen, die von den professionellen Pädagogen und Pädagoginnen ausbalanciert, vermittelt und immer wieder neu bearbeitet werden müssen. Besonders strukturtheoretische Ansätze (Oevermann 1996, 2002, Helsper 2002) betonen die Ungewissheit pädagogischen Handelns als stellvertretende Deutung bei gleichzeitiger Unsteuerbarkeit der möglichen Handlungsfolgen. Combe und Kolbe bringen diese Anforderungen an den Lehrberuf wie folgt auf den Punkt: „In diesem Beruf muss man oft das eine tun, ohne das andere zu lassen". (Combe/Kolbe 2004). Die Bestimmung schulpädagogischer Tätigkeit als Handeln in widersprüchlichen Strukturen und Anforderungen wurde v. a. von Helsper in seinem Model der Antinomien konzeptualisiert (vgl. Helsper 1996, 2000, 2002, Helsper u. a. 2001). Darin kommt gerade auch der Antinomie von Nähe und Distanz für die Lehrertätigkeit eine besondere Bedeutung zu. Im Kontext von Reformschulen und ihren häufig sehr weitgehenden erzieherischen Ansprüchen, lassen sich besondere Chancen und Risiken erkennen. Durch eine Betonung der Nähe im Modell des Klassenlehrerprinzips können Klassenlehrerinnen und -lehrer leichter zu signifikanten Anderen für ihre Schüler und Schülerinnen avancieren. Dieser Chance steht jedoch die Problematik einer mangelnden reflexiven Auseinandersetzung mit pädagogischen Fragestellungen, des eigenen Zuganges zum Lehrerberuf und der eigenen Schülerbiographie gegenüber. Das biografische Kapital von Waldorflehrerinnen und -lehren in Gestalt von ungewöhnlichen Biographien und Ressourcen kann sich, falls eine reflexive Auseinandersetzung innerhalb der ersten Berufsjahre nicht gelingt, als mangelnde Professionalisierung auswirken, mit erheblichen Konsequenzen für Lehrende und Heranwachsende. So können nicht bearbeitete Krisen in das Lehrer-Schüler-Verhältnis transferiert, Schüler und Schülerinnen instrumentalisiert werden. Die hohe Identifikation mit dem Klassenlehrerprinzip und dem Entwurf der richtungsgebenden Persönlichkeit kann den

Blick aus der Distanz heraus auf die eigene Praxis verstellen und gerade im Falle einer Krise zu einem Festhalten am Altbewährten führen.

Die Lehrer-Schüler-Beziehung an Waldorfschulen mit ihrem entgrenzten Anspruch der umfassenden Persönlichkeitsbildung lässt sich als Variante interpretieren, die sehr nahe am Oevermannschen Modell des Arbeitsbündnisses zwischen Klienten und Professionellen liegt, da es eine fast therapeutische Begleitung eines jeden Lernenden erfordert. Für das Arbeitsbündnis von Lehrenden und Heranwachsenden – im Oevermannschen Sinne als Spannungsfeld zwischen diffusen und spezifischen Anteilen (vgl. Oevermann 1996) – lässt sich jedoch die Notwendigkeit zur habitualisierenden Einübung in den Umgang mit den Spannungen des Arbeitsbündnisses konstatieren. Eine solche methodisch kontrollierte, systematische und v. a auch handlungsentlastende Auseinandersetzung mit der zukünftigen schulischen Praxis, wie sie etwa von Helsper (2000) oder von Wernet (2000) gefordert wird, findet in Biographien von Waldorflehrerinnen und -lehrern vielfach jedoch nicht statt. Die Ergebnisse zeigen, dass die Herausbildung eines pädagogischen professionellen Selbst (Bauer 2000) nicht der Regelfall ist, dass die Arbeit an der Reformschule im Einzelfall nicht nur durch einen pädagogischen Impetus getragen, sondern auch durch lebensreformerisches oder künstlerisches Gestaltungsbedürfnis motiviert sein kann.

Die Erforschung eines solchen Entwurfes einer pädagogischen Beziehung wie der des Klassenlehrers an der Waldorfschule kann auch über die bloße Ebene der konkreten Beziehung hinaus Strukturprobleme von Schulentwicklung offen legen. In der Debatte um den Erziehungsauftrag von Schule (Giesecke 1996a) oder um Schulöffnung im Rahmen der Ganztagsschule (Holtappels 1994) bildet der schulkulturelle Entwurf der untersuchten Waldorfschulen eine spezifische Kontrastfolie: Die Waldorfschule nimmt sich in einem engen Arbeitsbündnis mit den Eltern der Erziehung der Schüler weitgehend an. Die empirische Erschließung solcher Schulkulturen zeigt sowohl die Chancen als auch die Gefahren dieses pädagogischen Konzeptes. Die Ergebnisse sind anschlussfähig an die Forschung über andere Reform- und Alternativschulen (vgl. Hummrich/Helsper 2004) und beschreiben übergreifende Strukturprobleme dieser reformpädagogischen Schulentwürfe. Die empirischen Ergebnisse zeigen, dass die Debatte um ein Mehr oder Weniger an Erziehung in der Schule nicht eindeutig in der einoder anderen Weise aufzulösen ist. Die Erweiterung des Erziehungsauftrages von Schule kann für einige Schüler wichtige kompensatorische Sozialisationsfunktion einnehmen (vgl. Combe/Helsper 1994), aber für andere zu weit in die weitere Lebensgeschichte hineinreichenden Selbstproblematiken führen (vgl. Idel 2004, 2005). Nur ein forscherischer Zugang, der genau dieses komplexe Wechselverhältnis von Schulkultur, Lehrer-Schüler-Interaktion und Schülerbiographien miteinander in Beziehung setzt, kann diesem „Forschungsgegenstand" gerecht werden (vgl. Helsper. u.a. 2001, Kramer 2002).

Literatur

Bauer, K.-O. (2000): Konzepte pädagogischer Professionalität und ihre Bedeutung für die Lehrerarbeit, in: Bastian, J./Helsper, W./Reh, S./Schelle, C. (Hrsg.): Professionalisierung im Lehrerberuf, Opladen, S. 55-72.

Bohnsack, R. (2003): Rekonstruktive Sozialforschung. Eine Einführung in Methodologie und Praxis qualitativer Forschung, Opladen (5. Auflage).

du Bois-Reymond, M. (1998): Der Verhandlungshaushalt im Modernisierungsprozess, in: Büchner, P./du Bois-Reymond, M./Ecarius, J./Fuhs, B./Krüger, H.-H.: Teenie-Welten. Aufwachsen in drei europäischen Regionen, Opladen, S. 83-113.

Breidenstein, G./Combe, A./Helsper, W./Stelmaszyk, B. (Hrsg.) (2002): Forum qualitative Schulforschung 2. Interpretative Unterrichts- und Schulbegleitforschung. Opladen.

Combe, A./Helsper, W. (1994): Was geschieht im Klassenzimmer? Weinheim.

Combe, A./Helsper, W./Stelmaszyk, B. (Hrsg.) (1999): Forum Qualitative Schulforschung 1. Weinheim.

Combe, A./Kolbe, F.-U. (2004): Lehrerprofessionalität: Wissen, Können, Handeln, in: Helsper, W./Böhme, J. (Hrsg.): Handbuch der Schulforschung. Wiesbaden, S. 833-853.

Giesecke, H. (1996a): Das "Ende der Erziehung". Ende oder Anfang pädagogischer Professionalisierung, in: Combe, A./Helsper, W. (Hrsg.): Pädagogische Professionalität. Frankfurt a. M., S. 391-403.

Giesecke, H. (1996b): Wozu ist die Schule da? Die neue Rolle von Eltern und Lehrern. Stuttgart.

Helsper, W. (1996): Antinomien des Lehrerhandelns in modernisierten pädagogischen Kulturen. Paradoxe Verwendungsweisen von Autonomie und Selbstverantwortlichkeit, in: Combe, A./Helsper, W. (Hrsg.): Pädagogische Professionalität. Frankfurt a. M., S. 521-570.

Helsper, W. (2000): Antinomien des Lehrerhandelns und die Bedeutung der Fallrekonstruktion – Überlegungen zu einer Professionalisierung im Rahmen universitärer Lehrerausbildung, in: Cloer, E. u. a. (Hrsg.): Welche Lehrer braucht das Land? Weinheim/München, S. 142-177.

Helsper, W. (2002): Lehrerprofessionalität als antinomische Handlungsstruktur, in: Kraul, M./Marotzki, W./Schweppe, C. (Hrsg.): Biographie und Profession. Bad Heilbrunn/Obb., S. 64-103.

Helsper, W./Bertram, M. (1999): Biographieforschungen und SchülerInnenforschung. in: Krüger, H.-H./Marotzki, W. (Hrsg.): Handbuch erziehungswissenschaftliche Biographieforschung. Opladen, S. 259-279.

Helsper, W./Böhme, J./Kramer, R.-T./Lingkost, A. (2001): Schulkultur und Schulmythos. Rekonstruktionen zur Schulkultur 1. Opladen.

Herrmann, U. (2000): Der lange Abschied vom "geborenen Erzieher". Lehrerpersönlichkeit, Lehrerausbildung, Lehrerberuf und -berufsalltag – Erwartungen, Positionen und Thesen vom Ende der 40er bis zu den 70er Jahren, in: Bastian, J./Helsper, W./Reh, S./Schelle, C. (Hrsg.): Professionalisierung im Lehrerberuf. Opladen, S. 15-32.

Holtappels, H. G. (1994): Ganztagsschule und Schulöffnung. Weinheim, München.

Hummrich, M./Helsper, W. (2004): "Familie geht zur Schule": Schule als Familienerzieher und die Einschließung der familiären Generationsbeziehungen in eine schulische Generationsordnung, in: Ullrich, H./ Idel, T.S./ Kunze, K. (Hrsg.): Das Andere Erforschen. Empirische Impulse aus Reform- und Alternativschulen, Wiesbaden, S. 235-247.

Idel, T.-S. (2002): Max-Matrose auf dem Klassenschiff, in: Hansen-Schaberg, I./Schonig, B. (Hrsg.): Reformpädagogische Schulkonzepte. Bd. 6: Waldorf-Pädagogik, Baltmannsweilter, S. 216-233.

Idel, T.-S. (2004): Schulbiographische Ambivalenz. Eine Fallstudie zur lebensgeschichtlichen Relevanz der Waldorfschule, in: Ullrich, H./Idel, T.-S./Kunze, K. (Hrsg.): Das Andere Erforschen. Empirische Impulse aus Reform- und Alternativschulen. Wiesbaden, S. 51-64.

Idel, T.-S. (2005): Waldorfschulen als Sphären biographischer Entwicklung. Fallstudien zur lebensgeschichtlichen Relevanz anthroposophischer Schulkultur. Unveröff. Diss. Mainz.

Kramer, R.-T. (2002): Schulkultur und Schülerbiographien, Opladen.

Kramer, R-T./Helsper, W./Busse, S. (Hrsg.) (2001): Pädagogische Generationsbeziehungen. Jugendliche im Spannungsfeld von Schule und Familie, Opladen.

Kranich, E.-M. (1994): Anthropologie – das Fundament der pädagogischen Praxis, in: Bohnsack, F./Kranich, E.-M. (Hrsg.): Erziehungswissenschaft und Waldorfpädagogik. 2. Aufl. Weinheim/Basel, S. 96-139.

Nittel, D. (1992): Gymnasiale Schullaufbahn und Identitätsentwicklung. Eine biographieanalytische Studie, Weinheim.

Oevermann, U. (1996): Theoretische Skizze einer revidierten Theorie professionellen Handelns, in: Combe, A./Helsper, W. (Hrsg.): Pädagogische Professionalität. Frankfurt a. M., S. 27-102.

Oevermann, U. (2002): Professionalisierungsbedürftigkeit und Professionalisiertheit am Beispiel pädagogischen Handelns. in: Kraul, M./Marotzki, W./Schweppe, C. (Hrsg.): Biografie und Profession. Bad Heilbrunn/Obb., S. 19-64.

Terhart, E. (1996): Zur Neuorientierung des Lehrens und Lernens – Kultureller Wandel als Herausforderung für die Professionalisierung des Lehrberufs, in: Helsper, W./Krüger, H.-H./Wenzel, H. (Hrsg.): Schule und Gesellschaft im Umbruch. Bd. 1: Theoretische und internationale Perspektiven. Weinheim, S. 319-332.

Ullrich, H. (2002): Reformpädagogische Schulkultur mit weltanschaulicher Prägung – Pädagogische Prinzipien und Formen der Waldorfschule, in: Hansen-Schaberg, I./Schonig, B. (Hrsg.): Waldorf-Pädagogik. Reihe Reformpädagogische Schulkonzepte Bd. 6, Hohengehren, S. 142-181.

Ullrich, H. (1986): Waldorfpädagogik und okkulte Weltanschauung. Eine bildungsphilosophische und geistesgeschichtliche Auseinandersetzung mit der Anthropologie Rudolf Steiners. Weinheim/ München.

Wernet, A. (2000): Wann geben Sie uns die Klassenarbeiten wieder? Zur Bedeutung der Fallrekonstruktion für die Lehrerbildung, in: Kraimer, K. (Hrsg.): Die Fallrekonstruktion. Sinnverstehen in der sozialwissenschaftlichen Forschung. Frankfurt a. M.

Wiezorek, C. (2005): Schule, Biografie und Anerkennung. Eine fallbezogene Diskussion der Schule als Sozialisationsinstanz. Wiesbaden.

Heiko Kastner

‚Pflichtprojekte' – Projektunterricht im Spannungsverhältnis zur Institution Schule

Projektunterricht hat in deutschen Schulen in den letzten Jahren zunehmend einen festen Platz eingenommen und ist an vielen Schulen sogar zu einem Teil des Schulprofils geworden. Mittlerweile, so konstatiert Bönsch (1999), sprechen die Erlasse für die verschiedenen Schularten durchgehend von einigen Projekttagen pro Schuljahr. Das unterstreicht die gefestigte Stellung und Akzeptanz dieses reformpädagogischen Unterrichtsmodells in der deutschen Schullandschaft. Bei der Einführung von Projektarbeit in der Regelschule blicken die alten Bundesländer auf andere schulpädagogische Traditionen zurück als die neuen Bundesländer. Während in der alten BRD in den 1970er Jahren aus der Kritik am traditionellen Unterricht heraus viele Lehrer sich auf den Weg der Einführung von Projekten an Schulen machten (vgl. Koch 1999), vertrat man in der DDR noch bis 1989 die Ansicht, dass die Rückkehr zu solchen reformpädagogischen Experimenten der Vergangenheit nicht die sozialistische pädagogische Antwort auf die Ansprüche der Welt von morgen sein kann (vgl. Anweiler/Fuchs/Dorner u.a. 1992) und orientierte konsequent auf die Durchsetzung des Fachunterrichtsprinzips. Nach der politischen Wende fand der Projektunterricht auch in Ostdeutschland in den Schulen Beachtung und etablierte sich, einer Reformstrategie der ‚inneren Schulreform' folgend, zunehmend innerhalb der schulischen Praxis.

Im Zuge der Einführung der integrierten Förderstufe im Land Sachsen-Anhalt avancierte die Durchführung von Projektunterricht zum festen Bestandteil des Lehrplanes. Zusammen mit der schulstrukturellen Reform strebte der Gesetzgeber gleichzeitig eine Reform des Unterrichts an. Es wurde nicht nur die Basis für ein längeres gemeinsames Lernen geschaffen, sondern auch das Curriculum für die Altersgruppe der zehn- bis zwölfjährigen Schüler kritisch evaluiert und modifiziert (vgl. Reck 1996). Dabei enthielten die unterrichtsbezogenen Innovationen wichtige reformpädagogische Impulse. Die Förderstufe sollte nicht nur nationalen und internationalen Trends der Gestaltung von Schulstrukturen, sondern auch in erhöhtem Maße den sich fundamental wandelnden Bedingungen des Heranwachsens der Kinder und Jugendlichen Rechnung tragen, aus denen die Notwendigkeit einer grundlegenden Neuorientierung einer zukunftsweisenden Schule resultiere (vgl. Kultusministerium der Landes Sachsen-Anhalt 1997a-e). Ein wichtiger Teil der reformpädagogischen Innovation bestand in der verbindlichen Durchführung von mehreren ‚Pflichtprojekten' in den Klassenstufen fünf und sechs. Somit wurde der Projektunterricht hier fester Bestandteil einer äußeren Schulreform, was als einzigartig innerhalb der deutschen Schullandschaft gekennzeichnet werden kann. Auf die damit einhergehenden konkreten konzeptionellen Erwägungen gehe ich später noch genauer ein.

In ihren Reflexionen zu einer Theorie des Projektunterrichts arbeiten Bastian und Schnack (1997) eine Reihe von Spannungsverhältnissen des Projektunterrichts zur Institution Schule heraus. Dabei gehen sie von der Feststellung aus, dass die Frage nach seinem Verhältnis zu den institutionellen Sach- und Systemzwängen der Schule, d.h. dem Verhältnis von Unterrichts- und Schulreform, schultheoretisch bisher kaum bearbeitet wird. Aus dem Blickwinkel einer Reformstrategie der „inneren Schulreform", in der Handlungsspielräume individuell ausgelotet und erstritten werden, konzentrieren sie ihre Analyse darauf, wann bestimmte pädagogische Ansprüche an schulsystembezogene Grenzen stoßen. Dabei arbeiten sie vier institutionelle Bedingungen heraus, die zum Projektunterricht in einem Spannungsverhältnis stehen: das Fachunterrichtsprinzip, die Lehrpläne, die Formen der Leistungsbewertung und die Vorgaben der Schulorganisation. Mit der Einführung der Förderstufe wurde maßgeblich eine Strategie der „äußeren Schulreform" verfolgt, welche ansatzweise einige dieser Spannungsverhältnisse aufzuheben versuchte. Von den Ideenstiftern der sachsen-anhaltischen Förderstufe war zwar implizit eine Kopplung innerer und äußerer Schulreform mitgedacht, was im weiteren Verlauf allerdings nur wenig explizit propagiert wurde. „Gesamtsystem-Strategien" sind jedoch mit einer Reihe eigener Spannungsverhältnisse behaftet. Die Einzelschulen interpretieren bildungspolitische Standardlösungen recht unterschiedlich, Innovationen werden nicht eins zu eins umgesetzt, sondern den jeweiligen Verhältnissen angepasst, und ihre Implementation folgt in jeder Schule einer eigenen Dynamik (vgl. Rolff 1995a). Somit ergibt sich durch die Einführung von ‚Pflichtprojekten', das sei hier im Vorgriff schon gesagt, ein Konglomerat an Spannungsverhältnissen, das sich aus unterschiedlichen Quellen speist. Im Evaluationsforschungsprojekt „Wissenschaftliche Begleitung der Einführung der Förderstufe in Sachsen-Anhalt"[1] bot sich die Chance, Prozesse des praktischen Umgangs mit einigen der oben genannten Antinomien näher in den Blick zu nehmen. Die vom Gesetzgeber in Auftrag gegebene Begleitforschung hatte die Aufgabe, die faktischen Auswir-

1 Das Projekt „Wissenschaftliche Begleitung der Einführung der Förderstufe" wurde von 1997-2000 am Zentrum für Schulforschung und Fragen der Lehrerbildung der Martin-Luther-Universität Halle-Wittenberg unter Leitung von Prof. Dr. Hartmut Wenzel durchgeführt. Finanziert wurde es aus Mitteln des Kultusministeriums des Landes Sachsen-Anhalt.

kungen dieser als „Gesamtsystem-Strategie" angelegten Reform auf der Ebene des konkreten Unterrichts über einen längeren Zeitraum zu beobachten und zu analysieren.

Der vorliegende Aufsatz umreißt zunächst den konzeptionellen Rahmen, der dem Projektunterricht in der Förderstufe zugrunde liegt, und veranschaulicht damit in einem ersten Schritt die konkrete Anforderung, die an die in der Förderstufe tätigen Lehrkräfte hinsichtlich einer Neu- und Umgestaltung ihres Unterrichtes herangetragen wurde. Anschließend erfolgt eine knappe Darstellung des Forschungsansatzes der Evaluationsstudie. Davon ausgehend werden exemplarische Ergebnisse der Projektunterrichtsanalyse innerhalb der „Wissenschaftlichen Begleitung der Einführung der Förderstufe" dargestellt und damit gleichzeitig zentrale Spannungsfelder dieser Schul- und Unterrichtsreform angesprochen und diskutiert.

1. Projektunterricht als Bestandteil von Schulreform

Der Projektunterricht in der sachsen-anhaltischen Förderstufe war angelehnt an ein Binnendifferenzierungsmodell des Unterrichts im Alltag, welches Bönsch (1996) in einem konzeptionellen ‚Leitartikel' entworfen hatte. Selbiges sollte die in der Förderstufe vorfindbare heterogene Schülerschaft ansprechen, das Lernen des Lernens fördern sowie es in der ‚Heterogenität und in der Differenziertheit' ermöglichen.

> "Ziehe ich das alles zusammen, dann würde Pädagogik der Förderstufe unter Berücksichtigung von Binnendifferenzierung eben heißen, daß es um intelligente Unterrichtstrukturen geht" (Bönsch 1996, S. 34).

Intelligent Unterrichten bedeutet insofern, den Lerner in seiner Eigenverantwortung anzuregen und zu fördern, einen individuell und kooperativ gestützten Lernprozess zu erreichen, Lernstrategien, Lern- und Arbeitstechniken zu vermitteln und die Qualität des Lernens hin zu einem viel stärker handlungsorientierten Unterricht zu entwickeln. Auf diesem Weg stehen den Lehrern unterschiedliche Arrangements von Lernsituationen zur Verfügung, unter denen Projektunterricht eine Komponente ist.

> "Und schließlich habe ich als fünftes Teilkonzept aufgeführt die Projektarbeit. Einmal im Schuljahr oder mehrere Male werden Projektwochen/Projekttage in klassengemischten Gruppen durchgeführt nach vorgegebenen Themen, nach konkreten Anlässen, nach gefundenen Themen. Es kann sich auch um einzelne Projekttage handeln. Der Projektgedanke besteht darin, daß Thema und Bearbeitung des Themas gemeinsames Anliegen sind. Der Lehrer gibt nicht mehr den Plan zur Bearbeitung vor, sondern jetzt muß gelernt werden: Wie können wir ein Thema angemessen bearbeiten? Wir müssen erst den Plan finden miteinander, ehe wir ihn rea-

lisieren, also ein Stück weitere Kompetenzvermittlung in der Organisation des eigenen Lernens, aber diesmal auf kommunikativ-kooperative Weise, um dann an Themen auch begründet und ausführlich und fundiert arbeiten zu können. Das verstärkt tendenziell die Selbstlernkompetenzen einmal in individueller, einmal in kooperativer Weise" (Bönsch 1996, S. 32).

Auch in anderen Veröffentlichungen zur landesweit breit diskutierten Einführung der Förderstufe fanden sich wiederholt Verweise auf den Projektunterricht als Prinzip, das heute in einem gleichzeitig wissenschaftsorientierten, erfahrungs- und lebensweltbezogenen Bildungswesen generell verwirklicht werden muss (vgl. Krüger 1998) und integraler Bestandteil einer ‚variablen didaktischen Gesamtkomposition' von Unterrichtsformen (vgl. Klafki 1998) ist. Aus dieser Anregung und Argumentation heraus avancierte auf der Grundlage des pädagogischen Gehalts der gesetzlichen Bestimmungen der Projektunterricht zum ‚zentralen Thema' (vgl. Braun 1998) und ‚Herzstück' (vgl. Kultusministerium des Landes Sachsen-Anhalt 1997f) der Pädagogik der Förderstufe. Im zeitlichen Rahmen von jeweils mindestens drei und höchsten sechs Unterrichtswochen in der Klassenstufe fünf und sechs war die Durchführung von Projektunterricht nach Pflicht- und Wahlpflichtthemen obligatorisch (vgl. Kultusministerium der Landes Sachsen-Anhalt 1997a-e und Reck 1996).

Die Einführung dieses anspruchsvollen pädagogischen Konzepts wurde insbesondere von einem umfassenden Fortbildungsprogramm und durch die Herausgabe einer Heftreihe mit Richtlinien, Grundsätzen und Anregungen für die Unterrichtspraxis flankiert (vgl. Kultusministerium der Landes Sachsen-Anhalt 1997a-e). In den Broschüren waren jeweils themenspezifisch didaktische und methodische Hinweise, Sachanalysen, Materialien und Anregungen für die Gestaltung der Pflicht- und Wahlpflichtprojekte enthalten. Die im Schulgesetz formulierten Bildungs- und Erziehungsschwerpunkte bildeten den inhaltlichen Rahmen für die Themen der vier Pflichtprojekte[2], die bestimmten Fächerkombinationen zugeordnet waren. Didaktisch wurde auf die von Karl Frey (1993) entwickelte Projektmethode orientiert.

2. Praktizierter Forschungsansatz

Die formative Evaluation (vgl. Prengel/Heinzel/Carle 2004) des verbindlichen Projektunterrichts im Rahmen der „Wissenschaftlichen Begleitung der Einführung der Förderstufe in Sachsen-Anhalt" war mit der Absicht verknüpft, die beobachtete Projektrealität an vier durch selektives Sampling (vgl. Kelle/Klu-

2 Die Themen der vier Pflichtprojekte lauteten: „Zwischen Vergangenheit und Zukunft leben", „Miteinander leben", „Mit Technik und Medien leben" und „Gesund leben in einer gesunden Umwelt".

ge 1999) ausgewählten Einzelschulen zu rekonstruieren, Entwicklungslinien herauszuarbeiten und unter Berücksichtigung von Nähe und Distanz zur Projektidee, wie sie konzeptionell in den entsprechenden kultusministeriellen Broschüren (vgl. Kultusministerium des Landes Sachsen-Anhalt 1997 a-e) dargelegt wurde, systematisch und kriterienorientiert auszuwerten. In diesem Sinne war der Forschungsansatz des Projektes vordergründig evaluativ ausgerichtet, befasste sich maßgeblich mit der Bewertung der Maßnahmen und Interventionen und interessierte sich vorrangig für die Qualitätsveränderung sowie -verbesserung des Evaluationsobjektes (vgl. Bortz /Döring, 2002).

Die Datengrundlage hierfür bildeten zum einen die aus teilnehmenden Beobachtungen gewonnen Projektprotokolle. Zusätzlich sind in Datenbögen die schulorganisatorischen Rahmenbedingungen und durch die reine Beobachtung strukturell nicht erfassbare Aspekte der vorausgehenden und kooperativen Planung (vgl. Bastian 1998) der Projekte dokumentiert worden. In einem ersten Auswertungsschritt erfolgte die Fertigung teilstandardisierter Projektcharakteristiken angelehnt an die Methode der komparativen Kasuistik (vgl. Jüttemann 1990), die die Komplexität der Projektunterrichtspraxis unter Berücksichtigung zentraler Projektkomponenten (vgl. Frey 1993) und -merkmale (vgl. Gudjons 1997) porträtierten.

Davon ausgehend wurde die Projektpraxis der Schulen nicht nur zusammenfassend charakterisiert, sondern es war auch möglich, ihre Qualität zu hinterfragen und schulspezifische Entwicklungslinien sowie förderliche und hinderliche Faktoren für die Weiterentwicklung des Projektunterrichtes an den Einzelschulen im Sinne einer Konzeptevaluation herauszuarbeiten und nachzuzeichnen. Dabei fanden gleichermaßen didaktische und Schulentwicklungsaspekte Berücksichtigung. Die auf diese Weise analysierte Projektunterrichtspraxis fand in einem weiteren Schritt Ergänzung um die Perspektive der in Leitfadeninterviews zu Sichtweisen auf die Förderstufe erfassten Aussagen zu den Projekten und den Rahmenbedingungen der Einzelschule, die unter Zuhilfenahme der computergestützten qualitativen Datenanalysesoftware winMAX (vgl. Kuckartz 1999) systematisch ausgewertet wurden. Als Analyseprodukt entstanden so klassenspezifische Fallstudien (vgl. Kraimer 1995) des Projektunterrichts als Längsschnitt über zwei Jahre. Die beschriebene Synthese stellt einen Vermittlungsprozess dar, über den die gewonnen Einzelergebnisse vor dem Hintergrund einer übergreifenden Gegenstandskonstruktion im Sinne eines Erkenntniszuwachses zusammengeführt wurden. Eine kritische Auseinandersetzung mit förderstufenbezogenen Publikationen und Ergebnissen ähnlich gelagerter Projekte stellte einen weiteren Reflexionshintergrund dar. Diese ganzheitliche und triangulierende Betrachtungsweise des Projektunterrichts ermöglichte es Gelingensbedingungen dieser Unterrichts- und Schulreform und den Umgang mit ihr immanenten Widersprüchen herauszuarbeiten. Auf einige Beispiele soll in den folgenden Abschnitten genauer eingegangen werden.

3. Pflichtprojekte und Curriculum

Zugunsten der verbindlichen Einführung des Projektunterrichtes in der Förderstufe wurde eine Reihe von Veränderungen in der Stundentafel vorgenommen. Die im Zuge dessen realisierte Reduktion von Wochenstundenzahlen in einigen Fächern stieß nicht nur generell vielfach auf Kritik, sondern hatte konkret auch die Notwendigkeit zur Folge, bestimmte fachliche Inhalte verbindlich in die Projekte aufzunehmen. Dies führte zu einer insgesamt als problematisch zu charakterisierenden fachlichen Kopplung eines Spektrums von Projektthemen, welche die Frage weitgehend offen ließ, inwiefern innerhalb dieser Rahmung anspruchsvoller Projektunterricht implizit ad absurdum geführt wird. Schon allein die Wortschöpfung „Pflichtprojekte“ erscheint paradox, ein Widerspruch in sich, wo doch Projektunterricht eher ein Lernarrangement darstellt, welches sein Potenzial vor allem daraus gewinnt, dass die Beteiligten selber planen, was sie erreichen wollen und mit welchem Themenvorschlag sie sich auseinandersetzen. Nun waren die Themen jedoch vorgegeben und inhaltliche Stoffelemente wurden administrativ in ein Projektthema hineindefiniert. Wie balancierten die Lehrer letztlich den selbstbestimmten Grundcharakter des Projektunterrichts mit den administrativ vorgegebenen Inhalten der Pflichtprojekte aus?

Pflichtprojekte – die inhärente Widersprüchlichkeit dieses Begriffs regt nicht nur auf einer theoretischen Ebene zur Kritik an. Auch von den Lehrern, dies verdeutlichte sich uns in einer Vielzahl von Interviews, Gesprächen und Fortbildungsveranstaltungen, wurde dieser offensichtliche konzeptionelle Bruch sensibel wahrgenommen und teilweise als Abwehrargument verwendet. In der Praxis zeigte sich, dass es umso weniger Projektarbeit im eigentlichen Sinne gab, je mehr die verbindlichen Inhalte fokussiert wurden und umgekehrt. Oder anders formuliert, je systematischer die Lehrer versuchten die ausgelagerten Fachinhalte in den Projekten unterzubringen, umso weniger fand eine gemeinsame Projektentwicklung und -planung statt. Im konkreten Unterricht ließen sich zwei kontrastierende Umgangsweisen mit diesem Spannungsverhältnis beobachten (vgl. Kastner 1998 und Wenzel/Bennewitz/Kastner u.a. 2000b). So gab es Projekte, die sich ganz eng an den inhaltlichen Vorgaben orientierten. Dies hatte den Effekt, dass der eigentliche Projektcharakter kaum zum Tragen kam und maßgeblich an einem engen, vom Klassenlehrer bestimmten, zeitlichen und inhaltlichen Raster entlang gearbeitet wurde. Dadurch wurde zwar ansatzweise ein fächerverbindender Unterricht praktiziert, jedoch systematisch wichtige Planungs- und Aushandlungsprozesse auf Schülerseite ausgeblendet. Resultat waren abwechslungsreiche Unterrichtswochen, die ihren Eigenwert nur dadurch erhielten, dass ein Unterricht mit mehr schüleraktiven Bestandteilen praktiziert und die bildungspolitische Forderung nach einer stärkeren Öffnung der Schule für ihr soziales und kulturelles Umfeld weit stärker als im normalen Schulalltag erfüllt wurde.

Eine andere Strategie bestand darin, den Schülern unter dem Dach der vorgegebenen Thematik durch kooperative Planungsprozesse möglichst viel Handlungsspielraum für eigene Ideen innerhalb der Projekte einzuräumen. Dieser Projektunterricht näherte sich viel umfassender der Intentionalität der Unterrichtsform. Dadurch mussten die Lehrer jedoch mit der Gefahr umgehen lernen, dass die verbindlichen Inhalte in den Projekten zu kurz kommen könnten. Gelöst wurde das oftmals durch gezielte Nacharbeit im normalen Unterricht. Sichtbar war jedoch, dass mit der durch die Einführung der Förderstufe initiierten Unterrichtsreform das Spannungsverhältnis des Projektunterrichts zum Fachunterricht nur ansatzweise gelöst wurde. Nun war es zwar nicht nur legitim, sondern auch gefordert, dass diese Unterrichtsform neben dem Lehrgang zum Normalfall wird, und die Lehrer mussten sich nicht gegen den Widerstand oftmals existierender Vorbehalte das Recht auf einen reformierten Unterricht erstreiten. Das Problem bestand jedoch darin, dass weiterhin konzeptionell nicht die gemeinsame Bearbeitung eines für die Beteiligten bedeutsamen Problems (vgl. Bastian/ Schnack 1997), sondern die systematische Vermittlung von Fachwissen zum Ausgangspunkt von Projektunterricht gemacht wurde. Dass sich bei genauerer Betrachtung in der Realität der skizzierte gelungene Weg aus diesem Dilemma fand, war dem kreativen, ideenreichen Umgang einzelner Lehrer mit den institutionellen Vorgaben zu verdanken. Diese jeweils individuell entwickelten Strategien zur Balancierung der administrativ verursachten Paradoxie zeugen einerseits von der Professionalität der Lehrer im Umgang mit dem Spannungsverhältnis des Projektunterrichts zum Lehrplan. Andererseits wird jene jedoch durch eine gewisse Halbherzigkeit der äußeren Schulreform verursacht, die in diesem Falle sich zwar offen für reformierten Unterricht zeigt, deren Initiatoren jedoch selbige noch zu wenig konsequent zu Ende denken, lehrplanmäßig zu enge Rahmenvorgaben machen und den Umgang mit den so produzierten konzeptionellen Widersprüchlichkeiten an die Lehrer delegieren. Noch zu wenig wird von administrativer Seite darauf vertraut, dass innerhalb von Lernarrangements bearbeitete Thematiken und daraus resultierendes Wissen vor allem dann pädagogisch bedeutsam werden, wenn die Beteiligten an der Auswahl partizipieren können.

4. Projektunterricht und Leistungsbewertung

Die Leistungsbeurteilung innerhalb des Projektunterrichts stellte im Vergleich dazu ein noch weitaus schwierigeres und insgesamt weithin ungelöstes Problem dar. Aufgrund der landesspezifischen Erlasslage entstand ein nicht zu vermeidender Widerspruch zwischen der Förderung von Kooperation, Teamfähigkeit und dem Lernen des Lernens innerhalb von Projekten einerseits und der Orientierung auf individuelle Leistungsbeurteilung andererseits. Dieser Konflikt erfuhr durch die vorfindbare Bewertung von Arbeitsergebnissen auf der Ebene individueller Produkte (z.B. Arbeitsblätter, Projekthefter) durch die Lehrer oftmals keine angemessene Lösung, wobei dies innerhalb unserer Beobachtungen noch vergleichsweise ausgereifte Konzepte darstellte. Beobachtet werden konnten auch Pauschalbenotungen wie etwa: ‚Weil ihr heute alle so prima mitgemacht habt, bekommt ihr alle von mir eine Eins'.

Entwicklungsansätze zur angemessen Projektarbeitsbewertung mit dem Ziel der Unterstützung und des Aufbaus von Fähigkeiten der Selbstbeobachtung und -evaluation in Form von Projekttagebüchern und Arbeitsprozessberichten (vgl. Gudjons 1997) waren kaum zu beobachten und konzeptionell in den Projektbroschüren (vgl. Kultusministerium des Landes Sachsen-Anhalt 1997 a-e) auch nicht angeregt. Projektunterricht fordert jedoch gerade eine Bestimmung von Schülerleistungen an einem erweiterten Leistungsbegriff, der inhaltliche, arbeitsmethodische und soziale Aspekte berücksichtigt (vgl. Bastian/ Schnack 1997). Das existierende Spannungsverhältnis, dass eben dieses erforderliche Leistungsverständnis den institutionell vorgeschriebenen Formen der Leistungsbewertung nicht mehr entspricht, fand in den konzeptionellen Überlegungen zur dargestellten Schulreform „von oben" keine Berücksichtigung. Der traditionelle Leistungsbegriff, der Einzelleistungen und -produkte in Form von Fachnoten misst, blieb unangetastet. Auch damit wurde ein wichtiges Lern- und Erfahrungspotenzial innerhalb des Projektunterrichtes systematisch ausgeschaltet und der dahinter stehende Widerspruch weiter aufrechterhalten.

Andererseits liegt durchaus auch die Frage auf der Hand, warum wir während unserer Forschung keine eigenständigen, über die kultusministeriellen Broschüren hinausgehenden Bemühungen der Suche nach geeigneteren Formen der Leistungsbewertung wahrnehmen konnten. Erklärungen dafür lassen sich maßgeblich in der Komplexität des der Reform innewohnenden Veränderungsanspruchs suchen. Noch nie mit dem diffizilen Problem der Leistungsbewertung in Projekten, jedoch insgesamt mit einer Fülle von Veränderungsansprüchen konfrontiert, waren die Bemühungen der Lehrer in der von uns beforschten frühen Phase der Reform vorrangig darauf konzentriert, die Grundzüge der Schul- und Unterrichtsreform zu realisieren. Dieses generelle Bemühen ließ wenig Zeit für die Arbeit an spezifischen Details, und so zog man sich in konkreten Punkten sehr formal auf die in den Broschüren enthalten Anregungen und bereits praktizierte Leistungsbewertungsroutinen zurück.

Nachfolgend sollen nun weitere Befunde angesprochen werden, die insbesondere das Spannungsverhältnis des Projektunterrichts zu den Vorgaben der Schulorganisation und entsprechende Kompensationsbemühungen beleuchten.

5. Projektunterricht und Schulorganisation

Eine zentrale Rolle innerhalb der konkreten Umsetzung der hier thematisierten Unterrichtsreform und der Bearbeitung existierender Widersprüchlichkeiten kam den Schulleitern zu. Die Schulleiter fungierten in den vier Schulen nicht selten als Motoren der Qualitätsentwicklung des Projektunterrichts, indem sie u.a. Projekteinschätzungen und andere förderstufenrelevante Themen in die Dienstberatungen einbrachten sowie kollegiale Unterstützungssysteme (z.B. in Form von Teams) organisierten und begleiteten. Insgesamt offenbarte sich in unseren Untersuchungen die Bedeutung der Schulleitung für die Qualität der Realisierung reformpädagogischer Innovationen. Neben der Schaffung förderlicher Rahmenbedingungen (Räume, Zeiten, Mittel) spielte sie auch bei der Ermutigung zur Erprobung neuer Ideen ebenso wie beim Einfordern von Rechenschaft, Kontrolle und Selbstevaluation eine wichtige Rolle. Damit werden Ergebnisse der Schulentwicklungsforschung und von Forschungen zur Qualität und Effektivität von Schule bestätigt, die die besondere Rolle von Schulleitern als Türöffner für Schulentwicklungsprozesse identifiziert und beschrieben haben (vgl. z.B. Aurin 1990; Baumert 1989; Dalin/Rolff 1990; Fend 1986; Rolff 1991; Steffens/Bargel 1993). Die anspruchsvolle Realisierung der Pädagogik der Förderstufe verkörperte allemal eine vielschichtige und längerfristige Aufgabe, für die eine kompetente ,pädagogische' Schulleitung erforderlich war, die nicht nur organisierte und verwaltete, sondern bewusst und selbstkritisch die pädagogische Schulentwicklung mit Augenmaß und Perspektive forderte und förderte. Ihre Aufgabe in diesem Kontext bestand darin, hinter den Reformaktivitäten des Kollegiums zu stehen, es zu selbigen zu ermuntern, Initiativen zuzulassen und zu fördern, zumindest aber nicht gegen sie zu agieren (vgl. Wenzel 1996). Gerade in Hinsicht der Schaffung und Betreuung dieser situativen und kontextuellen Aspekte konturierten sich Schulleiter als unterschiedlich. Ein Zusammenhang zwischen dem Gelingen erfolgreicher Projektunterrichtsentwicklung und dem entsprechenden Engagement und der entsprechenden ,Vertrauensorganisation' (vgl. Ratzki 1998) der Schulleitung ließ sich eindeutig nachweisen. Ein gutes Beispiel hierfür ist der Schulleiter der Unstrut-Schule.

> „Der Schulleiter der [Unstrut-; HK] Schule [...] steht der Einführung der Förderstufe aufgeschlossen gegenüber. Diese Aufgeschlossenheit trägt er in das Kollegium, indem er sich selbst aktiv an der Ausgestaltung der Förderstufe [...] beteiligt. Er unterstützt die Entwicklung der Förderstufe nicht nur durch begleitende organisatorische Maßnahmen, sondern ist auch selbst intensiv in die Förderstufenarbeit involviert. Er ist der einzige Schulleiter der vier Beobachtungsschulen, der selbst in der Förderstufe unterrichtet und aktiv an Projektwochen mitwirkt. Die Projektarbeit macht er an seiner Schule zum konkreten Arbeitsschwerpunkt. Für die intensive, qualitätsfördernde Vor- und Nachbereitung der Projektwochen schafft er Verbindlichkeiten in Form von kontinuierlichen Teamsitzungen. Diese Sitzungen leitet er ein Schuljahr lang selbst an und gibt dann die Verantwortung an einen Klassenleiter einer Förderstufenklasse weiter. Seine Teilnahme erleichtert die Realisierung der Projektwochen, ermöglicht klassenübergreifende Arbeitsgruppen und Projektwochenpräsentationen, was so an keiner anderen beobachteten Schule stattfand. Zudem ist er es, der im zweiten Schuljahr der Förderstufe in seinem Fach Epochenunterricht ausprobiert und die Nutzung der Aula und anderer Räumlichkeiten für klassenübergreifendes Arbeiten ermöglicht. Der Schulleiter der [Unstrut-; HK] Schule [...] unterstützt somit die Einführung der Förderstufe an seiner Schule nicht nur auf ideeller, sondern auf praktischer Ebene und motiviert durch eigenes Beispiel die Kolleginnen und Kollegen zum Engagement. Der Effekt seiner Mitwirkung ist die deutliche Verbesserung der Qualität der Projektwochen über den Zeitraum der beiden Jahre Förderstufe“ (Wenzel/Bennewitz/Kastner u.a. 2000a, S. 12f).

Durch dieses so von uns analysierte Schulleiterhandeln und dessen Kontrastierung mit den weiteren drei Fällen konnten wir herausarbeiten, dass es gerade die Schulleiter waren, die im Rahmen ihrer Gesamtverantwortung zur kreativen Nutzung der einzelschulischen Ressourcen einen Beitrag leisteten, Vertretungspläne und Verantwortlichkeiten organisierten, Veränderungen im Stundenplan zuließen und damit den Weg für erfolgreiche Projektarbeit ebneten.

Die Rolle der Schulleitung bildete aber nur einen spannungsmindernden Faktor neben anderen. Insbesondere waren es die Kommunikations- und Kooperationsbeziehungen im Kollegium, denen ein hoher Stellenwert für erfolgreichen Projektunterricht zuzuschreiben war. Es bedurfte nicht nur der Unterstützung durch die Schulleitung, sondern auch der Teamarbeit im Kollegium, um umfassend die gegebenen innerschulischen Handlungsspielräume zu erschließen und das Spannungsverhältnis von Projektunterricht zur Schulorganisation zu lösen. Denn die Pflichtprojekte erforderten in zweifacher Hinsicht eine Veränderung der traditionellen Lehrerrolle. Sie veränderten nicht nur die Lehrer-Schüler-Beziehung, sondern auch das ‚Einzelkämpfertum' der Lehrer. Der kollegiale Kooperator war gefordert, der im Team neue Aufgaben und gemeinsame Lösungswege überlegt und realisiert (vgl. Ratzki 1998; Wenzel 1996). Wenn an einer Schule Kooperationsstrukturen zwischen den Lehrkräften vorhanden waren, in denen die Möglichkeit zu einem konstruktiven Dialog bestand, haben sie einen Beitrag zur kontinuierlichen Evaluation der Förderstufenprojekte, zu einem reflektierten Einbezug von individuellen Projektwochen- und Fortbildungserfahrungen und zu einer vorausgehenden inhaltlichen und organisatorischen Projektplanung mit dem Effekt der Qualitätsentwicklung geleistet. Da die Realisierung der Projekte immer den sonst üblichen Stundenplan außer Kraft setzte, führte dies notwendigerweise zu organisatorischen Absprachen, die über die üblichen Formen eher gefügeartiger Kooperation hinaus gingen. Zumeist wurden in speziellen Planungsgruppen oder in den Förderstufenteams die Vorbereitungen und Absprachen getroffen. Diese Teams schufen nicht nur für reformoffene Lehrer wichtige Kooperationsstrukturen, sondern halfen auch, Lehrer, die nicht vom Projektunterricht überzeugt waren, zunehmend an diese Unterrichtsform heran zu führen. Für das Gelingen des Projektunterrichts war insofern ein Paradigmenwechsel weg vom Lehrenden als Einzelkämpfer hin zu stärkerer Teamarbeit, zur Einzelschule als pädagogischer Handlungs- und Gestaltungseinheit (vgl. Lönz 1996 und Rolff 1995b) notwendig. Die stärkere Berücksichtigung ganzheitlichen Lernens erforderte die Entwicklung einer Problemlösekapazität, die durch eine Professionalisierung der Kollegiumsarbeit die Transformation schulinterner Spannungsverhältnisse in gemeinsame pädagogische Entwicklungsaufgaben ermöglichte. Denn der Komplexität dieser Unterrichtsform wird eine auf fachwissenschaftliche und fachdidaktische Kompetenz eingegrenzte Qualifikationsbasis nicht gerecht, die allein auf die primäre Dominanz planmäßigen und systematischen Unterrichtes abhebt. Die Einführung der Förderstufe als formalabstrakte Regelung von oben war letztlich angewiesen auf etwas, was formalabstrakt nicht eingeführt werden kann, die Einführung einer neuen Handlungspraxis. Was im konkreten Projektunterricht geschieht, ist demzufolge Ergebnis dessen, was die konkreten lokalen Akteure vor Ort aushandelnd, sich bekämpfend, konsensuell etc. realisieren. Die vorausgehende Planung von Projektunterricht beispielsweise erfordert das Zusammenwirken zumindest eines Teils der Lehrerschaft der Schule inklusive ihrer Schulleitung. Nur in solchen Teams können umfassend die gegebenen innerschulischen Handlungsspielräume erschlossen und das Spannungsverhältnis von Projektunterricht zur Institution Schule (vgl. Bastian/Schnack 1997) gelöst werden. Latente nicht aufhebbare Antinomien, das wurde in unserer Begleitforschung deutlich, ließen sich erfolgreicher im konstruktiven kollektiven Dialog bearbeiten (vgl. Wenzel/Bennewitz/Kastner u.a. 2000a). Nur so war es z.B. möglich, innerhalb der Schulorganisation den normalen Stundenrhythmus aufzubrechen und somit langfristige Problembearbeitungsprozesse zu ermöglichen oder verstärkt außerschulische Lernorte aufzusuchen.

6. Fazit

Mit der Einführung der integrierten Förderstufe in Sachsen-Anhalt wurde eine Schulreform ‚von oben' initiiert, die mit einem anspruchsvollen reformpädagogischen Konzept verknüpft war. Zum zentralen Reformbestandteil avancierte die

Einführung einer Reihe von Pflichtprojekten in den Klassenstufen fünf und sechs. Damit erlangte eine Unterrichtsform Normalität, die bisher eher ein randständiges Dasein gefristet hatte und deren Realisierung oftmals vom Enthusiasmus und Engagement einzelner Lehrer abhing. Wenn Projektunterricht jedoch zur Selbstverständlichkeit gehört, eine Anforderung ist, um die nicht mehr emphatisch gekämpft werden muss, sondern eine normale Leichtigkeit oder leichte Normalität bekommt, könnte, so ließe sich auf den ersten Blick vermuten, seine Umsetzung auch einfacher werden. Dem ist mit Blick auf das von uns wissenschaftlich begleitete sachsen-anhaltische Schul- und Unterrichtsreformprojekt nur begrenzt zuzustimmen. Es zeigte sich, dass zentrale Spannungsverhältnisse des Projektunterrichts zur Institution Schule trotz eines eindeutigen Bekenntnisses zu dieser Unterrichtsform nicht gelöst werden konnten. Empirisch bestätigen sich die von Bastian und Schnack (1997) postulierten Antinomien, obwohl sich die Schulreform an sich offen für Projektunterricht zeigte.

An sich paradox ist schon die Wortschöpfung „Pflichtprojekte" – ein Widerspruch in sich. Themen sind vorgegeben und inhaltliche Stoffelemente werden administrativ in ein Projektthema hineindefiniert. Das trägt zu einer Verschärfung des generell schon existierenden Spannungsverhältnisses dieser Unterrichtsform zum Curriculum bei und lehrerseits zur Notwendigkeit einer planerischen Entscheidung zwischen gutem Projektunterricht einerseits oder einer umfassenden Vermittlung der vorgeschriebenen inhaltlichen Stoffelemente andererseits. In der Konsequenz steht der Lehrer damit wieder vor der Entscheidung für oder gegen den Projektunterricht, nur auf einer anderen Ebene. Die Realisierung dieser Unterrichtsform wird von ihm nun explizit erwartet, aber wenn er die curricularen Anforderungen zu ernst nimmt, kann er aufgrund der zu engen Rahmenvorgaben keinen guten Projektunterricht durchführen. Dass somit – konsequent zu Ende gedacht – durch ein schulpolitisches Bekenntnis zum Projektunterricht selbiger letztlich auch verhindert werden kann, überrascht. Ursachen dafür sind unter anderem in der gewählten Reformstrategie und deren landespolitischer Umsetzung zu suchen.

Allgemein ließ sich nichtsdestotrotz feststellen, dass die Einführung von Pflichtprojekten einen wichtigen Schritt zur Etablierung einer zeitgemäßen Unterrichtsform darstellte. Ein zentrales Ergebnis unserer Begleitforschung war, dass sie sich rückblickend als Reformimpuls mit der intensivsten Wirkung erwies, indem sich im Sinne einer allgemeinen Realisierung erweiterter Lehr- und Lernformen die größten Veränderungen gegenüber dem traditionellen Unterricht zeigten. Obwohl die weiter oben erwähnten von Rolff (1995a) herausgearbeiteten Spannungsverhältnisse, mit denen „Gesamtsystem-Strategien" behaftet sind, sich auch in unserer Begleitforschung abzeichneten, lässt sich konstatieren, dass Projektunterrichtsansätze in sachsen-anhaltischen Schulen von sich aus nie diesen Stellenwert und diese Breite hätte erlangen können. Somit birgt diese Reformstrategie auch das nicht zu unterschätzende Potenzial, dass Lehrer gezwungen werden, sich mit einer konkreten, zeitgemäßen, reformpädagogischen Unterrichtsform auseinanderzusetzen, wie sie dies in dieser Form sonst nie hätten tun müssen. Dass es unter diesen Umständen auch weniger reformoffenen Kollegien gelingt, sukzessive einen anspruchsvollen Projektunterricht zu realisieren, auch das war in unserer Begleitforschung beobachtbar. Wichtig auf diesem Weg waren maßgeblich ein Engagement der Schulleitung für die Projekte, die Installation von kollegialen Unterstützungssystemen, kontinuierliche Evaluationen und kritische Diskussionen. Diese Orientierung an Merkmalen von Schulentwicklung leistete den entscheidenden Beitrag im Umgang mit den dieser Schul- und Unterrichtsreform innewohnenden Paradoxien.

Literatur

Anweiler, Oskar/Fuchs, H.-J./Dorner u.a. (Hrsg.) (1992): Bildungspolitik in Deutschland 1945-1990. Ein historisch-vergleichender Quellenband. Opladen.

Aurin, Kurt (Hrsg.) (1990 und 1991) Gute Schulen – Worauf beruht ihre Wirksamkeit? Bad Heilbrunn.

Bastian, Johannes/Schnack, Jochen (1997): Projektunterricht und Schulentwicklung. In: Bastian, Johannes/Gudjons, H./Schnack u.a. (Hrsg.): Theorie des Projektunterrichts. Hamburg, S. 165-183.

Bastian, Johannes (1998): Projektunterricht planen. In: Bastian, Johannes/Gudjons, H. (Hrsg.): Das Projektbuch II. Über die Projektwoche hinaus – Projektlernen im Fachunterricht. 3. Aufl. Hamburg, S. 240-252.

Baumert, Jürgen (1989): Forschungsergebnisse zur Schulleiterproblematik. In: Rosenbusch, Heinz/ Wissinger, J. (Hrsg.): Schulleiter zwischen Administration und Innovation. Braunschweig.

Bortz, J. und Döring, N. (2002). Forschungsmethoden und Evaluation für Human- und Sozialwissenschaftler. 3. Auflage. Berlin: Springer.

Bönsch, Manfred (1996): Pädagogik der Förderstufe und innere Differenzierung. In: Kultusministerium der Landes Sachsen-Anhalt (Hrsg.): Zur Einführung der Förderstufe in Sachsen-Anhalt. Bericht zur Tagung des Landesinstituts für Lehrerfortbildung, Lehrerweiterbildung und Unterrichtsforschung von Sachsen-Anhalt sowie der Projektgruppe „Einführung der Förderstufe" im Kultusministerium der Landes Sachsen-Anhalt vom 24. November 1995 in Halle. Schönebeck, S. 23-34.

ders. (1999): Entwicklungstendenzen gegenwärtiger Pädagogik, speziell der Schulpädagogik. In: PÄD-Forum. 27. Jg. H. August, S. 337-343.

Braun, Karl-Heinz (1998): Pädagogische Innovationsarbeit in der Förderstufe erfordert alltagsverankerte Beratung und Fortbildung. Aus: Braun, Karl-Heinz/Klafki, W./Koch-Priewe (Hrsg.): Pädagogik der Förderstufe. 2. erweiterte Aufl. Magdeburg, S. 93-99.

Dalin, Per/Rolff, H.-G. (1990): Institutionelles Schulentwicklungsprogramm. Eine neue Perspektive für Schulleiter, Kollegium und Schulaufsicht. Soest.

Fend, Helmut (1986): „Gute Schulen – Schlechte Schulen" – Die einzelne Schule als pädagogische Handlungseinheit. In: Die deutsche Schule 3, S. 275-293.

Frey, Karl (1993): Die Projektmethode. 5. Aufl. Weinheim.

Gudjons, Herbert (1997): Handlungsorientiert lehren und lernen; Schüleraktivierung – Selbständigkeit – Projektarbeit. 5. Aufl. Bad Heilbrunn.

Jüttemann, Gerd (Hrsg.) (1990): Komparative Kasuistik. Heidelberg.

Kastner, Heiko(1998): Projektwochen im ersten Jahr Förderstufe in Sachsen-Anhalt – Überblick und Entwicklungslinien an vier ausgewählten Einzelschulen. In: Zentrum für Schulforschung und Fragen der Lehrerbildung (Hrsg.): Die Förderstufe in Sachsen-Anhalt. Zur Umsetzung eines reformpädagogischen Konzepts. Diskurse zu Schule und Bildung – Werkstatthefte des ZSL. Heft 14. Halle. S. 3-19.

Kelle, Udo/Kluge, S. (1999): Vom Einzelfall zum Typus. Fallvergleich und Fallkontrastierung in der qualitativen Sozialforschung. Opladen.

Klafki, Wolfgang (1998): Pädagogik der Förderstufe: Ziele, Mittel und Realisierungschancen. Aus: Braun, Karl-Heinz/Klafki, W./Koch-Priewe (Hrsg.): Pädagogik der Förderstufe. 2. erweiterte Aufl. Magdeburg, S. 8-20.

Koch, Jürgen (1999): Projektwoche(n) – kurz und knackig. 7. Aufl. Lichtenau.

Kraimer, Klaus (1995): Einzelfallstudien. In: König, Eckard/ Zedler, P.: Bilanz qualitativer Forschung. Band 2. Methoden. Weinheim. S. 463-497.

Krüger, Heinz-Hermann (1998): Strukturwandel des Aufwachsens – Herausforderungen für die zukünftige Schulentwicklung. Aus: Braun, Karl-Heinz/Klafki, W./Koch-Priewe (Hrsg.): Pädagogik der Förderstufe. 2. erweiterte Aufl. Magdeburg, S. 21-34.

Kultusministerium des Landes Sachsen-Anhalt (Hrsg.): Grundsätze und Anregungen für den Unterricht:

(1997a): 8 Wahlpflichtprojekte. Magdeburg.

(1997b): Pflichtprojekt 1. Miteinander leben. Magdeburg.

(1997c): Pflichtprojekt 2. Zwischen Vergangenheit und Zukunft leben. Magdeburg.

(1997d): Pflichtprojekt 3. Mit Technik und Medien leben. Magdeburg.

(1997e): Pflichtprojekt 4. Gesund leben in einer gesunden Umwelt. Magdeburg.

dies. (1997f): Lernen in der Förderstufe. Informationen für Eltern. Magdeburg.

Kuckartz, Udo (1999): Computergestützte Analyse qualitativer Daten. Eine Einführung in Methoden und Arbeitstechniken. Wiesbaden.

Lönz, Michael (1996): Das Schulportrait. Ein Beitrag der Einzelschulforschung zur Schulreform. Frankfurt am Main, Berlin, Bern u.a..

Prengel, Annedore/Heinzel, F./Carle (2004): Methoden der Handlungs-, Praxis- und Evaluationsforschung. In: Helsper, Werner/Böhme, J.: Handbuch der Schulforschung. Wiesbaden. S. 183-199.

Ratzki, Anne (1998): Teamarbeit als Grundlage für Schulentwicklung. Aus: Braun, Karl-Heinz/ Klafki, W./Koch-Priewe (Hrsg.): Pädagogik der Förderstufe. 2. erweiterte Aufl. Magdeburg, S. 84-92.

Reck, Karl-Heinz (1996): Zur Einführung der Förderstufe in Sachsen-Anhalt. Bildungspolitische und schulfachliche Intentionen. In: Kultusministerium der Landes Sachsen-Anhalt (Hrsg.): Zur Einführung der Förderstufe in Sachsen-Anhalt. Bericht zur Tagung des Landesinstituts für Lehrerfortbildung, Lehrerweiterbildung und Unterrichtsforschung von Sachsen-Anhalt sowie der Projektgruppe „Einführung der Förderstufe" im Kultusministerium der Landes Sachsen-Anhalt vom 24. November 1995 in Halle. Schönebeck, S. 5-10.

Rolff, Hans-Günther (1991): Schulgestaltung als Organisationsentwicklung – Schulleitungen als Agenten des Wandels. In: Wissinger, Jochen/Rosenbusch, H. (Hrsg.): Motivation durch Kooperation. Schulleiter-Handbuch Band 58. Braunschweig, S. 57-68.

ders. (1995a): Autonomie als Gestaltungsaufgabe. Organisatorische Perspektiven. In: Daschner, P./ Rolff, H.-G./Stryck (Hrsg.): Schulautonomie – Chancen und Grenzen. Impulse für die Schulentwicklung. Weinheim und München. S. 31ff.

ders. (1995b): Steuerung, Entwicklung und Qualitätssicherung von Schulen durch Evaluation. Aus: Rolff, Hans-Günther (Hrsg.): Zukunftsfelder von Schulforschung. Weinheim. S. 375-392.

Steffens, Ulrich/Bargel, T. (1993): Erkundungen zur Qualität von Schule. Neuwied.

Wenzel, Hartmut (1996): Einführung der Förderstufe als pädagogische Schulentwicklung. In: Kultusministerium der Landes Sachsen-Anhalt (Hrsg.): Zur Einführung der Förderstufe in Sachsen-Anhalt. Bericht zur Tagung des Landesinstituts für Lehrerfortbildung, Lehrerweiterbildung und Unterrichtsforschung von Sachsen-Anhalt sowie der Projektgruppe „Einführung der Förderstufe" im Kultusministerium der Landes Sachsen-Anhalt vom 24. November 1995 in Halle. Schönebeck, S. 11-22.

Wenzel, Hartmut/ Bennewitz, H./ Kastner, H. u.a. (2000a): Zu den Ergebnissen der wissenschaftlichen Begleitforschung. In: Kultusministerium des Landes Sachsen-Anhalt (Hrsg.): Dokumentation. Zwei Jahre Förderstufe in Sachsen-Anhalt – Bilanz und Perspektive. Magdeburg. S. 7-26.

dies. (2000b): Gestaltung erfolgreicher Projektarbeit. In: Kultusministerium des Landes Sachsen-Anhalt (Hrsg.): Dokumentation. Zwei Jahre Förderstufe in Sachsen-Anhalt – Bilanz und Perspektive. Magdeburg. S. 40-45.

Hedda Bennewitz

Lehrende in Schulreformprozessen. Eine Deutungsmusteranalyse.

1. Fragestellung und Einordnung der Untersuchung

Die Einführung der Förderstufe in Sachsen-Anhalt ist ein jüngeres Beispiel für eine bildungspolitisch motivierte und gesetzlich eingeführte Schulstrukturreform, die Auswirkungen auf die gesamte Organisation der Sekundarschulen und Gymnasien hatte[1]. Unter der Devise „Gemeinsam länger lernen" wechselten die Kinder aus der Grundschule in die auf zwei Jahre angelegte Förderstufe, die in den Sekundarschulen eingerichtet wurde. Mit der Förderstufe verbunden war ein anspruchsvolles pädagogisches, zu Teilen reformpädagogisch orientiertes Konzept, das u.a. darauf zielte den Handlungsspielraum von Lehrerinnen und Lehrern zu erweitern und den Unterricht für erweiterte Lehr- und Lernformen zu öffnen (vgl. dazu auch Kastner in diesem Band, Braun 1996, Kultusministerium des Landes Sachsen-Anhalt1996, Bitter 1997, Wenzel u.a. 1998, 2001a und 2001b, Wenzel 2000).

Die Einführung einer Schulreform setzt die betroffenen Lehrerinnen und Lehrer unter Handlungsdruck. Sie sollen die strukturellen Veränderungen und die pädagogischen Intentionen umsetzen. Die neuen Herausforderungen können dabei sowohl Anstrengung als auch Sinnstiftung und Energiefreisetzung erzeugen. Wie die von der Förderstufe direkt betroffenen Lehrerinnen und Lehrer mit den neuen Möglichkeiten aber auch Anforderungen, die die Schulreform bereitgehalten hat, umgegangen sind, ist Thema dieses Aufsatzes. Es geht darum, Deutungsmuster von Lehrerinnen und Lehrern zu beschreiben und zu zeigen, wie die Einführung der Schulreform, die in besondere organisatorische Rahmenbedingungen eingebettet und mit vielerlei pädagogischen Innovationsansprüchen versehen ist, gedeutet wird. Das heißt, wie die Lehrerinnen und Lehrer den neuen Anforderungen begegnen und sich mit ihnen auseinandersetzen. Aber auch mit welchen Begründungen und Legitimationen sie sich den Anforderungen entzie-

1 In Sachsen-Anhalt vereinen sich die Bildungsgänge der Haupt- und Realschule in der Sekundarschule.

hen, diese weitestgehend zurückweisen oder für irrelevant erklären. Für Schulreformprozesse ist das insofern relevant, als nicht zuletzt auf dieser Akteursebene über Erfolg oder Misserfolg einer Reform entschieden wird.

Mit dieser Fragestellung reiht sich meine Untersuchung in ein Forschungsgebiet ein, das das Verhalten von Lehrerinnen und Lehrern gegenüber schulischen Innovationen und in Schulentwicklungsprozessen in den Fokus rückt (vgl. etwa Lang 1997, Esslinger 2002, Söll 2002). Die Einführung einer Schulreform bzw. einzelner Maßnahmen verläuft in der Regel weder reibungslos noch konfliktfrei. In einschlägigen Veröffentlichungen finden sich insbesondere Arbeiten zu den Themen ‚Widerstand' und ‚Konflikte'. Die Untersuchungen beschäftigen sich zum Beispiel mit der Beschreibung von Widerstandsformen oder dem Versuch, Phasenstrukturen von Widerstand herauszuarbeiten, während andere Ansätze die Absicht verfolgen, Innovationswiderstände zu verringern (Miller 1991, Becker/Langosch 1995, Bohnsack 1995, Schmidt 1996, Schley 1998, Philipp/Rolff 1998, Klippert 2000). Allen gemein ist dabei die Orientierung an der Durchsetzung und Realisierung von Neuerungen. Die Arbeiten, die sich mit Widerständen und Konflikten beschäftigen, vernachlässigen dabei oftmals kontextuelle Faktoren, die im Spannungsverhältnis von strukturellen, individuellen, sozialen und kulturellen Bedingungen liegen. Esslinger (2002), die in ihrer Studie das Berufskonzept von Lehrerinnen und Lehrern erhebt, gibt zu bedenken, dass mit der dichotomen Einordnung des Verhaltens von Lehrerinnen und Lehrern als innovationsfreundlich bzw. -feindlich, der Blick verstellt wird auf „Vorerfahrungen, Einstellungen, Haltungen und Sichtweisen des Berufes, die der Initiierung von Innovationsprozessen und der Reaktion auf Innovationsvorhaben vorausgehen bzw. sie begleiten" (S. 15). Damit spielt Esslinger auf jene Merkmale an, die, mit Terhart (1996b) gesprochen, als „Berufskultur" bezeichnet werden können. Danach weist jeder Beruf eine solche Berufskultur auf, die als vermittelndes Glied zwischen den Ebenen der individuellen und kollektiven Professionalität steht. Sie ist als komplexes, historisch entwickeltes und kulturelles Gebilde nur bedingt offen gegenüber dem analytischen oder wissenschaftlichen Zugriff und kann daher von Lehrerinnen und Lehrern auch nur bedingt expliziert werden (ebd. 452f). Der Begriff der Berufskultur wird von mir in eher soziologischer Perspektive genutzt, also in Abgrenzung zu den Inhalten neuerer Professionskonzepte[2]. Er fragt nach den traditionell gewachsenen Formen der Berufsausübung, wohingegen Berufskultur innerhalb der Professionalisierungsdebatte stets verbunden ist mit Fragen pädagogischen Handelns.

2 Vgl. dazu etwa bei Combe/Helsper 1996, Bastian u.a. 2000, Bauer 2000. Die Professionalisierungsdebatte der letzten Jahrzehnte (vgl. hierzu ausführlich Terhart 1996a) zeigt immer wieder, wie schwierig die Bestimmung einer pädagogischen Profession ist und war.

2. Das Forschungskonzept

Meine Untersuchung ist als Beitrag zur Erhellung von berufskulturellen Reaktions- bzw. Deutungsmustern von Lehrerinnen und Lehrer auf Reformforderungen konzipiert[3]. Mit der Perspektive auf (kollektive) Sichtweisen unterscheidet sich die Untersuchung von Forschungsarbeiten, die die Rekonstruktion der biographischen Genese beruflicher Habitualisierungen in den Blick nehmen (z.B. Krause/Wenzel 1998, Dirks 2000) oder sich mit „Subjektiven Theorien" (z.B. Groeben u.a. 1988, König/Vollmer 1993) beschäftigen. Ich gehe davon aus, dass der Umgang mit Schulreform wesentlich durch berufskulturelle Deutungsmuster bestimmt wird, die Einfluss auf das professionelle pädagogische Handeln von Lehrerinnen und Lehrern haben. Als überindividuelle Organisationsprinzipien der Wahrnehmung und Strukturierung von Wirklichkeit entstehen und äußern sich Deutungsmuster in sprachlichen Interaktionen. Deutungsmuster selbst sind Konstrukte impliziten Wissens, mit denen Mitglieder gesellschaftlicher Gruppen ihre Wirklichkeit (also etwa ihre Arbeitswelt) interpretieren. Sie sind, mit dem Frankfurter Soziologen Oevermann (2001) gesprochen, Interpretationsmuster mit einem krisenbewältigenden Potenzial für deutungsbedürftige Problemstellungen. Sie sind historisch, kulturell und milieuspezifisch ausgeformt und verkörpern eine vergemeinschaftete Weise der Problembewältigung. Deutungsmuster sind damit nicht nur Formen der Krisenbearbeitung, sondern zugleich Ausdruck und Teil der Berufskultur von Lehrerinnen und Lehrern.

Methodisch habe ich mich an Verfahren der Deutungsmusteranalyse orientiert. Rekonstruktiv verfahrende Deutungsmusteranalysen dienen zur Findung und Aufschließung von Erfahrungsaufschichtungen (vgl. Lüders 1991, Meuser/Sackmann 1991, Lüders/Meuser 1997, Oevermann 2001). Fallrekonstruktive Erkenntnisgewinnung, nach dem Prinzip der Sequenzanalyse, interessiert sich also für die Aufklärung charakteristischer Struktureigenschaften (vgl. Garz/Kraimer 1991, Hitzler/Honer 1997).

Das Datenmaterial

Die empirische Grundlage meiner Untersuchung sind Interviews mit Lehrerinnen und Lehrern aus vier sozialräumlich kontrastierenden Sekundarschulen, die an der „Wissenschaftlichen Begleitung der Einführung der Förderstufe" teilnahmen (vgl. Wenzel u.a 2001a und 2001b). Die Interviews wurden unmittelbar vor der

---

3 Die Daten der Untersuchung entstammen dem Begleitforschungsprojekt, das im Auftrag des Kultusministeriums von 1997 bis zum Jahr 2000, unter der Leitung von Prof. Hartmut Wenzel und Mitarbeit von Andreas Wiere, Heiko Kastner und der Autorin stattgefunden hat.

Einführung der Reform mit Lehrerinnen und Lehrern geführt, die als Klassenleiterinnen und -leiter in der Förderstufe eingesetzt werden sollten. Insgesamt wurden 13 Leitfadeninterviews erhoben und transkribiert. Gefragt wurde zunächst nach der Einstellung der Lehrerinnen und Lehrer zur Reform (Welche Einstellung haben Sie zur Einführung der Förderstufe?). Bei einer ersten Sichtung des Materials wurde versucht, kritische bzw. wohlwollende Haltungen zu identifizieren. Es zeigte sich alsbald, dass eine solche Zuordnung in den meisten Interviews kaum möglich schien. Es fanden sich häufig vage oder ausweichende Antworten. Offensichtlich vermieden die Lehrerinnen und Lehrer solche Stellungnahmen, die sie als klare Befürworter bzw. deutliche Gegner ausgewiesen hätten. Dieses unerwartete Antwortverhalten führte zu der Entscheidung, eine Reihe von sequentiellen Feinanalysen durchzuführen, um Bedeutungszusammenhänge rekonstruieren zu können. Die Analyse wurde auf die Intervieweingangssequenzen beschränkt. Ziel war es, so genannte Eckfälle aufzuspüren, um diese zu kontrastieren.

Letztlich fiel die Entscheidung, vier Fälle, d.h. vier Intervieweingangssequenzen in die Untersuchung aufzunehmen. In diesen Fällen zeigen sich maximale Kontraste hinsichtlich der Zustimmung zur Reform, der Bedeutungsbeimessung und den aufgefundenen Handlungsoptionen. Da die Fälle im Laufe meiner Analysen eine je spezifische Gestalt angenommen haben, habe ich diesen Ausdruck verliehen, in dem ich sie benannte. Mit den Titeln „Rückenwind“, „Etikettenschwindel“, „Zumutung“ und „Rettungsanker“ (vgl. Bennewitz 2005) verbinden sich daher erste Hinweise auf die Beantwortung der Interviewfragen: „Welche Einstellung haben Sie zur Einführung der Förderstufe?“ und „Was ist für Sie an der Pädagogik der Förderstufe neu?“. Im Fall „Rückenwind“ wird die Reform als Bestätigung eigener Veränderungsbemühungen konzipiert. Eher positiv wird die Reform auch im Fall „Rettungsanker“ wahrgenommen. Die neuen Anforderungen werden als Impulse und Chance aufgegriffen, um Unzufriedenheiten mit der eigenen Berufstätigkeit zu entkommen. Ein kritischer Bezug findet sich im Fall „Etikettenschwindel“. Da die Einführung der Förderstufe keine pädagogischen Neuerungen bereithalten würde, könne sie auch nicht als Reform begriffen werden. Das Fallbeispiel „Zumutung“, das ebenfalls einen kritischen Bezug beschreibt, wird im nächsten Kapitel vorgestellt.

3. Fallrekonstruktion

Am Bespiel „Zumutung“ sollen nun zentrale, fallübergreifende Strukturmerkmale herausgearbeitet werden. Ich zitiere zunächst einzelne Sequenzen der Intervieweingangspassage und fasse Analyseergebnisse in sehr stark verkürzter Form zusammen. Mit Hilfe dieser skizzenhaften Darstellung soll angedeutet werden, wie mit Hilfe rekonstruktiver Verfahrensweisen Konstrukte impliziten Wissens, mit denen Lehrende ihre Wirklichkeit interpretieren, herausgearbeitet werden können.

> Interviewer: Wie Ihnen ja auch bekannt ist, wurde mit Beginn des Schuljahres die Förderstufe in Sachsen-Anhalt eingeführt. Mich würde sehr interessieren, welche Einstellung Sie ganz persönlich zur Förderstufe haben. Zum gegenwärtigen Zeitpunkt.

In der Eingangsfrage betont die Interviewerin ihr persönliches Interesse. Die grundlegend kontrollierend-hierarchische Interviewsituation (vgl. Böhme 2000) wird durch den Bezug auf die persönliche Ebene ebenso ‚verschleiert', wie auch der Umstand, dass die Interviewerin im Auftrag des Kultusministeriums – vermittelt durch die Begleitforschung – handelt. Das Rahmenverhältnis des Interviews bzw. der Handlungskontext verweist somit auf die Problematik der institutionellen Einbettung der Lehrerarbeit generell (vgl. Schütze 1996). Die Interviewsituation reproduziert das Spannungsfeld von administrativer Kontrolle und professioneller Autonomie, in dem sich Lehrerinnen und Lehrer grundsätzlich bewegen und bewähren müssen.

> Lehrerin: Tja, also ich würde erst mal sagen, es ist ´ne Sache, die denke ich, vom Land nicht gründlich genug vorbereitet worden ist. Wir Lehrer mussten eigentlich uns individuell selber darauf einstellen. Und ich spreche jetzt eigentlich mehr oder weniger nur für mich – das Beste eigentlich aus dem machen, was uns vordiktiert wurde. Denn uns hat ja letztendlich keiner danach gefragt, ist es ´ne gute Sache oder nicht.

Die Lehrerin kritisiert die Einführung der Reform und verweist auf den Zwangscharakter des Ereignisses. Daraus erwächst die Handlungsanforderung: Das Beste aus der Situation zu machen! Mit der Feststellung, dass es im Vorfeld keinerlei Partizipationsmöglichkeiten gab, kommt zugleich zum Ausdruck, dass die Lehrenden, sozusagen als ein „kompetentes Kollektiv", es (besser) gewusst hätten! Dieses Versäumnis ist folgenreich für die Qualität der Reform und ein Hinweis darauf, dass es sich bei den „Reformeinführern" um eine ignorante aber wirkungsmächtige Instanz handelt.

> Sie kann sicherlich gut sein, wenn es entsprechend vorbereitet ist und jeder auch mit Ernst drangeht. Ich sehe allerdings ein Problem, was man überhaupt nicht beachtet hat, das ist eben die Planung dieses gesamten Unterrichtes, wo eben einer auf den andern eigentlich angewiesen ist und das hat man sicherlich bei dieser Planung überhaupt nicht beachtet. Das wären also so meine Gedanken dazu. Manche tun es auch ab als Spielerei. Das sehe ich aber als etwas überspitzt. Sicherlich wird der Wissenszuwachs nicht unbedingt nun besser sein als vorher. Aber er muss auch nicht schlechter sein. Das denke ich auf alle Fälle, wenn man sich ernsthaft damit beschäftigt, sich ordentlich vorbereitet, muss es also keine negative Erscheinung sein, ja.

Die Nennung von zwei Gelingensbedingungen zur Einführung der Schulreform führt in der Argumentation zum Beleg ihres bereits „Gescheitert-Seins“: Gut können Reformen werden, die erstens entsprechend vorbereitet sind. Dass die Förderstufe das nicht ist, wissen wir bereits aus der vorangegangenen Sequenz. Zweitens erfordert die Umsetzung einer Reform eine ernsthafte Haltung bei allen Reformbeteiligten, die auch nachdrückliches Handeln einschließt. Dies ist nicht mehr gegeben, wenn – ich zitiere sinngemäß – ‚es manche auch als Spielerei abtun'. Die beiden genannten Gelingensbedingungen sind damit nicht erfüllt.

Die Lehrerin prognostiziert in dieser Sequenz auch ein Planungsproblem. Als Expertin für Unterricht kann sie also erwartbare Schwierigkeiten erkennen. Begründet wird die Kritik damit, dass Lehrerinnen und Lehrer nun miteinander kooperieren müssen. Aus der Perspektive einer ‚Einzelkämpferin', wie sie typisch an deutschen Schulen zu finden ist, ist Kooperation unter Lehrern prekär. Die neue Unterrichtsorganisation greift bisherige Routinen an, bzw. stellt diese in Frage.

Im Folgenden erfährt die Argumentationskette ihren ‚radikal-kritischen' Höhepunkt. Mit dem Begriff des *Wissenszuwachses* wird ein Thema eröffnet, an dem sich Reform messen lassen muss. Insofern ist es mehr als eine Gelingensbedingung; es geht um die Substanz der Reform. Die Lehrerin lässt keinen Zweifel daran, dass sich durch die Reform die Hauptaufgabe von Schule, nämlich der Wissenszuwachs bei den Schülerinnen und Schülern, nicht verbessern wird. Die Reform ist im Grunde als sinnlos charakterisiert. Wenngleich sich zwar noch keine zwangsläufige Verschlechterung durch die Einführung der Reform zeigt, so ist diese Variante aber auch nicht ausgeschlossen. Im besten Fall, so scheint es, bliebe die Reform wirkungslos. Das *Beste daraus zu machen,* wie am Anfang der Eingangssequenz formuliert, hieße dann die Reform am besten zu neutralisieren.

Der Schlusssatz greift die beiden Gelingensbedingungen (gute Vorbereitung, ernsthafte Auseinandersetzung) nochmals auf. Da das Scheitern dieser Bedingungen bereits festzustellen war (nicht gründlich vorbereitet, Spielerei), muss die Förderstufe sinnlogisch zu einer *negativen Erscheinung* werden.

> Interviewer: Was ist für Sie an der Pädagogik der Förderstufe neu?

Die Folgefrage spricht die Lehrerin als pädagogische Expertin an. Sie zielt auf die wahrgenommenen Veränderungen, die auf dem individuellen Erfahrungs- und Wissenshorizont der Lehrerin beruhen. Dabei wird die Existenz von Neuem unterstellt, das von den pädagogischen Orientierungen der Lehrerin abweicht.

> Lehrerin: Naja, neu nicht, sag ich mal, weil – ich bin nun schon fast fünfzehn Jahre im Schuldienst und eigentlich haben wir viele Sachen schon mal in ähnlicher Art und Weise gemacht.

> Alles unter anderem Namen, ja. Aber – zum Beispiel Gruppenarbeit – sag ich mal nur oder bestimmte spielerische Dinge, die man im Unterricht mit einbaut, Erholungsphasen, Phasen der angestrengten Arbeit, hatten wir alles schon, ja. Und deshalb ist eigentlich so neu das nicht.

Die Lehrerin weist den Neuigkeitsanspruch kurzerhand zurück und die Kritik an der Förderstufe wird untermauert. Wenn die Reform nichts Neues zu bieten hat – dann ist sie schlicht keine Reform. Die Zurückweisung des Neuen ist begründungsbedürftig. Zunächst taucht der amtlich-seriöse Begriff des „Schuldienstes“ auf. Die langjährige Berufserfahrung verbürgt dabei nicht nur Diensterfüllung, sondern auch Handlungserfahrung und Handlungskompetenz. Der Hinweis auf den Schuldienst mündet in eine Argumentationsfigur ein, die so bzw. in ähnlicher Art und Weise in allen rekonstruierten Interviews zum Ausdruck gebracht wurde: „haben wir schon in ähnlicher Weise gemacht – alles unter anderem Namen“. Die Lehrerin beruft sich hier auf ein Kollektiv. Nicht mehr ihre eigenen Erfahrungen werden zugrunde gelegt, sondern die einer ganzen Berufsgruppe. Sie stehen einerseits als Bürgen für die Richtigkeit ihrer Aussage und verschleiern andererseits den individuellen Anteil an diesen Erfahrungen. Der inhaltliche Gehalt der beweisführenden Aussage (Gruppenarbeit, spielerische Dinge) bleibt allerdings, bezogen auf die anspruchsvollen Neuerungen des Konzepts (Projektarbeit, fächerübergreifender Unterricht, individuelle Förderung) eher schwach.

Die oberflächliche Beweisführung legt die Vermutung nahe, dass die Lehrerin das pädagogische Konzept der Förderstufe ebenso wenig kennt, wie sie über ‚reformpädagogische' Handlungsroutinen verfügt. Mit der Aussage *hatten wir alles schon* wird deutlich, dass es sich bei der Förderstufe um einen Etikettenschwindel handelt; sie wird nichts Neues und nichts Positives hervorbringen.

Worauf weist nun die Rekonstruktion des Falles hin? Kurz gesagt zeigt die Sinnkonstruktion, dass es sich bei der Einführung der Förderstufe um eine „Zumutung“ handelt. Die Problembewältigung geschieht hier in vierfacher Weise und bearbeitet dabei auch das schwierige Verhältnis der Lehrerschaft zu den reformeinführenden Instanzen in den Spannungslinien von Autonomie und Kontrolle:

1. Aufgrund ihrer Kompetenz und langjährigen Berufserfahrung entwirft sich die Lehrerin als *Reformexpertin*, die die Arbeit der reformeinführenden Instanzen harsch kritisiert und die Innovationsansprüche der Reform zurückweist.
2. Das, was die Reformeinführer planen, hat die erfahrene Lehrerschaft bereits erprobt und ‚hinter sich gebracht'. Die Reform wird damit zur Wiederholung pädagogischer Experimente. Für die Lehrerin ist die Reform ein *berufsbiographischer Rückschritt*.

3. Die reformeinführenden Instanzen sind Agenten eines gegen die Profession gerichteten Wiederholungszwangs. Konzipiert wird damit das *Verhältnis* einer kompetenten Lehrerschaft zu inkompetenten Reformeinführern.
4. Im besten Falle bliebe die Reform daher folgenlos. Die *Handlungsanforderung* an die Lehrerschaft ist es, das Schlimmste zu verhindern bzw. die Reform zu neutralisieren.

Mit diesen vier Punkten sind nun jene Problembereiche angesprochen, die im Zuge der Einführung der Reform deutungsbedürftig geworden sind. Es handelt sich dabei um die sehr grundlegenden Fragen: Wo stehe ich? Wo komme ich her? Wie bin ich involviert und was soll ich tun?

4. Berufskulturelle Deutungsmuster

In den materialen Analysen von Intervieweingangssequenzen manifestieren sich Deutungsmuster personengebunden, da sie von den einzelnen Lehrerinnen und Lehrern als deren Träger, je nach akteurspezifischer Ausgangslage, ausgeformt werden. Die vier eben genannten Problembereiche beschreiben allerdings genau jene Strukturierung, die auch in den anderen Rekonstruktionen akteursbezogen zum Ausdruck gekommen ist. Insgesamt zeigt die fallübergreifende Analyse, dass Deutungsmuster in der Spannung von Kontinuität und Wandel sowie Autonomie und Kontrolle die Auseinandersetzung mit Reformanforderungen strukturieren und das eigene Verhalten begründen und legitimieren. Hierin spiegeln sich die kollektiven Bearbeitungsstrategien der Lehrerschaft, bezogen auf die Einführung einer Schulreform. Aus der Perspektive meiner Untersuchung handelt es sich bei den folgenden Aspekten um jene ‚Organisationsformen des Wissens', die mit dem Begriff des Deutungsmusters verbunden sind:

4.1 Selbstkonzept, Position und Einstellung von Lehrerinnen und Lehrern bei der Einführung von Schulreform

‚Wo stehe ich?' verweist darauf, dass die Schulreform Lehrerinnen und Lehrer dazu nötigt sich ihres aktuellen professionellen Selbstentwurfs zu vergewissern. In den Deutungsmustern bestätigen sich die Lehrerinnen und Lehrer ihre eigene Professionalität. Diese verbürgt dabei sowohl ‚theoretisches Wissen' als auch ‚praktisches Können' – kurz gesprochen: Berufskompetenz. Damit wird die eigene Position, sowohl im Interview als auch im Reformgeschehen, gestärkt. In den Fallanalysen sind zwei unterschiedliche Entwürfe rekonstruiert worden. (vgl. Bennewitz 2005): Während die „Pädagogin" Wohlwollen und Zustimmung ausdrücken kann, ihr eigenes Unterrichtshandeln thematisiert und Einklang mit der Pädagogik der Förderstufe demonstriert, wahren und markieren die „Experten“ Distanz und Ablehnung. Sie besitzen Kompetenz und Wissen über den eigenen Unterricht hinaus. Als kritischer Experte kann ich die Reform in Frage stellen und zugleich können die dem Reformvorhaben immanenten Handlungsaufforderungen zurückgewiesen werden.

4.2 Pädagogische Erfahrung und die Konzeption des Neuen

‚Wo komme ich her?' verweist darauf, dass die Reform zur eigenen Berufsbiographie relationiert werden muss. Im Deutungsmuster wird die Grundspannung von Kontinuität und Wandel bearbeitet. Die Reform wird dabei zur eigenen Praxis und zu den Berufserfahrungen relationiert. Es erfolgt eine berufsbiographisch notwendige Auseinandersetzung mit dem Neuigkeitsgehalt der Reform. Diese mündet interessanter Weise in allen Fällen in die Zurückweisung des Neuen – also auch bei jenen, die die Reform begrüßen. Zur Legitimation der Zurückweisung wird in allen Fällen auf kollektive Erfahrungen zurückgegriffen („das haben wir schon gemacht“). So kann die geforderte Neuorientierung als bereits erprobte berufliche Praxis definiert werden und zugleich können eigene Erfahrungsdefizite ‚verschleiert' werden. Es geht um die Herstellung von Kontinuität und die Bestätigung der eigenen Handlungskompetenzen, um Handlungssicherheit zu gewinnen. Wesentlich ist aber auch, dass im Dementi des Neuen ein probates Mittel liegt, die aus Schulreform resultierenden Anforderungen abzuwenden. Wenn es nichts Neues gibt, dann muss ich auch nichts verändern.

4.3 Die Lehrerschaft vs. die reformeinführenden Instanzen oder Praxis vs. Theorie

Hier geht es um die Frage des eigenen Involviertseins in den Reformprozess und das Verhältnis zu den reformeinführenden Instanzen. Diese werden in den Deutungsmustern als Gegenspieler der Lehrerschaft konzipiert. In der Gegenüberstellung von Praxis und Theorie nimmt das Verhältnis der Lehrerschaft zu ihrer organisatorischen Einbettung eine spezifische Ausdrucksgestalt an. Verhandelt wird hier die zentrale Grundspannung zwischen Autonomie und Kontrolle.

Die akteursbezogenen Entwürfe geben ein relativ einheitliches Bild: Die Instanzen werden zugleich als wirkungsmächtige ‚anonyme Macht' und inkompetente Ignoranten beschrieben. Die Schulreform macht die Lehrerinnen und Lehrer zu fremdbestimmten Befehlsempfängern. Im Deutungsmuster vollzieht sich die Abwertung der reformeinführenden Instanzen bei gleichzeitiger Aufwertung der praxiserfahrenen Lehrerschaft. Mit der fachlichen Disqualifizierung der übergeordneten Instanzen als inkompetent und praxisfern kann die Profession sich gegenüber jedweder Einmischung von außen verteidigen und die Innovationsanforderungen können gut begründet zurückgewiesen werden.

4.4 Das Ereignis und seine Konsequenzen: Versprechen und Befreiung vs. Sabotage und Ächtung

Was ist also zu tun? Innerhalb der Krisenbearbeitung werden die pädagogischen Konsequenzen der Reform prognostiziert (im Beispiel Zumutung wäre dies der fehlende Wissenszuwachs). Die Reform ist entweder sinnvoll/wünschenswert, wenn sie als eine gelungene Konzeption von Lehrerarbeit begriffen wird. Oder wie eben gezeigt sinnlos/schädlich, wenn sie als Schwindel, zum Scheitern verurteilt, als Unterrichtsfehlplanung, schlicht als pädagogischer Rückschritt und Zumutung entworfen ist, deren Aufwand und Nutzen in keinem Verhältnis steht. In diesen Zuschreibungen liegen die handlungsleitenden Schlüsselargumente, wobei zugegebener Maßen die Handlungsalternativen letztlich gering sind.

Aus der Annahme heraus, dass die Reform insgesamt wirkungslos bleibt, da sie keine Neuerungen bereithält (Etikettenschwindel), kann der Reform passiv abwartend begegnet werden. Unter der Maßgabe, dass die Reform Änderungen mit sich bringen wird, ob schädliche oder förderliche (ist dabei erst einmal egal), wird ‚aktives Handeln' zur Pflicht. Die Ziele der Handelnden unterscheiden sich: Sie können einerseits darauf ausgerichtet sein, die Reform wirkungslos zu machen, also zu sabotieren, oder darauf zielen die eigene Praxis zu entwickeln und sich von alten Handlungsroutinen zu befreien.

Deutungsmuster zur Einführung von Schulreform reduzieren Komplexität und verdecken Widersprüche und haben eine deutlich handlungsleitende Funktion. Sie legitimieren und plausibilisieren die Beurteilung des Ereignisses und begründen damit eine Entscheidung für oder wider die Umsetzung der Reformvorhaben. In dieser übergreifenden Struktur spiegelt sich die vergemeinschaftete Weise der Problembewältigung wider, indem sich kollektive, auf die Berufskultur zurückführende Ansichten und Meinungen reproduzieren (vgl. Oevermann 2001).

5. Ausblick

Deutungsmuster beschreiben den zentralen Bezugsrahmen, in dem Lehrerinnen und Lehrer ihre Auseinandersetzung mit der Förderstufe vollziehen. In diesem

Sinne sind sie Ausdruck einer vergemeinschafteten Weise der Problembewältigung. Sie spiegeln den Status quo und beschreiben eine aktuell bestehende und abbildbare Praxis des Umgangs mit schulischen Innovationsanforderungen. Im Rahmen der vorliegenden Deutungsmusteranalyse ist somit ein Teil der Berufskultur von Lehrerinnen und Lehrern rekonstruiert worden[4]. Es hat sich gezeigt, dass Deutungsmuster zur Einführung von Schulreform der Stabilität verpflichtet sind und nicht der Entstehung von Neuem. Welche Konsequenzen können aus der Untersuchung für Schulreform bzw. Schulentwicklungsprozesse abgeleitet werden?

Die Annahme, dass Schulreform ‚von oben' ein geeignetes Mittel ist, um Innovationsprozesse voranzutreiben, ist zurückzuweisen. Vielmehr scheint es, als würde die Reform von oben – gerade bei jenen Lehrerinnen und Lehrern, die zu Veränderungen angeregt werden müssten – pädagogische Reflexion behindern, bewährte Routinen festigen und in diesem Sinne deprofessionalisierend wirken. Aus der Perspektive der Arbeit zeigt sich, dass die Schulreform zur Verteidigung und Bestätigung bestehender Handlungsroutinen führt. Hierin kann ein zentrales Hindernis für die Entstehung von Neuem, also verändertem pädagogischen Handeln gesehen werden. Die Deutungsmusteranalyse gibt damit einen wesentlichen Hinweis darauf, warum es so schwierig ist, Veränderungen in Schule zu implementieren: Die Berufskultur von Lehrerinnen und Lehrern ist an relativer Stabilität ausgerichtet. Schulreform wirkt nur dann bestärkend – als Handlungsaufforderung hin zu neuen Formen des Unterrichtens – wenn sie mit individuellen Veränderungsprozessen in zeitlicher und in inhaltlicher Übereinstimmung zusammentrifft. Darin liegt ein großes Entwicklungspotenzial.

Was bleibt also, um Schulen zu entwickeln? Die Analysen zeigten, dass sich die Lehrerinnen, die der Einführung der Reform kritisch gegenüberstehen, kaum mit der Pädagogik der Förderstufe auseinandergesetzt haben. Insofern kann die Zurückweisung und Ablehnung der Reform nur bedingt mit dem pädagogischen Konzept in Verbindung gebracht werden. Es müsste also um die Frage gehen, unter welchen Bedingungen sich Lehrerinnen und Lehrer mit neuen Handlungskonzepten auseinandersetzen und bereit sind, neue Handlungsroutinen zu entwickeln.

Da zu vermuten ist, dass die Reforminhalte erst dann in die nähere Reflexion und Betrachtung geraten, wenn sie eng an eigene Erfahrungen und den Berufsalltag anknüpfen, plädiere ich dafür den Streit um die gute Schule in die Schulen und Kollegien selbst zu transferieren. Schulische Entwicklungsprozesse sind dann zu erwarten, wenn neue Anforderungen mit den bestehenden unterrichtli-

---

4 Offen geblieben ist dabei, in welcher Art und Weise die Schule und das Kollegium bzw. die Schulkultur die akteurspezifischen Deutungsmuster beeinflusst. Hier wären weitere Untersuchungen von Interesse.

chen Routinen konfrontiert werden und so die eigene Praxis legitimationsbedürftig wird. Die Diskussionskultur in Lehrerkollegien ist gerade im Zusammenhang mit schulischen Entwicklungsprozessen maßgeblich bedeutsam. Wenn Unterricht verändert werden soll und schulische Entscheidungsgremien tragfähige Zielformulierungen und Entscheidungen zu treffen haben, müssen sie in der Lage sein, Argumente vor dem Hintergrund pädagogischer Erfahrung und methodisch-didaktischen Wissens offen auszutauschen. Insbesondere die Diskussion und die Auseinandersetzung mit neuen pädagogischen Zielsetzungen, aber auch das Wissen um die Mechanismen der eigenen und der strukturell bedingten Widerstände gegenüber Veränderungsanforderungen gehörten dann zu einem konstruktiven Diskurs. Es ist daher zu überlegen, in welcher Art und Weise die Fähigkeit zur professionellen Selbstreflexion in den Ausbildungskanon aufgenommen werden kann. Insbesondere ist hier an Verfahren der Fallarbeit bzw. der kollegialen Fallberatung zu denken (vgl. Ohlhaver/Wernet 1999, Well 1999). In diesem Sinne ist – bezogen auf Fragen der Schulentwicklung – nur auf eine beschlussmächtige Einzelschule zu setzen, die Diskurse über die besseren Möglichkeiten etabliert und die Sprachlosigkeit an Schulen überwindet.

Literatur

Altrichter, Herbert/ Schley, Wilfried/ Schratz, Michael (Hrsg.) (1998): Handbuch zur Schulentwicklung. Innsbruck.

Bastian, Johannes/ Helsper, Werner/ Reh, Sabine/ Schelle, Carla (Hrsg.) (2000): Professionalisierung im Lehrerberuf. Von der Kritik der Lehrerrolle zur pädagogischen Professionalität. Opladen.

Bauer, Karl-Oswald (2000): Konzepte pädagogischer Professionalität und ihre Bedeutung für die Lehrerarbeit. In: Bastian, J. u.a. (2000) S. 55-72.

Becker, Horst / Langosch, Ingo ([4]1995): Produktivität und Menschlichkeit. Organisationsentwicklung und ihre Anwendung in der Praxis. Stuttgart.

Bennewitz, Hedda (2005): Handlungskrise Schulreform. Deutungsmuster von Lehrenden zur Einführung der Förderstufe in Sachsen-Anhalt. Wiesbaden.

Bitter, Gerhard (1997): Förderstufe und Rahmenrichtlinien in Sachsen-Anhalt. In: Keuffer, J. (1997): S. 263-273.

Böhme, Jeanette (2000): Objektiv hermeneutische Interviewinterpretation. Unveröffentlichtes Manuskript. Halle/S.

Bohnsack, Fritz (1995): Widerstand von Lehrern gegen Innovationen in der Schule. In: Die Deutsche Schule, 87, 21–37.

Braun, Karl-Heinz (1996): Förderstufenpädagogik im gesellschaftlichen Widerspruch. Zu den bildungspolitischen Grundsatzdiskussionen in Sachsen-Anhalt (1994–1996). In: Hendricks, W. u.a. (1996): S. 35-45.

Combe, Arno/ Helsper, Werner (Hrsg.) (1996): Pädagogische Professionalität. Untersuchungen zum Typus pädagogischen Handelns. Frankfurt/M.

Dirks, Una (2000): Wie werden Englischlehrerinnen professionell? Eine berufsbiographische Untersuchung in den neuen Bundesländern. Münster.

Esslinger, Ilona (2002): Berufsverständnis und Schulentwicklung: ein Passungsverhältnis? Eine empirische Untersuchung zu schulentwicklungsrelevanten Berufsauffassungen von Lehrerinnen und Lehrern. Bad Heilbrunn.

Garz, Detlef/ Kraimer, Klaus (Hrsg.) (1991): Qualitativ-empirische Sozialforschung. Konzepte, Methoden, Analysen. Opladen.

GEW Sachsen-Anhalt (Hrsg.) (2001): Innere Schulreform. Magdeburg, S. 177-200.

Groeben, Norbert/ Wahl, Diethelm/ Schlee, Jörg/ Scheele, Brigitte (1988): Forschungsprogramm Subjektive Theorien. Tübingen.

Grundmann, Gunhild/ Kötters-König, Catrin (2000): Die Einführung der integrierten Förderstufe in Sachsen-Anhalt. Einstellungen der LehrerInnen und Reformevaluation aus der Sicht der SchülerInnen. Unveröffentlichtes Manuskript, Halle /Saale.

Helsper, Werner/ Krüger, Heinz-Hermann/ Wenzel, Hartmut (Hrsg.) (1996): Schule und Gesellschaft im Umbruch, Band 1: Theoretische und internationale Perspektiven. Weinheim.

Hendricks, W. u. a. (Hrsg.) (1996): Bildungsfragen in kritisch-konstruktiver Perspektive. Weinheim.

Hitzler, Roland / Hohner, Anne (Hrsg.) (1997): Sozialwissenschaftliche Hermeneutik. Opladen.

Keuffer, Josef (Hrsg.) (1997): Modernisierung von Rahmenrichtlinien. Beiträge zur Rahmenrichtlinienentwicklung. Weinheim.

Klippert, Heinz (2000): Pädagogische Schulentwicklung. Planungs- und Arbeitshilfen zur Förderung einer neuen Lernkultur. Weinheim.

König, Eckard/ Vollmer, Gerda (1993): Systemische Organisationsberatung. Grundlagen und Methoden. Weinheim.

Krause, Gudrun/ Wenzel Hartmut (1998): Lehrerbewusstsein und Handlungsstrukturen im Wendeprozess. In: Zeitschrift für Pädagogik 44, Nr. 4, S. 565-581.

Kultusministerium des Landes Sachsen-Anhalt (1996): Schulgestaltung und überfachliches Lernen an den Schulen in Sachsen-Anhalt. Richtlinien, Grundsätze und Anregungen. Magdeburg.

Kultusministerium Sachsen-Anhalt (Hrsg.) (1997): Aus der Reihe „Richtlinien, Grundsätze und Anregungen“, Magdeburg:

a) Binnendifferenzierung – Grundsätze und Anregungen für den Unterricht
b) Zur Tätigkeit von Klassenlehrerinnen und Klassenlehrern in der Förderstufe – Anregungen für die Schulpraxis
c) Wahlobligatorischer Unterricht und außerunterrichtliche schulische Angebote in der Förderstufe – Grundsätze und Anregungen für die Schulpraxis
d) Fächerübergreifendes Lernen in flexiblen Lernbereichen – Grundsätze und Anregungen für den Unterricht
e) Projektbezogene Broschüren:
    - Pflichtprojekt 1: Miteinander Leben
    - Pflichtprojekt 2: Zwischen Vergangenheit und Zukunft leben
    - Pflichtprojekt 3: Mit Technik und Medien leben
    - Pflichtprojekt 4: Gesundes Leben in einer gesunden Umwelt
    - 8 Wahlpflichtprojekte

Kultusministerium des Landes Sachsen-Anhalt (Hrsg.) (2000): Dokumentation der Fachtagung am 17.02.2000 in Halle „Zwei Jahre Förderstufe in Sachsen-Anhalt – Bilanz und Perspektive“, Magdeburg.

Lang, Eva (1997): Berufliche Weiterentwicklung von Lehrerinnen und Lehrern. Die Bedeutung der beruflichen Kultur an Schulen. Bad Heilbrunn.

Lüders, Christian (1991): Deutungsmusteranalyse. Annäherung an ein risikoreiches Konzept. In: Garz, D. u.a. (1991): S. 377-408.

Lüders, Christian/ Meuser, Michael (1997): Deutungsmusteranalyse. In: Hitzler, R. u.a. (1997): S. 57-79.

Meuser, Michael/ Sackmann, Reinhold (Hrsg.) (1991): Analyse sozialer Deutungsmuster. Beiträge zur empirischen Wissenssoziologie. Pfaffenweiler.

Miller, Reinhold (²1991): Schilf-Wanderung. Wegweiser für die praktische Arbeit in der schulinternen Lehrerfortbildung. Weinheim.

Oevermann, Ulrich (2001): Die Struktur sozialer Deutungsmuster – Versuch einer Aktualisierung. In: Sozialer Sinn, Zeitschrift für hermeneutische Sozialforschung, 1, Heft 1, S. 35-82.

Ohlhaver, Frank/ Wernet, Andreas (Hrsg.) (1999): Schulforschung – Fallanalyse – Lehrerbildung. Diskussionen am Fall. Opladen.

Philipp, Elmar/ Rolff, Hans-Günter (1998): Schulprogramme und Leitbilder entwickeln. Ein Arbeitsbuch. Weinheim und Basel.

Schley, Wilfried (1998): Teamkooperation und Teamentwicklung in der Schule. In: Altrichter, H. u.a. (1998): S. 111-159.

Schmidt, Margit (1996): Widerstände bei organisatorischem Wandel. Mechanismen bei Veränderungsprozessen in Unternehmensorganisationen. (Europäische Hochschulschriften, Reihe 6, Psychologie Bd. 567). Frankfurt/M..

Schütze, Fritz (1996): Organisationszwänge und hoheitsstaatliche Rahmenbedingungen im Sozialwesen: Ihre Auswirkungen auf die Paradoxien des professionellen Handelns. In: Combe, A. u.a. (1996): S. 183 – 275.

Söll, Florian (2002): Was denken Lehrer/innen über Schulentwicklung? Eine qualitative Studie zu subjektiven Theorien. Weinheim und Basel.

Terhart, Ewald (1996a): Zur Neuorientierung des Lehrens und Lernens – Kultureller Wandel als Herausforderung für die Professionalisierung des Lehrberufs. In: Helsper, W. u.a. (1996): S. 319-332.

Terhart, Ewald (1996b): Berufskultur und professionelles Handeln bei Lehrern. In: Combe, A. u.a. (1996): S. 448-471.

Well, Nadja (1999): Theorie und Praxis der Lehramtsausbildung: fallorientierte Beispiele. Neuwied, Kriftel.

Wenzel, Hartmut (2000): Zwischenergebnisse der wissenschaftlichen Begleitforschung zur Einführung der Förderstufe. In: Kultusministerium des Landes Sachsen-Anhalt (2000): S. 7-26.

Wenzel, Hartmut/ Bennewitz, Hedda/ Kastner, Heiko (2001a): Förderstufe: Zwischenbilanz eines flächendeckenden Reformprojektes. In: GEW Sachsen-Anhalt (2001): S. 177-200.

Wenzel, Hartmut/ Bennewitz, Hedda/ Kastner, Heiko/ Wiere Andreas (2001b): Wissenschaftliche Begleitung der Einführung der Förderstufe in Sachsen-Anhalt. Unveröffentlichter Endbericht. Halle/Saale.

Wenzel, Hartmut/ Kastner, Heiko/ Wiere, Andreas (1998): „Wissenschaftliche Begleitung der Einführung der Förderstufe in Sachsen-Anhalt". Unveröffentlichter 1. Zwischenbericht, Halle/ Saale.

Barbara Sahner

Professionalitätsgestaltungen von Lehrerinnen und Lehrern und ihre Schulentwicklungskompetenz[1]

Wie gut Schulen sind und ob sie sich in Richtungen entwickeln können, die der Gesellschaft und dem einzelnen Schüler förderlich sind, hängt selbstverständlich auch von den Lehrerinnen und Lehrern ab, die sie gestalten. Ihnen und ihrer Aus- und Fortbildung gelten Überlegungen und Vorschläge auf vielen Ebenen. Die Kultusministerkonferenz hat sich zuletzt 2004 detailliert zu den Anforderungen an Lehrerinnen und Lehrer geäußert und Standards für die Aus- und Fortbildung gesetzt (KMK 2004). Die Auflistungen dort erwecken den Eindruck, der „gute Lehrer" ließe sich durch umfängliche und differenzierte kognitive Instruktionen ausbilden. Die Forschung zum Lehrer als Professionellem sieht das anders (vgl. den Überblick bei Combe/ Kolbe 2004). Wichtig für erfolgreiches Lehren scheint z.B. die Entwicklung von differenzierten, reaktionsstarken Wahrnehmungsstrukturen und von Kontextsensitivität zu sein; ein „Ingenieursmodell der Wissensanwendung" (ebd. 839), auf das die obersten Arbeitgeber der Lehrerinnen und Lehrer offensichtlich setzen, ist in der Schulpraxis ohne Chancen. Wie das Wissen, das LehrerInnen haben und haben müssen, in erfolgreichem Unterricht aufgehen kann, ist jeweils von der komplexen sozialen Situation mitbestimmt. „Im professionellen Handeln ist implizites Wissen in Können aufgegangen" (ebd. 841). Diese Einsicht legt nahe, dass gerade „gute Lehrer" situations- und damit auch personengerechte professionelle Konstrukte finden. Der vorliegende Aufsatz weist darauf hin, dass diese Konstrukte möglicherweise einer Typologie genügen. Dies zumindest ist das Ergebnis der quantitativen Studie, über die im Folgenden berichtet wird[2].

1 Grundlage für diesen Aufsatz ist ein umfangreicheres Forschungsprojekt zur professionellen Beweglichkeit von LehrerInnen (Sahner 2003).

2 Das quantitative Forschungsdesign unterscheidet diesen Beitrag von allen anderen im vorliegenden Band. Die Ergebnisse, über die hier berichtet wird, haben, wie bei quantitativen Pilotstudien üblich, hypothesen-generierenden Charakter.

Grundgesamtheit der Untersuchung

LehrerInnen allgemein bildender Schulen, die bereits mindestens ein Jahr nach dem zweiten Lehramtsexamen unterrichtet hatten, den „Praxisschock" also weitgehend überwunden haben, waren in anderem Forschungszusammenhang um Auskunft über ihre beruflichen Einstellungen, Handlungsmöglichkeiten, Bedeutungszuschreibungen, Wünsche und Befürchtungen gebeten worden (Terhart u.a. 1993).

Solche Einstellungen sind deshalb interessant, weil man annimmt, sie deuten auf Handlungsmöglichkeiten hin. Nun weiß man natürlich, dass Angaben in Befragungen vom momentanen Befinden des befragten Menschen beeinflusst sind, gewichtiger noch: von seinen Annahmen darüber, was man von ihm erwartet. Für Lehrer, einen Berufsstand, der sich in starkem Maß der sozialen Kontrolle durch die Öffentlichkeit ausgesetzt sieht, könnte die Gefahr sogar besonders groß sein, sozial Erwünschtes und nicht persönlich Handlungsrelevantes in den Item-Bewertungen anzugeben. Um selbstverleugnende und selbstbewusste Einstellungsangaben zu unterscheiden, wurden für die vorliegende Analyse die Forschungsergebnisse einer qualitativen Studie genutzt, die Bauer, Kopka und Brindt 1996 veröffentlichten. Ihr Forschungsdesign ermöglichte es, Lehrerhandeln und Lehrerbewusstsein zueinander ins Verhältnis zu setzen. Sie gewinnen die Einsicht, dass bei Lehrern, die sich selbst als belastet erleben, Selbstbild und Handlungsrealität auseinanderklaffen. Nur psychisch und physisch stabile Lehrerinnen und Lehrer verfügen über eine realitätsgerechte Selbsteinschätzung (ebd. 179), nur für sie lassen Einstellungsaussagen einen validen Schluss auf ihr professionelles Handeln erhoffen.

208 der befragten LehrerInnen aus der Terhart-Studie schätzen sich als belastbar ein[3], erfüllen also dieses Validitätskriterium. Die Kompetenz-Selbstbeschreibungen dieser LehrerInnen wurden einer erneuten Analyse unterzogen. Dabei fand sich ein unerwartetes Ergebnis: Es scheint typische Professionalitätsgestaltungen von Lehrerinnen und Lehrern zu geben, und jeder dieser Typen deckt nur Teile dessen ab, was die öffentliche und auch die erziehungswissenschaftliche Diskussion vom Lehrer, von der Lehrerin erwartet. Auch „gestandene", erfolgreiche LehrerInnen sind Menschen mit Einseitigkeiten, Stärken und Schwächen; ihre Professionalität bedarf der Ergänzung durch (andersartige) Kollegen – ein nur scheinbar triviales Ergebnis.

3 Das sind lediglich etwa 40 % der Terhartschen Grundgesamtheit von n = 504.

Definition von Schulentwicklungskompetenz

Was erwartet nun die erziehungswissenschaftliche Diskussion von der guten Lehrerin, dem guten Lehrer? Für die Datenanalyse musste eine operationale Definition erarbeitet werden. Dies geschah auf einer doppelten Grundlage:

Grundlage 1: Qualitative Inhaltsanalyse von 36 Veröffentlichungen zur Schulentwicklung/ Schulreform aus den Jahren 1995 bis 2000. Diese Texte wurden aus dem Bestand der Hochschulbibliothek Kassel (250 Nennungen für diesen Zeitraum zu diesem Thema) zufällig ausgewählt. Analysekriterium war die Frage, welche Anforderungen an die LehrerIn implizit oder explizit enthalten sind. Das Ergebnis war in seiner Fülle überwältigend, und das thematische Forschungsfeld kann – im Sinne des methodischen Anspruchs der theoretical saturation (Strauss 1991, 61) – mit der Auswertung dieser 36 Publikationen noch keineswegs als gesättigt gelten; jede neue Quelle lieferte weitere Kennzeichnungen. 12 der Publikationen wurden einer Feinanalyse bis auf die Ebene von Einzelaussagen unterzogen[4]. Die 130 Funde aus dieser Feinanalyse wurden nach den Kompetenzbereichen Selbstkompetenz, Sachkompetenz und Sozialkompetenz geordnet (Garlichs 1996) und innerhalb der Kompetenzbereiche inhaltlich zu 15 Kategorien zusammengefasst.

Grundlage 2: Identifikation der Kompetenz-Kategorien im gegebenen Datenmaterial und der Fragebogen-Quelle (Terhart u.a. 1993). 12 der Kategorien, die aus der Inhaltsanalyse gewonnen worden waren, ließen sich hinreichend gut in 18 Items dieser Befragung wiederfinden (vgl. Tab. 1).

Paraphrasiert ergeben sie folgende Definition:

- Lehrkräfte für die Schulentwicklung sind belastbar.
- Sie sind veränderungswillig, an Weiterbildung interessiert und durch den organisatorischen Rahmen der Schule nicht übermäßig eingeengt, bewerten sich im Ausprobieren selbst, kennen ihre eigenen Defizite, benennen sie und übernehmen die Verantwortung für ihre eigene psychisch-emotionale Stabilität (Selbstkompetenz).
- Sie sind fachkompetent, setzen neu gewonnene Erkenntnisse für den eigenen Gebrauch um und übernehmen die Verantwortung für Gelingen und Misslingen des Unterrichts (Sachkompetenz).
- Sie arbeiten auch mit Schulleitung und Schulrat vertrauensvoll zusammen, sind kommunikativ, gehen gegen unsinnige Vorschriften an und übernehmen in Ansätzen auch die Verantwortung für das „Gemeinwesen Schule“ (Sozialkompetenz).

---

4 Für Einzelheiten und für den Quellennachweis vgl. Sahner 2003, 38-41, und ebd., Anhang 1.

Tab. 1: Variablen der Schulentwicklungskompetenz

1. Belastbarkeit	Auswahlkriterium
2. Fortbildungsaktivitäten 3. Entspannungstechniken 4. Reformbereitschaft 5. Rationales Handlungsschema 6. Experimentiererfahrung 7. Handlungsspielraum in der Institution 8. Selbstkritik 9. Kein Rückzug auf Mängel in der Ausbildung	Acht Variablen der Selbstkompetenz
10. Anwendung des Fortbildungswissens 11. Organisationstalent 12. Schulleitung als gemeinsame Aufgabe 13. Entscheidungsspielraum bei den Unterrichtsinhalten 14. Bedeutung des Fachwissens	Fünf Variablen der Sachkompetenz
15. Hilfestellung durch Vorgesetzte 16. Einsatz zur Veränderung der Schulbedingungen 17. Gespräche mit den KollegInnen 18. Sachaustausch mit den KollegInnen	Vier Variablen der Sozialkompetenz

Gruppenbildung durch Clusteranalyse

Damit sind die 18 Kompetenzvariablen identifiziert, die im Rahmen dieser Untersuchung zur Verfügung standen. Die Variable „Belastbarkeit“ (Nr. 1 in Tab. 1) diente als Auswahlkriterium: Nur die Selbsteinschätzungen belastbarer LehrerInnen gingen in die Analyse ein (zur Begründung s.o.). Anhand der übrigen 17 Variablen wurde der verfügbare Datensatz einer Clusteranalyse unterzogen[5]. Erwartet worden war, unter den belastbaren LehrerInnen eine Gruppe identifizieren zu können, die in allen drei Kompetenzbereichen hohe Werte ausweist, also besonders reformstark ist, und daneben andere Gruppen, die spezifische Defizite aufweisen.

Diese Erwartung erfüllte sich nicht; es gibt offensichtlich keine durchweg reformstarke Gruppe. Die Ergebnisse der Clusteranalyse sollen, der quantitativen

5 Die Clusteranalyse identifiziert in einem gegebenen Datensatz die Merkmalsträger (hier also die Lehrerinnen und Lehrer), die bei den ausgewählten Variablen (hier sind es 17 Kompetenzvariablen) ähnliche Merkmalsausprägungen aufweisen, sich also hinsichtlich dieser Variablen ähneln (vgl. z.B. Backhaus u.a. 1996, 261-321).
Die Interpretation der errechneten Cluster wird nicht durch ein mathematisches Verfahren ermöglicht, sondern durch die inhaltliche Beschreibung des Forschenden, zeigt also Anlehnungen an die Vorgehensweise bei qualitativer Forschung.

Forschungslogik folgend, zunächst zusammenfassend als Hypothesen formuliert und im Folgenden näher beschrieben werden. Eine Überprüfung, ob die gefundenen Ergebnisse über den Hypothesencharakter hinaus Bedeutung für die Schulwirklichkeit haben, bedürfte weiterer Forschung.

Hypothese 1: Unter den belastbaren LehrerInnen der allgemeinbildenden Schulen gibt es drei Gruppen, die jeweils spezifische Merkmale einer „LehrerIn für die Schulreform" besitzen, also über spezifische Stärken verfügen. Diese drei Reformgruppen sind die Neuerer, die Kommunikativen und die FachexpertInnen (Kompetenzgruppen; Abb. 1-3). In jeder dieser Gruppen fehlen allerdings auch Kompetenzmerkmale für die Schulentwicklung.

Hypothese 2: Daneben gibt es eine vierte Gruppe belastbarer LehrerInnen, die Reform-Befürworter. Trotz hohen Fortbildungseifers und einer Selbsteinschätzung als gute Neuerer scheinen sie für die Schulentwicklung untauglich zu sein: Ihre Handlungsfähigkeit ist defizitär (vgl. Abb. 4).

Die vier Professionalitätsgruppen – Neuerer, Kommunikative, FachexpertInnen und Reform-Befürworter – lassen sich nach der Anzahl der Variablen, bei denen sie hohe Kompetenzwerte aufweisen, in eine Reihenfolge bringen (vgl. Tab. 2). Man könnte versucht sein, darin eine Rangordnung hinsichtlich der Schulentwicklungskompetenz zu sehen; dies wäre allerdings eine zu vordergründige Interpretation. Im Folgenden werden die vier Professionalitätsgruppen näher beschrieben (Kompetenzprofile, Abb. 1 bis 4). Diese Beschreibungen legen den Gedanken nahe, für Schulentwicklung sei eine Kooperation zumindest der drei Kompetenzgruppen unerlässlich (Abb. 5).

Tab. 2: Anzahl der hohen Kompetenzwerte für die vier Professionalitätsgruppen

	Mögliche Anzahl	Tatsächliche Anzahl			
		Neuerer	Kommunikative	FachexpertInnen	Reform-Befürworter
Selbstkompetenz	8	5	3	2	3
Sachkompetenz	5	3	2	3	-
Sozialkompetenz	4	1	3	1	1
Hohe Kompetenz insgesamt	17	9	8	6	4

Die Gruppe der Neuerer (n = 46)

Neuerer haben die meisten hohen Kompetenzwerte (vgl. Abb. 1).

Abb. 1: Das Kompetenzprofil der Neuerer ★

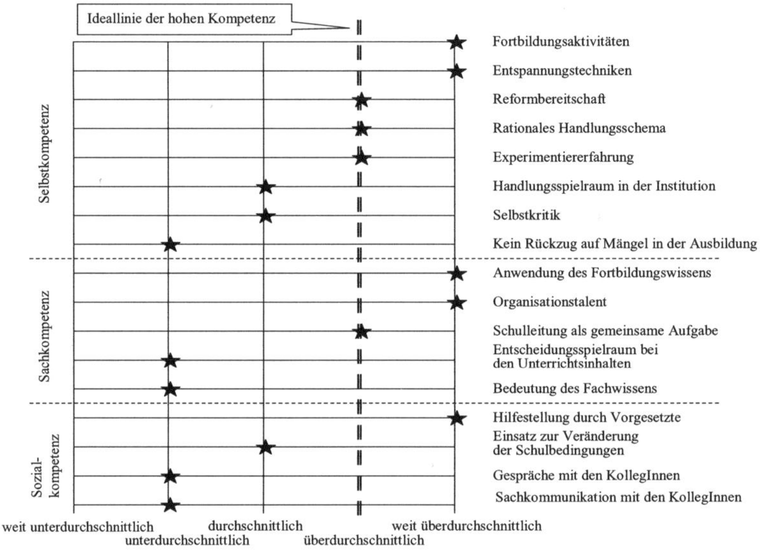

Lesehilfe: Für die Kompetenzprofile (Abb. 1 bis 5) wurden für jede Variable der Schulentwicklungskompetenz (Tab. 1) die Abweichungen der Gruppenmittelwerte (hier also der Mittelwerte für die„Neuerer“) vom Gesamtmittelwert errechnet, am jeweiligen Gesamtmittelwert standardisiert und zu ordinal skalierten Kategorien zusammengefasst[6] .

- Stärken: Neuerer halten im Durchschnitt Reformen für wichtiger als ihre KollegInnen, bilden sich häufiger fort und setzen das Wissen, das sie sich so aneignen, auch in ihrer Arbeit um. Sie verfügen über Organisationstalent, planen und reflektieren ihren Unterricht und erproben Neues. Sie bedienen sich mehr als andere der Unterstützung durch Vorgesetzte, sehen Schulleitung als gemeinsame Aufgabe an und sorgen für ihr psycho-physisches

6 z-Werte; Standardabweichung der Mittelwerte s = 0,65. Kategorien: weit überdurchschnittlich ($z > s$); überdurchschnittlich ($0,1 < z \leq s$); durchschnittlich ($-0,1 \leq z \leq 0,1$); unterdurchschnittlich ($-s \leq z < 0,1$); weit unterdurchschnittlich ($z < -s$).

Gleichgewicht. Das kennzeichnet sie als Menschen, die in allen drei Kompetenzfeldern über Fähigkeiten zur Schulentwicklung verfügen.

- Schwächen: Allerdings gibt es auch Defizite: Diese Lehrer und Lehrerinnen hadern mit ihrer Ausbildung, messen dem Fachwissen wenig Bedeutung bei, sehen wenig Spielraum bei den Unterrichtsinhalten und kommunizieren wenig mit ihren KollegInnen, auch nicht in Sachfragen.

Sie allein könnten also Schulentwicklung nicht tragen, weil sie ihre Expertise nicht für das Gesamtkollegium fruchtbar machen können.

Die Gruppe der Kommunikativen (n = 64)

Die Kommunikativen weisen sich vor allem durch Sozialkompetenz aus (vgl. Abb. 2).

Abb. 2: Das Kompetenzprofil der Kommunikativen

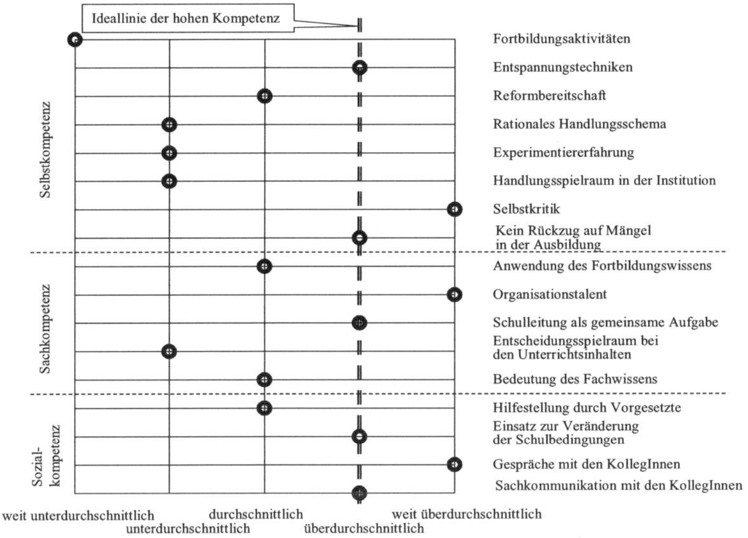

- Stärken: Kommunikative stehen mehr als die drei anderen Gruppen in Kommunikation mit ihren KollegInnen, und das sowohl in persönlichem Gespräch als auch in Sachaustausch. Sie sehen ihre Ausbildung als akzeptabel an, ar-

beiten an der Veränderung der Schulbedingungen mit, verfügen über Organisationstalent und sehen Schulleitung als Gemeinschaftsaufgabe an. Dabei gehen sie noch selbstkritischer mit sich um als ihre KollegInnen, achten aber auch auf ihr persönliches Gleichgewicht.
- Schwächen: Sie besuchen kaum Fortbildungen, erproben nicht gern Neues, entwickeln ihren Unterricht nicht in Planungs-Reflexions-Schleifen und sehen wenig Handlungsspielraum in der Institution und wenig Entscheidungsfreiheit bei den Unterrichtsinhalten.

Es scheint, als gehe es dieser Gruppe von Lehrerinnen und Lehrern um die Optimierung des Vorhandenen und nicht um seine grundlegende Veränderung.

Die Gruppe der Fach-ExpertInnen (n = 52)

Die Stärke der Fach-ExpertInnen scheint der Ausschnitt aus Selbst- und Sachkompetenz zu sein, der Freiheit für hergebrachten Unterricht ermöglicht (vgl. Abb. 3).

Abb. 3: Das Kompetenzprofil der Fach-ExpertInnen ▲

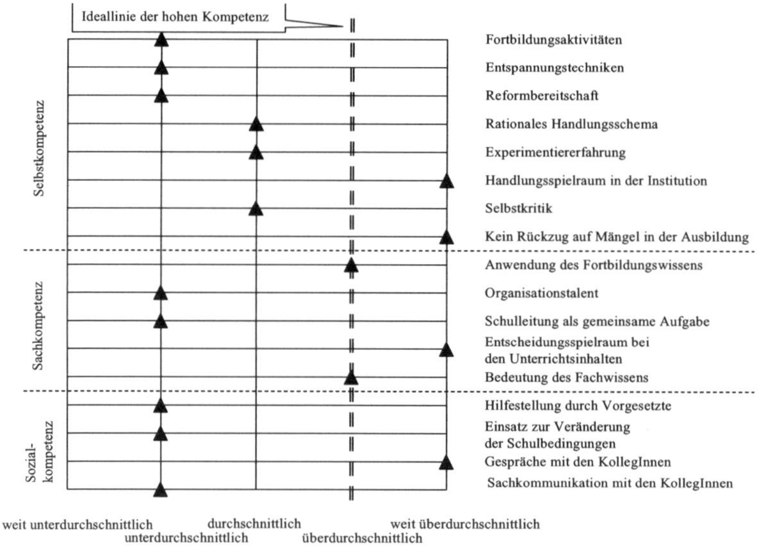

- Stärken: FachexpertInnen sehen und nutzen Freiräume in Institution und Lehrplan, legen Gewicht auf ihr Fachwissen und sind mit ihrer Ausbildung zufrieden. An Fortbildungen nehmen sie selten teil, setzen aber die Erkenntnisse, die sie dort gewinnen, im Unterricht um. Sie stehen in allgemeinem Austausch mit ihren Kollegen.
- Schwächen: In Sachfragen – im Gegensatz zum allgemeinen Austausch – haben FachexpertInnen keinen kollegialen Gesprächsbedarf. Techniken zur Selbststabilisierung nutzen sie nicht. Reformen über den Unterricht hinaus sind nicht ihre Sache – weder in Zusammenarbeit mit der Schulleitung noch durch sonstige Veränderungs-Initiativen: Ihr Organisationstalent ist eher gering.

Die Gruppe der Reform-Befürworter (n = 46)

Die vierte Gruppe, die Reform-Befürworter, verfügen über einige der wichtigen Aspekte von Schulentwicklungskompetenz, sind aber umsetzungsschwach (vgl. Abb. 4).

Abb. 4: Das Kompetenzprofil der Reform-Befürworter

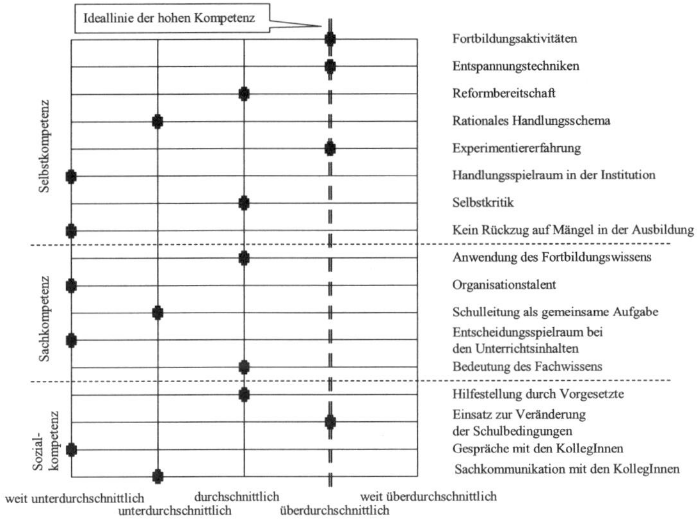

- Stärken: Sie schätzen sich als gute Neuerer ein, bilden sich häufig fort[7], sorgen für ihr psycho-physisches Gleichgewicht und geben an, die Änderung der Schulbedingungen als Problemlösung anzustreben.
- Schwächen: Gleichzeitig sehen sie Schulleitung nicht als ihre Sache an, fühlen sich durch Institution und Lehrplan eingeengt, stehen kaum in Austausch mit ihren KollegInnen, halten wenig von Organisation, Planung und Reflexion und klagen über Defizite in der Ausbildung.

Welche Rolle die Reformbefürworter im Schulalltag spielen, ist mit den vorliegenden Daten nicht näher zu erhellen. Möglicherweise kommt ihnen eine Bedeutung als Mahner zu.

Fazit: Die Notwendigkeit zur Kooperation

Diskussionen mit Schulpraktikern, in denen die Autorin ihre Ergebnisse vorstellte, erweisen immer wieder die große heuristische Plausibilität dieser Befunde: Die Typen, von denen hier die Rede war, sind bekannt, es gibt sie im Schulalltag. Möglicherweise sind sie tatsächlich Grobzeichnungen für das Übliche. Natürlich wünscht man es sich anders: Es möge ihn geben, den universell fähigen Lehrer, und wenn ein Mensch, der diesen Beruf ausübt, Defizite hat, möchte man ihn verpflichten, sie auszugleichen. Aber weder durch Aus- und Weiterbildung noch durch ständige Evaluation kann man, wie es scheint, den rundum reformstarken Lehrer als Normalfall hervorbringen.

Auch Lehrerinnen und Lehrer haben Stärken und Schwächen. Sie sind Experten für denjenigen Ausschnitt des Professionalitätsspektrums, der ihnen persönlich erfolgreiches Unterrichten, zumindest aber erfolgreiches Überleben in der Institution Schule ermöglicht. Das Professionalitätskonstrukt ist nicht notwendig starr und glücklicherweise nicht für alle gleich.

Nur gemeinsam verfügen Neuerer, Kommunikative und FachexpertInnen über die Expertise, die für Schulentwicklung nötig ist; das wird in Abb. 5 noch einmal verdeutlicht.[8] Ein Klima der Kooperation und Wertschätzung unter den

---

7 Fortbildungspflicht für Lehrerinnen und Lehrer ist eines der aktuellen Schlagworte in der schulpolitischen Diskussion. Auf dem Sammeln von Fortbildungspunkten ruht momentan die Verbesserungshoffnung in allen Bundesländern. Dieser Befund weist darauf hin, dass Fortbildung eine Umsetzung des Gelernten im Schulalltag nicht notwendig nach sich zieht.

8 Alter, Geschlecht und Schulform sind für diese Professionalitätskonstrukte weitgehend ohne Bedeutung. Es scheint aber, als gingen die verschiedenen Professionalitätsentwürfe mit unterschiedlichen Berufsbiographien einher: So finden sich Neuerer, aber auch Reform-Befürworter, eher unter den KollegInnen, die häufig die Schule wechseln, und Kommunikative unter den Leh-

KollegInnen kann es ermöglichen, die eigenen Stärken einzusetzen und für die eigenen Schwächen Ausgleich zu finden.

Abb. 5: Bündelung der Stärken und Schwächen

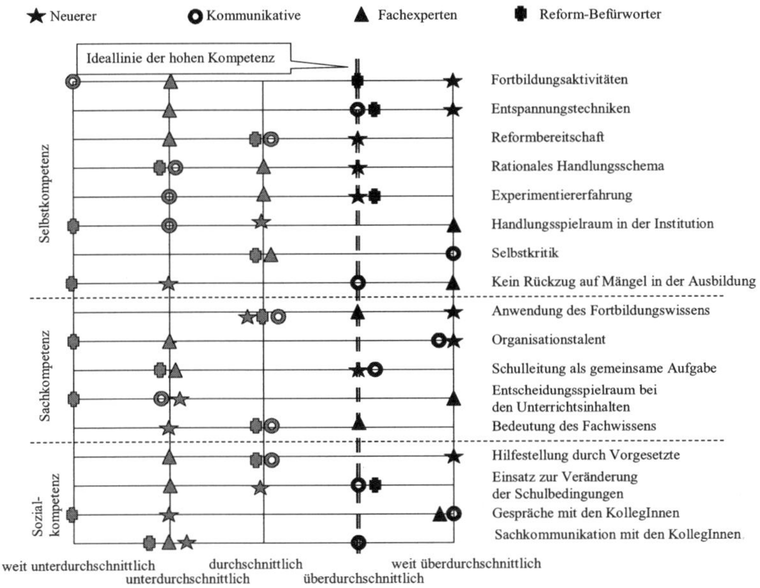

Kooperation ist so gesehen die Grundbedingung für eine Schule, die gut genug auf die Anforderungen des modernen Lebens vorbereitet. Auch dann werden die Schwächen und Defizite der Lehrerinnen und Lehrer nicht eliminiert, der Blick richtet sich aber auf das gemeinsame Gelingen und die wechselseitige Unterstützung. In der Schulentwicklungsliteratur, die als Basis für die hier verwendete Kompetenzbeschreibung analysiert wurde (s.o.), findet sich diese Forderung lediglich als eine von vielen, und auch in der Lehrer-Professionalitätsforschung (vgl. Combe / Kolbe 2004) ist sie nicht zentral.

Unter den vier Professionalitätsgruppen, deren Existenz nach dieser Pilotstudie vermutet wird, gibt es für jeden Kompetenzbereich Könner. Soll Schulentwicklung gelingen, ist die Zusammenarbeit der drei Kompetenzgruppen nötig,

rerInnen mit wenigen Schulwechseln. Für die FachexpertInnen ist die Variable „Schulwechsel" ohne Erklärungskraft (vgl. Sahner 2003, 126-135).

und auch die Reform-Befürworter müssen einen angemessenen Platz im Kollegium finden. Sich als LehrerIn auf dieses kommunikative Miteinander einzulassen, ist offensichtlich die Voraussetzung für eine Wandlung der Schule.

In den gültigen Standards für die Lehreraus- und Fortbildung (KMK 2004) sucht man Hinweise darauf vergeblich: Die Kompetenzbereiche „Sozialkompetenz“ und „Selbstkompetenz“, in denen die Möglichkeiten des Einzelnen begründet sind, sich Andersartigem zu öffnen, kommen in diesem offiziellen Papier kaum vor.

Gute Schule realisiert sich im vertrauensvollen Zusammenwirken der Lehrerinnen und Lehrer. Vielleicht ist das die Kompetenz, die angehende Lehrerinnen und Lehrer am dringendsten brauchen. Sie darin schon in der Ausbildung zu üben, sie Erfahrungen sammeln zu lassen mit den Widrigkeiten, die durch die Unverfügbarkeit des Anderen und dessen höchst individuelles Professionalitätskonstrukt entstehen, ist eine Ausbildungsaufgabe, die sich immer wieder anzugehen lohnt.

Literatur

Backhaus, Klaus / Erichson, Bernd / Plinke, Wulff / Weiber, Rolf ([8]1996): Multivariate Analysemethoden. Eine anwendungsorientierte Einführung. Berlin u.a.: Springer.

Bauer, Karl-Oswald / Kopka, Andreas / Brindt, Stefan (1996): Pädagogische Professionalität und Lehrerarbeit. Eine qualitativ empirische Studie über professionelles Handeln und Bewusstsein. Weinheim / München: Juventa.

Combe, Arno / Kolbe, Fritz-Ulrich (2004): Lehrerprofessionalität: Wissen, Können, Handeln. In: Helsper, Werner / Böhme, Jeanette (Hg.): Handbuch der Schulforschung. Wiesbaden: VS, 833-851.

Garlichs, Ariane (1996): An der Seite der Kinder. Das Kasseler Schülerhilfeprojekt. In: Hänsel, Dagmar / Huber, Ludwig: Lehrerbildung neu denken und gestalten. Weinheim / Basel: Beltz, 153-164.

KMK (2004): Sekretariat der Ständigen Konferenz der Kultusminister der Länder in der Bundesrepublik Deutschland: Standards für die Lehrerbildung: Bildungswissenschaften. Beschluss der Kultusministerkonferenz vom 16.12.2004. Abgedruckt in: Zeitschrift für Pädagogik, 51. Jahrgang 2005, Heft 2, 280-290.

Sahner, Barbara (2003): Schulwechselhäufigkeit von LehrerInnen und ihre Professionelle Beweglichkeit. Empirische Auseinandersetzung mit einer doppelten Illusion. Kassel: kassel university press.

Strauss, Anselm (1991): Grundlagen qualitativer Sozialforschung. Datenanalyse und Theoriebildung in der empirischen soziologischen Forschung. München: Fink.

Terhart, Ewald / Czerwenka, Kurt / Ehrich, Karin / Jordan, Frank / Schmidt, Hans Jochim (1993): Berufsbiographien von Lehrern und Lehrerinnen. Abschlussbericht an die DFG. Institut für Schul- und Hochschulforschung, Universität Lüneburg.

4. Schulbezogene biographische Prozesse

Rolf-Torsten Kramer

Das „schulbiographische Passungsverhältnis" und seine Konsequenzen für Reformprozesse in der Schule

Der folgende Beitrag[1] fragt nach der möglichen Bedeutung von Reformschulen und Schulreformen für die Schülerbiographie und umgekehrt nach dem Stellenwert der Schülerbiographie für Reformschulen und Schulreformen[2]. Eingebettet sind diese Fragen in allgemeine Überlegungen zum Wechselverhältnis zwischen Schule und Schülerbiographie, die ich auf der Grundlage von (Schüler-)Biographieanalysen und ihrer Vermittlung zu einer qualitativ-rekonstruktiv erschlossenen Schulkultur vorgelegt habe (Kramer 2002).[3] Das dabei entwickelte Modell

---

1 Leider konnte ich diesen Beitrag nicht wie geplant auch auf der Tagung vortragen, so dass eine intensive Diskussion der hier vertretenen Position mit den Tagungsteilnehmern nicht erfolgte. Über das mir zugängliche Tagungsprotokoll versuche ich dennoch einige Verbindungen herzustellen.

2 Selbstverständlich ist mir klar, dass mit „Reformschulen" und „Schulreformen" zwei sehr unterschiedliche pädagogisch-institutionalisierte Phänomenbereiche bezeichnet sind. In einer strukturtheoretisch inspirierten kultursoziologischen Perspektive wäre gar ein fundamentaler Gegensatz auszuweisen: Während „Reformschulen" als Alternativ- bzw. Gegenschulen zur staatlichen Regelschule einmal institutionalisiert erst Beständigkeit und Routinen ausbilden müssen und darüber ihre (Reform-)Schulkultur konturieren (hier also *Reproduktion* als Erhalt und Stabilisierung – wie bei allen anderen Schulen auch – zum dominanten Modus wird), ist für Schulreformprozesse/Schulentwicklungsprozesse gerade die Veränderung das dominante Prinzip (also die *Transformation* der Schulkultur). Entsprechend können Schulreformprozesse auch nicht endlos auf Dauer gestellt sein, sondern sie müssen überführt werden in eine Phase der Reproduktion der neu generierten symbolischen Ordnung der Einzelschule. Umgekehrt könnte keine Reformschule auf Dauer den Anspruch der Schulreform umsetzen, weil dann die Konstitutionsbedingungen einer Schulkultur auf Dauer unerreicht wären. Damit versteht sich auch von selbst, dass die Verhältnisbestimmung zwischen Schülerbiographie auf der einen Seite und „Reformschule" bzw. „Schulreform" auf der anderen Seite grundlegend unterschiedlich gerahmt ist, weil der dominante Modus der symbolischen Ordnung der Schule entweder der der Reproduktion oder der der Transformation ist. Ich komme darauf in Abschnitt 4. zurück.

3 Schon zu Beginn des Beitrages möchte ich deutlich machen, dass die hier zugrunde liegenden Biographieanalysen weder einer Reformschule noch einer Schule im Prozess der Schulreform im engeren Sinne entstammen. Allenfalls handelt es sich um eine Schule im Transformationsprozess nach der Wende. Entsprechend bezieht sich auch das Modell der „schulbiographischen Passung" zunächst ganz allgemein auf den Zusammenhang von Schülerbiographie und Schule. Zum Ende

der „schulbiographischen Passung“ bildet den Bezugspunkt der weiteren Ausführungen. Dabei vertrete ich die These, dass gerade für Reformschulen und Schulreformen eine gesteigerte Relevanz der „schulbiographischen Passung“ anzunehmen ist.

Zu Beginn werde ich knapp verdeutlichen, warum der Blick auf die Biographie von Schülern für schulische Fragen sinnvoll ist. Im nächsten Schritt werden an einem Fallbeispiel Bezüge des Modells der „schulbiographischen Passung“ illustriert und dieses Modell anschließend herausgearbeitet. Das Fallbeispiel und das darüber eingeführte Modell sind dabei noch nicht auf den Themenbereich der Reformschulen oder der Schulreform bezogen. Erst zum Abschluss meines Beitrages antworte ich auf die Frage, warum gerade für Reformschulen und Schulreformen die Betrachtung der Wechselwirkungen zwischen Schülerbiographie und Schule relevant wird.

1. Warum die Perspektive auf die Schülerbiographie?

Es mag zunächst irritieren, wenn man in Bezug auf Reformschulen und Schulreformen nach den Schülerbiographien fragt. Tatsächlich spielen Schülerbiographien in beiden zugehörigen Forschungsfeldern allenfalls eine marginale Rolle (vgl. Idel/Ullrich 2004; Wenzel 2004).[4] Wenn schon Biographien relevant sein sollen und auch empirisch Beachtung finden, dann sind es die Biographien der Lehrer und der Schulleiter, die aufgrund ihrer biographischen Hintergründe eine je spezifische Spielart pädagogischer Professionalität ausbilden und darüber der Reformschule oder der Schulreform ihren je spezifischen Ausdruck verleihen (vgl. z. B. Fabel 2004; Kunze/Stelmaszyk 2004; Meister 2005; vgl. auch die Beiträge von Bennewitz und Wiezorek/Fabel-Lamla in diesem Band).

Nun könnte es gerade an dieser scheinbar fehlenden Relevanz der Schülerbiographie für die schulische Organisation und ihre Veränderung liegen, dass tatsächlich die Expansion biographieanalytischer Studien am Schüler vorbei zu gehen scheint (vgl. zum Stand der Schülerbiographieforschung Helsper/Stelmaszyk 1999; Helsper/Bertram 1999; Kramer 2002 und Helsper 2004). In der

des Beitrages werde ich aber die Relevanz dieses Modells für Reformschulen und Schulreformen herausarbeiten.

4 Während in der Perspektive auf Organisations- und Schulkulturentwicklung die Schülerbiographie keinen Stellenwert zugewiesen bekommt und auch nicht als mögliches Forschungsdesiderat markiert wird (vgl. Wenzel 2004: 411f.), liegen für den Bereich der Reform- und Alternativschulen vereinzelte Ansätze einer Schülerbiographieforschung vor (vgl. Idel/Ullrich 2004: 372ff.; Helsper 2004: 913f.; als Forderung auch Höblich/Graßhoff in diesem Band). Allerdings sind die Theoriepotentiale dieser vorliegenden Studien zumeist durch den (selbst-)evaluierenden Charakter begrenzt (vgl. als positive Ausnahme Maas 1999; 2003 und Idel in diesem Band).

Perspektive der Schul- und Organisationstheorien scheint ja der Einfluss der Schüler auf ihre Schule und gar deren Entwicklung eher nebensächlich und damit zu vernachlässigen zu sein. Dass diese Einflüsse der Schülerbiographien auf Schule gegenüber denen der Lehrer, der Schulleiter oder der Schuladministration ungleich geringer sind, soll hier auch nicht bestritten werden.[5] Dennoch lassen sich einige Studien aufzeigen, die auf wechselseitige Einflüsse von Schule und Schülerbiographie hinweisen.

Erste Ansätze einer biographisch orientierten Schülerforschung liegen für Westdeutschland erst seit den 80er Jahren vor. Herausgegriffen seien hier auf der einen Seite der qualitative Längsschnitt der „Arbeitsgruppe Schulforschung“ zur biographischen Verarbeitung von Schulerfolg und Schulversagen und auf der anderen Seite das Essener Jugendforschungsprojekt zum Zusammenhang von Selbstkrise und Schule.

Die „Arbeitsgruppe Schulforschung“ (1980) um Hurrelmann u.a. fragte erstmals mit einem offenen qualitativen Forschungsdesign nach den Realitätsinterpretationen, Situationsdeutungen und Wissenselementen, die Schüler in latente Abstimmungsprozesse mit der Schule einbringen und darin entwickeln. Neu und bedeutsam war an dieser Studie, dass man Schule als in Aushandlungsprozessen konstituiert und veränderbar auffasste und damit biographische Kontexte an Gewicht für die Analyse schulischer Bildungsverläufe gewannen. Die Auswertung der 40 Interviews fokussierte dann jedoch nur auf Argumentations- und Deutungsmuster von Schulerfolg und -versagen. Eine Analyse der biographischen Gesamtgestalt wurde hier noch nicht realisiert. Dies gilt auch für die Fortsetzung der Studie in Form eines qualitativen Längsschnitts und der Vermittlung der Interviewtexte von drei Interviewzeitpunkten, mit der eine Typologie über erfolgreiche und versagende Schulkarrieren und deren deutende Verarbeitung durch die Schüler im Anschluss an die Schulzeit herausgearbeitet werden konnte (vgl. Hurrelmann/Wolf 1986).

Noch deutlicher wird der Aspekt der Abstimmung bzw. Aushandlung zwischen Schule und Biographie im Essener Jugendforschungsprojekt zu „Subjektiven Verarbeitungsformen schulischer Anforderungen und Selbstkrisen Jugendlicher“ (vgl. Bietau/Breyvogel/Helsper 1981; 1983; Bietau 1989; Helsper 1989). Über die Vermittlung von Cliquen- und Einzelfallstudien zu spezifischen Schul-

---

5 Tatsächlich würde ich dem Diskussionsbeitrag von Barbara Sahner zustimmen, dass Schulreform „hauptsächlich eine Veranstaltung von Lehrern“ ist (vgl. Verlaufsprotokoll der Diskussionen: 47). Daraus aber eine Irrelevanz von Schulreformen für Schülerbiographien abzuleiten, halte ich für nicht zwingend (vgl. auch der Diskussionsbeitrag von Christine Wiezorek im Verlaufsprotokoll: 48f.). Dass es einen Unterschied für die Biographieverläufe von Schülern macht, ob sie an einer Reform- oder an einer Regelschule beschult werden oder ob sie an einer Schule sind, die bedeutsame und nicht nur oberflächliche (bzw. randständige) Veränderungsprozesse vollzieht, ist die Grundannahme dieses Beitrages.

milieus wird die Idee eines subtilen und latenten Anpassungsprozesses zwischen schulischen Habitusformationen und individuellen Selbstkrisen (die vor allem durch das familiale Herkunftsmilieu begründet sind) entwickelt und in eine Typologie von 6 Anpassungsmodi überführt (vgl. Bietau/Breyvogel/Helsper 1984).

Während diese beiden Studien zwar wichtige Aspekte der Biographien von Schülern herausarbeiten – die in den Prozess der Lebensgeschichte eingebetteten Sinnbezüge und Deutungsmuster auf der einen Seite und die habituelle Prägung sowie die Selbstkrise Jugendlicher auf der anderen Seite –, fehlt doch in dieser Zeit noch ein eindeutig biographieanalytischer Zugriff, der die lebensgeschichtliche Prozesshaftigkeit insgesamt in den Blick nimmt. Erst Anfang der 90er Jahre wird für die Bundesrepublik Deutschland eine solche Studie in Anknüpfung an die Arbeiten von Hurrelmann u.a. vorgelegt. Hier ist es Dieter Nittel, der die enge Verzahnung von Schullaufbahn und biographischer Entwicklung in der methodischen Anlage seiner Studie berücksichtigt (vgl. Nittel 1992). Von 20 geführten autobiographisch-narrativen Interviews werden vier kontrastierende Eckfälle analysiert. Darüber kann Nittel eine ganze Bandbreite von Befunden zum Ablaufmuster Schulkarriere herausarbeiten, wobei die beiden wohl prominentesten Ergebnisse die Bestimmung der Schulversagens- und der Angepasstenverlaufskurve sind. Genau über diese schulbezogene Weiterführung der „Prozessstrukturen" von Schütze (vgl. 1981; 1984; 1995) kann Nittel verdeutlichen, wie biographische Prozessabläufe durch Schule mit konstituiert sind und ihrerseits die Schullaufbahn beeinflussen.

Nun hat sich trotz der genannten Studien eine systematische Schülerbiographieforschung in der Bundesrepublik bis heute nicht etablieren können. Wir wissen damit nach wie vor noch zu wenig darüber, wie sich biographische Linien mit der schulischen Bildungslaufbahn verbinden und vermischen. Auch fehlt nach wie vor ein theoretisches Modell, dass die als gesichert geltenden Befunde über den Zusammenhang von Herkunftsfamilie, Biographie und Schullaufbahn (etwa auch aus der quantitativ orientierten Bildungs- und Jugendforschung) zu integrieren vermag. Das ist irritierend – besonders vor dem Hintergrund der Überlegung, dass in anspruchsvollen Schulkonzepten und -entwürfen (wie bei Reformschulen und Schulreformen) die Bedingungen der biographischen Bezüge natürlich nicht ausgeblendet werden dürfen.

Die geschilderte Situation war mir ausreichender Anlass, um einen erneuten analytischen Vorstoß in die von Hurrelmann und Nittel ausgewiesene Richtung zu unternehmen. Zentrale Anregungen vor allem auch in der heuristischen Gegenstandskonzeption und dem methodischen Zugang verdanke ich dem Hallenser Projekt zur Rekonstruktion gymnasialer Schulkulturen[6] (vgl. Kramer/Busse

---

6 Das Projekt „Institutionelle Transformationsprozesse der Schulkultur in ostdeutschen Gymnasien" wurde von der DFG vom 01.10.1995 bis zum 31.12.1998 finanziert. Projektleiter war Prof.

1999; Kramer/Helsper 2000; Böhme 2000; Helsper u. a. 2001). Das Modell der „schulbiographischen Passung“ bündelt die Ergebnisse der erneuten schülerbiographischen Analysen (Kramer 2002). Um die Vorstellung und Erläuterung dieses Modells und seine Nutzung für die Gestaltung und Reflexion pädagogischer Felder soll es im Weiteren gehen.

2. Die Fallstudie Maria – eine illustrierende Einführung

Ich werde nun in das Modell der „schulbiographischen Passung“ exemplarisch einführen. Dabei werde ich auf die biographische Rekonstruktion von Maria zurückgreifen und einige Originalzitate aus dem autobiographisch-narrativen Interview einbeziehen.[7] Maria eröffnet ihre lebensgeschichtliche Darstellung wie folgt:

> .. okay also ähm ... also ich kann jetzt nur als erstes vielleicht sagen was auch .. mich sozusagen geprägt hat dass ich immer . also soweit ich mich erinnern kann geschwister hatte . //hm// also weil im ersten jahr . im ersten lebensjahr hatt mer nich so ne große erinnerung und ich hab halt . geschwister die ein beziehungsweise zwei jahre jünger sind als ich . //hm// . und so warn wir eigentlich immer drei . und immer so zusammen .. und ich war eigentlich immer so mehr der mittler zwischen den beiden also die warn .. meine geschwister sind sehr verschieden un und ich hab dann halt eben immer .. ja war so der vermittler

Maria verweist hier auf eine für sie bedeutsame, wenn auch nicht bewusst erfahrbare, Transformation ihrer Aufwachsbedingungen in der Familie durch die Geburt ihrer beiden jüngeren Geschwister. Diese Transformation besteht darin, dass sich Maria in sehr jungen Jahren zunehmend auf andere Personen einstellen und darin ihre eigene Entfaltung an diese veränderte Lagerung anpassen muss. Diese Konstellation ist nun sicherlich allgemein betrachtet nicht selten und sie sollte auch nicht überdramatisiert werden. Entscheidend ist vielmehr, wie diese Veränderung in den lebensgeschichtlichen Verlauf eingebettet ist – also von Maria erfahren und verarbeitet wird. Der Fall zeigt dann nämlich, dass sich bereits zu einem so frühen Zeitpunkt der Lebensgeschichte Einflüsse auf die Konturierung des Selbst vollziehen können, die noch viel später (etwa im Bezug auf Schule) relevant werden. Für Maria generiert sich hier eine zentrale Selbstprob-

---

Dr. Werner Helsper. Als wissenschaftliche Mitarbeiter waren Jeanette Böhme, Rolf-Torsten Kramer und Angelika Lingkost sowie als Hilfskräfte Susann Busse, Jörg Hagedorn, Sandra Hommel, Heike Scharrenberg und Volker Weißbach beschäftigt.

7 Da hier weder der Raum für eine ausführliche Darstellung der Fallrekonstruktion ist und auch die verwendeten Zitate nicht jede meiner Interpretationen abzusichern vermögen, verweise ich auf die ausführliche Darstellung in Kramer 2002, S. 103ff. Die dort in einzelnen Textdurchgängen mit unterschiedlichen Interpretationsmethoden gewonnenen Ergebnisse sind hier stark zusammengefasst.

lematik mit Langzeitwirkung, insofern diese Veränderungen mit einer Zurücknahme ihres Selbst zusammenfallen. Statt einer weitgehend ungebremsten und expansiven Entfaltung ihres Selbst, muss sie sich nunmehr beschränken und zusätzlich die Selbstansprüche ihrer neuen Geschwister zwischen diesen vermitteln. Die daraus resultierende Problematik einer restriktiven Entfaltung des Selbst beinhaltet, dass ihre persönliche Besonderheit und ihr individuelles Selbst gerade dann im familialen Rahmen eine maximale Anerkennung finden, wenn sie nicht expansiv und individualistisch nach außen drängen, sondern sich zum Zwecke der Gesamtheit (hier der Familie) funktional bestimmen und zurücknehmen.

In der Rekonstruktion lassen sich neben der Selbstproblematik auch Bearbeitungsversuche markieren. Deutlich wird, dass Maria ihr Selbst gerade über den Bezug auf die beiden Geschwister und damit auf die familiale Gemeinschaft funktional bestimmen kann. Hier deutet sich die Ausprägung eines auf die Gemeinschaft bezogenen funktionalistischen Selbstkonzeptes an, das ihren Individuationsprozess abstützt.

Dass damit tatsächlich eine grundlegende Selbstproblematik gekennzeichnet wird, zeigt sich auch im weiteren Verlauf der lebensgeschichtlichen Darstellung.

> und . ja also ich würd schon sagen so .. glückliche kindheit . weil ich . ä meine mutter hat mich sozusagen bis zum . ich war also bis zu meinem dritten lebensjahr zu hause . //hm// meine mutter war da auch zu hause weil . mein bruder hatte . probleme also der hat so ne krankheit gehabt also nich nichts schlimmes . //hm// aber sie hat ihn als als äh für krippenuntauglich irgendwie erklärt und da //hm// war sie halt ziemlich lange zu hause .. und so bin ich halt nie in ne kinderkrippe oder so gekommen ..

Soviel wird schnell deutlich: Die Bilanzierung dieser Lebensphase als glückliche Kindheit gelingt nur brüchig. Statt dessen zeigen die argumentativen Stützversuche, dass besonders zum jüngeren Bruder ein brisantes Konkurrenzverhältnis um die Zuneigung der Mutter besteht, das für Maria insgesamt undurchsichtig bleibt und dem sie sich nur schicksalhaft fügen kann.

Noch einmal bestätigend für diese Interpretation wirkt der folgende Anschluss, mit dem deutlich wird, dass Maria gerade zu einem Zeitpunkt in den Kindergarten kommt, zu dem ein neues Geschwisterkind in die Familie eintritt.

> und dann . ja mit m dritten lebensjahr bin ich in kindergarten gekommen . //hm// in n evangelischen das is also dann auch noch was anderes als .. sag ich mir jetzt mal als als staatlicher kindergarten . //hm// also von anfang an . evangelisch erzogen worden . //hm// würd ich so sagen . aber halt eben eigentlich . nie mit zwang oder so //hm// . du musst jetzt zur christenlehre gehn oder so . und .. ja so im kindergarten .. pf da wars halt eben .. wir warn nich sehr viele kinder also vielleicht so zwanzig oder so . und es war eigentlich och immer . ich weeß nich ne große gemeinschaft und . halt jetzt zum beispiel jetzt ne freundin von mir .. man hat halt eben freundschaften im kindergarten geschlossen die noch bis heute andauern . //hm// also die wirklich schon ewig sind ..

Man kann mit diesem Interviewzitat konkretisieren, dass neben der Transformation der familialen Situation für Maria auch der Übergang in den Kindergarten in diese Lebensphase fällt. Die mit diesem Übergang zumindest latent verknüpfte Problematik des tendenziellen Ausgestoßenwerdens aus der Familie wird dabei deutlich aufgefangen in einer Besonderung des Kindergartens als evangelischer in Abweichung von den vorherrschenden staatlichen Kindereinrichtungen, an der auch das Selbst Marias partizipieren kann. Damit wird über den inselartig abgeschlossenen Kindergarten die Bearbeitungsform der funktionalistisch-symbiotischen Einbindung in exklusive Gemeinschaften zur Stützung des Selbst – wie sich diese zunächst in der Familie ausgebildet hat – nun auch institutionell gefestigt. Diese Gemeinschaftsbindungen zur Stützung ihres Selbst scheinen dabei für Maria bis in die Gegenwart des Interviews relevant zu sein. Das Interview geht dann wie folgt weiter:

> und . dann bin ich in de schule gekommen . und war . auch im hort .. ebenfalls wieder . evangelischer hort also alles von der johannesgemeinde . //hm// . und .. ja . ich weiß nich das ist bestimmt auch auch . prägend für einen . wenn man wenn man halt eben so . in ner in ner . vielleicht christlichen gemeinschaft oder so aufwächst also wenn man . weil ich weiß nich ich glaub das system . in in evangelisch oder überhaupt christlichen . oder kirchlichen .. äh kinderstätten irgendwie . //hm// is schon anders als von staatlichen und daher //hm// . ich weiß nich war das irgendwie is man von anfang an erzogen worden dass man halt eben . ja so of . tugenden wie wie nächstenliebe und sowas halt eben dass man .. dass ich jetzt so vom vom staat d d r eigentlich soviel nich mitgekriegt hab sag ich jetzt mal so

Bis hierhin wird bereits deutlich, wie konkrete institutionelle Einbindungen in die biographische Ordnungsbildung eingreifen. Diese institutionellen Einbindungen beinhalten jeweils spezifische Gelegenheitsstrukturen, so z. B. dass die Grundschule in unmittelbarer Nähe zur Wohnung und zum Kindergarten liegt und deshalb ein Hortbesuch in der evangelischen Gemeinde möglich ist.[8] Entscheidend ist jedoch, dass sich damit die im lebensgeschichtlichen Verlauf durch fallspezifische Selektionen emergierende biographische Bearbeitungsform weiter stabilisiert und es Maria nicht gelingt, die ebenfalls latent mit dem Eintritt in die Schule vorhandenen Transformationsspielräume zu nutzen. Damit bleiben nicht nur eine Begrenzung der Selbstentfaltung und die Notwendigkeit der Anbindung an die exklusive Gemeinschaft der jungen evangelischen Gemeinde bestehen, sondern es kommt hinzu, dass Maria insgesamt eine starke Kontinuitätsorientierung ausbildet, mit der das Neue als hoch bedrohlich in Erscheinung tritt.

---

8 Die sich jeweils eröffnenden Möglichkeiten und die je spezifischen Verhinderungen bilden einen Artikulations- und Handlungsspielraum, der dann im Zusammenspiel von biographischer Ordnungsbildung und Schullaufbahn aufgegriffen wird. Merle Hummrich spricht in diesem Sinne von „institutionellen Möglichkeitsräumen" (vgl. Hummrich in diesem Band).

Das ist auch der Ausgangspunkt, von dem aus Maria sich dann auf das Gymnasium bezieht. Das Gymnasium, das sich ebenfalls in unmittelbarer Nähe befindet, wird in erster Linie von Marias Eltern (und weniger nachdrücklich von Maria selber) ausgesucht, denn die Eltern haben hier ihre eigene Abiturbildung erfahren und pflegen noch heute einen engen Kontakt zu einigen Lehrern und dem Schulleiter der Schule. Sie sehen in diesem Gymnasium ihre eigenen Bildungsvorstellungen besonders vorbildlich umgesetzt. Deutlich wird darüber, dass die Eltern ein bestimmtes Bild von diesem Gymnasium haben und auf der Grundlage einer vermuteten Habitushomologie diese Schule ihrer Tochter anempfehlen. Offen ist aber, ob diese Habitushomologie faktisch in der Form überhaupt besteht und mit welchen Wirkungen sich diese für Maria verbindet. Hier ist nun der systematische Ort, um die rekonstruierte Schulkultur einzubeziehen und vor diesem Hintergrund die schulische Bewegungsform Marias durch die Gymnasialzeit zu bestimmen.

Die symbolische Ordnung des Gymnasiums[9] kann hier jedoch nur ganz knapp skizziert werden (vgl. dazu Helsper u. a. 2001: 623ff.). Etwa 6 Jahre nach der Wende konstituiert sich das dominante Strukturproblem dieses Gymnasiums auf der *Ebene des Realen* als eine wieder aktualisierte institutionelle Kontinuitäts- und Identitätsproblematik. Wie lässt sich mit Blick auf eine über einhundertjährige, jedoch auch brüchige Schulgeschichte nach der Wende die institutionelle Identität und Anerkennung sichern?

Die Beantwortung dieser Frage führt auf der *Ebene des Symbolischen* zu einer Mischung aus widersprüchlichen habituellen Bearbeitungsversuchen. So wird von einem Teil der stimmstarken Lehrer eine bereits zu DDR-Zeiten latent tradierte klassisch-gymnasiale Haltung umgesetzt, d. h. vor allem eine deutlich ausgeprägte Leistungsorientierung, starke pädagogische Ansprüche an Disziplin und Leistungsaskese und damit korrespondierende restriktive Partizipationsmöglichkeiten für Schüler. Zugleich gibt es aber von einigen „oppositionellen" Lehrern deutliche Orientierungen an einer informalisierten Schulkultur, die sich z. B. in Kompensationsansprüchen gegenüber den Leistungsanforderungen oder in Form eines partnerschaftlich-permissiven Verhältnisses zu den Schülern im Kontrast zu den pädagogischen Entwürfen der Disziplin und Leistungsaskese finden lassen. Übergreifend ist der Widerspruch, der aus den von allen Lehrern formulierten Demokratisierungsabsichten – etwa auch in Partizipationsermunterungen

9 Das Konzept der Schulkultur als symbolische Ordnung geht aus von einem Spannungsverhältnis zwischen drei Sinnebenen: den grundlegenden Strukturmomenten und Strukturproblemen auf der Ebene des *Realen*, den strategischen und habitualisierten Bearbeitungsformen auf der Ebene des *Symbolischen* und den hypothetischen und mythischen Lösungsentwürfen auf der Ebene des *Imaginären* (vgl. Böhme 2000; Helsper u. a. 2001: 24ff. und 553ff.; Kramer 2002: 78ff. und 282ff.).

gegenüber den Schülern – und den restriktiven Partizipationsmöglichkeiten des gymnasialen Habitus resultiert.

Auf der *Ebene des Imaginären* findet sich ein hypothetischer Idealentwurf, der über alle Widersprüche hinweg die Leistungsfähigkeit des klassisch Gymnasialen in Gestalt dieser konkreten Schule in „Fleisch und Blut" behauptet und über die Exklusivität der Schulgemeinschaft zu charismatisieren versucht. Weil die Schule sich aufgrund ihrer Orientierung von anderen Schulen abhebt, können alle schulischen Akteure (Lehrer und Schüler) an dieser Besonderheit partizipieren. Diese Besonderung des Selbst über die Schule gelingt dabei ‚natürlich' nur, wenn man jeweils genau diese Besonderheit des Gymnasiums auch verbürgt.

Es lässt sich also mit diesem kurzen Blick auf die gymnasiale Schulkultur einiges an Spannungspotential und an Anknüpfungsmöglichkeiten für Maria vermuten. Betrachten wir nun, wie sich dies in der lebensgeschichtlichen Thematisierung Marias niederschlägt.

> und dann bin ich halt aufs gymnasium gekommen . //hm// . und und hatt halt .. immer die gleichen leute um mich also das jetzt nicht im negativen sondern dass ich mich halt eben nie . in ner gruppe irgendwie . äh großartig behaupten musste sondern dass ich da immer schon leute hatte die ich //hm// kannte . //hm// von ja von von frühesten anfängen her eigentlich ... ja .. ich hatte ziemlich angst vorm gymnasium was sich dann aber ziemlich .. umgewandelt hat ich bin ja mit der sechsten klasse . bin ich ins gymnasium gekommen . //hm// ... und hatte halt . also ich glaube so .. ja .. drei drei andre mädchen aus meiner alten klasse sind mit zu mir gekommen in die gleiche klasse .. und dann noch aus andern klassen . kannt ich auch noch n paar aus meiner alten schule . dann von der christenlehre her kannt ich noch welche von . also dass ich schon .. bestimmt mindestens ein drittel aus der klasse wo ich dann reinkam schon gekannt hab ziemlich //hm// gut gekannt hab //hm// so dass das eigentlich nie en problem war . irgendwie . ja freundschaften zu suchen . oder so //hm// dass ich da .. immer eigentlich .. ja was hatte wo ich hinjehn konnte ..

Deutlich wird hier, dass auch der dominante Bezugsmodus Marias auf das Gymnasium unter der Maßgabe der Kontinuitätssicherung sozialer Beziehungen und darüber der Abwehr von Ungewissheit erfolgt. Bei Maria resultiert diese Haltung aus der biographisch gefestigten Bearbeitungsroutine der Selbststabilisierung über die evangelische Gemeinschaft. Eine Kriseneskalation – wie sie besonders für die habituelle Übereinstimmung zwischen ihren Eltern und der Schulkultur angelegt ist, insofern darin die familialen Begrenzungen des Selbst schulisch verstärkt würden – kann beim Übergang somit zunächst verhindert werden, weil enge Verbindungen und personelle Kontinuitäten zur evangelischen Gemeinschaft auch am Gymnasium bestehen bleiben. Allerdings sind damit die restriktiven Selbstentfaltungsmöglichkeiten noch nicht überwunden, sondern ‚nur' symbolisch eingeklammert. Eine Überbrückung des Umzingelungsgrabens der familialen Beschränkung Marias ist so nur imaginär geleistet. Dennoch; immerhin ergeben sich hier nicht nur neue Anforderungen, sondern auch neue Gelegenheiten zur Bearbeitung der Selbstproblematik am Gymnasium.

Maria knüpft mit dem Selbstkonzept einer funktionalen Gemeinschaftsintegration an die starke Partizipationsprogrammatik der Schule an, übernimmt Klassensprecherfunktionen im Schülerrat und kann diese Gestaltungsräume als handlungsschematische Impulse erfahren. Das heißt, dass sie den Bereich der Schülerpartizipation als aktive Bearbeitung ihrer Selbstproblematik nutzt. Ihr Engagement im Schülerrat wird zur dominanten biographischen Bearbeitungsstrategie. Dieses Engagement läuft also nach und nach immer mehr dem Engagement in der jungen evangelischen Gemeinde den Rang ab.

Im weiteren Verlauf der Schullaufbahn erfährt Maria dann aber die massive Zurückweisung ihrer partizipativen Erwartungen durch die Organisationshierarchien einerseits und durch das mangelnde Interesse der Schüler andererseits. Damit bricht sich die Sinnkonstruktion einer Interessenvertretung für die Schüler an der restriktiven Partizipationsstruktur. Dies ist für Maria hochdramatisch, weil ihr damit die aktive, handlungsschematische Bearbeitung der eigenen Selbstproblematik genommen wird. Marias biographischer Entfaltungsprozess schlägt nun um in eine verlaufskurvenförmige Erfahrung der Schule und in fatalistische Deutungen ihrer Selbstentfaltungsmöglichkeiten dort. Sie zieht sich enttäuscht aus dem Schülerrat zurück und ist wieder stärker auf die Einbindung in die evangelische Gemeinde zurückgeworfen. Die entsprechend lange Passage im Interview, die einen deutlich höheren Detaillierungsgrad aufweist, steht dabei symptomatisch für die konditionellen Zwänge des Gymnasiums, die einen einschneidenden Wandel vom handlungsschematischen Bezug zur fatalistischen Resignation bewirkten.

Schließlich ist das Leben Marias in dieser schulischen Verstärkung der familialen Selbstbegrenzung durch Individualisierungs- und Verselbständigungsdefizite gekennzeichnet. Maria läuft zunehmend Gefahr, die Anerkennung der Gleichaltrigen zu verlieren. Die biographische Bewegungsform Marias endet zum Zeitpunkt des Interviews in einer Figuration, in der einerseits deutliche Krisen- und Verlaufskurvenpotentiale in Gestalt der verhinderten Partizipationsmöglichkeiten und der anspruchsvollen Leistungsanforderungen von der Schule ausgehen, in der andererseits aber auf der Ebene des Imaginären im Entwurf einer exklusiven Gemeinschaft des Gymnasiums deutlich stabilisierende und das Selbst stützende schulische Bezüge bei Maria vorhanden sind. Damit ist Maria quasi fallenartig biographisch auf diese Schule bezogen. Sie kann sich nicht – etwa in einem Schulwechsel – von der Schule lösen, zumal dann wohl eskalierende Auseinandersetzungen mit den Eltern zu erwarten wären. Statt dessen bleibt sie teilweise leidvoll an diese gymnasiale Kultur gebunden, die für sie eine biographische Fallensituation mit konstituiert.

.. ich hab . mir manchmal auch durch n kopf gehn lassen .. wenn nich goethe wohin denn sonst also in welche schule würde sich denn sonst . überlegen und denn ich wüsste nich wo ich mich . wohlfühln würde . //hm// jetzt abgesehn von den leuten ich weiß es wirklich nich weil . jede schule hat für sich irgendwo . ihr eigenes temperament irgendwie die eigene mentalität das das kommt schon durch .. durch die ganzen klassenstufen irgendwo . //hm// un ich denke da pass ich noch am besten aufs goethe .

3. Das Modell der „schulbiographischen Passung“

Nach der exemplarischen Falldarstellung soll nun das Modell der „schulbiographischen Passung“ genauer bestimmt werden. Der Grundgedanke besteht darin, die Schülerbiographie ebenso wie die Schule als eigenständige sinnstrukturierte Gebilde der sozialen Wirklichkeit zu verstehen, die zwangläufig dann in einen wechselseitigen Abstimmungsprozess treten, wenn ein Kind oder ein Jugendlicher eine Schule besucht.[10] Dieser Abstimmungsprozess kann dabei prinzipiell auch bewusst gemacht und (mit Einschränkungen) aktiv gestaltet werden. Er verläuft aber zu weiten Teilen auf einer latenten Ebene. Der Begriff des Passungsverhältnisses soll Ausdruck dieses latenten Abstimmungsprozesses sein. Dabei wird der Begriff der Passung nicht inhaltlich oder normativ verwendet, sondern vor allem formal. Ein Passungsverhältnis liegt damit auch dann vor, wenn z. B. keine Anpassung an die symbolische Ordnung der Schule gelingt und der Abstimmungsprozess durch Konflikte und Abbrüche gekennzeichnet ist. Passung meint hier also beides – nicht nur die Strukturvariante, bei der Schülerbiographie und Schulkultur zusammenpassen, sondern auch die Strukturvariante der „Nichtpassung“.[11]

Vor dem Hintergrund dieser ersten allgemeinen Bestimmungen geht es im Modell der „schulbiographischen Passung“ um Aussagen in zwei Richtungen: erstens um die Kennzeichnung übergreifender Aspekte und Dimensionen dieses Abstimmungsprozesses und zweitens um die Herausarbeitung typischer Strukturvarianten.

Übergreifend gehe ich im Modell der „schulbiographischen Passung“ von zwei symbolischen Ordnungen auf unterschiedlichem Aggregierungsniveau und mit unterschiedlich starken wechselseitigen Einflussmöglichkeiten aus (vgl. Abb. 1).

---

10 Das impliziert auch, dass sich das „schulbiographische Passungsverhältnis“ mit einem Schulwechsel verändern kann. Die Transformationspotentiale werden dabei gerade dann besonders groß sein, wenn sich die symbolische Ordnung der neuen Schule sehr deutlich von der früheren unterscheidet.

11 In meiner Studie habe ich Passungsvarianten zwischen den Polen der „harmonischen“ und der „antagonistischen Passung“ unterschieden (vgl. Kramer 2002: 307ff.).

Abb. 1: Modell der schulbiographischen Passung als Wechselverhältnis zwischen symbolischen Ordnungen unterschiedlicher Aggregierung

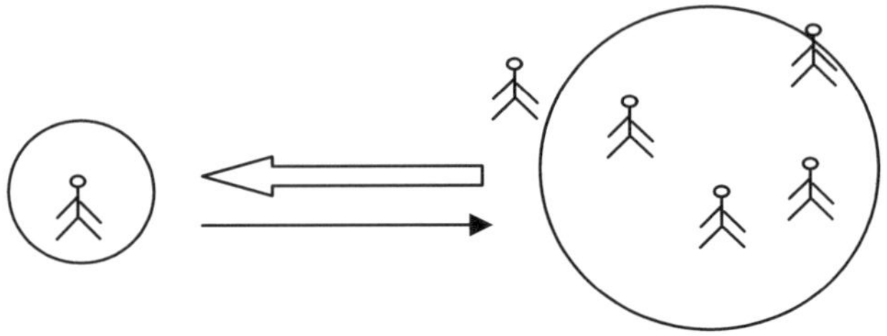

Biographische Ordnung Schulische Ordnung

Die Abbildung 1 soll illustrieren, dass im Verhältnis von Schülerbiographie und Schulkultur ein Interdependenzzusammenhang vorliegt, der zwischen symbolischen Ordnungen ausgestaltet ist. Für die Seite der Schule ist diese symbolische Ordnung im Konzept der Schulkultur empirisch und theoretisch ausformuliert worden (vgl. Helsper u. a. 2001). Diese schulische, symbolische Ordnung formt sich sequenziell in der handelnden Auseinandersetzung innerschulischer Akteure (Schulleitung, Lehrer und Schüler) mit dem außerschulischen Umfeld und auf der Grundlage der Strukturprinzipien des Bildungssystems aus. Die biographische, symbolische Ordnung bildet sich im Vollzug des Lebensverlaufs in interaktiver Auseinandersetzung mit signifikanten Anderen und den Ambivalenzen der Individuation. Die unterschiedliche Aggregierungsebene soll deutlich machen, dass – auch wenn für beide symbolische Ordnungen von Stabilitäts- und Kontinuitätstendenzen auszugehen ist – auf der Seite der Institution deutlich stärkere Beharrungstendenzen vorliegen. Damit ist der Einfluss der Schulkultur auf die Schülerbiographie potentiell höher zu veranschlagen als umgekehrt.[12]

Nun ist aber mit dieser ersten Bestimmung des schulbiographischen Passungsverhältnisses die Komplexität des Wechselverhältnisses noch nicht ausreichend entfaltet. Deshalb schließen sich zwei weitere Differenzierungen an. In einer *synchronen Ausdifferenzierung* gehe ich von unterschiedlichen Bezügen

12 Diese ungleichen Einflusschancen im Sinne einer ungleichen Reproduktionsmacht finden sich empirisch bestätigt in Rekonstruktionen zu schulischen Partizipationsstrukturen. Dort zeigt sich nämlich, dass über Mechanismen der Fremd- und Selbstselektion besonders diejenigen schulischen Akteure in entscheidungsmächtige Positionen vordringen können, die ohnehin in Affinität zu den dominanten schulischen Sinnstrukturen stehen. Das gilt für Lehrer und für Schüler gleichermaßen (vgl. Grundmann/Kramer 2001: 81f.; Böhme/Kramer 2001: 162ff.; vgl. auch die wegweisende Analyse des Zusammenhangs von Schulmythos und Schülerbiographie in Helsper 1995).

zwischen Biographischem und Schulkultur auf den Ebenen des Realen, Symbolischen und Imaginären aus (vgl. Abb. 2). Hier differenzieren sich die Wechselbeziehungen in den Sinnebenen aus. Dabei bleiben aber diese Sinnebenen innerhalb der jeweiligen symbolischen Ordnung der Schule und der Biographie (z. T. spannungsvoll) aufeinander verwiesen. Besonders das Reale zeigt sich als harter Kern der institutionellen und biographischen Ordnung, auf den die symbolischen und imaginären Ausformungen bezogen sein müssen. Aus der Differenzierung dieser Bezüge und deren Spannungsverhältnis resultieren verschiedene und zumeist ambivalente Passungsverhältnisse.

Abb. 2: Modell der schulbiographischen Passung als Differenzierung der Ebenen des Realen, Symbolischen und Imaginären

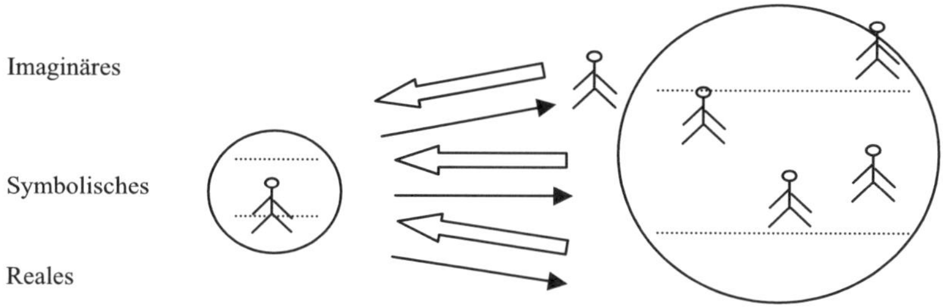

In einer *diachronen Ausdifferenzierung* gehe ich von einer Prozessdynamik aus, die in Anlehnung an das Konzept der Lebenspraxis von Oevermann sequenziell geordnet ist (vgl. z.B. Oevermann 1991; 1995; 1996). Mit dieser Annahme verbindet sich die Vorstellung, dass jede Form der Handlung bzw. eines Interaktionsbeitrages eine Auswahl aus bereits vorgängig strukturell eröffneten Optionen bzw. Anschlussmöglichkeiten darstellt. Das gilt selbstverständlich schon innerhalb der Schülerbiographie und der symbolischen Ordnung einer Schule. Erst recht aber ist mit der Annahme eines Interdependenzzusammenhanges davon auszugehen, dass die Transformations- und Reproduktionsspielräume jeweils in Abhängigkeit von den biographischen und institutionellen Optionen eröffnet und geschlossen werden. Biographie und Schule limitieren in der Logik der Sequenzialität dabei wechselseitig die jeweiligen Handlungs- und Artikulationsspielräume (vgl. Abb. 3) – dies jedoch wiederum in ungleicher Art und Weise (vgl. Abb. 2).

Abb. 3: Modell der schulbiographischen Passung als Sequenzfolge der Limitierung von Anschlussoptionen

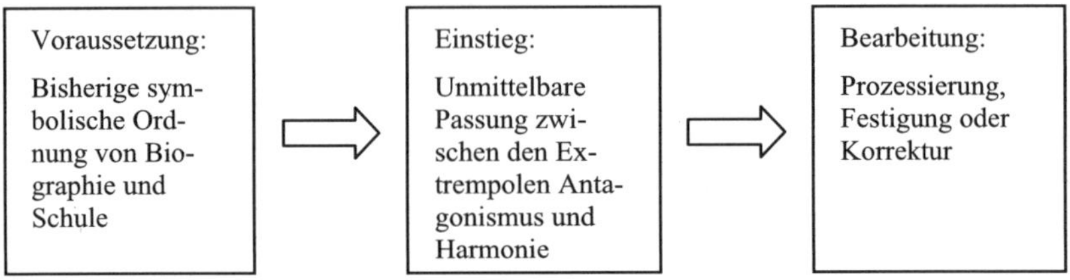

Insgesamt gehe ich mit dem Modell damit von einer Vielzahl „schulbiographischer Passungsverhältnisse“ über die Differenz und Vielfalt von Schulkulturen und Biographien aus, aus denen dann die jeweils unterschiedlichen Schullaufbahnen als Ausformungen der Passung und der darin realisierten Transformationsspielräume resultieren.

Abschließen möchte ich diesen Abschnitt mit einigen bisher nur implizit eingeführten Annahmen zur Biographie (vgl. auch Kramer 2002: 88f.). Es wurde bereits deutlich, dass ich Biographie als sinnstrukturierte symbolische Ordnung entwerfe, die sich im Spannungsfeld der Ebenen des Realen, Symbolischen und Imaginären konstituiert und transformiert. Damit reserviere ich das Biographische nicht für das vermeintlich ‚Wirkliche‘ eines lebensgeschichtlichen Ablaufes. Ich begrenze das Biographische auch nicht auf die Abfolge von Erfahrungsqualitäten und Identitätsformationen im Sinne der Bestimmung von Prozessstrukturen, sondern ich erweitere das Biographische um grundlegende Selbstproblematiken (die Ebene des Realen), habituelle Ausprägungen (die Ebene des Symbolischen) und rhetorische Figuren sowie Idealisierungen (die Ebene des Imaginären) (vgl. Abb. 4).

Abb. 4: Biographie als symbolische Ordnung in der Spannung von Realem, Symbolischen und Imaginären

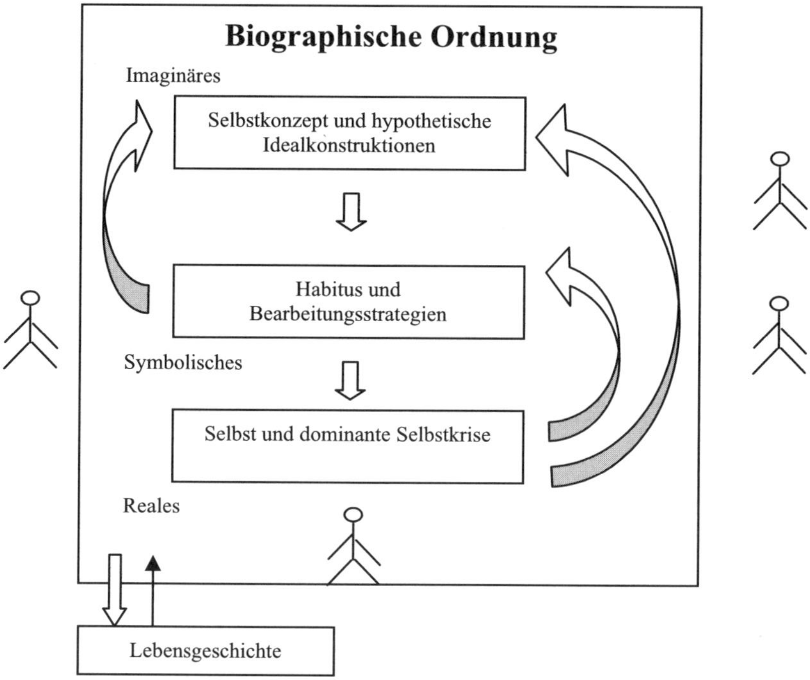

Ich platziere die biographische Ordnung als vermittelnde Struktur zwischen Lebensablauf und dem praktischen sowie reflexiven Selbstverhältnis des Akteurs.[13] In diesem Bezug und den rahmenden Interaktionen – vor allem und primär durch signifikante Andere in der Familie, aber auch z. B. im Passungsverhältnis zur Schule – bildet und transformiert sich die biographische Ordnung.

Diese biographische Ordnung fasse ich in Anlehnung an die Konzeption der institutionellen symbolischen Ordnung als Spannungsverhältnis der Ebenen des Realen, Symbolischen und Imaginären. Auf der *Ebene des Realen* finden sich in diesem Modell die Kernprobleme der biographischen Entwicklung und der Identitätskonstitution. Diese Kernprobleme beziehen sich zumeist auf Ambivalenzen

13 Mit Bezug auf die Diskussion in Wittenberg ist hier entscheidend, dass die Relevanz der Biographie für Schule (und umgekehrt die schulische Relevanz für die Biographie) nicht erst dann vorliegt, wenn die Schülerinnen und Schüler für sich selbst einen solchen thematischen Bezug realisieren (können) (vgl. Georg Breidenstein im Verlaufsprotokoll der Diskussionen: 46).

des Individuationsprozesses (vgl. dazu Hummrich 2002: 334ff.; Kramer 2002: 218ff.), die sich im lebensgeschichtlichen Verlauf als fallspezifische Gemengelage selektiv ausformen und darin fallspezifische dominante Selbstkrisen generieren. Die Selbstkonstitution und die dominante Selbstkrise sind zentrale Dimensionen der Ebene des Realen in der biographischen Ordnung. Sie bilden den ‚harten Kern', um den sich die biographische Ordnung zentriert. In der Art der Selbstkonstitution und der dominanten Selbstkrise ist grundgelegt, ob und in welcher Form sich das Subjekt auf die (sich verändernde) Umwelt beziehen kann.

Dieser Bezug wird in den Ebenen des Symbolischen und des Imaginären zum Ausdruck gebracht, als systematische Abarbeitungsstrategien und Reaktionsformen. Die *Ebene des Symbolischen* beziehe ich vor allem auf die im praktischen Bewusstsein angelegte Art des Selbstbezuges, etwa die Formen der routinierten Handlungs- und Deutungsmuster zum gelebten Leben. Diese Ebene deckt sich einerseits mit den Überlegungen Bourdieu's zum Habitus als Prinzip der Vereinheitlichung der Praktiken und als Form einer praktischen Identität (vgl. Bourdieu 1990: 77). Andererseits können auf dieser Ebene auch bewusste und absichtsvolle Handlungsstrategien vorliegen, die Ergebnis einer in Teilen reflexiven Verfügbarmachung der Selbstproblematik sind. Die *Ebene des Imaginären* bestimme ich als die Form des Selbstbezuges, die hypothetische und Idealkonstruktionen hervorbringt und darin die Spannungsmomente und Krisenpotentiale des Realen bearbeitet und imaginär aufhebt. Auf dieser Ebene wäre auch das ‚Illusionäre' der Biographie im Sinne Bourdieu's (vgl. ebd.) und das ‚Mythische' im Sinne Helsper's anzusiedeln (vgl. Helsper 1988). Wichtig ist nun, dass sowohl die Abarbeitungsstrategien und habituellen Reaktionsformen als auch die Idealkonstruktionen zwar als Bearbeitung der Selbstproblematik zu verstehen sind, ihrerseits aber auch zur Verstärkung bestehender Lebensproblematiken oder zur Entstehung neuer Problempotentiale beitragen können.

Die Frage, die für die Biographieforschung relevant ist, bezieht sich m.E. nicht auf das Verhältnis von Lebensgeschichte und gelebtem Leben, sondern sie muss das Verhältnis zwischen Lebensgeschichte als biographischer Präsentation und „Biographie" als symbolischer Ordnung anvisieren (vgl. dazu auch Fischer-Rosenthal/Rosenthal 1997).

Die Lebensgeschichte – die biographische Erzählung – ist dabei eine Ausdrucksgestalt, die über die „biographische Ordnung" Auskunft geben kann. Zwar sind sowohl die Lebensgeschichte als auch die Biographie Konstruktionsleistungen, insofern sie durch das praktische und reflexive Bewusstsein von Akteuren generiert werden und nicht als ‚Naturprodukte' zu verstehen sind. Diese Konstruktionen sind aber nicht beliebig, sondern sie hängen vom praktischen und reflexiven Selbstverhältnis des Akteurs sowie von den bisherigen Ausformungen der biographischen Ordnung ab, und sie bleiben auf den Lebensablauf, auf die Varianz und Abfolge lebensgeschichtlicher Ereignisse bezogen.

4. Konsequenzen des Modells für Reformschulen und Schulreform

Abschließend soll die Frage beantwortet werden, welche Relevanz das Modell des „schulbiographischen Passungsverhältnisses“ für Reformschulen und Schulreformen haben kann. Es scheint mir v. a. als Reflexionshilfe sehr brauchbar. Dabei sind es besonders die synchrone und die diachrone Ausdifferenzierung des Modells, die für die Reflexion in Reformschulen und Schulreformen aufgegriffen werden könnten. Das *Prinzip der Sequenzialität* in der diachronen Ausdifferenzierung hilft uns zu sehen, dass jede Handlung und Ausformung eine (bewusst gewollt oder unbewusst) realisierte Auswahl darstellt und darin in die bisherige Sequenzlogik eingelagert ist – und das gilt sowohl für die Auswahlen der Schulkultur als auch für die der Schülerbiographie. Jeder noch so radikal erscheinende Bruch in der Ausgestaltung der symbolischen Ordnung ist somit zwingend bezogen auf die bisherige Fallgeschichte, die darin angelegte Strukturproblematik und die bisher selektierten symbolischen und imaginären Bearbeitungsformen. Die *Konzeption des Spannungsverhältnisses des Realen, Symbolischen und Imaginären* in der synchronen Ausdifferenzierung weist uns darauf hin, dass sich die Wechselverhältnisse auf verschiedenen Sinnebenen ausgestalten, die zwar aufeinander bezogen sind, aber doch sehr unterschiedlich ausgeformt sein können. Dabei scheint mir auch hier wiederum eine bedeutsame Differenz zwischen Reformschulen und Schulreformen zu bestehen. Während Schulreformen mit der Absicht der Veränderung der symbolischen Ordnung der einzelnen Schule v. a. auf der Ebene des Symbolischen agieren müssen, sind für Reformschulen aufgrund ihres Entstehungszusammenhangs ausgeprägte Sinnkonstruktionen auf der Ebene des Imaginären zu erwarten. Für beide gilt dabei, dass sehr deutliche Konturierungen auf der Ebene des Imaginären zwar kompensierende und stützende Funktionen für Schülerbiographien übernehmen können (vgl. z. B. die Fallstudie Maria), gleichzeitig aber mit ihren inhärenten Versprechungen und bei Nichteinlösung auf der Ebene des Symbolischen zur Generierung neuer oder zur Verstärkung bereits bestehender Selbstproblematiken führen (vgl. dazu auch Böhme 2000).

Vor dem Hintergrund des Modells der „schulbiographischen Passung“ und seiner gerade genannten internen Differenzierung ergeben sich für Reformschulen und Schulreformen eventuell unterschiedliche Reflexionsschwerpunkte. Reformschulen könnten sich selbst daraufhin befragen, inwieweit die in öffentlichen Auftritten und Selbstdarstellungen transportierten Idealkonstruktionen ihrer selbst nicht Versprechungen auf der Ebene des Imaginären beinhalten, deren

Einlösung auf der schulischen Handlungsebene nicht gelingen kann. Reflexiv wäre hier von der einzelnen Schule zu überprüfen, ob derartige Erwartungen auf Seiten der Schüler geweckt und welche biographischen Problematiken eventuell dadurch generiert werden. In Schulreformen ergibt sich dagegen ein anderer Reflexionsschwerpunkt, insofern hier die Transformation von Routinen und Strategien auf der Ebene des Symbolischen im Zentrum stehen. Zwar können auch Prozesse der Schulreform durch neue Entwürfe auf der Ebene des Imaginären flankiert sein, aber sie laufen leer, wenn keine Transformation auf der Ebene des Symbolischen hinzutritt. Reflexionsschwerpunkt müsste für Schulen im Reformprozess deshalb sein, inwieweit sich Neujustierungen in den schulbiographischen Passungsverhältnissen auf der Ebene des Symbolischen ergeben und welche Konsequenzen daraus abzuleiten wären. Unter Umständen kann die erfolgreiche Schulreform bedeutsame Transformationen des institutionellen Habitus beinhalten, so dass habituelle Passungen und Nichtpassungen neu eingestellt werden. Solche Neujustierungen können ihrerseits natürlich auch den biographischen Orientierungsrahmen unter Transformationsdruck setzen, dies jedoch nur innerhalb der Spielräume, die in der Innenperspektive der Biographie angelegt sind. Wahrscheinlicher ist deshalb, dass zuvor tendenziell harmonisch ausgeformte Passungsverhältnisse stärker als bisher mit Passungskonflikten und -antagonismen versetzt werden.

Auf die Frage nun, ob die Reflexion des Interdependenzverhältnisses zwischen Schülerbiographie und Schule besonders für Reformschulen und Schulreformen relevant ist, antworte ich mit einem deutlichen Ja. Dies aus zwei Gründen:

- Erstens sind Reformschulen und Schulreformen als pädagogische Unternehmungen zu kennzeichnen, die in besonderer Weise das Ziel einer absichtsvollen (Um-)Gestaltung pädagogischer Arrangements verfolgen und dabei ihre Aussicht auf Erfolg darüber zu optimieren trachten, dass die Bedingungen dieser pädagogischen Arrangements mit reflektiert werden. – Wohlgemerkt: diese Einbettungen und Grenzziehungen finden sich für jedes pädagogische Arrangement; seine reflexive Vergegenwärtigung ist jedoch Kennzeichen einer reflektierten pädagogischen Praxis, die gerade in Reformschulen und in Schulreformen zur Grundhaltung gehören sollte (vgl. auch Hummrich; Wiezorek/Fabel-Lamla und Höblich/Graßhoff in diesem Band).
- Zweitens arbeiten Reformschulen und Schulreformen in besonderer Weise mit Unterscheidungen und sind distinktiv. Das Label ‚Reformschule' trägt ja nur, wenn man sich deutlich von der Regelschule zu unterscheiden weiß, und das Label ‚Schulreform' impliziert, dass sich eine Schule bedeutsam verändert und sich damit deutlich im Sinne eines ‚vorher' und ‚nachher' unterscheidet. Mit dieser jeweiligen Distinktion von Reformschulen und in Schulreformen verbinden sich nun unterschiedliche aber sehr deutliche Schließun-

gen innerhalb der jeweiligen symbolischen Ordnung der Schulkultur. Diese Schließungen kommen einer schärferen Konturierung der Schule gegenüber dem Schüler gleich, die damit im Prozess des „schulbiographischen Passungsverhältnisses“ relevant wird.[14] Nun mag es immer Schüler geben, vor deren biographischem Hintergrund diese schärfere Konturierung zu einer Harmonisierung des Passungsverhältnisses führt. Vielleicht ist auch eine quasi naturwüchsige Selektion der Schülerpopulation über diese Schärfung der Kontur erwünscht. Dennoch müsste gerade vor dem Hintergrund gesteigerter pädagogischer Absichten genau das Gegenstand einer reflexiven Auseinandersetzung sein. Auch in diesem Zusammenhang wäre die reflexive Vergegenwärtigung des Modells der „schulbiographischen Passung“ wünschenswerter Standard in Reformschulen und in Schulreformen.

Macht man sich klar, dass die Möglichkeiten der gezielten, bewussten, absichtsvollen pädagogischen Einflussnahme begrenzt sind und dass jedes pädagogische Arrangement immer in andere Kontexte eingebettet bleibt und von diesen mit beeinflusst wird – ja teilweise auch in Konkurrenz zu anderen Kontexten steht –, dann bestimmt sich die Professionalität des pädagogischen Handelns darüber, dass man die Einbettungen und Einflüsse vergegenwärtigt und reflektiert. Dies sollte mit diesem Beitrag für den biographischen Kontext angeregt sein. Selbstverständlich wäre dieser biographieanalytische Anspruch nicht von vornherein auf Reformschulen und Schulreformen zu begrenzen – er kommt als Anforderung an die pädagogische Arbeit dort nur besonders klar und deutlich zum Ausdruck. Die Qualität der pädagogischen Arbeit wird dessen ungeachtet jedoch stets gerade in solchen pädagogischen Arrangements höher einzuschätzen sein, in denen man sich diesen Reflexionsanforderungen stellt.

---

14 Auf dieses Moment der Schließung durch (Re-)Spezifikation der pädagogischen Absicht in Reformschulen verweisen auch die Beiträge von Hummrich und Höblich/Graßhoff in diesem Band (vgl. dazu auch Kramer 2003). Übereinstimmend ist auch das Fazit, dass diese Schließungen in Bezug auf Kompensationsleistungen vs. Verstärkung und Generierung von Selbstproblematiken bei Schülern (vgl. Höblich/Graßhoff), in Bezug auf spezifische Möglichkeitsräume der Integration (vgl. Hummrich) oder in Bezug auf die Konsequenzen für schulbiographische Passungsverhältnisse institutionell zu reflektieren sind – und zwar jeweils als Reflexion auf der Ebene der Einzelschule.

Literatur

Arbeitsgruppe Schulforschung (1980): Leistung und Versagen. Alltagstheorien von Schülern und Lehrern. München: Juventa Verlag

Bietau, Alfred (1989): Arbeiterjugendliche zwischen Schule und Subkultur – Eine Straßenclique in einer ehemaligen Bergarbeitersiedlung des Ruhrgebietes. In: Breyvogel, Wilfried (Hrsg.): Pädagogische Jugendforschung. Opladen: Leske + Budrich: 131-159

Bietau, Alfred/Breyvogel, Wilfried/Helsper, Werner (1981): Zur Selbstkrise Jugendlicher in Schule und Subkultur. Zeitschrift für Pädagogik 27, Heft 3: 339-362

Bietau, Alfred/Breyvogel, Wilfried/Helsper, Werner (1983): Subjektive Verarbeitungsformen schulischer Anforderungen und Selbstkrisen Jugendlicher – Schülerfallstudien und deren vergleichende Interpretation. Zwischenbericht an die DFG. Essen

Bietau, Alfred/Breyvogel, Wilfried/Helsper, Werner (1984): Zur Anpassung Jugendlicher an Schule und Beruf. In: Deutsche Jugend 32, Heft 9: 413-421

Böhme, Jeanette (2000): Schulmythen und ihre imaginäre Verbürgung durch oppositionelle Schüler. Ein Beitrag zur Etablierung erziehungswissenschaftlicher Mythosforschung. Bad Heilbrunn/ Obb.: Julius Klinkhardt

Böhme, Jeanette/Kramer, Rolf-Torsten (2001): Zur Triangulation der empirischen Ergebnisse und Entwurf zu einer Theorie schulischer Partizipation. In: Böhme, Jeanette/Kramer, Rolf-Torsten (Hrsg.): Partizipation in der Schule. Opladen: Leske + Budrich: 153-188

Bourdieu, Pierre (1990): Die biographische Illusion. In: BIOS 3, Heft 1: 75-81

Fabel, Melanie (2004): Professionalisierungspfade ostdeutscher Lehrer. Biographische Verläufe und Professionalisierung im doppelten Modernisierungsprozess. Wiesbaden: VS Verlag für Sozialwissenschaften

Fischer-Rosenthal, Wolfram/Rosenthal, Gabriele (1997): Narrationsanalyse biographischer Selbstpräsentationen. In: Hitzler, Ronald/Honer, Anne (Hrsg.): Sozialwissenschaftliche Hermeneutik. Opladen: Leske + Budrich: 133-164

Grundmann, Gunhild/Kramer, Rolf-Torsten (2001): Partizipation als schulische Dimension – Demokratische Reformhoffnungen zwischen schulischen Gestaltungsmöglichkeiten und strukturellen Brechungen. In: Böhme, Jeanette/Kramer, Rolf-Torsten (Hrsg.): Partizipation in der Schule. Opladen: Leske + Budrich: 59-92

Helsper, Werner (1988): Idealität und Lebensgeschichte – zur Wirkung des Imaginären bei der Selbstthematisierung. Das sprechende und das gesprochene Subjekt. In: Büttner, Christian/Ende, Aurel (Hrsg.): Und wenn sie nicht gestorben sind ...: Lebensgeschichten und historische Realität. Jahrbuch der Kindheit. Band 5. Weinheim, Basel: Beltz: 11-32

Helsper, Werner (1989): Jugendliche Gegenkultur und schulisch-bürokratische Rationalität: Zur Ambivalenz von Individualisierungs- und Informalisierungsprozessen. In: Breyvogel, Wilfried (Hrsg.): Pädagogische Jugendforschung. Opladen: Leske + Budrich: 161-185

Helsper, Werner (1995): Die verordnete Autonomie – Zum Verhältnis von Schulmythos und Schülerbiographie im institutionellen Individualisierungsparadoxon der modernisierten Schulkultur. In: Krüger, Heinz-Hermann/Marotzki, Winfried (Hrsg.): Erziehungswissenschaftliche Biographieforschung. Opladen: Leske + Budrich: 175-200

Helsper, Werner (2004): Schülerbiographie und Schulkarriere. In: Helsper, Werner/Böhme, Jeanette (Hrsg.): Handbuch der Schulforschung. Wiesbaden: VS Verlag für Sozialwissenschaften: 903-920

Helsper, Werner/Bertram, Mechthild (1999): Biographieforschung und SchülerInnenforschung. In: Krüger, Heinz-Hermann/Marotzki, Winfried (Hrsg.): Handbuch erziehungswissenschaftliche Biographieforschung. Opladen: Leske + Budrich: 259-278

Helsper, Werner/Böhme, Jeanette/Kramer, Rolf-Torsten/Lingkost, Angelika (2001): Schulkultur und Schulmythos. Rekonstruktionen zur Schulkultur I. Opladen: Leske + Budrich

Helsper, Werner/Stelmaszyk, Bernhard (1999): Entwicklung und Stand qualitativer Forschung – eine einleitende Skizze. In: Helsper, Werner/Stelmaszyk, Bernhard (Hrsg.): Forum Qualitative Schulforschung 1. Weinheim: Deutscher Studienverlag: 9-26

Hummrich, Merle (2002): Bildungserfolg und Migration. Biographien junger Frauen in der Einwanderungsgesellschaft. Opladen: Leske + Budrich

Hurrelmann, Klaus/Wolf, Hartmut K. (1986): Schulerfolg und Schulversagen im Jugendalter. Fallanalysen von Bildungslaufbahnen. Weinheim, München: Juventa Verlag

Idel, Till-Sebastian/Ullrich, Heiner (2004): Reform- und Alternativschulen. In: Helsper, Werner/ Böhme, Jeanette (Hrsg.): Handbuch der Schulforschung. Wiesbaden: VS Verlag für Sozialwissenschaften: 367-387

Kramer, Rolf-Torsten (2002): Schulkultur und Schülerbiographien. Rekonstruktionen zur Schulkultur II. Opladen: Leske + Budrich

Kramer, Rolf-Torsten (2003): Die Öffnung der Schule als anachronistische Metapher. System- und strukturtheoretische Reflexionen zum Problem der Steigerung von Ungewissheit im pädagogischen Handlungsfeld Schule. In: Helsper, W./Hörster, R./Kade, J. (Hrsg.): Ungewissheit. Pädagogische Felder im Modernisierungsprozess. Weilerswist: Velbrück Wissenschaft: 251-270

Kramer, Rolf-Torsten/Busse, Susann (1999): „das ist mir eigentlich ziemlich egal ... ich geh trotzdem jeden tag wieder in diese schule hier“ – Eine exemplarische Rekonstruktion zum Verhältnis von Schulkultur und Schülerbiographie. In: Helsper, Werner/Stelmaszyk, Bernhard (Hrsg.): Forum Qualitative Schulforschung 1. Weinheim: Deutscher Studienverlag: 363-396

Kramer, Rolf-Torsten/Helsper, Werner (2000): SchülerInnen zwischen Familie und Schule – systematische Bestimmungen, methodische Überlegungen und biographische Rekonstruktionen. In: Krüger, Heinz-Hermann/Wenzel, Hartmut (Hrsg.): Schule zwischen Effektivität und sozialer Verantwortung. Opladen: Leske + Budrich: 201-234

Kunze, Katharina/Stelmaszyk, Bernhard (2004): Biographien und Berufskarrieren von Lehrerinnen und Lehrern. In: Helsper, Werner/Böhme, Jeanette (Hrsg.): Handbuch der Schulforschung. Wiesbaden: VS Verlag für Sozialwissenschaften: 795-812

Maas, Michael (1999): Selbsterprobung und Widerstand – eine Fallstudie zur emotionalen Bedürfnislage Jugendlicher im schulischen Kontext. In: Helsper, Werner/Stelmaszyk, Bernhard (Hrsg.): Forum Qualitative Schulforschung 1. Weinheim: Deutscher Studienverlag: 397-427

Maas, Michael (2003): Alternativschule und Jugendkultur. Entwicklungsprobleme von Adoleszenten. Weinheim: Beltz

Meister, Gudrun (2005): Das unterrichtliche Selbstverständnis von LehrerInnen. Empirische Muster im Kontext von Unterricht und Biographie. Wiesbaden: VS Verlag für Sozialwissenschaften

Nittel, Dieter (1992): Gymnasiale Schullaufbahn und Identitätsentwicklung. Eine biographieanalytische Studie. Weinheim: Deutscher Studienverlag

Oevermann, Ullrich (1991): Genetischer Strukturalismus und das sozialwissenschaftliche Problem der Erklärung der Entstehung des Neuen. In: Müller-Doohm, Stefan (Hrsg.): Jenseits der Utopie. Frankfurt a.M.: Suhrkamp Verlag: 267-336

Oevermann, Ulrich (1995): Ein Modell der Struktur von Religiösität. Zugleich ein Strukturmodell von Lebenspraxis und von sozialer Zeit. In: Wohlrab-Sahr, Monika (Hrsg.): Biographie und Religion. Zwischen Ritual und Selbstsuche. Frankfurt a.M., New York: Campus Verlag: 27-101

Oevermann, Ulrich (1996): Konzeptualisierung von Anwendungsmöglichkeiten und praktischen Arbeitsfeldern der objektiven Hermeneutik. (Manifest der objektiv hermeneutischen Sozialforschung). Unveröffentlichtes Manuskript. Frankfurt a.M.: 37 Seiten

Schütze, Fritz (1981): Prozessstrukturen des Lebensablaufs. In: Matthes, J./Pfeifenberger, A./Stosberg, M. (Hrsg.): Biographie in handlungswissenschaftlicher Perspektive. Nürnberg: Verlag der Nürnberger Forschungsvereinigung: 67-156

Schütze, Fritz (1984): Kognitive Figuren des autobiographischen Stegreiferzählens. In: Kohli, M./Robert, G. (Hrsg.): Biographie und soziale Wirklichkeit. Stuttgart, 78-117

Schütze, Fritz (1995): Verlaufskurven des Erleidens als Forschungsgegenstand der interpretativen Soziologie. In: Krüger, Heinz-Hermann/Marotzki, Winfried (Hrsg.): Erziehungswissenschaftliche Biographieforschung. Opladen: Leske + Budrich: 116-157

Wenzel, Hartmut (2004): Studien zur Organisations- und Schulkulturentwicklung. In: Helsper, Werner/Böhme, Jeanette (Hrsg.): Handbuch der Schulforschung. Wiesbaden: VS Verlag für Sozialwissenschaften: 391-415

Merle Hummrich

Die Öffnung der Schule als soziale Schließung – zum Zusammenhang von generationaler Ordnung und Lernen

1. Einleitung

Ein zentrales Anliegen reformpädagogischer Ansätze ist die Verbindung von Erziehung und Unterricht und damit einhergehend die Einbeziehung lebensweltlicher Bezüge des Schülers. Damit entstehen innerhalb der Schulkulturen Möglichkeitsräume für Lernen, die hinsichtlich des spezifischen Verhältnisses von Lebenswelt und Schule betrachtet werden können. Dieses Verhältnis in den Blick zu bekommen kann dadurch geschehen, dass die pädagogischen Generationsbeziehungen von Schule, Familie und Schüler fokussiert werden. Dies soll im Folgenden unter Bezugnahme auf den Zusammenhang des DFG-Projektes „Pädagogische Generationsbeziehungen in Familie und Schule"[1] geschehen. Die theoretische Grundlegung des Projekts wie auch dieses Beitrags bezieht sich auf die Wechselseitigkeit der Erziehungs- und Lernprozesse in Familie und Schule, wobei schulisches und familiales Handeln strukturell unterschieden werden: Die Eltern-Kind-Beziehungen sind als naturwüchsig zu bezeichnen und durch eine konstitutive Körperbasis, Vertrauen, Unkündbarkeit und Intimisierung gekennzeichnet (Oevermann 2001). Die schulischen, professionalisierten Generationsbeziehungen hingegen sind zunächst durch die Vermittlung und Aneignung von Wissen bestimmt. Jedoch greifen strukturtheoretische Annahmen, die vor allem die Austauschbarkeit und Rollenförmigkeit der Beziehungen im Blick haben (etwa: Parsons 1991) oder funktionalistische Ansätze, in denen es vor allem um die Selektions-, Qualifikations- und Legitimationsfunktion der Schule geht (Fend 1980) zu kurz, um die schulischen Generationsbeziehungen beschreiben zu können. Denn diese Beziehungen sind neben der spezifischen Ausrichtung auch durch Diffusität gekennzeichnet und qualitative Studien verweisen auf die bio-

1 Projektleiter sind Prof. Dr. Werner Helsper und Dr. Rolf-Torsten Kramer, wissenschaftliche Mitarbeiterinnen Susann Busse und Dr. Merle Hummrich.

grafische Bedeutsamkeit von Lehrern (Nittel 1992, Helsper 1996). Gemeinsam ist den familialen und schulischen Beziehungen eine konstitutive Generationendifferenz (Kramer/Helsper/Busse 2001), das heißt: in den Beziehungen zwischen Erwachsenen und Kindern bzw. Jugendlichen finden Erziehungs- und Lernprozesse statt und die Frage nach der Individuation von Kindern und Jugendlichen kann nicht ohne Erwachsene gedacht werden (dazu: Honig 1999). In diesen Beziehungen werden schließlich unterschiedliche generationale Ordnungen ausgeformt (Kramer/Helsper/Busse 2001), die sich im Spannungsfeld von Symmetrie und Asymmetrie, Nähe und Distanz, Autonomie und Heteronomie sowie Individuierung und Abhängigkeit verorten lassen. Dabei sind jedoch nicht nur die durch die konstitutive Generationsdifferenz geprägten Beziehungen von Bedeutung, sondern auch Familie und Schule beziehen sich in spezifischer Weise aufeinander. Diese Bezugnahme muss durch den Schüler verarbeitet und ausbalanciert werden, so dass man davon sprechen kann, dass pädagogische Generationsbeziehungen sich im Dreieck von Familie, Schule und Jugendlichem konstituieren.

In diesem Beitrag soll nun eine Gesamtschule in den Blick genommen werden, die auf Grund ihrer reformpädagogischen Orientierung um das Kind/den Jugendlichen zentriert ist. Der Aufmerksamkeitsfokus liegt hier zunächst bei schulkulturellen Vorstellungen über die generationale Ordnung – sowohl in Bezug auf die schulischen als auch hinsichtlich der familialen Beziehungen. Im Anschluss daran wird die Möglichkeiten der Ausgestaltung von Lernprozessen durch zwei sehr verknappte Falldarstellungen skizziert[2]. Zusammengeführt werden die Rekonstruktionsergebnisse in der Frage nach den Möglichkeitsräumen für Lernen und unter Bezugnahme auf die Bedeutung der reformpädagogischen Orientierung für die Ausgestaltung von Lernprozessen.

2. Der schulkulturelle Entwurf pädagogischer Generationsbeziehungen

Mit der Aufnahmefeier neuer Schüler an einer Schule und der darin stattfindenden Schulleiterrede werden Schule, Eltern und Schüler in ein spezifisches Verhältnis zueinander gesetzt und es wird ausformuliert, welche Erwartungshaltungen es in Bezug auf das Schülerverhalten und die Positionierung der Eltern dazu gibt. Die Schulleiterrede schafft damit eine Idealkonstruktion, in der es darum geht, die Frage danach, wie es sein soll, zu beantworten. Die eingangs aufgezeigte strukturelle Unterschiedlichkeit von Familie und Schule und die damit entste-

2 Die Ergebnisse der mit der objektiven Hermeneutik erarbeiteten Rekonstruktionen können hier nur sehr verknappt wiedergegeben werden. Die ausführlichen Ergebnisse finden sich im Forschungsbericht des DFG-Projektes (Helsper/Kramer/Busse/Hummrich 2004).

hende Strukturproblematik werden in diesem Entwurf bearbeitet. Es handelt sich damit um einen Lösungsversuch der Schule in Bezug auf die strukturelle Unterschiedlichkeit von Familie und Schule und die damit einhergehenden Strukturprobleme (Helsper/Böhme/Kramer/Lingkost 2001). Mit diesem Lösungsentwurf ist ein Bewährungsmythos (vgl. Oevermann 1995) geschaffen, der als die übergreifende, dominante Sinnkonstruktion eines für alle schulischen Akteure verbindlichen Entwurfs gesehen werden kann und mit dem die Schule darauf zielt, das Spannungsverhältnis von Kollektivität und Individualität auszubalancieren. Mit anderen Worten: Der Bewährungsmythos bezieht die unterschiedlichen Interessenlagen von Familie und Schule aufeinander und setzt sie in ein spezifisches Verhältnis zueinander. Er bildet sozusagen die Imagination dessen ab, was als übergreifende, legitimatorische Sinnstiftung verstanden werden kann. Dieses „Imaginäre" der Schulkultur, das sich auch auf die Vorstellungen zur Ausgestaltung der pädagogischen Generationsbeziehungen beziehen lässt, steht nun in einem Spannungsverhältnis zu den Ebenen des Symbolischen und des Realen (vgl. Helsper/Böhme/Kramer/Lingkost 2001).

Die Ebene des Symbolischen bezeichnet dabei die symbolisch ausgeformten Interaktionen und Handlungen, in denen sich latente Sinnstrukturen ausformen, die in einem mehr oder weniger spannungsreichen Verhältnis zu den imaginären Entwürfen stehen. Die dritte Ebene – die Ebene des Realen – bezeichnet schließlich die fallspezifische Variante der „Lösung" und interaktiven Bearbeitung übergreifender sozialer und kultureller Generationsverhältnisse und der darin generierten Strukturprobleme und Ambivalenzen (dazu: Kramer/Helsper/Busse 2001, vgl. Kramer in diesem Band). Diesen komplexen Entwurf berücksichtigend, kann für eine reformpädagogisch orientierte Gesamtschule, wie für Gesamtschulen überhaupt neben der oben genannten Antinomie von Kollektivität und Individualität die Spannung von Einheit und Differenz als besonders bedeutsam angesehen werden, da der hohe Anspruch an Vergemeinschaftung mit einer sehr heterogenen Schülerschaft (etwa vom Leistungsniveau und dem Herkunftsmilieu her) in Einklang gebracht werden muss (dazu auch: Helsper 1994). Um dies nachzuvollziehen und dabei einer konkreten Ausdrucksgestalt eines Bewährungsmythos auf die Spur zu kommen, schauen wir uns den Beginn der Schulleiterrede zur Begrüßung der neuen Schüler an einer reformorientierten Gesamtschule einmal an:

Musik (ca. 2 min.) (SL betritt die Bühne) (Musik hört auf)

SL: (2) liebe, (ausatmen) eltern (1) liebe großeltern patentanten , und freunde (ausatmen) der familien (3) liebe kolleginnen und kollegen, aber vor allen dingen liebe neue schülerinnen und schüler (2)

In einer festlichen Rahmung und Inszenierung (es spielt Musik, die aufhört, nachdem sich der Schulleiter für seine Rede positioniert hat) beginnt die Rede mit der Ansprache der Eltern, Großeltern, Freunde, der Familien, Kolleginnen und Kollegen und gelangt schließlich bei den neuen Schülerinnen und Schülern an. Auffällig ist in diesem Segment besonders die Weite der angesprochenen Akteure: neben dem engen Familienkreis wird auch das erweitere familiale Netzwerk in die Begrüßung einbezogen: Großeltern, Patentanten und Freunde der Familien werden adressiert. Damit ist ein Kontext benannt, der der Bedeutung für das Kind einen hohen Stellenwert einräumt und Züge einer religiösen Initiation trägt, denn Feste, die eine solche Adressatengruppe einbeziehen und dabei die Patentanten noch einmal besonders hervorhebt, sind vor allem Taufe, Kommunion oder Konfirmation.

Die durchgängige Anrede mit „liebe" situiert dabei die gesamte Familie in einer nahen Position zum Schulleiter. Dem Anspruch nach erfolgt also eine Vergemeinschaftung aller möglichen signifikanten Anderen, die außerschulisch bislang mit dem Kind und seiner Biographie zu tun hatten und alle für das Kind wichtigen Personen werden in nahe, harmonische Beziehungen zur Schule gesetzt. Aber dies gelingt nicht ungebrochen. Denn zwischen dem Ausdruck „liebe" und dem „eltern" atmet der Schulleiter vernehmbar aus. Es ist also ein minimaler Bruch in der Vergemeinschaftung entstanden, die Setzung einer vollständigen Familie-Schule-Homologie misslingt. Damit wird aber auch der Bewährungsmythos der Schule: die Spannungen zwischen Familie und Schule durch eine Geste der Vergemeinschaftung zu überwinden, brüchig. Hier liegt eine harmonisierende Verkennung vor, die jedoch aus der kreativen Vision heraus entstanden ist, die vielerorts konstatierten Spannungen zwischen Familie und Schule (vgl. Busse/Helsper 2004, Helsper/Hummrich 2005) zu bearbeiten oder sogar zu versöhnen. Kann also gesagt werden, dass auf der Ebene des Imaginären eine harmonisierende Absicht dominiert, so wird diese durch die Realität der strukturellen Unterschiedlichkeit von Familie und Schule durchbrochen. Die Diskrepanz zwischen imaginärem Entwurf und dem, was schulkulturell als „das Reale" bezeichnet werden kann (dazu: Helsper/Böhme/Kramer/Lingkost 2001) – nämlich der strukturellen Unterschiedlichkeit von Schule und Familie – kommt in der Unmöglichkeit zum Ausdruck, symbolisch die ungebrochene Vergemeinschaftung von Familie und Schule zu verbürgen, denn zwischen „liebe" und „eltern" erfolgt ein Bruch. Sind die Spannungen an dieser Stelle noch minimal, so können sie an anderer Stelle konkretisiert werden, denn am Ende der Aufnahmefeier und nachdem die Begrüßung abgeschlossen ist, richtet der Schulleiter das Wort speziell an die Eltern:

> „das andere ist, worauf wir auch großen wert legen, das ist (1) versuchen sie, das ist ein lieblingssteckenpferd von mir, ich hab noch nie erfolg, ich machs jetzt schon seit siebzehn jahren

> aber ich versuchs eben immer wieder (1) versuchen sie doch mal möglichst wenich süßischs zu geben (1) möglichst wenig süßigkeiten, gar keine süßichkeiten, kinder brauchen keine süßigkeiten (1) und versuchen sie, bitte dass die kinder morgens gefrühstückt in die schule kommen, mit ausreichend zeit am familientisch"

Hier offenbart sich – unter dem Deckmantel einer selbstironischen Wendung („ich hab noch nie erfolg, ich machs jetzt schon seit siebzehn jahren aber ich versuchs eben immer wieder") – das Sendungsbewusstsein des Schulleiters in Bezug auf die Vorstellungen zur familialen Lebensführung. Dabei werden die Eltern belehrt, was, wo und wie Kinder in Bezug auf die Ernährung familial zu erfahren haben. Hier wird deutlich, was am Redebeginn nur thesenhaft vermutet werden konnte: der Lösungsentwurf für das widersprüchliche Modell von Familie-Schule-Vergemeinschaftung situiert die Eltern in der Position von Schülern, die die richtige Familienerziehung noch lernen müssen (dazu auch: Hummrich/Helsper 2004). Ähnliche Äußerungen finden sich auch in Bezug auf das Fernsehen und den Umgang mit neuen Medien. Mit diesem weitreichenden Eingreifen der Schule in den familialen Alltag entwirft Schule sich hier als die bessere Familie, während Eltern die richtige Haltung in Bezug auf ihr Kind erst noch lernen müssen. Im Sinne des Vergemeinschaftungsanspruchs kann man von einer ‚familialisierten Schule' sprechen, die sich jedoch in der konkreten Ausgestaltung als ‚Scholarisierung der Familie' darstellt.

Der dominante Entwurf des Schulleiters ist auch bestimmend für die Möglichkeiten der Ausgestaltung von Lernräumen.

> in der schule, in *unserer* schule gibt es menschen die zuhören (1) es ist eine schule in der es möglich ist das was einen freut und das was einen bedrückt zu sagen (3) und das hilft viel im leben wenn man das nich runterschlucken muss (2) zum zuhören gehört viel geduld (1) viel *lie*be (2) und zuneigung (1) und zum sprechen gehört *mut* (2) und wir nehmen uns in der schule zeit (1) und wir *geben*, euch, und uns die zeit (1) und das is glaub ich manchmal wichtiger als vokabeln lernen und die neue rechtschreibung (2) *euch* wünsch ich jedenfalls, dass ihr freunde findet, zusätzlich zu den alten, und dass ihr einen lehrer oder eine lehrerin und vielleicht sogar *mehrere* findet (2) die euch zuhören, die euch verstehen , und euch mögen (1)

Deutlich treten nun die familialen und diffusen Beziehungsaspekte in der Lehrer-Schüler-Beziehung vor die spezifischen Vermittlungsaspekte. Das damit einhergehende weite Ausgreifen der Schule auf die gesamte Schülerperson und das fast vollständige Fehlen der Trennung innerschulischer und außerschulischer Räume verweist auf einen Entwurf von Schule als bessere Familie[3]. Die damit einherge-

3 Hier lassen sich Verbindungen knüpfen zu der Schulkultur einer Internatsschule, in der sich die Schule als pädagogische Großfamilie entwirft (dazu: Böhme 2000, Helsper/Böhme/Kramer/Lingkost 2001): In der Abiturrede des Schulleiters nimmt die Vergewisserung von Schule als hochbedeutsamem und verbindlichem Ort für die Schüler eine zentrale Stellung ein. Sie stellt sich als ein „künstliches Elternhaus" (Böhme 2000, S. 64) dar, das sich den Schülern gegenüber

hende mögliche Konkurrenz von Familie und Schule wird – schlagwortartig gesagt – über die Integration des familialen Netzwerkes in die Schule gelöst.

Wenn Idel und Ullrich (2004) folgende zentrale programmatische Kennzeichen schulischer Alternativentwürfe festhalten: „(1.) die Gestaltung der Schule als Lebensraum, (2.) die Akzentuierung gemeinschaftlicher Bezüge, (3.) das Lernen (auch) in fächerübergreifenden Zusammenhängen, (4.) die Subjektstellung des Kindes bzw. Jugendlichen, (5.) das Lernen mit allen Sinnen, (6.) der Werkcharakter und die Fehlerfreundlichkeit des Lernens, (7.) die Individualisierung der Beurteilung von Lernleistungen sowie (8.) die explizit personale Gestaltung der Lehrer-Schülerbeziehung“ (ebd. S. 368) – so zeigt sich an der vorliegenden Rekonstruktion der reformpädagogische Anspruch mit deutlicher Akzentuierung der Beziehungsaspekte und des weiten Ausgreifens des Schulischen auf familiale Zusammenhänge. Welche Potenziale und welche Schwierigkeiten eine solche Konzeption impliziert, lässt sich nun an Hand der hier eröffneten Möglichkeitsräume für Passungsverhältnisse nachvollziehen. Dazu gehe ich auf die hier angesprochenen Passungsverhältnisse von Schule und Familie einerseits, von Schule und Schülerselbst andererseits ein.

1. Für das Passungsverhältnis von Schule und Familie lässt sich festhalten, dass die familialen pädagogischen Generationsbeziehungen hier generell als defizitär angenommen werden. Schule steht für die beste Familie: Sie gibt Vertrauen und Geborgenheit und konzipiert die Lehrer-Schüler-Beziehung als hochgradig signifikant. Gleichzeitig will sie zu Gerechtigkeit und Verantwortungsübernahme erziehen. Das ökologisch bewusste, alternative Milieu, das Schule auch für Familie idealisiert, wird von der Schule selbst in hervorragender Weise repräsentiert. Familie wird dabei eher skeptisch betrachtet und muss eine angemessene Haltung gegenüber ihrem Kind erst noch lernen. Schule wird damit zum Milieu- und Familienerzieher. Damit passen vor allem *die* Familien zur Schule, die sich durch die Schule erziehen lassen, weil Schule hier Orientierungshilfe im Erziehungsprozess zu sein verspricht oder Familien, die bereits dem schulischen Modell nacheifern. Problematisch wird die Beziehung von Familie und Schule dann, wenn die Vereinnahmung der Familie durch Schule als Bevormundung erlebt wird oder wenn Eltern sich deutlich von den schulischen Haltungen distanzieren.

---

als die soziale Familie präsentiert und damit im Kontrast zur biologischen Familie, die nur einen funktionalen Stellenwert besitzt, aufgewertet wird. Während der außerschulische Raum im Fall der Internatsschule jedoch ausgeblendet wird (die Kinder sind ja ohne ihre Eltern im Internat), soll er im vorliegenden Fallbeispiel integriert werden – bis in die schulischen Lernräume hinein.

2. Das hier ableitbare Passungsverhältnis von Schule und Schülerselbst eröffnet nun einen Möglichkeitsraum besonders für solche Schüler, die ebenfalls den ökologisch gegenkulturellen Habitus verinnerlicht haben und sich das Vorbild einer kritisch reflexiven Haltung angeeignet haben. Weil nicht Leistung, sondern Vergemeinschaftung im Vordergrund steht, sind vor allem jene Schüler passförmig, die sich von der Familie distanzieren (sofern diese nicht passförmig ist), um sich der Schule anzupassen oder jene, die in der von der Schule geforderten Vergemeinschaftung von Schule und Familie aufgehen. Schüler mit ausgeprägt konsumistisch-konformistischen oder konservativ-traditionalen Haltungen werden eher in antagonistischem Passungsverhältnis zur Schule stehen. Auch eine Strukturhomologie von Familie und Schule kann sich angesichts adoleszenter Individualisierungsprozesse als problematisch erweisen, weil der Jugendliche hier zwangsläufig mit beiden Handlungsfeldern in Konflikt geraten muss.

3. Möglichkeitsräume für Lernen

Welche Bedeutung hat nun dieser schulkulturelle Entwurf für die Ermöglichung von Lernen und wie positionieren sich Schüler vor dem Hintergrund unterschiedlicher Passungsverhältnisse zu den Lernmöglichkeiten, die sie schulisch erfahren haben? Der bereits zum Ausdruck gekommene Anspruch auf Vergemeinschaftung schlägt sich im Unterricht in einem gesteigerten Integrationsanspruch nieder, der Differenzierung nach Leistung weitgehend außen vor lässt. Gleichzeitig soll auch selbständiges Lernen in kooperativen Lernformen umgesetzt werden, in denen Schüler selbsttätig Wissen aneignen. In Bezug auf beide Aspekte – den Integrationsanspruch einerseits, das Lernziel Selbständigkeit andererseits – kristallisieren sich Ambivalenzen heraus. Dies soll an dieser Stelle entlang zweier Fallbeispiele illustriert werden. Die Schüler, die diese Fallbeispiele repräsentieren, sollen zunächst kurz hinsichtlich ihrer Passungsverhältnisse und individuellen Auseinandersetzung mit der Schule charakterisiert werden, bevor ihre Erfahrungen mit schulischem Lernen thematisiert werden[4].

Beim ersten Fall handelt es sich um die 16-jährige Anna Wegemann, eine außerordentlich leistungsstarke Schülerin, die in einem positiven Passungsverhältnis zur Schule steht. Dabei versetzen ihre exzellenten Leistungen sie immer wieder in eine exponierte Position vor ihren Mitschülern, in der sie von den Lehrern

4 Es handelt sich hierbei um stark verknappte Fallbeschreibungen, die durch einzelne Zitate illustriert werden; beiden Fallbeschreibungen liegt jedoch eine ausführliche Rekonstruktion zugrunde, die in den Forschungsbericht des DFG-Projektes eingegangen sind.

zum Teil eher als ihnen ähnlich gesehen wird und weniger im Gemeinschaftszusammenhang der Schüler verortet wird. Schulische Peer-Erfahrungen haben jedoch eine besonders hohe subjektive Bedeutsamkeit für sie, da Schule für sie den Raum darstellt, an dem sie sich den elterlichen Ansprüchen auf Mithilfe bei der Erziehung jüngerer Geschwister entziehen kann. Dies ist nun wiederum möglich, weil die Familie – insbesondere die Mutter – stark mit der Schule identifiziert ist und in einem positiven Passungsverhältnis zur Schule steht. Beide Eltern haben studiert, leben einen bürgerlichen, tendenziell alternativen, ökologisch bewussten Lebensstil. Die Mutter ist hochgradig in der Schule engagiert. Da die Eltern sehr positiv auf Schule bezogen sind, kann Anna Schule auch über ihre Qualifizierungsfunktion hinaus als Legitimation für die Distanzierung von der Familie nutzen – die Bedeutsamkeit von Schule erschließt sich über die Verwirklichung der Ansprüche ihres jugendlichen Selbst, Schule wird damit für sie zu einem Individuation ermöglichenden Raum, während Familie sie in ihren Individuationswünschen begrenzt, indem die Eltern immer wieder eng einbinden – nicht etwa mit dem Gestus gesteigerter Kontrolle, sondern vielmehr um ihre eigenes Zeitmanagement zu entlasten. Durch ihre exzellenten Leistungen genießt sie Anerkennung von den Lehrern, distanziert sich dabei jedoch von vergemeinschaftenden Einvernahmen, die ihre Peer-Beziehungen in Gefahr bringen könnten. Obwohl Anna also in einem umfassenden Sinne auf Schule bezogen ist, das heißt im biographischen Interview die Schule hinsichtlich der Verwirklichung ihres Bildungsinteresses umfassend würdigt, positive Erfahrungen mit Lehrern sammelt und Schule als Freiraum zur Legitimation ihrer jugendlichen Ablösebestrebungen nutzt, ist sie nicht unkritisch, was die Möglichkeiten für Lernen anbelangt. Als leistungsstarke und an Selbständigkeit orientierte Schülerin sieht sie die fortwährende Integration Leistungsschwächerer als Ausbremsung für ihre eigenen Lerninteressen, was sich mit folgendem Textbeispiel illustrieren lässt:

> „und wenn dann aber ‚immer noch' (betonter) einige da sitzen als ob das chinesische schriftzeichen sind , dann (I: hm) zieht sich das halt dann muss der lehrer ja noch ma drauf eingehn (...) dann denkt man sich halt so ‚ja' (gedehnter) . was ich jetzt in der zeit alles noch ‚neues' (betonter) lernen könnte weil andererseits is es (I: hm) dann wieder so , (luft holend) ja eh , den lehrplan schaffen wir dieses jahr nich so ‚ganz' (betonter) kriegt man dann von den lehrern so ‚mitgeteilt' (gedehnter) (...) und ehm , das wird dann halt immer so darauf geschoben ‚ja' (gedehnter) wir sind ja so eine besondere ‚schule' (gehoben) , aber ehm , das is halt einfach ‚schwierig' (betonter) also ich denke man muss dann da irgendwie doch noch n ‚bisschen' (betonter) mehr unterteilen" (Anna Wegemann)

Die ansonsten äußerst positive Passung zur Schule und das Bewusstsein um die schulischen Ermöglichungsstrukturen ist im Fall Anna Wegemann an der Stelle gestört, wo sie sich damit auseinandersetzen muss, dass die positiven Implikationen dieser Schule nicht für alle gleichermaßen begünstigend wirken. Sie distanziert sich deshalb in ihrem Sinnbezug auf Schule von schlechteren Schülern und äußert in diesem Zusammenhang eine verhalten kritische Einstellung zur Schule. Ihre Forderung nach mehr „Unterteilung" zielt auf eine stärkere Differenzierung und damit eine Distanzierung vom Anspruch der Vergemeinschaftung, um ihre eigene Lernleistung zu optimieren. Dabei reflektiert sie jedoch nicht, dass gerade das optimale Passungsverhältnis zur Schule ihr die Entfaltung ihrer exzellenten Leistungen erst ermöglicht hat. Das heißt: Sie konnte, unterstützt durch ein familiales Milieu, das sich sehr positiv auf die Reformorientierung der Schule bezieht, die alternativen Lernmöglichkeiten für sich in besonderer Weise nutzen. Die damit verbundenen Folgekosten – die Rücksichtnahme auf andere, langsamere Schüler – werden für sie in dem Moment zum Kritikpunkt, wo sie an die Grenzen des an dieser Schule für sie Möglichen gerät, die wiederum durch die starke Orientierung an Gemeinschaftlichkeit gesetzt sind. Denn gerade die Möglichkeit der Distinktion, die für Anna möglich wäre, weil die Schule sie umfassend in ihrer intellektuellen Entfaltung unterstützt hat, wird ihr schulisch verwehrt.

Mit dem Fall Anna Wegemann kontrastiert der Fall Erik Wagner nun maximal. Für Erik wurde ein antagonistisches Passungsverhältnis zur reformorientierten Gesamtschule rekonstruiert. Er gehört zu den leistungsschwächsten Schülern der Klasse und ist auf Grund seiner familialen Situation und seiner marginalisierten Position in der Klasse so etwas wie das ‚Sorgenkind' der Klasse und vor allem der Lehrer. Erik, der aus einer Künstlerfamilie stammt, die von außen betrachtet zunächst das schulische Bezugsmilieu perfekt repräsentieren könnte, erweist sich innerhalb der Schule als der Unterstützung bedürftig, nicht nur deshalb, weil er leistungsschwach ist, sondern auch weil die Familie von einer weitreichenden Krisenkonstellation und von Zerfall gekennzeichnet ist.

Die Mutter hat die Familie verlassen, der fast 80-jährige Vater befindet sich seitdem in einer umfassenden Lebenskrise. In Bezug auf die Vater-Sohn-Beziehung kommt es schließlich zu einer Verkehrung der Generationendifferenz: Erik versucht seinen Vater lebenspraktisch zu unterstützen und ist dabei in weiten Teilen der eigenen Lebenspraxis auf sich selbst geworfen, denn er erfährt vom Vater kaum bis keine Strukturierung, mit der er sich in seinen Ansprüchen als Heranwachsender auseinandersetzen könnte. Hier läge nun ein weiterer Möglichkeitsraum der positiven schulischen Bezugnahme auf Erik, denn wenn sich Schule – was ja in diesem Beispiel auch der Fall ist – als die bessere Familie entwirft, in der Geborgenheit und nahe Beziehungen Raum haben, so müsste diese Schule für Erik eigentlich spezifische Angebote bereithalten, die ihm einen Orientierungsrahmen bieten. Jedoch äußert sich Erik in Bezug auf die Schule eher distanzierend, weil genau dort der Bruch liegt, wo Schule auch ihren anderen Aufgaben verpflichtet ist: dem Lernen, der Wissensvermittlung, der Selektion und nicht etwa seiner Anerkennung als ganzer Person. Die Integrationsversuche der Lehrer bleiben schließlich immer wieder auf schulisches Handeln bezogen und führen dazu, dass in den Integrations- und Strukturierungsversuchen immer ein Stück Ausgrenzungsbedrohung für Erik liegt, falls er den Partizipationsaufforderungen nicht nachkommt. Alternative Lernformen nehmen dabei einen besonderen Stellenwert ein, denn in ihnen wird die Verweigerung von Strukturierung deutlich, die für Erik Diffusion impliziert. Erik äußert sich dazu folgendermaßen:

> „es is, halt immer so dass die lehrer nich unbedingt äh . alles schaffen wie sie s äh eh wollen sie (I: hm) gesacht auch in ‚englisch' (betont), äh kriegt man nich unbedingt viel beigebracht weil man äh , am ende immer noch nach äh hängt . (I: hm) un man hat die ganz zeit irgendwas gemacht was völlich unnütz äh war höchstwahrscheinlich freies arbeiten" (Erik Wagner)

Die von Erik eingeklagte mangelnde Strukturierung des Unterrichts führt bei ihm dazu, dass er zum einen weniger leistet, als er – seiner Einschätzung nach – zu leisten im Stande wäre, hätte er ausreichend Anleitung. Zum anderen zeigt sich, dass er schulisch – wie familial auch – auf sich geworfen ist. ‚Freies Arbeiten' impliziert für ihn nicht Freiheit, was sein Lerntempo und seine kreativen Entfaltungsmöglichkeiten anbelangt, sondern systematische Überforderung, da sich hierin seine Orientierungslosigkeit fortsetzt.

Zusammenfassend lässt sich nun feststellen, dass beide Schüler eine kritische Haltung zum schulischen Lernen und den hierin angelegten reformpädagogischen Intentionen einnehmen, jedoch mit unterschiedlichen Bezugshorizonten: Während Anna alternative Lernformen durchaus zu schätzen weiß und in Bezug auf diese von regelrechten intellektuellen Erweckungserfahrungen spricht, sind gerade diese Lernformen für Erik hochproblematisch, weil es ihm hier an äußerer Strukturierung mangelt und er (wie in der Familie auch) auf sich selbst zurückgeworfen ist. Umgekehrt bedeutet für ihn der hohe integrative Anspruch der Schule, dass er immer wieder in den Unterricht ‚hereingeholt' wird und die Bemühungen um Integration von Lehrerseite stellen sich als Chance dar, da er hier Erfahrungen sammelt, die ihm in hochselektiven Zusammenhängen wahrscheinlich verwehrt geblieben gewesen wären. Anna hingegen erlebt die ständige Integrationsleistung der Schwächeren als eigenen Nachteil und würde sich eine stärkere Differenzierung wünschen, weil sie hinter den Leistungsschwächeren ständig zurückstehen muss.

Es lässt sich in Bezug auf beide Schüler eine Ambivalenz alternativer, an Selbständigkeit orientierter Lernformen festhalten. Denn während Anna in diesen Lernformen überaus positive Erfahrungen sammelt und sie die erste Begegnung mit Projektarbeit als wichtiges Initial für ihr Bildungsinteresse erlebt, erfährt Erik eine umfassende Entstrukturierung von Lernräumen und ist hier (wie bereits familial) auf sich selbst geworfen. Aber auch der Vergemeinschaftungsanspruch impliziert eine doppelte Ambivalenz. Denn Anna berichtet gerade in Bezug auf diesen Anspruch von intellektueller Unterforderung – gleichzeitig wird in einem solchen Zusammenhang immer wieder ihre Exzellenz hervorgehoben, die sie innerhalb der Klasse besondert. Für Erik hingegen bedeutet dieser Anspruch, dass die Option auf Integration einerseits nachhaltig aufrechterhalten wird, allerdings unter beständiger Bezugnahme auf die latente Ausgrenzungsbedrohung.

4. Schlussbetrachtung: Öffnung der Schulkultur als soziale Schließung

Mit dem kurzen Einblick in die Schulkultur dieser reformpädagogisch orientierten Gesamtschule und den Erfahrungen zweier kontrastierender Schüler deutet sich nun die zentrale Paradoxie dieser Schule an: Die Intention einer weitreichenden Öffnung der Schule durch ihren familialisierenden, integrativen Anspruch, sowohl in Bezug auf den Entwurf pädagogischer Generationsbeziehungen als auch hinsichtlich der Ermöglichung von Lernen bedeutet soziale Schließung, auf Grund eines sehr spezifischen Modells von Lebensführung, das im Entwurf der idealen Generationsbeziehungen angelegt ist.

Damit bearbeitet die Schule ihren doppelten Anspruch: nämlich einmal eine Schule für alle zu sein (als Gesamtschule), und zum anderen, diese Öffnung durch ein besonderes reformpädagogisches Arrangement auch zu rahmen. Die Schüler werden nun – wie gezeigt – in unterschiedliche Passungsverhältnisse eingerückt, die eng mit ihrer Biographie verwoben sind (vgl. Kramer in diesem Band, Helsper/Hummrich in diesem Band), und die spezifische Möglichkeitsräume für Integration eröffnen. Dabei gelten besonders solche Schüler als passförmig, deren Familien sich positiv auf Schule beziehen, indem sie entweder die gleichen Haltungen wie die Schule haben (ökologisch bewusst, alternativ) oder sich insgesamt in die Position von Schülern versetzen. Das Risiko für Ausgrenzung oder Randständigkeit ist umso höher, je weniger die Kinder (und Eltern) diese Haltungen einnehmen (können). Der maximale Kontrast der Fälle Anna Wegemann und Erik Wagner ist nun – bei aller Unterschiedlichkeit – durch eine gemeinsame Erfahrung gekennzeichnet: nämlich in der Schule nicht das gelernt zu haben, was ihnen als Person möglich gewesen wäre. Hierin treffen sich die wechselseitigen Ambivalenzen von Erweckung und Diffusion bzw. Vermeidung von Ausgrenzung und Unterforderung. Dabei bedeutet das hohe Maß an Integration eine latente Problematisierung der Verwirklichung exklusiver Leistungsansprüche und die hohen Anforderungen an Selbsttätigkeit und Eigenaktivität lassen beständig die Selektionsproblematik aktuell erscheinen.

Die Ambivalenzen verweisen nun auf die Brüchigkeit eines Bewährungsmythos, der auf die harmonisierende Vergemeinschaftung von Schule und Familie zielt. Dieser Bewährungsmythos löst die Antinomie Einheit versus Differenz, die reformpädagogisch orientierten Gesamtschulen inhärent ist (s.o.) einseitig in Richtung Einheit auf. Die Brüchigkeit erweist sich dabei in Bezug auf Familie darin, dass der Konstruktion einer Einheit von Familie und Schule die faktische Differenz beider Handlungsräume entgegentritt. Aber auch die Schüler können nicht ohne weiteres homogenisiert werden: sie haben unterschiedliche Leistungs- und Kompetenzniveaus, intellektuelle und soziale Voraussetzungen (usw.). Diese Unterschiedlichkeit gerät jedoch, angesichts der hohen, die Lebensführung betreffenden Erziehungsideale, ins Abseits. Nicht Leistung, sondern die Vermittlung einer gesellschaftskritischen Haltung, alternativ-ökologischer Konzepte und autonomer Handlungspraxis stehen hier im Vordergrund. Gleichzeitig wird das Vorankommen in der Wissensaneignung nicht individualisiert, sondern an den schwächeren Schülern orientiert. Leistung wird damit nicht zum Ausschlusskriterium, sondern wir haben es hier mit einer Form der sozialen Schließung zu tun, die auf der Anerkennung oder Missachtung der schulischen Gesinnung basiert. Diese Vereinheitlichung verkennt nun die Funktionalität der Schule als organisationsförmige Wissensvermittlungsinstitution, die selektiert und qualifiziert (Fend 1980), ebenso wie die Heterogenität der Schülerpopulation. Beide Aspekte treten jedoch in den Interaktionen der Lehrer mit den Schülern – etwa mit Anna und Erik – und den Bezugnahmen der Lehrer und Schüler auf Schule deutlich hervor.

Die damit herausgearbeitete Struktur hat nun Konsequenzen für die Ausgestaltungsmöglichkeiten der Generationsbeziehungen und die Möglichkeitsräume von Lernern. Denn die auf der Ebene des Imaginären zum Ausdruck kommende „symbolische Generationsordnung" (Kramer/Helsper/Busse 2001), die von harmonischen Familie-Schule-Schüler-Passungen ausgeht, lässt sich nicht ungebrochen aufrechterhalten. Diese Brüchigkeit findet sich in der schulkulturellen Bezugnahme auf Eltern – das heißt auf der Ebene der Beziehungen von Schule und Elternhaus, indem etwa bei der Begrüßung neuer Schüler durch den Schulleiter Skepsis gegenüber den Fähigkeiten der Eltern geäußert wird – die Beziehungen von Schule auf Familie werden also von vorne herein misstrauisch beäugt befinden sich in der Krise, bevor sie angefangen haben. Die Unterscheidung von „offener" und „heimlicher" Zusammenarbeit der Schule mit den Eltern (Krumm 1996) bedeutet in diesem Fall, dass vordergründig ein Vergemeinschaftungsideal herrscht, dem jedoch (zu Beginn der Rede noch) „heimlich" Bilder von brüchigen Familienbeziehungen und Entbettung der Individuen (Honneth 2000, Baumann 1995, Giddens 1996) zuwiderlaufen, die sich am Schluss der Rede (Stichwort „Süßigkeiten") manifestieren. Diesen Bildern wird die Schule gegenübergestellt als familienähnlicher Ort, an dem das Kind aufgehoben und geborgen ist.

Die strukturelle Unterschiedlichkeit von Familie und Schule und der familialen und schulischen Generationsbeziehungen, die oben aufgezeigt wurde, wird damit systematisch ausgeblendet. Am Fall Erik Wagner wird nun jedoch deutlich, dass sich auflösende Familienbeziehungen und damit einhergehende Orientierungslosigkeit nicht unbedingt im Handlungskontext Schule ‚geheilt' werden, sondern dass familiale ‚Abweichungen' vom schulischen Ideal zur Ausschlussbedrohung werden, insbesondere wenn die individuelle Orientierung ebenfalls vom idealen Entwurf der Schule abweicht. Denn in diesem Fall können schulische Möglichkeitsräume nicht zur Entwicklung von Autonomie genutzt werden, sondern führen eher zu gesteigerter Regression.

Ein Abweichen der individuellen Orientierung vom idealen Entwurf der Schule und der Familie wird auch bei Maas (2004) dargestellt. Sein Fallbeispiel „Lisa" stellt eine interessante Ausdifferenzierungsmöglichkeit der kontrastierenden Fälle von Anna und Erik dar. Lisa stammt nämlich – ähnlich wir Anna – aus einem familialen Milieu, das einen hohen Grad an Passung zur Schulkultur aufweist. Sowohl die Mutter als auch die Schule favorisieren das Ideal einer widerständigen, emanzipierten, „untypischen" Tochter/Schülerin. Lisa tritt demgegenüber als distanziert und zurückhaltend auf und wehrt damit innerhalb der Schule die intimisierenden Zugriffe der Pädagoginnen ab. Gleichzeitig bedeutet der schulische Raum für sie jedoch eine Individuationsmöglichkeit insofern er ihr die Möglichkeit gibt, enge Kontakte zu den schulischen Peers zu unterhalten. Anders als Anna also – und hierin durchaus ähnlich zu Erik, der jedoch die Peer-Kontakte eher außerhalb der Schule sucht – werden Individuationsmöglichkeiten weniger über schulische Anerkennung der eigenen Exzellenz gesucht, sondern vielmehr in den Gleichaltrigenbeziehungen. Der schulische Möglichkeitsraum bedeutet somit für Lisa eine Chance, insofern er Begegnung mit den Peers bietet und so hinsichtlich der Individuationsmöglichkeiten genutzt werden kann. Zugleich impliziert die Distanzierung und „Abschirmung" (ebd., S. 138) von den Lehrern eine Begrenzung der Möglichkeit zur Wissensaneignung, so dass gefolgert werden kann, dass der Möglichkeitsraum für Lernen im Fall Lisa eher eingeschränkt ist. Es kommt also nicht wie im Fall Anna zu intellektuellen Erweckungserfahrungen bei gleichzeitiger Begrenzung der Lernmöglichkeiten durch das Vergemeinschaftungsideal und auch nicht, wie im Fall Erik, zur Begrenzung der Möglichkeitsräume durch die hohen Ansprüche an Autonomie (zur Widersprüchlichkeit der Autonomieantinomie: Helsper 1996). Vielmehr wird hier die Möglichkeit zu Lernen, aufgrund des Versuchs die eigene Individuiertheit vor den intimisierenden Bezugnahmen der LehrerInnen zu schützen, riskiert. Der Vergleich beider Studien zeigt nun: Auch aus einer reformorientierten Schulkultur, die von einem umfassenden Vergemeinschaftungsanspruch und Anspruch auf personale Beziehungen zwischen Lehrern und Schülern gekennzeichnet ist, können die funktionalen Aspekte der Schule nicht weggedacht werden. Umgekehrt scheinen im Einzelfall, dies zeigt die Studie von Maas (2004), die funktionalen Aspekte der Schule gerade drunter zu leiden, wenn die Beziehungen von Lehrern und Schülern zu dominant werden.

Es bleibt abschließend festzuhalten: Die auf der Ebene der Schulkultur idealisierten Generationsbeziehungen und Schülerideale bestimmen wesentlich die Frage nach Selektion – dies ist ein allgemeines Strukturmerkmal von Schulkultur überhaupt, das auch für Reformschulen gilt. Denn auch als Reformschule setzt sich die Schule in ein spezifisches Verhältnis zu Schülern und ihren Familien und eröffnet und begrenzt damit spezifische Möglichkeitsräume für Lernen und die Ausgestaltung der pädagogischen Beziehungen. Insofern stellt sich Selektion auch als Ergebnis von Möglichkeitsräumen dar, denn mit der Öffnung von Möglichkeiten geht immer auch eine Begrenzung anderer Optionen einher. Dies wird im Fall der vorliegenden Schule entlang der Brüchigkeit der Homologie zwischen Familie und Schule deutlich, wie auch im Umgang mit besonders leistungsstarken bzw. –schwachen Schülerinnen und Schülern. Integration ist daher hier, ähnlich wie Studien zur Laborschule Bielefeld konstatieren (vgl. Idel/Ullrich 2004, S. 377), begrenzt durch die individuellen Wünsche nach mehr intellektueller Förderung, der Unmöglichkeit, alle Schüler gleichermaßen zu integrieren etwa auf Grund eher regressivem Schülerverhaltens und der strukturellen Unterschiedlichkeit von Familie und Schule. Hier ist nun gerade in Bezug auf reformorientierte Schulkulturen eine besondere pädagogische Reflexivität geboten, damit die schulische Offenheit nicht zur sozialen Schließung in dem Sinne wird, dass die institutionalisierte Vorstellung von Einheit in eine Subsumtion des Einzelnen unter die Gemeinschaftsansprüche mündet.

Literatur

Baumann, Z. (1995): Moderne und Ambivalenz. Das Ende der Eindeutigkeit. Frankfurt, a.M.

Böhme, J. (2000): Schulmythen und ihre imaginäre Verbürgung durch oppositionelle Schüler. Bad Heilbrunn.

Busse, S./Helsper, W. (2004): Schule und Familie. In: Böhme, J./Helsper, W. (Hrsg.): Handbuch der Schulforschung. Wiesbaden, S. 439-464.

Ecarius, J. (1998): Was will die jüngere Generation mit der älteren? Opladen.

Fend, H. (1980): Theorie der Schule, Weinheim/Basel.

Giddens, A. (1996): Konsequenzen der Moderne. Frankfurt a.M.

Helsper, W. (1994): Zum Verhältnis von Individualisierungstheorie und Subjekttheorie. Reflexionen zu ungelösten Ebenenproblemen am Beispiel der Jugendforschung. In: Hamburger, F./Heuer, B. (Hrsg.): Individualisierungstheorie auf dem Prüfstand der Jugendforschung. Mainz, S. 86-167.

Helsper, W. (1996): Antinomien des Lehrerhandelns in modernisierten pädagogischen Kulturen. Paradoxe Verwendungsweisen von Autonomie und Selbstverantwortlichlkeit. In: Combe, A./Helsper, W. (Hrsg.): Pädagogische Professionalisierung. Frankfurt a.M., S. 521-569.

Helsper, W./Böhme, J./Kramer, R.-T./Lingkost, A. (2001): Schulkultur und Schulmythos. Rekonstruktionen zur Schulkultur I. Opladen.

Helsper, W./Kramer, R.-T./Busse, S./Hummrich, M. (2004): Pädagogische Generationsbeziehungen in Familie und Schule. Rekonstruktionen zum Verhältnis von Familie, Schule und Schülerbiographie. Forschungsbericht für die DFG. Halle.

Helsper, W./Hummrich, M. (2005): Erfolg und Versagen in der Schulkarriere. Ausmaß, Erklärungen, biografische Auswirkungen und Perspektiven. In: Sachverständigenkommission des Deutschen Bundestages (Hrsg.): Zwölfter Kinder- und Jugendbericht. Materialienband 3. München. S. 95-174.

Honig, M.-S. (1999): Entwurf einer Theorie der Kindheit. Frankfurt a.M.

Honneth, A. (2000): Organisierte Selbstverwirklichung. Paradoxien der Individualisierung. In: ders. (Hrsg.): Befreiung aus der Mündigkeit. Frankfurt a.M., S. 141-158.

Hummrich, M. (2002): Bildungserfolg und Migration. Biographien junger Frauen in der Einwanderungsgesellschaft. Opladen.

Hummrich, M./Helsper, W. (2004): „Familie geht zur Schule“: Reformschule als Familienerzieher und die Einschließung der familiären Generationsbeziehung in eine schulische Generationsordnung. In: Idel, Sebastian/Kunze, Katharina/Ullrich, Heiner (Hrsg.): Das Andere Erforschen. Opladen, S. 235-248.

Idel, T.-S./Ullrich, H. (2004): Reform- und Alternativschulen. In: Böhme, J./Helsper, W. (Hrsg.): Handbuch der Schulforschung. Wiesbaden, S. 367-390.

Kramer, R.-T./Helsper, W./Busse, S. (2001): Pädagogische Generationsbeziehungen und die symbolische Generationsordnung – Überlegungen zur Anerkennung zwischen den Generationen als antinomischer Struktur. In: Kramer, R.-T./Helsper, W./Busse, S. (Hrsg.): Pädagogische Generationsbeziehungen. Opladen, S. 129-155.

Krumm, V. (1996): Über die Vernachlässigung der Eltern durch Lehrer und Erziehungswissenschaft. Plädoyer für eine veränderte Rolle der Lehrer bei der Erziehung der Kinder. In: Leschinsky, A. (Hrsg.): Die Institutionalisierung von Lehren und Lernen. Beiträge zu einer Theorie der Schule. 34. Beiheft der Zeitschrift für Pädagogik. Weinheim/Basel, S. 119-140.

Maas, M. (2004): „Ich versuche witzig zu sein“ – eine Fallstudie über Entwicklungsprobleme von Adoleszenten im schulischen Kontext. In: Idel, Sebastian/Kunze, Katharina/Ullrich, Heiner (Hrsg.): Das Andere Erforschen. Opladen, S. 135-146.

Nittel, D. (1992): Gymnasiale Schullaufbahn und Identitätsentwicklung. Weinheim 1992.

Oevermann, U. (1995): Ein Modell zur Struktur von Religiosität. Zugleich ein Strukturmodell von Lebenspraxis und von sozialer Zeit. In: Wohlrab-Sahr, M. (Hrsg.): Biographie und Religion. Zwischen Ritual und Selbstsuche. Frankfurt a.M./New York, S. 27-120.

Oevermann, U. (2001): Die Soziologie der Generationsbeziehungen und der Generation aus strukturalistischer Sicht und ihre Bedeutung für die Schule. In: Kramer, R.-T./Helsper, W./Busse, S. (IIrsg.): Pädagogische Generationsbeziehungen. Opladen, S. 78-126.

Parsons, T. (1991): Sozialstruktur und Persönlichkeit. Frankfurt a.M.

Till-Sebastian Idel

Biographische Erfahrungen reformschulischer Entgrenzung – am Beispiel der Waldorfschule

Für den vorliegenden Beitrag ist die These fundamental, dass dem sozialisatorischen Erfahrungszusammenhang von Reformschulen eine besondere biographische Relevanz beizumessen ist. Für Schüler/innen macht es aus biographieanalytischer Sicht einen Unterschied, ob sie Regel- oder aber Reformschulen besuchen – sowohl in Bezug darauf, wie sie selbst den Beitrag der Schule zu ihrem Lebensweg veranschlagen (ihrem subjektiv-intentionalen Sinnbezug), als auch hinsichtlich der durch methodisch kontrollierte und biographie- und sozialisationstheoretisch fundierte Interpretation zur bestimmenden Bedeutsamkeit der Schulerfahrungen für den biographischen Verlauf und die Entstehung der Person im lebensgeschichtlichen Kontext (d.h. die Genese der biographischen Fall- und Prozessstruktur). Ich möchte im Folgenden diese These am Beispiel der Waldorfschule ausführen. Zunächst werden aus schultheoretischer Perspektive die Spezifika von Reformschulkulturen in Kontrast zur Staats- bzw. Regelschulkultur erst idealtypisch und dann am Beispiel der Waldorfschule als Entgrenzungsbewegungen skizziert, die in jeder Einzelschule bzw. in jeder Biographie auf besondere Weise ausgeformt sind und gerade so dann biographisch bedeutsam werden. Im Anschluss daran werden die Lebensgeschichten zweier ehemaliger Waldorfschülerinnen vorgestellt, welche dem Sample meiner Dissertationsstudie entstammen (Idel 2005). Am Ende dieses Beitrags werden über die beiden dargestellten Biographien hinausgehend Thesen zu Chancen und Risiken waldorfschulischer Sozialisation abstrahiert. Insgesamt soll der Vorgabe der Herausgeber dieses Bandes Rechnung getragen werden, Schulreformprozesse bzw. den Erfahrungsraum von Reform- und Alternativschulen als eine durch besondere Antinomien, Spannungsverhältnisse, Ambivalenzen und Widersprüche geprägte Praxis zu analysieren.

Dimensionen schulischer Be- und Entgrenzung

In der schulpädagogischen Debatte der letzten zehn Jahre wird der Entgrenzungsbegriff im Anschluss an die eher polemisch vorgetragenen Kritiken Hermann Gieseckes (vgl. etwa 1995) an vermeintlichen, auf breiter Front negativen Wirkungen des reformpädagogischen Zeitgeists in der Unterrichts- und Schulkultur vornehmlich normativ verwendet.[1] Ich schlage demgegenüber eine schultheoretische, nicht-normative Fassung des Entgrenzungsbegriffs vor, die ich hier nur thetisch andeuten kann. Systemtheoretisch gesehen entsteht die Schule im Prozess der Modernisierung in einem die Binnenkomplexität steigernden Schritt funktionaler Innendifferenzierung zwischen Schule und Familie (Luhmann/Schorr 1979, S. 24ff.; Tyrell 1985, S. 82). Die weitere historische Entwicklung der Staatsschule, und dort insbesondere des höheren Schulwesens, ist in dieser Linie als Prozess der sukzessiven Begrenzung auf Unterricht und sachfachliche, kognitiv akzentuierte Wissensvermittlung zu verstehen (vgl. Diederich/Tenorth 1997). Die parallel entstehenden Strömungen der Kritik an Schule, die ihren Höhepunkt dann Anfang des 20. Jahrhunderts in den vielgestaltigen Gegenprogrammen der sog. Reformpädagogik finden, arbeiten sich im Grunde vor allem an diesem Vorgang systemischer Spezifizierung ab (Luhmann 2002), eben einer *Begrenzung* der Funktionsbestimmung von Schule, die sie von der Alltagswelt der Familie separiert. In der Staatsschule ist der Heranwachsende nicht als ganze Person Adressat sozialisatorischer Beeinflussung, sondern er wird vorwiegend in seiner Rolle als Schüler angesprochen, auch wenn die Wirkungen schulischer Sozialisation die ‚ganze' Person tangieren. Die sozialisatorische Interaktion in der Schule konfrontiert Schüler/innen mit drei basalen Strukturprinzipien rollenförmigen Handelns, deren Aneignung Voraussetzung der Entfaltung flexibler Interaktionskompetenz ist: erstens der Austauschbarkeit des tendenziell bzw. mit aufsteigender Klassenstufe immer stärker affektiv neutralen Lehrpersonals, zweitens der universalistischen Gleichbehandlung aller und drittens der Statusdifferenzierung entlang leistungsbezogener Vergleichsprozesse nach dem Code ‚besser-schlechter'. Aus dieser Perspektive betrachtet verkörpert die Schule den Leistungsuniversalismus der modernen Gesellschaft, möglicherweise wie kaum eine andere gesellschaftliche Institution, in gesteigert-purifizierter Form (vgl. Wernet 2003, S. 95). Im Kontext dieser institutionellen Strukturprinzipien werden Schüler/innen im Rahmen wissenschaftsbasierter, prinzipiell revidierbarer Weltexplikationen (einfacher formuliert: verwissenschaftlichter Unterrichtsinhalte) qualifiziert, in den Horizont kultureller Werte

1 Darüber hinaus gibt es natürlich auch seriös vorgetragene schulpädagogische Positionen, die einer Entgrenzung von Schule kritisch gegenüber stehen und stattdessen für eine klare Begrenzung eintreten (etwa Diederich/Tenorth 1997).

und sozialer Normen der Erwachsenenwelt integriert und hinsichtlich der gesellschaftlichen Statushierarchie selektiv positioniert (vgl. Fend 1980; Parsons 1968). Reformschulen kultivieren demgegenüber *Entgrenzungen* dieser staatsschulischen Grundmerkmale.[2]

Waldorfschulen nehmen im Spektrum von Reform- und Alternativschulen eine Sonderstellung ein; schon in ihrer Gründungsphase in den 1920er Jahren sind sie Außenseiter ohne Anbindung an den reformpädagogischen Diskurs (vgl. Ullrich 1998). In konzeptueller Hinsicht liegt ihre Besonderheit in der umfassenden symbolischen Einbettung in das anthroposophische Verständnis von Welt und Mensch. Die eben angedeuteten Entgrenzungstendenzen können von dieser Programmatik her konkretisiert werden und lassen sich auch im empirischen Material meiner Dissertationsstudie identifizieren.

1. Scholarisierung der Familie: In der Tendenz wird die familiale Lebenswelt in Waldorfschulen zum Gegenstand schulischer Formung; die ganze Familie wird zum Zögling der Schule (vgl. auch Hummrich/Helsper 2004). Ziel ist ein enges Verhältnis zur Familie und damit weitreichende Einflussmöglichkeiten in Bezug auf Lebensführung, Erziehungsstil, kurz: die symbolisch-habituelle Ordnung der Familie.

2. Familialisierung der Schule: Kehrseitig dazu wird Schule tendenziell als Familie entworfen. Schüler/innen und Lehrer/innen bilden nicht nur eine Lern-, sondern auch Lebensgemeinschaft, das Organisationsförmige an Schule als bürokratisch-rationaler Anstalt wird zurückgedrängt. Schulische Sozialbeziehungen werden zu einem relevanten Teil nach dem Vorbild von Primärbeziehungen konstruiert. Sowohl mit der Tendenz einer Scholarisierung der Familie wie auch mit der Familialisierung der Schule wird der Versuch unternommen, die *Organisationsantinomie* des Schulischen (vgl. Helsper u.a. 2001) in Richtung einer Informalisierung schulischer Interaktionen und einer praktischen Aufweichung der Strukturdifferenz von Familie und Schule aufzulösen.

---

2 Be- und Entgrenzungen lassen sich holzschnittartig etwa in folgender Weise dimensionieren: *Institution:* Anstalt vs. Lebenswelt; *Sozialität:* formalisierter Zweckverbund vs. informelles Kollektiv; *Personinklusion:* Rolle vs. Subjekt; *Sachdimension:* höhersymbolische Wissenslogik vs. lebensweltliche Alltagserfahrungen; *Lernkultur:* Vermittlung durch den Lehrer vs. Selbstaneignung durch den Schüler; *Leitformel:* Erziehung durch Bildung, d.h. Akzentuierung der lehrerseitigen Sachvermittlung, von der sich erzieherische Effekte im Sinne der Selbsterziehung auf Seiten der Schüler erhofft werden, wobei der Lehrer als Erzieher in den Hintergrund tritt vs. Bildung durch Erziehung, d.h. Akzentuierung der lehrerseitigen Erziehungsarbeit, die im Medium der Sache bildend wirken soll; *Leitfunktion:* Qualifikation/Selektion vs. Personalisation/Integration; *Professionalität:* Lernhelfer vs. Arbeitsbündnis.

3. Personale Gesamtformung und emotionale Nähe zum Schüler: Schulische Bildung hat in der Waldorfpädagogik die ganze Person zum Gegenstand. Dem ganzheitlichen Bildungsideal der Waldorfpädagogik entspricht die pädagogische Norm der Erziehung der gesamten Person. In enger Verbindung damit steht das Lehrer-Schülerverhältnis insbesondere in den ersten acht Schuljahren, in welchen die Klasse in möglichst vielen Fächern vom Klassenlehrer unterrichtet werden soll. Mit dieser Ausweitung der Lehrerrolle nimmt der Lehrer ein hohes Maß an Verantwortung für die biographischen Entwicklungsprozesse jedes einzelnen Schülers auf sich, womit einerseits mehr Raum für tragfähige Arbeitsbündnisse geschaffen wird, andererseits aber auch die Riskanz bzw. Scheiternsanfälligkeit der je konkreten Lehrer-Schülerbeziehung steigt (vgl. Höblich/Graßhoff in diesem Band). Aufgefangen bzw. für den Lehrer bearbeitbar wird dieser Komplexitätszuwachs durch den abgeschlossenen Sinnbereich der anthroposophischen Anthropologie bzw. Entwicklungspsychologie, welche den Deutungshorizont des Lehrers mit enttäuschungsfesten Markierungen versieht. Die Familialisierung schulischer Beziehungen findet ihren deutlichsten Niederschlag in der emotionalisierenden Nähe, die sich im die Asymmetrie und den Vorbildcharakter betonenden Generationenverhältnis zwischen Klassenlehrer/innen und Schüler/innen herstellen soll. Abstrahiert man dies auf einer strukturtheoretischen Ebene hinsichtlich der Lagerung schulischer Antinomien (vgl. hierzu den strukturtheoretischen Entwurf der Hallenser Schulkulturforschung: Helsper u.a. 2001), finden sich hier die beiden Antinomien von *Nähe und Distanz* sowie *Symmetrie und Asymmetrie* schulischen Handelns in einer komplexen gegenläufigen Lagerung: mehr Nähe bei gleichzeitig deutlicher Asymmetrie.

4. Vorwissenschaftlicher Holismus: Wiederum insbesondere in den ersten acht Schuljahren ist die waldorfschulische Sachwelt von einem vorwissenschaftlichen Ganzheitsideal geprägt. Die Waldorfschulen folgen einem eigenen Kulturstufenlehrplan, der auf der Vorstellung beruht, dass jeder Heranwachsende in seiner Ontogenese den kulturgeschichtlichen Prozess in abgekürzter Form durchschreite. Dieser Lehrplan ist zum einen genetisch konzeptualisiert, insofern er seinen Ausgang von der kindlichen Entwicklung nimmt, und zum anderen organisch, weil er wie aus einem Guss einen konsistenten Verweisungs- und Konstitutionszusammenhang stiften soll. Die institutionalisierte öffentliche Diskussion um die Geltung und Revision des staatsschulischen Kanons hat in der Waldorfpädagogik kein Pendant, denn gerade der Waldorflehrplan für die ersten acht Schuljahre gilt als wahres, mustergültiges Abbild eines in sich geschlossenen „geordneten Kosmos des Lernens" (Ullrich 2002, S. 162) mit überzeitlichem Wahrheitsanspruch. Das Spannungsverhältnis zwischen Sache und Person *(Sachantinomie)* wird dadurch aufgelöst, dass die

> Entwicklung des Einzelnen und die der Gattung (Onto- und Phylogenese) im Analogieschluss gleichgesetzt werden (vgl. Helsper u.a. 2001). Im Zentrum der Lernkultur steht die goetheanistische Methode des Lehrens, die sich als Alternative zum begrifflich-abstrakten, verwissenschaftlichten Lernen präsentiert.

Die erziehungswissenschaftliche Diskussion um Waldorfschulen bzw. die Waldorfpädagogik läuft in der Regel darauf hinaus, diesen Typus von Reformschule als ‚gegenmodern' oder aber zumindest als ‚modernitätsskeptisch' zu diskreditieren und ihn damit als unzeitgemäß bzw. den Anforderungen des modernen Lebens unangemessen zu qualifizieren. Diese Kritik variiert damit das grundsätzliche Argument gegen die klassischen Reformpädagogiken: „Durch die ‚Wiederverzauberung' des Kindes zum Genius oder zur heilen bzw. heiligen Natur [...] sowie durch die Verklärung des erzieherischen Verhältnisses zur Lebensgemeinschaft erfüllt die Erziehung die religiösen Funktionen der Kosmisierung und der Gemeinschaftsbildung. In der ‚Mikro-Religion' der Erziehung vom Kinde aus sollen wieder die ursprüngliche Ganzheit, Fülle und Nähe des unentfremdeten Lebens erfahren werden" (Ullrich 1990, S. 913). Ich will eine andere Akzentuierung setzen, welche die Leistung der Waldorfschule gerade umgekehrt im gewissermaßen positiven Kontext reflexiver Modernisierung sieht: Begreift man Waldorfschulen als entgrenzte Schulkulturen, dann lassen sie sich auch als Phänomene der institutionellen Erweiterung von Lernprozessen (Ausweitung des Bildungsauftrags, Öffnung von Schule, erweiterte Formen des Lernens und der Erfahrung, Aufforderung zur Selbsttätigkeit etc.) in der spätmodernen Wissensgesellschaft begreifen, die sich, wenngleich in je spezifischer Akzentuierung, ebenso in anderen Reformschulen auffinden lassen. Systemtheoretisch könnte man dies als Vorgang weiterer Binnendifferenzierung und Respezifizierung begreifen. Waldorfschulen wären dann nicht als modernitätsfern einzuschätzen, sondern sie würden gerade auf die Qualifikationsanforderungen der Spätmoderne eine, freilich auf der Grundlage modernitätsskeptischer Semantik vorgetragene Antwort in Form einer im Vergleich zu anderen Reformschulen starken Entgrenzung darstellen. Sie wären dann eine spezifische Spielart der reflexiven Modernisierung von Schule. Im Gefolge dieses Modernisierungsprozesses verliert die Schule zum einen ihren exklusiven Status bzw. ihre Monopolstellung als zentrale Institution transgenerativer Wissensvermittlung zugunsten medialer, nonformaler und informeller Lernprozesse im außerschulischen Kontext. Zum anderen aber werden die Aufgaben von Schule aber auch sukzessive erweitert, weil die den Individuen als Vergesellschaftungsprogramm zugemuteten Anforderungen an kontingenztolerante, d.h. zum Umgang mit Zukunftsoffenheit und sozialer Unbestimmtheit fähige spätmoderne Lebensführung und flexible lebenspraktische Autonomie steigen; der Erwerb personaler Kompetenzen zur Sicherung der Beschäftigungsfähigkeit und auch insgesamt zur reflexiven Lebensführung und sozialen Teilhabe am gesellschaftlichen Prozess darf nicht der Unbestimmtheit individuellen Handelns, der sozialen Disparität außerschulischer Gelegenheitsstrukturen und den ungleichen Anregungsqualitäten familialer Lebenswelten allein überlassen bleiben, sondern muss institutionell abgesichert werden (vgl. Veith 2003). Mit Hilfe der Biographieforschung lässt sich dann zunächst einmal beschreiben, wie sich diese Entgrenzungen bzw. Erweiterungen schulischer Bildung in der Erfahrungsbildung und -verarbeitung der Heranwachsenden niederschlagen und welche lebensgeschichtliche Bedeutsamkeit ihnen beizumessen ist, d.h. vor allem inwieweit sie den biographischen Lernprozess und die Entstehung des Selbst im lebensgeschichtlichen Verlauf beeinflussen. Darüber hinaus geraten, natürlich aus der gebrochen perspektivischen Konstruktivität der autobiographisch erzählenden Schülerinnen und Schüler – also der Sicht, aus der heraus sie ihre Erfahrungen narrativ konstruieren –, entwicklungsbedeutsame soziale Prozesse im schulischen Raum in den Blick.

Zur biographischen Relevanz entgrenzter Waldorfschulkulturen – zwei Fallbeispiele

Konstitutionstheoretisch orientieren sich die beiden folgenden Analysen biographischer Sozialisation an der Konzeptualisierung Kramers (2002 und in diesem Band), der ausgehend von strukturalistischen Rekonstruktionen das Modell des schulbiographischen Passungsverhältnisses ausgearbeitet hat. Im Großen und Ganzen geht es Kramer darum, das schulbiographische Passungsverhältnis als *Anerkennungsverhältnis* zwischen den beiden symbolischen Ordnungen der Biographie und der Einzelschulkultur zu entwerfen.[3] Die zentrale Frage lautet,

3 Um diese Relationierung abgesichert vornehmen zu können, müsste methodisch streng genommen auch in einer separaten Fallrekonstruktion die jeweilige Kultur der Einzelschule an geeignetem empirischen Material erschlossen werden, um sie dann der schülerbiographischen Rekapitulation entgegensetzen zu können. In meiner Dissertationsstudie war dies grundsätzlich gar nicht möglich, da es sich um retrospektive Interviews mit ehemaligen Waldorfschüler/innen handelte, die zum Befragungszeitpunkt, im Alter zwischen 20 und 30 Jahren, zumeist schon einige Jahre aus der Schule waren. Durch die Hinzunahme der (Klassenlehrer-)Berichtszeugnisse aus den ersten acht Schuljahren konnten jedoch immerhin die biographischen Rekapitulationen der ehemaligen Schüler mit der Ebene der pädagogischen Sinnkonstrukte des Klassenlehrers, der für den Schüler insbesondere in diesen Schuljahren die Institution zu einem relevanten Teil verkörpert bzw. symbolisiert, trianguliert werden. Darüber eröffnen natürlich auch bereits die Analysen der autobiographischen Interviews die Möglichkeit, plausible Vermutungen zur Gestalt von Passungsverhältnissen anzustellen, weil sich die Interviewtexte aufgrund der in ihnen konstruierten unterschiedlichen Beobachterstandpunkte perspektivisch und gegen den Strich der Eigenverständnisse der Erzähler triangulieren lassen (für diesen methodologischen Hinweis danke ich

welche Anerkennungsbalancen zwischen dem Schülerselbst, dessen primärer Habitus in der Familie grundgelegt wird, und der schulischen Ordnung, die einen Anerkennungsraum prädisponiert, zustande kommen und welche Möglichkeiten sich für den Schüler auftun, sein Selbst im schulischen Raum entwicklungsförderlich zu transformieren. Kramer entwirft in theoretischer Abstraktion eine Typologie zwischen den Polen antagonistischer, ambivalenter und harmonischer Passung. Während die Waldorfschulbiographie Franziskas exemplarisch für eine entwicklungsförderliche Passungsharmonie steht (was nicht bedeutet: ohne Ambivalenzen), sind die Waldorfschulerfahrungen von Carolin Beispiel einer entwicklungsschädigenden Passungsdifferenz.

Franziska kommt, nach einer langen Phase ungewollter Kinderlosigkeit ihrer Eltern, als erstgeborenes Wunschkind zur Welt. Mit ihrer exklusiven familialen Strukturposition als lang ersehnter, schließlich erfüllter Kinderwunsch ist eine zentrale Problematik verbunden, an der sie sich im Laufe ihrer Biographie abarbeitet: die beständige Konfrontation mit den elterlichen Bindungswünschen und Erwartungsphantasien, erfolgreich, ja exzellent zu sein, und Franziskas Versuche, sich davon abzulösen und jenseits des elterlichen Erwartungshorizonts in individualisierender Ablösung etwas Eigenes zu entwerfen. Ihre Eltern, beide Pharmazeuten mit eigener Apotheke, sind nicht dem anthroposophischen Milieu zuzurechnen, geraten aber bereits vor Franziskas Geburt mit der Waldorfpädagogik in Berührung und schließen sich dann später der lokalen Gründungsinitiative eines Waldorfkindergartens an, die im Anschluss auch eine Waldorfschule errichtet. Die habituellen Orientierungen der Eltern sind geprägt von starken Bildungsaspirationen und Leistungserwartungen und dem Entwurf eines eher traditional-modernen Generationenverhältnisses, in welchem die elterliche Sorge mit einer deutlichen Betonung ihrer Autorität gekoppelt ist – die Übereinstimmung mit den waldorfpädagogischen Orientierungen ist unübersehbar.

Gewissermaßen in Umkehrung der Elternperspektive und im Unterschied zu ihren nachgeborenen Geschwistern muss Franziska als für die entstehenden Waldorfeinrichtungen zu früh Geborene („das war also immer so, bci mir war es immer grad nu nich fertig“) für ein Jahr lang einen anderen Kindergarten besuchen, ehe sie dann zur Waldorfeinrichtung wechseln kann. Gleiches wiederholt sich bei der Einschulung: sie besucht in den ersten beiden Schuljahren bis zur Eröffnung der Waldorfschule eine staatliche Grundschule. Der staatliche Kindergarten sowie die staatliche Grundschule sind für Franziska mit erheblichen Fremdheitserfahrungen und Stigmatisierungseffekten verbunden. Sie erlebt beide Einrichtungen als inhaltlich anregungsarm und sozial „kalt“. Hingegen erlauben ihr die starke Vergemeinschaftung und die Nähe zur Familie im Waldorfkinder-

Fritz Schütze). Die Zeugnistexte und die Intervieweröffnungen wurden objektiv-hermeneutisch, die weiteren Interviewsegmente narrationsstrukturell erschlossen.

garten und später in der Waldorfschule, ihre übermäßig ausgeprägten Ängste beim Überschreiten des familialen Binnenraums abzubauen.

Die Waldorfschule spielt gerade in ihrer entgrenzten Form für Franziska eine biographisch produktive Rolle; ihre biographische Arbeit wird in hohem Maße durch Impulse aus dem schulischen Erfahrungszusammenhang stimuliert: (a) Franziska thematisiert in ihrer schulbiographischen Erzählung fast ausschließlich und in jeweils komplexer narrativer Konstruktion die außercurricularen bzw. außeralltäglichen Lernarrangements in Kontrast zum Unterrichtsalltag, der ihre kognitiven Kapazitäten deutlich unterfordert, auf diese Weise aber auch Franziska den Umgang mit den leistungsasketischen Erwartungen der Eltern erleichtert. Sie berichtet von insgesamt vier Klassenspielen, die für sie wertvolle Entwicklungsgelegenheiten darstellen, in welchen sie ihr verschlossenes Selbst hin zu einer aktiveren Selbstbehauptung öffnen und durch klassendienliches Engagement sich soziale Anerkennung sichern kann. Dies gelingt ihr mit Unterstützung des Klassenlehrers, der sie Rollen übernehmen lässt, die ihr hohe Expressivität abverlangen. (b) Die Schule ist für ihren adoleszenten Loslösungsprozess von höchster Bedeutung. Die vielen Klassenfahrten und Auslandsaufenthalte im Rahmen der Schule eröffnen Franziska Räume, ihr Selbst abseits der familialen Lebenswelt zu erproben und sich so sukzessive vom starken Familialismus ihres Elternhauses abzulösen. In diesem Zusammenhang entsteht ihre „Reisewut“, die symptomatisch für ihr Streben nach erfahrungsbiographischer Dezentrierung steht. Im Rahmen eines schulisch vermittelten Auslandsaufenthalts wird dann auch ihr berufsbiographisches Handlungsschema der landwirtschaftlichen Ausbildung impulsiert. (c) Schon die oben genannten knappen biographischen Rahmendaten zeigen, dass sich sowohl Franziskas vor- sowie schulische Biographie als auch ihr nachschulischer Lebensentwurf im anthroposophischen Milieu entfalten. Während ihre Eltern mit der Anthroposophie lediglich sympathisieren, eignet Franziska sich in ihrer Adoleszenz den anthroposophischen Lebensentwurf aktiv an. Von entscheidender Bedeutung hierfür ist der Deutschlehrer in der Oberstufe, der für sie zum biographischen Berater wird. In der gemeinsamen Lektüre von Werken Steiners arbeitet sie sich außerhalb der Schulzeit in die Sinngrundlagen der Anthroposophie ein. Auf Anregung des Deutschlehrers nimmt sie an Veranstaltungen im Goetheanum (Zentrum der Allgemeinen Anthroposophischen Gesellschaft und Sitz der Freien Hochschule für Geisteswissenschaft in Dornach bei Basel/Schweiz) teil und erhält so Zugang zur überregionalen anthroposophischen Sozialwelt. Aus diesem Zusammenhang ergeben sich nicht nur ihre ersten beiden biographisch relevanten gegengeschlechtlichen Liebesbeziehungen, sondern darüber hinaus entschließt sie sich, nachdem sie bereits einen Studienplatz in Pharmazie sicher hat, aufgrund von Erlebnissen während einer Studienwoche im Goetheanum dazu, ein Medizinstudium zu beginnen. Mit dieser berufsbiographischen Entscheidung gelingt Franziska ein kunstvoller

Spagat, nämlich die individualisierende Transformation des elterlichen Einzigartigkeitsentwurfs: Sie erfüllt die elterlichen Bildungserwartungen, ohne den elterlichen Entwurf aber material über das Pharmaziestudium zu reproduzieren, wobei das Medizinstudium fachprovinziell gesehen in relativer Nähe liegt.

Carolin wächst in einem liberal-alternativen, an Autonomie, Symmetrie sowie Selbstentfaltung orientierten Elternhaus auf; Mutter und Vater sind Kunstlehrer an staatlichen Schulen. Erfahrungsbiographisch wird die Symmetrisierung im familialen Generationenverhältnis für Carolin zu dem Zeitpunkt zu einem Problem, als sie im elterlichen Trennungsprozess parentifiziert wird, das Generationenverhältnis sich umkehrt und sie gegenüber der Mutter emotionale Fürsorgefunktionen übernimmt. Die Wahl der Waldorfschule gründet auf einer elterlichen Verkennung: Carolins Eltern glauben in der Waldorfschule eine Schulkultur vorzufinden, die sich mit ihren eigenen habituellen Orientierungen an weitreichender Autonomie und künstlerischer Kreativität deckt. Statt dessen erlebt Carolin in der Schule eine maximale Negation ihrer Autonomie, die analytisch wiederum mit den schulkulturellen Entgrenzungen in Zusammenhang gebracht werden kann: (a) Gerade in dem für sie selbst so identitätsrelevanten Bereich der Kunst erlebt sie eine strikte Begrenzung ihrer Gestaltungsfreiheit und individuellen Kreativität. Sie wird gezwungen, sich im Rahmen der anthroposophischen Kunstauffassung und des dadurch limitierten Gestaltungsraums auszudrücken. (b) Ihre Versuche, von der Klassenlehrerin für ihre Leistungsorientierung Anerkennung zu erhalten, werden zurück gewiesen. Stattdessen fördert diese Lehrerin die klassenöffentliche Stigmatisierung Carolins als Streberin und bringt sie so in eine Außenseiterposition. (c) Für Carolin hat die Entgrenzung der Lehrer-Schülerbeziehung fatale Folgen, weil ihre Klassenlehrerin sie beständig mit dem Vorwurf der Selbstverkennung konfrontiert, der sich auch an den Zeugnistexten rekonstruieren lässt: Sie wird wegen ihrer äußeren Gestalterscheinung als zarte Person kategorisiert, zu der ihr forsches, ambitioniertes Verhalten so gar nicht passe. Mit selbstgewissem Gestus und ohne Berücksichtigung des oben angedeuteten Hintergrunds der familialen Verlaufskurvenproblematik und der darin enthaltenen Parentifizierung formuliert die Lehrerin in ihrer pädagogisch-therapeutischen Diagnose eine personale Aberkennung: Carolin befände sich hinsichtlich ihres Temperaments bzw. ihrer inneren Konstitution in einem Modus der Nicht-Übereinstimmung – nach außen expressiv, vom Wesen her aber eher introvertiert, zerbrechlich und zart -, die sie selbst noch nicht erkannt hätte, derer sie sich aber bewusst werden müsse (quasi als erster Schritt zu einem authentischen Selbstausdruck, einer temperamentsangemessenen Harmonisierung von äußerem Verhalten und innerem Wesen). Letztlich überlagern sich so bei Carolin in der Schulkindheit familiale und schulische Verlaufskurven und konditionieren ihren biographischen Erfahrungsraum.

Die identitätsschädigenden Erfahrungen führen Carolin nach der siebten Klasse zum fluchthandlungsschematischen Wechsel auf ein staatliches Gymnasium, wo sie sich aus ihrer schulischen Verlaufskurve befreien kann. Es ist nun interessant, dass gerade die Begrenzungen der gymnasialen Schulkultur, die Carolin sehr intensiv erlebt – die Fokussierung auf die Schülerrolle und auf sachfachliche Leistungen sowie die gegenüber der Waldorfschule relative kulturelle Neutralität in Bezug auf Lebensführungsprinzipien –, für sie eine Erlösung darstellen. In der eigentheoretischen Reflexion ihrer schulbiographischen Erfahrungen und deren Auswirkungen auf die Konstitution ihres Selbst sieht Carolin die entscheidende Differenz zwischen Waldorfschule und Staatsschule im unterschiedlichen Zugriff auf das Schülerselbst. Dem eher distanziert versachlichten Modus schulischer Inklusion im Gymnasium stellt sie die personale Vollinklusion in der Waldorfschule gegenüber, welche für sie die Voraussetzung der von ihr erlebten Schädigung und Verletzung ihrer Person bildete: „und und also persönlich is mir (.) das Gymnasium nie so zu nahe getreten (.) (I: hm hm) das war einfach dieses dass es so sehr um die Person ging aber die sich so getäuscht haben in mir". Die Analyse ihrer Narration zeigt, dass ihr Emanzipationsprozess von der Waldorfschule, obgleich er zum Interviewzeitpunkt bereits lange zurück liegt, noch nicht abgeschlossen ist: ihre Erfahrungen bedeuten für sie eine nach wie vor virulente psychosoziale Belastung.

Abstrahierende These: Chancen und Risiken waldorfschulischer Entgrenzung

Als pädagogisierte Erziehungsschule macht sich die Waldorfschule die Formung der Biographie zum Gegenstand. Die beiden Fallbeispiele markieren konträre Pole eines Spektrums, innerhalb dessen sich biographische Passungen ergeben können. Sie haben deutlich gemacht, wie verhältnismäßig eng das Verhältnis zwischen Schülerbiographie und Waldorfschule sein kann, und sie machen darauf aufmerksam, wie der professionelle Reflexionsbedarf gerade in derartigen Kontexten einer Erweiterung von Schule steigt (vgl. dazu auch den Beitrag von Kramer in diesem Band), will man nicht als Lehrer oder Lehrerin über die Fallstricke der Entgrenzung der Schule stolpern, die bei den Schülerinnen und Schülern zu erheblichen biographischen Schwierigkeiten führen kann. Abschließend sollen, über die beiden Fälle hinausgehend, d.h. mit Bezug auf den gesamten Datenkorpus meiner Dissertationsstudie, der vierzehn Fälle umfasste, in thesenhafter Zuspitzung Chancen und Risiken waldorfschulischer Sozialisation pointiert werden.

1. Eine wesentliche Voraussetzung für gelungene schulbiographische Passungen, d.h. für die identitätsförderliche Anerkennung des Schülerselbst, ist die *Anschlussfähigkeit familialer Habituspräferenzen und des Schülerhabitus* an die waldorfpädagogische Bildungswelt. Deren Bildungsmythos ist um ein romantisches Kindideal, die hochkulturelle Geistaskese, ein bildungsbürgerliches Curriculum und ein lebensreformerisch-antimaterialistisches Sendungsbewusstsein zentriert. Zur modernen bzw. postmodernen Kindheit und Jugendkultur herrscht eher ablehnende Distanz; eine frühe kindliche Autonomieorientierung sowie eine expressive Entfaltung jugendkultureller Lebensentwürfe im schulischen Raum sind mit hohem Konfliktpotenzial verbunden.
2. Eine gelungene Passung eröffnet die Chance auf *umfassende sozialisatorische und biographische Förderung und Stimulation* bis in die nachschulische Lebensgeschichte hinein, v.a. in Form von Anschlüssen im anthroposophisch-begrenzten Kontext und Milieu bzw. in lebensreformerischen Kreisen. Der Anspruch auf Gesamtformung birgt zugleich aber auch – bei problematischen schulbiographischen Passungen – die Gefahr einer identitätsschädigenden *Verletzung des Schülers*, der immer als *ganze Person* zur Disposition steht.
3. Die *Nähe von Familie und Schule im Schulkollektiv* kann als *unheilvoll erlebte Allianz* für den Schüler problematisch sein, andererseits aber auch *psychosoziale Probleme des Übergangs des Kindes* von der Familie in die Schule *abmildern,* in welchem sich die Schüler/innen verselbständigend ablösen können.
4. Der *Kollektivismus* in Waldorfschulen beinhaltet ein hohes *Vergemeinschaftunspotenzial*. Die starke Vergemeinschaftung engt aber auch von den schulischen Präferenzen abweichende, d.h. *differente Individuierungsräume* ein. Der Kollektivismus fördert die sekundäre Devianz oppositioneller, verhaltensschwieriger bzw. gegenkultureller Schüler.
5. Der *Inselstatus* der Waldorfschule führt einerseits zu Stigmatisierungserfahrungen der Schüler/innen außerhalb der Waldorfwelt, andererseits aber auch zu identitätsförderlichen sozial-distinktiven Wirkungen in den homogenisierten waldorfschulischen Peerwelten, insofern Waldorfschüler ihre Zugehörigkeit zur Waldorfwelt als etwas Exklusives wahrnehmen.
6. Durch die über zwölf Schuljahre integrierte Waldorfschullaufbahn erhält, bei aller zwischenzeitlichen Fluktuation, die *Klassengemeinschaft* eine ungewöhnliche Stabilität. Erfahrungsbiographisch schlägt sich dies in einer *Wahrnehmung sozialer Kontinuität* nieder. Diese bietet einerseits eher distanzierten und auch problematischen Schülern die Möglichkeit einer *sukzessiven stabilisierenden Integration*, andererseits kann sie aber auch zum Problem werden, wenn Schüler *dauerhaft ausgegrenzt* werden.

7. Das waldorfspezifische achtjährige *Klassenlehrer-Schülerverhältnis,* das der Lehrerin bzw. dem Lehrer einen außergewöhnlichen pädagogischen Eros abverlangt, kann als haltgebendes und dabei durchaus auch strapazierfähiges Arbeitsbündnis bzw. Vertrauensverhältnis verhaltensschwierige Schüler stützen, und zwar auch gegen Forderungen der Schulkonferenz, diese Schüler von der Schule zu weisen. In den ersten acht Schuljahren ist der Klassenlehrer praktisch die Schule. Die Klassenlehrer-Schüler-Dyade vermag sich hier durchaus, den einzelnen Schüler schützend, gegen die Institution stellen. Die starke Autoritätsposition der Lehrperson, die den Schülern und Schülerinnen kaum Symmetrisierungen des sozialen Anerkennungsverhältnisses und wenig Partizipationsmöglichkeiten an Einschätzungen und Entscheidungen des Klassenlebens erlaubt, kann aber auch von diesen erfahrungsbiographisch als *übermächtig* empfunden werden und zu schülerseitigen Distanznahmen führen.
8. Die Gefahr einer *pädagogischen Hybris* ist in der Waldorfpädagogik strukturell genauso angelegt wie die biographische Chance einer subjektsensiblen Förderung. Fatal wird die starke Position des Klassenlehrers, aber auch anderer späterer Lehrer oder Lehrerinnen dann, wenn infolge unzutreffender anthroposophischer Entwicklungs- bzw. Persönlichkeitsdiagnosen, die wegen ihres quasi-religiösen und essentialistischen Wahrheitsanspruchs nicht als Fehlleistungen erkannt werden, das *Schülerselbst verkannt und degradiert* wird.
9. Die waldorfpädagogische *Leistungskultur* scheint exemplarisch für Tendenzen *reformpädagogischer Nivellierung* von Leistungspotenzialen zu sein. Es herrscht eine starke Orientierung der Professionellen an einer *kompensatorischen Förderung der Leistungsschwächeren bei gleichzeitig geringer Binnendifferenzierung* vor. Kehrseite davon ist, dass Bildungsansprüche leistungsstarker Schüler zurück gewiesen werden. Solche Schülerinnen oder Schüler können sich schnell in einer ‚Streber'position wieder finden, wo sie nicht nur der Stigmatisierung durch Mitschüler, sondern ebenso durch Lehrer ausgesetzt sind. Im positiven Sinne können durch eine solche wenig leistungsorientierte Unterrichtskultur entwicklungsproblematische Belastungen des Schülerselbst durch elterliche Exzellenzerwartungen entspannt, Überfokussierungen auf die schulische Leistungsbewährung verhindert und Freiräume für informelle Lern- und Bildungsprozesse im außerschulischen Raum geschaffen werden.

In diesem Beitrag standen *waldorfpädagogische* Entgrenzungstendenzen, die sich aus ihnen ergebende spezifische Lagerung schulischer (Reform-)Antinomien und die exemplarische Analyse von mit diesem Erfahrungsraum verbundenen Chancen und Risiken für die biographische Entwicklung der Schülerinnen und Schüler im Vordergrund. Es ging also um den Fall der anthroposophischen

Schulkultur als einer Strömung der „klassischen Reformpädagogik“ (zur Gegenüberstellung klassischer und neuer Reformpädagogiken vgl. Göhlich 1998). Waldorfschulen zeichnen sich durch die überaus starke und vergleichsweise über die verschiedenen Einzelschulen hinweg einheitliche Orientierung am höhersymbolischen Sinnentwurf der Anthroposophie und ihrer pädagogischen Implikationen aus. Dies führt in Waldorfschulen *in der Tendenz* dazu, die pädagogische Gemeinschaft zu betonen, die Autorität des Klassenlehrers zu akzentuieren und ihr eine besonders hohe Bedeutung für die Entwicklung der Schüler und Schülerinnen zuzusprechen usw. Meine These ist, dass dies zu einer ganz eigenen Steigerung schulischer Antinomien und biographischer Chancen- und Risikopotenzialen führt, wie ich sie angedeutet habe.[4] Es ist anzunehmen, dass sich in anderen Reformentwürfen und -modellen wie auch in Regelschulen, entsprechend der jeweiligen pädagogisch-programmatischen Sinnquellen, den – besonders im Falle von staatlichen Regelschulen – strukturellen Rahmenvorgaben und den daraus zu konstruierenden konkreten praktischen Gestaltmerkmalen der (Einzel-)Schulkultur andere Ent- bzw. Begrenzungstendenzen ergeben mit dann auch anderen (reform-)antinomischen Lagerungen. Möglicherweise wäre es lohnenswert, entlang allgemeiner schultheoretisch formulierter Entgrenzungsdimensionen (vgl. Fußnote 2) Fallstudien sowohl zu Regel- als auch zu Reformschulkulturen anzufertigen, um dann das Feld von Ent- und Begrenzungen und diesen korrespondierenden antinomischen Konstellationen auszuleuchten.

Literatur

Diederich, J./Tenorth, H.-E. (1997): Theorie der Schule. Ein Studienbuch zu Geschichte, Funktionen und Gestaltung, Berlin

Fend, H. (1980): Theorie der Schule, München u.a.

Giesecke, H. (1995): Wozu ist die Schule da? Die neue Rolle von Eltern und Lehrern, Stuttgart

Göhlich, M. (1998): Neue Reformpädagogiken versus klassische Reformpädagogiken. Gemeinsamkeiten und Unterschiede, Verbindungen und Brüche, in: Rülcker, T./Oelkers, J. (Hrsg.): Politische Reformpädagogik, Bern u.a., S. 85-105

4 Sicherlich muss man berücksichtigen, dass es sich hier um Tendenzen handelt, die einzelschulspezifisch nochmals eine besondere Akzentuierung oder Brechung erhalten. Trotz aller Wirkmächtigkeit der programmatischen Rahmenvorgaben muss wie bei Staatsschulen auch im Falle der Waldorfschule davon ausgegangen werden, dass sich Handlungsspielräume für die einzelschulischen Akteure auftun, die diese dann in eigener kreativer Auseinandersetzung mit dem Programm der Waldorfpädagogik und der Lehre der Anthroposophie ausgestalten, ohne diese natürlich grundsätzlich aus den Angeln heben zu können. Betrachtungen auf der Einzelschule übergeordneten Ebene – etwa „der“ Hauptschul-, „der“ Realschul-, „der“ gymnasialen Schulkultur oder auch „der“ freien Alternativschulkultur – sind also immer Tendenzaussagen, deren Unschärfen empirisch durch Einzelschulstudien zu korrigieren wären. Schulische Ent- und Begrenzungen und (reform-)schulische Antinomien konkretisieren sich immer einzelschulspezifisch.

Helsper, W./Böhme, J./Kramer, R.-T./Lingkost, A. (2001): Schulkultur und Schulmythos. Gymnasien zwischen elitärer Bildung und höherer Volksschule im Transformationsprozess. Rekonstruktionen zur Schulkultur I, Opladen

Hummrich, M./Helsper, W. (2004): „Familie geht zur Schule". Schule als Familienerzieher und die Einschließung der familiären Generationsbeziehung in eine schulische Generationsordnung, in: Ullrich, H./Idel, T.-S./Kunze. K. (Hrsg.): Das Andere Erforschen. Empirische Impulse aus Reform- und Alternativschulen, Wiesbaden, S. 235-248

Idel, T.-S. (2005): Waldorfschulen als Sphären biographischer Entwicklung. Fallstudien zur lebensgeschichtlichen Relevanz anthroposophischer Schulkultur, Diss. Mainz (erscheint Wiesbaden 2006)

Kramer, R.-T. (2002): Schulkultur und Schülerbiographien. Rekonstruktionen zur Schulkultur II, Opladen

Luhmann, N. (2002): Das Erziehungssystem der Gesellschaft. Frankfurt am Main

Luhmann, N./Schorr, K.-E. (1979): Reflexionsprobleme im Erziehungssystem, Frankfurt am Main

Parsons, T. (1968): Die Schulklasse als soziales System. Einige ihrer Funktionen in der amerikanischen Gesellschaft, in: Parsons, T.: Sozialstruktur und Persönlichkeit, Frankfurt am Main, S. 161-193

Tyrell, H. (1985): Gesichtspunkte zur institutionellen Trennung von Familie und Schule, in: Melzer, W. (Hrsg.): Eltern, Schüler, Lehrer, Weinheim und Basel, S. 81-99

Ullrich, H. (1990): Die Reformpädagogik – Modernisierung der Erziehung oder Weg aus der Moderne? In: Zeitschrift für Pädagogik, 36. Jg., S. 893-918

Ullrich, H. (1998): Freie Waldorfschulen, in: Kerbs, D./Reulecke, J. (Hrsg.): Handbuch der deutschen Reformbewegungen, Wuppertal, S. 411-424

Ullrich, H. (2002): Reformpädagogische Schulkultur mit weltanschaulicher Prägung – Pädagogische Prinzipien und Formen der Waldorfschule, in: Hansen-Schaberg, I./Schonig, B.: Basiswissen Pädagogik: reformpädagogische Schulkonzepte, Bd. 6, Waldorfpädagogik, Baltmannsweiler, S. 142-180

Veith, H. (2003): Kompetenzen und Lernkulturen. Zur historischen Rekonstruktion moderner Bildungsleitsemantiken, Münster u.a.

Wernet, A. (2003): Pädagogische Permissivität. Schulische Sozialisation und pädagogisches Handeln jenseits der Professionalisierungsfrage, Opladen

Melanie Fabel-Lamla und Christine Wiezorek

Schulentwicklung im Transformationsprozess – Zum Verhältnis von Biographie und schulischen Reformprozessen

1. Einleitung

Während es in der historischen Bildungsforschung und Schulpädagogik eine lange Tradition hat, Lebensgeschichten und Berufsverläufe von Lehrern zu betrachten, nehmen Schülerbiographien noch immer einen vergleichsweise geringen Stellenwert in der Schulforschung ein. Biographische Studien zu Schülern beziehen sich bisher vor allem auf den Zusammenhang von Lernbiographien im engeren Sinn und pädagogischen Rahmenbedingungen konkreter Einzelschulen oder auf die biographische Entwicklung gymnasialer Schülerklientel (vgl. Helsper 2004a, 2004b). Dabei ist es inzwischen ein unumstrittener Befund fallrekonstruktiver Studien, dass die Schule *umfassend* an der Identitätsentwicklung ihrer Schüler teilhat, also nicht nur auf die Ausbildung spezifischer Fähigkeiten und Fertigkeiten beschränkt bleibt (vgl. Nittel 1992; Kramer 2002; Helsper 2004b; Wiezorek 2005). Auch vorliegende Studien zum Lehrerberuf, die einen dezidiert biographischen Fokus aufweisen, zeigen, wie nachhaltig *vorberufliche* sozialisatorische und schulische Erfahrungskontexte für die Ausgestaltung des Lehrerberufs sind, wie tiefreichend die Lehrerbiographie in familiäre Zusammenhänge und das Herkunftsmilieu verankert und wie eng die Herausbildung professioneller Orientierungs-, Deutungs- und Handlungsmuster sowie beruflicher Identität von Lehrern mit der Entwicklung biographischer Identität verwoben ist. Diese können daher nicht unabhängig von ihrer biographischen Genese verstanden und erklärt werden (vgl. Stelmaszyk 1999; Helsper 2004a; Kunze/Stelmaszyk 2004; Fabel-Lamla 2004).

Bislang liegen nur wenige methodisch überzeugende Studien vor, die den Ansprüchen an eine *qualitativ-rekonstruktive Schüler- bzw. Lehrerbiographieforschung* genügen, d.h. die Einzelfälle zunächst in ihrer Eigenlogik und Sinnstrukturiertheit nach explizierten qualitativen Methoden rekonstruieren, die beruflichen Verläufe bzw. Lern- und Bildungsgeschichten in den Gesamtzusammenhang biographischer Prozesse einrücken und dann anhand von systematischen Fallkontrastierungen zu begründeten Typenbildungen bzw. Theoretisierungen kommen (Stelmaszyk 1999; Helsper 2004a, 2004b). Auch Krüger (1999, S. 22) und Kunze/Stelmaszyk (2004, S. 796) konstatieren, dass Arbeiten mit biographischem Akzent in der Schulpädagogik bislang noch einen geringen Stellenwert haben und die Entwicklung des Forschungsfeldes *Schulpädagogische Biographieforschung* noch am Anfang steht. Für die weitere Entfaltung eines schulpädagogisch relevanten Ansatzes von Biographieforschung wäre es sicherlich gewinnbringend, folgende Fragen und Bereiche zu untersuchen (vgl. auch Reh/Schelle 1999, S. 387; Helsper 2004b, S. 916; Kunze/Stelmaszyk 2004, S. 797):

1. Es wäre näher zu klären, auf welch unterschiedliche Weise die Institution Schule über eine biographieanalytische Perspektive bei Lehrern und Schülern in den Blick kommt und welcher Stellenwert der biographischen Forschung somit für die Schulforschung zukommt. 2. Für Schüler- und Lehrerbiographien stehen vor allem noch Differenzierungen und systematisch vergleichende Studien aus, beispielsweise in Hinblick auf verschiedene Schulformen, auf geschlechtsspezifische Differenzen, auf spezifische Schülergruppen oder auf verschiedene Fachkulturen bei Lehrern. 3. Um zur Bedeutung von institutionellen Bedingungen, von (einzel)schulspezifischen Erfahrungs-, Lern- und Bildungsprozessen sowie von schulisch-interaktiven Prozessen für die biographische (bzw. professionelle) Identitätsentwicklung vordringen und das Verhältnis von Lehrer- bzw. Schülerbiographie und Schule näher klären zu können, wäre es wichtig, Fallstudien an konkreten Einzelschulen durchzuführen, biographische Prozesse von Lehrern und Schülern zu untersuchen und Ergebnisse lehrerbiographischer und schülerbiographischer Forschung aufeinander zu beziehen.

Für den letzten Punkt bieten sich Untersuchungen an *Reformschulen* bzw. von *Schul-Reformprozessen* besonders an, treten doch hier zum einen die schulischen Akteure in den Vordergrund, werden besondere (normative) Ansprüche an eine explizit personale Gestaltung der Lehrer-Schüler-Beziehung, an die Subjektentwicklung der Schüler sowie an ganzheitliches Lernen und an die Erfahrungsqualität und Sinnbestimmung der Schule als Lern- und Lebensraum gestellt (vgl. Ullrich/Idel/Kunze 2004, S. 11). Zum anderen werden eingespielte Alltagsroutinen aufgebrochen, Paradoxien bzw. unaufhebbare Kernprobleme des Lehrerhandelns in ihrer Wirksamkeit bewusst und müssen neue Bearbeitungsstrategien entwickelt und Handlungsmuster erprobt werden, was zu Krisenerfahrungen und biographischen Verstrickungen auf Lehrerseite führen kann (vgl. Schütze u.a. 1996, S. 338). Ferner lassen sich gerade im *ostdeutschen Schulsystem* aufgrund der Dynamik der strukturellen und soziokulturellen Veränderungen zum einen biographische, soziale und gesellschaftliche Wechselwirkungsprozesse sowie Prozesse der biographischen Identitätsentwicklung von Schülern und Lehrern und zum anderen die für schulische Reformprozesse kennzeichnenden Erfahrungen von Uneindeutigkeit und Ungewissheit gewissermaßen wie unter einem Vergrößerungsglas beobachten und besonders ergiebig erforschen.

Ausgehend von Ergebnissen unseren beiden Dissertationen, in denen ostdeutsche Biographien von Schülern bzw. Lehrern im Mittelpunkt stehen, werden wir im Folgenden exemplarisch am *Fall einer reformorientierten Schule in Ostdeutschland* die Perspektive einer Verzahnung von schüler- und lehrerbiographischer Forschung aufnehmen: Christine Wiezorek (2005) ist in ihrer schülerbiographischen Arbeit am Fall dieser ostdeutschen reformorientierten Schule der Frage nachgegangen, welchen Beitrag die Schule zur sozialen Organisation der Biographie leistet. Als ein zentrales Ergebnis kann dabei festgehalten werden, dass sich die biographische Relevanz der Schule für die (ehemaligen) Schüler gerade nicht als die einer einzelnen Schule zeigt. Melanie Fabel-Lamla (2004) hat auf der Grundlage autobiographisch-narrativer Interviews biographische Verläufe und Professionalisierungsprozesse ehemaliger DDR-Lehrer untersucht, darunter auch die Biographie der Schulleiterin Annette Harms an der eben erwähnten Schule, die – 1991 neu an die Schule kommend – im Kontext der Transformation einen Reformprozess initiiert. Die Triangulation von Ergebnissen beider Forschungsarbeiten, die als *Perspektiven-Triangulation an einem Fall* (Flick 2000, S. 316) charakterisiert werden kann, generiert Einsichten, die das Potenzial einer Verschränkung lehrer- und schülerbiographischer Forschungsperspektiven in Bezug auf schulische Entwicklungsprozesse exemplarisch aufzeigen. Dies soll im Folgenden verdeutlicht werden. Zunächst werden wir kurz die bildungspolitische Situation nach 1989/90 in Ostdeutschland und die Rahmenbedingungen des hier im Mittelpunkt stehenden Schulreformprozesses umreißen (2). Aus schulleiter- und schülerbiographischer Perspektive zeigen wir sodann auf, wie zum einen der Schulreformprozess mit der Biographie der Schulleiterin verwoben ist und wie zum anderen Schulreformen wiederum in den Schülerbiographien gebrochen werden (3). Schließen werden wir mit einigen übergreifenden Überlegungen zu Schulreformen im Transformationsprozess und zu Erkenntnispotenzialen einer Verschränkung schulbezogener biographischer Prozesse von Lehrern und Schülern (4).

2. Schule im Transformationsprozess nach 1989/90 zwischen Wandel und Kontinuität

Mit dem Zusammenbruch der DDR 1989 und der staatlichen Wiedervereinigung 1990 begann in Ostdeutschland ein gesellschaftlicher Umbruch- und Neugestaltungsprozess, in welchem das Bildungs- und Schulsystem eine exponierte Stellung einnahm.[1] Die in einem engen Zeitkorridor vorgenommene Transformation des ostdeutschen Schulsystems nach westdeutschem Vorbild führte zu *grundlegenden Veränderungen*, die viele institutionalisierte Routinen, Orientierungen und bisherige Gewissheiten der schulischen Akteure in Frage stellten und entwerteten. Zu nennen sind hier beispielsweise die neuen politischen und rechtlichen Rahmenbedingungen, die Auflösung der Einheitsschule zugunsten konkurrierender Schulformen, neue Lehrpläne, die Abschaffung bzw. Einführung von Schulfächern, die Neuzusammensetzung von Lehrerkollegien und Schulklassen, neue demokratische Bildungs- und Erziehungsaufträge sowie pädagogische Leitlinien. Die ostdeutschen Lehrer sahen sich damit vor die Anforderung gestellt, sich zu den neuen gesellschaftlichen und schulischen Rahmenbedingungen zu positionieren, die institutionellen Umstrukturierungen und die zum Teil von außen herangetragenen pädagogischen Reformansprüche im Schulwesen umzusetzen sowie Bearbeitungsstrategien für die veränderten Herausforderungen zu entwickeln.

Die schulische Transformationsforschung hat gezeigt, dass es trotz der tief greifenden *Veränderungen* und *Umstrukturierungen* – die von den schulischen Akteuren nach einer kurzen Phase der Reformeuphorie vielfach als Verunsicherung und bürokratische Überstülpung erfahren wurden – im Schulwesen durchaus auch *Kontinuitäten* gab. Hier sind nach Tillmann (1996) der stabile Rahmen eines staatlichen Pflichtschulsystems und die personelle Kontinuität zu nennen, die dazu führten, dass etablierte Verfahrensweisen der Institution, pädagogische Routinen und habitualisierte berufliche Handlungsmuster vielfach bestehen blieben. Jedoch sind es letztlich die Akteure an den einzelnen Schulen, die sich handelnd mit den Herausforderungen im Kontext der Transformation auseinandersetzen mussten, und die Schulkulturforschung hat gezeigt, dass sich hier – je nach Akteurskonstellationen, Ressourcen und spezifischen Rahmenbedingungen – durchaus unterschiedliche Varianten schulischer Bearbeitungsmuster und Veränderungsprozesse zwischen Bruch und Kontinuität ausformen können.

Was sind nun die spezifischen lokalen Rahmenbedingungen für die hier im Mittelpunkt stehende Schule in einer thüringischen Stadt im Wende- und Transformationsprozess? Im Herbst 1989 entstehen eine Reihe von lokalen basisde-

1 Vgl. zur Transformation des ostdeutschen Schulsystems Fabel-Lamla (2004, S. 29ff.) und Wiezorek (2005, S. 100ff.).

mokratischen Initiativgruppen, die Kritik an der pädagogischen Praxis der DDR-Schulen artikulieren, Forderungskataloge und Konzepte entwickeln und beratende Funktionen übernehmen und in denen sich auch die zukünftige Schulleiterin Annette Harms engagiert. Parallel beginnen einige Schulen die Arbeit an einem eigenen reformorientierten Schulkonzept, wobei es angesichts neuer landespolitischer Machtkonstellationen letztlich nur zwei Schulen glückt, zum Schuljahresbeginn 1991/92 als Schulversuch zu starten. Im Zuge der Umbildung der bildungspolitischen Strukturen nach den Wahlen im Frühjahr 1990 übernehmen die Protagonisten der lokalen Bildungsreformbewegung Funktionen im Bildungsausschuss der Stadt und im neu entstandenen Schulamt, was gleichsam das Ende der Arbeit der einzelnen Bewegungen und Gruppen signalisiert.

Auch Annette Harms arbeitet ab 1990 für ein Jahr im Schulamt als Stellvertreterin des Leiters. Hier ist sie am Umbau des lokalen Schulwesens zum Schuljahresbeginn 1991/92 beteiligt: Aus den 25 bisher existierenden allgemein bildenden Schulen, einer Erweiterten Oberschule, einer naturwissenschaftlichen Spezialschule und den vier Sonderschulen der Stadt entstehen 14 Grundschulen, acht Regelschulen[2], acht Gymnasien, die beiden Versuchsschulen sowie eine weitere freie Schule. Die Sonderschulen werden zu Förderschulen umgewandelt. Ihr zukünftiger Schüler Michael Wagner wechselt zu diesem Zeitpunkt von der 4. Klasse einer POS in die 5. Klasse eines Gymnasiums, das gerade aus seiner ‚alten' Schule entstanden ist.[3]

Ferner ist Annette Harms an der Aufarbeitung alter Aktenbestände und vor allem an der Überprüfung der persönlichen und fachlichen Eignung der Lehrer in Thüringen beteiligt, die ihr insgesamt nicht weit genug geht. Dies zeigt ein Artikel von ihr und dem Schulamtsleiter in der lokalen Presse, in welchem sie die mangelnde Bereitschaft der ehemaligen DDR-Lehrer anprangern, Rechenschaft über die eigene Vergangenheit abzulegen:

> „Wo sind die Lehrer, die sich dazu bekennen, entgegen anders lautenden offiziellen Beteuerungen die Bildungschancen christlicher Kinder (...) eingeschränkt zu haben; (...) die es als unwürdig bezeichneten, wenn ein Pionier zur Christenlehre geht; (...) die Schüler (ohne ihre gesetzlichen Vertreter) tribunalartig bearbeitet haben, weil sie nicht Offizier werden wollten oder die Teilnahme am Wehrlager verweigerten; die bereitwillig oder aus Angst Kollegen, die einen Ausreiseantrag gestellt haben, als Verräter bezeichneten (...)?"

---

2 Die *Regelschule* in Thüringen ist eine Schulform der Sekundarstufe I, die den Realschul- und den Hauptschulbildungsgang in sich vereint.

3 In der eigenen Deutung seiner schulischen Erfahrungen markiert dieser Wechsel für Michael Wagner den Beginn schulischer Leidenserfahrungen. In der Rekonstruktion der Schulbiographie zeigt sich aber, dass nicht dieser Wechsel an sich zu den schulischen Leidenserfahrungen führt, sondern dass die Destabilisierung seiner Person stärker aus einer Koinzidenz des Zerfalls seiner Familie durch die Scheidung der Eltern und der gesellschaftlich-schulischen Umstrukturierung herrühren (Wiezorek 2005, S. 133f., S. 155ff.).

Zum Schuljahr 1991/1992 tritt Annette Harms eine Stelle als Schulleiterin an einer Regelschule an. Im Vorfeld nimmt sie Einfluss auf die Zusammensetzung der Lehrerschaft und versucht, reformorientierte und engagierte Kräfte an dieser Schule zu versammeln. Inwieweit strukturiert nun die Biographie der Schulleiterin den Schulentwicklungsprozess, wie gestaltet Annette Harms die Umstrukturierungen und Reformprozesse an ihrer Schule und an welche biographischen Ressourcen knüpft sie dabei an?

3. Schulbezogene biographische Prozesse von Schulleiterin und Schülern

3.1 Biographische Verwobenheit der Schulleiterin mit dem Schulreformprozess

3.1.1 Zur Rekonstruktion von Professionalisierungspfaden ostdeutscher Lehrer

In der Dissertation von Melanie Fabel-Lamla geht es um die Frage, wie sich ostdeutsche Lehrer lebensgeschichtlich und beruflich zu den neuen gesellschaftlichen und schulischen Rahmenbedingungen im Transformationsprozess nach 1989/90 positionieren und welche Anknüpfungspotenziale sie mitbringen, um mit neuartigen pädagogischen Herausforderungen an Schule und Lehrerhandeln professionell umzugehen. Ausgehend von einem Professionalitätsverständnis, welches Professionalisierung im Lehrerberuf als prinzipiell unabgeschlossenen Qualifizierungs-, Bildungs- und Lernprozess und als *berufsbiographisches Entwicklungsproblem* (Terhart 1995, S. 238) sieht, wird anhand der Rekonstruktion von ostdeutschen Lehrerbiographien aufgezeigt, dass die sozialisatorischen Erfahrungskontexte, die Sinnzusammenhänge des Herkunftsmilieus und die biographischen Ressourcen, Dispositionen und Prozesse für die Herausbildung professioneller Orientierungs-, Deutungs- und Handlungsmuster bedeutsam und berufsbiographische Verläufe daher im Gesamtzusammenhang der Biographie zu verstehen sind. Diese fallspezifischen biographischen und professionellen Erfahrungs- und Lernprozesse lassen sich zu *Professionalisierungspfaden* verdichten, die aus dem Ineinandergreifen und der Wechselseitigkeit von biographischen Ausgangskonstellationen, der Aufschichtung von (beruflichen) Erfahrungs- und Handlungskapazitäten, den professionellen Anforderungsstrukturen des Lehrerberufs sowie übergreifenden gesellschaftlichen Rahmungen und Wandlungsprozessen resultieren.

3.1.2 Biographisches Kurzporträt von Annette Harms[4]

Annette Harms, geboren 1955, wächst in einer Familie auf, die durch Einbindung in das katholische Milieu, Innenzentrierung und die beruflichen Selbstverwirklichungsansprüche des Vaters gekennzeichnet ist. Der Minderheitenstatus als Katholikin in der DDR generiert eine eher sperrige Haltung gegenüber dem Regime, Resistenzpotenziale gegenüber politisch-ideologischen Zumutungen und eine wache Sensibilität für gesellschaftliche und politische Konstellationen. Aus ihrer Entscheidung für den Lehrerberuf resultiert eine *biographische Vereinbarungsproblematik* zwischen ihrer Distanz gegenüber dem Regime als Katholikin und den staatlichen Loyalitätsanforderungen an sie als Lehrerin. So erfordern ihre Haltung der ‚Selbst-Bewahrung' und ihr Anspruch, ihre Schüler vor erziehungsstaatlichen Übergriffen zu schützen, ein ständiges Austarieren von ihren christlich geprägten, pädagogischen und berufsethischen Wertorientierungen und den politisch-ideologischen Anforderungen, die an sie als Lehrerin gestellt werden.

Bei der Bearbeitung der *hohen Balancierungs- und Reflexionsanforderungen* kann Annette Harms zum einen auf das Vorbild ihres Vaters zurückgreifen, der ihr die Vereinbarungsproblematik von Christentum, beruflichen Ambitionen und politischen Loyalitätsanforderungen im DDR-System vorgelebt hat. Zum anderen wird Annette Harms während ihrer Absolventenphase in einer abgelegenen katholisch-ländlich geprägten Region in Taktiken und Strategien der Verweigerung, des Unterlaufens und des Umgehens von politisch-ideologischen Anforderungen einsozialisiert und erfährt die Bedeutung inoffizieller Absprachen, die dort von systemdistanzierten Kollegen und Eltern praktiziert werden. Als Lehrerin kann sie an diese Strategien anknüpfen, sie betreibt eine umsichtige Vertrauens- und Milieuarbeit, sucht nach gleichgesinnten Kollegen, testet die Grenzen ihrer Handlungsmöglichkeiten aus und versucht, ihre pädagogischen Gestaltungsspielräume zu erweitern und sich auch bestimmten politisch-ideologischen Zumutungen zu verweigern. Ihr Engagement im Lehrerberuf und die ständige Bewährungsdynamik, in der sie als Katholikin im DDR-Schulsystem steht, binden Frau Harms dabei stark, für eine Familiengründung bleibt kein Raum.

Mit dem Zusammenbruch der DDR und dem Systemwechsel erweist sich nun die Distanz gegenüber dem DDR-System als Zeichen moralischer Integrität und sichert die Anschlussfähigkeit an die gesellschaftlichen Neuordnungsprozesse. Die sich wandelnden gesellschaftlichen Bedingungen eröffnen Frau Harms neue Handlungsmöglichkeiten und setzen aufgestaute Kreativitäts- und Gestaltungs-

4 Die ausführliche Darstellung des Falls „Annette Harms" findet sich in Fabel-Lamla (2004, S. 232-277).

potenziale frei, die ihrer (Berufs-)Biographie nach der Wende eine neue Dynamik verleihen. Ihr Professionalisierungspfad ist durch die Kontinuierung (berufs-)biographisch erworbener Balancierungskompetenzen und pädagogischer Autonomie gekennzeichnet und untrennbar mit der Initiierung, Gestaltung und Steuerung des Schulentwicklungsprozesses verbunden. Exemplarisch zeigt dieser Fall auf, dass und auf welche Weise zum einen die Biographien der Akteure eine große Rolle in Reformprozessen spielen und zum anderen vice versa schulische Reformkontexte biographische Bedeutsamkeit erlangen können. Die im Fall Annette Harms über die Biographie generierten Gestaltungspotenziale, aber auch Fehlertendenzen und Gefahren im Schulreformprozess werden im Folgenden kurz umrissen.

3.1.3 Kennzeichen und Potenziale des Schulreformprozesses in biographischer Perspektive

(1) Die Schulleiterin als ‚Verkörperung' und Garantin eines Neubeginns
Im Kontext einer kollektiven Erfahrungskrise tritt Frau Harms die Stelle als Schulleiterin mit einer pädagogischen Vision und einem Bearbeitungs- und ‚Lösungs-'Konzept an, welches sie selbst als Collage *„aus den eigenen Erfahrungen, aus den Wünschen, aus den Träumen, aus dem, was man gelesen hat, wo andere gute Erfahrungen hatten"* bezeichnet. Aufgrund ihrer politisch-moralischen ‚Unversehrtheit' eignet sie sich als charismatische Integrations-, Führungs- und Symbolfigur für einen Neuanfang und wird zum Kristallisationspunkt der Schulreform. Indem sie mit zwei Kollegen als Initiativgruppe an der Schule antritt, versucht sie jedoch der Gefahr zu entgehen, zu einer „elitären Alleingestalterin" (Schütze 2004, S. 2) zu werden.

(2) Reflexive Gestaltung des Schulreformprozesses
Frau Harms zeigt eine besondere Sensibilität für die Prozessgestalt, sequentielle Entfaltungslogik und Pfadabhängigkeit der Schulentwicklung, die sie als einen *offenen und spiralförmigen Prozess* versteht, der immer wieder neue Probleme und Herausforderungen hervorbringt, die kreativ bearbeitet werden müssen. Dabei gibt Annette Harms *Entwicklungsaufgaben* vor, der Reformprozess beginnt kleinschrittig von den unteren Klassen aus und erst nach erfolgreicher Erprobung und Konsolidierung folgt die Übertragung auf andere Jahrgänge. Deutlich betont Frau Harms die Gefahr, sich vom Reformeifer und den vielen Ideen, die sie und ihre Kollegen noch haben, mitreißen zu lassen und sich damit zu überfordern, und verweist auf notwendige Selbstbegrenzungen. Sie übernimmt in diesem Prozess die Rolle einer *„Reflexions-Professionellen"* (Helsper 2000, S. 53), die günstige Rahmenbedingungen für gemeinsame Lernprozesse

schafft, als Beratungsinstanz fungiert, die Gestaltung und Steuerung der Reformprozesse moderiert sowie verschiedene Räume institutionalisiert, die der Selbst- sowie der Prozessreflexion der Schulentwicklung dienen. Auch die Arbeit von Frau Harms und ihrem Kollegium an einem *Schulkonzept* stellt neben der Außenpräsentation eine wichtige Form der reflexiven Selbstvergewisserung über die pädagogischen Wege und Ziele an der Schule dar. Eine wissenschaftliche Begleitung des Schulentwicklungsprozesses wird im Rahmen einer *Kooperationsbeziehung* mit einer Universität gesichert, welche auch die Basis für den 1997 genehmigten Schulversuch bildet.

(3) Produktiver Widerstand gegenüber der Bürokratie
Bei der Durchsetzung von Reformschritten knüpft Annette Harms an ihre in der DDR ausgebildeten Handlungsmuster der Abgrenzung gegenüber staatlichen Konformitätserwartungen an. Sie testet die Grenzen für eigene Entscheidungen aus und tritt der Administration ‚auf gleicher Augenhöhe' entgegen und mit einem selbstbewusst vorgetragenen Anspruch auf professionelle Zuständigkeit auf:

> „ja wir ham dann zwar im Kultus angefragt, ob wir's dürfen, wie gesagt, aber als wir keine Antwort kriegten, ham wir's dann auch gemacht (I: mhm) und warn da also nich so ängstlich. Ich denke, also wir wussten, was wir wollten. [...] Als dann die Gesetze kamen, ham die uns an manchen Stellen wieder eingeengt. Und deswegen ham wir dann gleich äh (.) auch sagen müssen, also wir möchten das natürlich dann nich so machen. Und das is eigentlich die Konsequenz, dass wir jetzt Schulversuch sind, weil wir eben wirklich unsern Weg weitergegangen sind (I: mhm) ne. Und der is, läuft mit diesen Gesetzen nich unbedingt immer konform. ((lacht kurz))".

(4) Einsicht in Balancierungsanforderungen im Schulentwicklungsprozess
Für die Konsolidierung des Schulentwicklungsprozesses stellt sich für Annette Harms die Anforderung, die tendenziell von ihr ‚verordnete' Schulreform zugunsten eines gemeinsam vom Kollegium getragenen Gestaltungsprozesses zurückzunehmen, ihre Kollegen in die Reformarbeit zu integrieren, deren Eigenkräfte und Eigenverantwortung zu stärken und eine vertrauensvolle Interaktions- und Arbeitskultur aufzubauen. Aufgrund ihrer Erfahrungen der Milieu- und Beziehungsarbeit in der DDR bringt sie hierfür Fähigkeiten und Balancierungskompetenzen mit, um Gefahren wie das Übergehen der Kollegen zu minimieren. Im Einräumen ihrer Ungeduld und Enttäuschungsanfälligkeit, wenn nicht gleich alles so funktioniert, wie sie sich das vorgestellt hat, zeigt sich ihre Einsicht in Probleme, die mit durch die Schulleitung initiierten Reformen verbunden sein können.

(5) Eigene Problemlösungskonzepte und Zuständigkeitsklärung
Annette Harms knüpft bei der Reform des Unterrichts u.a. an den „Marchtaler Plan" an, ein pädagogisches Konzept, das an katholischen Freien Schulen entwickelt wurde. Doch kopiert sie Reformansätze nicht, sondern begegnet den ostspezifischen pädagogischen Herausforderungen mit *eigenen* Problemlösungen und Konzepten. Dabei zeigen sich die professionellen Bearbeitungskapazitäten von Frau Harms in einer *sensiblen Wahrnehmungseinstellung* gegenüber gesellschaftlichen Veränderungsprozessen, in der Ausrichtung des pädagogisches Handelns an den Bedürfnissen und soziokulturell bedingten Benachteiligungen der *eigenen Schülerklientel* und in der Zusammenarbeit mit anderen Professionellen, sozialen Institutionen und den Eltern.

3.1.4 Fallstricke, Blindstellen und Fehlertendenzen des Schulreformprozesses in biographischer Perspektive

(1) Mangelnde Perspektivenübernahme und Überforderung der Kollegen
Annette Harms stellt hohe Anforderungen an die Leistungs- und Einsatzbereitschaft der Kollegen, die Mehrbelastungen auf sich nehmen und an ‚freiwillig' deklarierten Fortbildungen und Zusatzterminen auch in den Ferien und am Wochenende teilnehmen müssen. Als ein Ausweg bleibt nur das Verlassen der Schule, wie dies eine junge Kollegin mit Kind getan hat. Diese habe gesagt, *„dass sie diesen diesen Erwartungen, die wir haben, einfach nich gerecht werden kann. Und das find ich okay. Und wir ham aber auch en sehr guten Ersatz für sie gleich bekommen gehabt"*. Die ‚mühlose' Ersetzung und Austauschbarkeit der Kollegin verweist darauf, dass Frau Harms – angesichts des Stellenwertes, den das Schulprojekt in ihrer Lebens- und Berufspraxis eingenommen hat – Gefahr läuft, *ihr* Engagement, Innovationspotenzial und Tempo als *Meßlatte* anzulegen und die Bedürfnisse und Kapazitäten ihrer Kollegen unter das *Primat* des Schulentwicklungsprozesses zu stellen.

(2) Tendenz zur Harmonisierung und Gefahren einer ‚Anstaltsideologie'
Die *‚Wir-Perspektive'* im obigen Zitat vermittelt ein *harmonisierendes* Bild eines Reformprozesses, der von allen gemeinschaftlich getragen wird und konfliktarm verläuft. Nach innen erhöht diese Anstaltsideologie einer Reformbewegung von Gleichgesinnten und Gleichberechtigten den Erwartungs-, Verpflichtungs- und Homogenisierungsdruck auf die Kollegen und verschleiert die zentrale Position der Schulleiterin als pädagogische Visionärin, die die Leitlinien und Richtung vorgibt. So drohen Aushandlungs- und Abstimmungsprozesse angesichts der scheinbaren Homogenität der Interessenlage unnötig zu werden.

Ein weiterer Aspekt der Harmonisierung zeigt sich im *Gründungsmythos* des Reformprozesses an dieser Schule. Es ist die Bewährung des ersten Jahrgangsteams für die 5. Klassen, der diese integrative und legitimatorische Funktion zukommt. Dabei handelt es sich um den ersten Reformschritt, den die Schulleiterin bei Antritt ihrer Stelle sofort initiiert. Dass gerade das Jahrgangsteam mit den Disziplinproblemen, die u.a. aus der Neuverteilung der Schüler zum Schuljahresbeginn 1991 resultieren, am besten zurecht gekommen und mit der beruflichen Situation trotz erhöhter Belastung zufriedener als die Lehrer der anderen Jahrgänge gewesen sei, die Entwicklungsaufgabe also erfolgreich bewältigt habe, wird im Schulgedächtnis mythisch überhöht und als konstitutiv für die Durchsetzung des Teammodells, die Integration von zunächst skeptischen Kollegen und die weitere Reformarbeit an der Schule angesehen.

(3) Die Reform als ‚geschichtsloser' Neubeginn: Fehlende Auseinanderssetzung mit der DDR

Reformen, die stets auf Verbesserung des Bestehenden zielen sollen, bedürfen der Legitimierung nach innen und außen, die beispielsweise in Schulkonzepten bzw. -programmen ihren Ort findet. Im Schulkonzept der Schule von 1996 zeigt sich jedoch – trotz des oben aufgezeigten Anspruchs der Schulleiterin –, dass nicht die Auseinandersetzung mit der DDR-Schule und Defiziten der damaligen Erziehungspraxis die *Legitimationsbasis* für das Schulkonzept und damit die Folie bieten, auf der etwas pädagogisch ‚Anderes' begründet und erarbeitet wird, sondern ein Zustand der Anomie nach 1989/90. So heißt es im ersten Satz des Vorwortes: *„Die Erfahrungen von Lehrern, Eltern und Schülern in der Wende- und Nachwendezeit machen deutlich, dass ein Schwerpunkt von Schule neben der Wissensvermittlung die Erziehung sein muss."* Angesichts dieser Ausklammerung der DDR-Schule aus dem Reformdiskurs und des Versuchs, einen Bruch und Neubeginn ohne historische Auseinandersetzung zu konstituieren, stellt sich die Frage, inwieweit sich die Reformakteure nicht über alte Strukturen und Habitualisierungen der DDR-Zeit hinweg täuschen und sich Kontinuitäten und das Fortwirken bestimmter Mentalitäten, Routinen und Handlungsmuster in der Lehrer-Schüler-Beziehung und auf der Ebene der pädagogischen Praxis zeigen?

3.2 Zur Brechung von Schulreformprozessen in Schülerbiographien

3.2.1 Zur biographischen Relevanz der Schule

Am Fall der reformorientierten Schule, die Annette Harms leitet, ist Christine Wiezorek nun der Frage nachgegangen, welchen Beitrag die Schule zur Gestaltung von Schülerbiographien leistet. Daraus resultierte ein Forschungszugang über biographische Interviews mit Jugendlichen, die zu den ersten Jahrgängen gehörten, die ihre Schulzeit an dieser Schule nach der Initiierung der Schulreform verbrachten und die diese zum Interviewzeitpunkt dort auch bereits beendet hatten. Auffallend war hierbei, dass in den Interviews das Schulprofil keine bzw. nur eine marginale Rolle spielte. Stattdessen waren die Schulerfahrungen der Jugendlichen fast ausschließlich vom Besuch mehrerer Schulen und unterschiedlicher Schulformen geprägt, die dann in den Interviews gegenübergestellt und aufeinander bezogen wurden. Das, wovon die Jugendlichen sprachen, bezog sich *allgemeiner* auf Schule als (ehemaliger) Teil ihrer Lebenswelt; die schulische Sozialisation verlief eng verwoben mit familialer und Peer-Sozialisation. In den von den konkreten Einzelschulen abstrahierten eigentheoretischen Entwürfen erscheint die Schule insgesamt als *gesellschaftliche Sozialisationsinstanz*: Sie wird als *staatliche Pflichtschule* thematisiert, die in ihrer *vergesellschaftenden* Funktion biographisch relevant geworden ist (Wiezorek 2005). Auf welche Weise sie dies tut, soll im Folgenden kurz angerissen werden, um dann zur Frage, wie Schulreformprozesse in Schülerbiographien gebrochen werden, zurückzukehren.

3.2.2 Der Beitrag der Schule zur Gestaltung der Biographie

In den einzelnen Fallrekonstruktionen zeigt sich, dass sich die schulbiographischen Thematisierungen der Schüler alle auf *Anerkennungsproblematiken* beziehen: In einem Fall ist es die dominierende Erfahrung der Abhängigkeit der Wertschätzung der ganzen Person des Schülers von seiner in der Rolle des Schülers erbrachten Leistung. Ein anderer Jugendlicher erfährt über verschiedene Formen von Anerkennung und Missbilligung, inwieweit er das Funktionieren gesellschaftlicher Ordnung und damit auch gesellschaftliche Verhaltenserwartungen begriffen hat. Schließlich macht ein weiterer die Erfahrung, dass ihm hinsichtlich seiner Zugehörigkeit zu einer Familie aus dem bildungsfernen Arbeitermilieu und im Hinblick auf seine subjektiven Lernproblematiken, die stärker konkretes gegenstandsbezogenes Lernen und körperliche Tätigkeit als geistige Arbeit akzentuierten, Anerkennung in Form von Akzeptanz und der Zuerkennung von Rechten vorenthalten wird. Über den „institutionelle(n) Gesamtzusammenhang

Schule" (Tillmann 1995, S. 181) werden also Anerkennungsproblematiken generiert, über deren Bewältigung sich die Identitätsentwicklung vollzieht.

Dass Anerkennungsproblematiken das schulbiographisch Relevante sind, verweist zentral auf die intersubjektive Dimension der Schule, d.h. auf den grundlegenden Umstand, dass in der Schule Menschen mit Menschen interagieren und Beziehungen eingehen. Die institutionellen einzelschulischen Rahmungen wie das reformorientierte Schulkonzept der betreffenden Schule erscheinen hier als strukturelle Arrangements, die Beziehungen und Interaktionen zwischen dem Schüler und dem Lehrer bzw. den Schülern untereinander spezifisch rahmen, nicht aber an sich grundlegend determinieren. Diese Einsicht erscheint in Bezug auf die pädagogische Grundannahme, dass reformerische Arrangements sich auf die Educanden unmittelbar auswirken, als ein irritierender Befund. Die Frage der ‚Wirkung' von Schulreform wird zu einer Anfrage an die Empirie.[5] Der Blick auf die Schülerbiographie kann dabei verdeutlichen, dass diese Frage letztlich auch Reformbemühungen an sich zur Disposition stellt: Inwiefern werden die mit der Reform intendierten pädagogischen Bemühungen als ‚gute Praxis' wahrgenommen oder erscheinen die Reformbemühungen lediglich als formal abstrakte Arrangements schulischer Organisation?

3.2.3 Zur Brechung von Schulreformprozessen in der Schülerbiographie – Das Beispiel Jahrgangsteam

Im Kontext der Thematisierung seiner *„wichtigsten Schulerfahrung"* nimmt Michael Wagner, der in seiner Schulzeit vom ersten Jahrgangsteam der Schule betreut wird, auch auf das reformpädagogische Konzept der Schule Bezug. Seine Schulbiographie ist insgesamt durch eine heteronome Entwicklung geprägt: Familiale Destabilisierungserfahrungen – die Trennung und Scheidung der Eltern, die mit dem gesellschaftlichen Veränderungsprozess zusammenfallen, der Verlust des Vaters sowie eine hohe familiale Leistungsorientierung – werden hier über schulische Versagenserfahrungen verlängert und in eine biographische Verlaufskurve überführt.[6]

Zunächst macht Michael Wagner die Erfahrung der Abhängigkeit der Wertschätzung seiner ganzen Person von seiner in der Rolle des Schülers erbrachten Leistung am neu gegründeten Gymnasium über die desinteressierte, aber bei schlechten Leistungen tadelnde Haltung der Lehrer ihm gegenüber. Doch auch

---

5 Eine Absolventenforschung zu Reform- und Alternativschulen ist noch wenig etabliert, nur wenige Studien liegen hierzu vor (Kleinespel 1990; Köhler 1997; Maas 2003).

6 Die ausführliche Falldarstellung zu „Michael Wagner" findet sich in Wiezorek (2005, S. 131-175).

an der reformorientierten Regelschule, an die er zum 8. Schuljahr wechselt, bestätigt sich diese Erfahrung. Hier ist es allerdings weniger die Ignoranz der Lehrer dem Schüler gegenüber als vielmehr eine sich bei Konflikten offenbarende Haltung des *Nicht-ernst-genommen-Werdens* und der *Geringschätzung* der Lehrer, die gerade durch den Zusammenschluss der Lehrer zu einem Jahrgangsteam befördert wird. Dabei scheint das Jahrgangsteam der Lehrer an der Regelschule im Vergleich zur ignoranten Haltung der Lehrer am Gymnasium zumindest eine vertrautere Atmosphäre zu gewährleisten:

Mm: in der Schule mit dem mit dem Team und es is es is is einfach es ist een bisschen besser ich meene da kommt een bisschen die Familie die fämiliäre ehm das familiäre een bisschen rüber
I: hm
Mm: aber nur ganz bisschen

Die Einschränkung *„aber nur ganz bisschen"* zeigt dabei die Ambivalenz an, in der Michael Wagner das Jahrgangsteam sieht. Denn im Hinblick auf den unmittelbaren Umgang zwischen Lehrern und Schülern erscheint die Einführung nur bedingt als eine *„gute Idee"*:

Mm: wobei ich aber sagen muss da oben ist eigentlich natürlich ne gute Idee mit dem Team aber nur so lange bis ma mit keinem Ärger hat von den fünf Mann

Im Falle des Konfliktes ist die Sicht auf das Jahrgangsteam aus der Schülerperspektive problematisch:

Mm: sobald nämlich also es war dort oben immer mal sobald nämlich einer sobald ma nämlich mit einem wirklich 'n bisschen so im Klinch gelegen hat das war nicht gut denn dann hat mans 'ne Stunde später dem Klassenlehrer äh off'm Tisch gehabt weil es wurde natürlich glei in der Pause diskutiert dann wurde sich wurde sich extrem echauffiert über die Schüler

Die enge Kooperation der Lehrer eines Teams führt zur unmittelbaren ‚Einschaltung' des Klassenlehrers sowie dazu, dass die Lehrer im Team die in der Interaktion mit Schülern aufgetretenen Konflikte zum Anlass zu nehmen, sich über diese kollektiv ‚auszulassen'.

Es ist so nicht (mehr) der einzelne Lehrer, mit dem ein Schüler sich im Konfliktfall auseinandersetzen muss. Zudem wird der Verbündung der Lehrer im Fall des Konfliktes nicht in Bezug darauf Bedeutung beigemessen, den Konflikt zu verstehen und zu moderieren, sondern in Hinsicht darauf, dass eine gemeinsame Reaktion gegenüber dem Schüler erfolgt. Diese ist mit der *Geringschätzung der Person des Schülers* verbunden: Kontrollverschärfung über den Einbezug des Klassenlehrers und sich *„echauffier(en)"*. Hierin kommt zum Ausdruck, dass die

Wertschätzung des Schüler durch die Lehrer abhängig von der ‚Folgsamkeit' des Schülers gesehen wird, und dies wiederum verweist auf eine ganz bestimmte Sicht auf das Beziehungsmuster zwischen Schüler und Lehrer durch die Lehrer: Dieses beruht hier offensichtlich auf einem Verständnis von generativer Differenz zwischen Erwachsenen und Kind, nach der das Kind zwar durch den Erwachsenen, nicht aber der Erwachsene durch das Kind hinterfragt werden kann. Mit Honneth lässt sich ein solches Beziehungsmuster als ein traditionales Rechtsverhältnis fassen, durch das die Anerkennung als eigenständige Person mit Rechten und Verpflichtungen „in gewisser Weise noch mit der sozialen Wertschätzung verschmolzen wird, die dem einzelnen Gesellschaftsmitglied in seinem gesellschaftlichen Status" (Honneth 1998, S. 179) als Kind oder Erwachsener entgegengebracht wird. Die mit Rechten und Pflichten einhergehende Rollenförmigkeit der Schüler-Lehrer-Beziehung, die gerade auf die funktionale Begrenzung der Statusdifferenz zwischen Kind und Erwachsenen zielt, wird hier durch die Lehrer aufgebrochen; un-*„eigentlich"* erscheint der Zusammenschluss der Lehrer zu einem Jahrgangsteam hier als ein Mittel der Stärkung ihrer Kontrollfähigkeit und ihrer Überlegenheit gegenüber den Schülern. Interessant ist daran, dass Michael Wagner hier darauf hinweist, dass es für ihn die staatsaffine DDR-Sozialisation seiner Lehrer ist, aus der diese Art des Umgangs mit Schülerkonflikten herrührt:

Mm: ich meine ich will das nich nich in Verbindung bringen dass sie sich aufregen mit weil weil sie och rot war´n ich sag wie's allgemein gesagt wird ((lacht kurz))
I: hm
Mm: ich wills irgendwie ausdrücken ((lacht kurz)) () ich will´s nicht in Verbindung bringen aber äh aber ´n gewissen Zusammenhang hat´s vielleicht doch

Denn Michael Wagner erfährt vor allem Lehrer, die im Schulsystem der DDR Funktionsträger waren, als diejenigen, die *„sich 'm Schüler gegenüber ich will nich sagen jetzt ‚rausnehmen'"*. Ein Teil der Lehrer steht den gesellschaftlichen Transformations- und Modernisierungsprozessen, die durch die Umbruchsituation herbeigeführt wurden und die auch mit einer Verrechtlichung der Situation von Kindern und Heranwachsenden einherging, offenbar ignorierend, auf dem ‚Alten' beharrend gegenüber. Der Schüler erfährt dies als *Geringschätzung*, als *verfehlte Zuerkennung von Rechten,* von *„Respekt"*. So erwähnt Michael Wagner im Zuge seiner Ausführungen zum Jahrgangsteam zwei Lehrerinnen, die im DDR-Schulsystem herausgehobene Positionen als Direktorin und Staatsbürgerkundelehrerin besetzten. Die eine Lehrerin habe auf ein bestimmtes Verhalten der Schüler mit folgenden Ausspruch reagiert: *„‚vor sechs Jahren hätt's das nicht gegeben' (...) ja und da war ja auch eindeutig gemeint gewesen vor 6 Jahren hättet ihr die Lehrer nicht so angepöbelt und das war nämlich noch DDR-*

Zeit", während die andere den Schüler *„anschrei(t) wenn ich 'n Hefter vergessen hab"*. Lehrer wie diese seien es nach ihm vor allem, die sich über die Schüler *„echauffier(en)"*.

Während sich nach Frau Harms nun der Umstand, dass gerade das erste Jahrgangsteam mit den Disziplinproblemen in der Nachwendephase am besten zurecht kam, als entscheidend für die Durchsetzung des Reformprojektes an der Schule erwies, verweisen die Äußerungen von Michael Wagner darauf, dass aus Schülerperspektive dieser Reformschritt anders erfahren wird. So thematisiert er, dass über die Ausgestaltung der Jahrgangsteams als Instanz verbesserter Kontrollmöglichkeiten gerade Missachtungserfahrungen generiert werden, die für ihn letztlich an schulische Erleidenserfahrungen aus anderen schulkulturellen Kontexten anschließen und diese bestärken. Das, was in Bezug auf die Einzelschule als biographisch relevant thematisiert wird, ist der unmittelbare Umgang der Lehrer mit dem Schüler, der hier von der Verwobenheit des ostdeutschen Transformationsprozesses mit der Schulreform und der Beharrung auf alten Haltungen gegenüber dem Schüler trotz struktureller Reformschritte geprägt ist.

4. Schlussbetrachtung

Der Transformationsprozess in Ostdeutschland nach 1989/1990 bot angesichts einer kollektiven Erfahrungskrise, der tief greifenden Umstrukturierungen sowie des öffentlichen Drucks auf die Schulen Rahmenbedingungen, die durchaus und in unterschiedlicher Weise Anstöße für pädagogische Reformprozesse gegeben haben. Dies zeigt sich nicht zuletzt in der breiten Wiederbelebung reformpädagogischer Traditionen in den neuen Bundesländern bzw. in der Übertragung alternativer Schulmodelle. Angesichts unterschiedlicher Rahmenbedingungen sowie differenter (berufs-)biographischer Vorerfahrungen der schulischen Akteure ist dabei kaum von einheitlichen biographischen Erlebensmustern sowie Bearbeitungsstrategien der komplexen Herausforderungen von Schulreformprozessen im Kontext der Transformation auszugehen. In unserem vorgestellten Fallbeispiel führt die Überlagerung verschiedener soziokultureller, institutioneller, lokaler Wandlungs- sowie biographischer Prozesse zu einer *Potenzierung* genereller Schwierigkeiten und Paradoxien in Schulreformprozessen. So konnten wir zeigen, dass sich der initiierte Reformprozess an dieser Schule im Spannungsfeld von Anspruch auf Aufarbeitung der Systemverwobenheit der DDR-Lehrerschaft auf Seiten der Schulleiterin einerseits und Ausklammerung der DDR-Schule und Erfahrungen andererseits bewegt, also in der für Reformkontexte charakteristischen *widersprüchlichen Anforderungskonstellation von Neubeginn und Kontinuitäten*. Die Ambivalenzen dieses praktizierten Versuchs, ‚unhistorisch' neu zu beginnen, kommen über die Perspektiven-Triangulation in den Blick: Einerseits kann aus schulleiterbiographischer Perspektive der Versuch bzw. auch die Kunst, einen Schnitt zu setzen und Reformen als ‚geschichtslosen' Neubeginn zu praktizieren, als situationsgerechte und stabilisierende Handlungsstrategie gelesen werden, mit der den vielfältigen Anforderungen und Schwierigkeiten im Schulreform- und Transformationsprozess zunächst entlastet begegnet werden kann. Andererseits wird gerade aus schülerbiographischer Perspektive die Gefährdung des Reformprozesses deutlich: Mit dem ‚geschichtslosen' Neubeginn geht eine *Tradierung* eines Anerkennungsverhältnisses zwischen Schüler und Lehrer seitens einiger Lehrer einher, das auf elementare soziale Schematisierungen der DDR-Gesellschaft verweist. Hier wird die Statusdifferenz zwischen Kind und Erwachsenen gerade nicht über die Rollenförmigkeit der Beziehung begrenzt, sondern festgefroren, wodurch schließlich Missachtungserfahrungen auf Seiten des Schülers generiert werden. Dieser Befund verweist wiederum auf die generelle *Gefahr* von Schulreformprozessen, dass bei der Implementierung von Reformen hinter den neuen pädagogischen Sinnentwürfen, den Intentionen der Reformakteure und der Legitimierungsrhetorik von Reformen nach außen alte Strukturen, Habitualisierungen, Routinen und Handlungsmuster auf der Ebene der pädagogischen Praxis fortwirken können, die den Akteuren vielfach nicht bewusst und daher auch nur schwer reflexionsfähig sind.[7]

Zweitens zeigt der präsentierte Fall, dass die von der Schulleiterin initiierte Reformmaßnahme, die Einführung der Jahrgangsteams, von einem Schüler anders als pädagogisch intendiert erfahren, also in der Schülerbiographie gebrochen wird. Dass nicht generell von einem Zusammenhang von Schulreform und biographischen Prozessen bei Schülern auszugehen ist, irritiert die Grundannahme des Schulentwicklungsdiskurses, nach der reformerischen Maßnahmen unmittelbar eine ‚Wirkung' auf die Schüler zugesprochen wird. Damit lässt sich der Befund unserer exemplarischen Triangulation als irritierende Anfrage an die Schul(reform)pädagogik und als weiterführende empirische Frage formulieren: Inwiefern erlangt das, was über reformpädagogische Arrangements intendiert wird, überhaupt biographische Relevanz bei Schülern?

Zur Beantwortung dieser Frage und zur näheren Bestimmung des Verhältnisses von Schüler- bzw. Lehrer-Biographie und Schulentwicklung bedarf es weiterer Untersuchungen und Rekonstruktionen der Ausgestaltung von Schulreformprozessen und konkreten Lehrer-Schüler-Beziehungen. Der im vorliegenden Beitrag vorgestellte Ansatz, bei der Erforschung von Schulreformprozessen auch die Perspektive und die biographischen Prozessen der Schüler zu berücksichti-

7 Dass sich die in der DDR erworbenen (berufs-)biographische Orientierungs-, Deutungs- und Handlungsmuster von Lehrern und Sozialarbeitern als mögliche (Reflexions-)Barrieren erweisen, wird auch in anderen Fallstudien deutlich (Müller 2006; Fabel-Lamla 2004; Fabel 2004).

gen, und Ergebnisse lehrerbiographischer und schülerbiographischer Forschung gegenüberzustellen und miteinander zu verschränken, kann hier neue, weiterführende schulpädagogische Einsichten liefern über biographisch generierte Potenziale und Hemmnisse bei Prozessen der Schulentwicklung sowie über Voraussetzungen, Bedingungen und Widersprüche bei der Reform und Innovation pädagogischer Arbeit an Schulen.

Literatur

Fabel, M. (2004): Ostdeutsche Lehrerbiographien – Professionalisierungspfade im doppelten Modernisierungsprozess. In: Fabel, M./Tiefel, S. (Hrsg.): Biographische Risiken und neue professionelle Herausforderungen (= Biographie und Profession. Studien zur Qualitativen Bildungs-, Beratungs- und Sozialforschung. ZBBS-Buchreihe, Bd. 1). Wiesbaden, S. 43-61

Fabel-Lamla, M. (2004): Professionalisierungspfade ostdeutscher Lehrer. Biographische Verläufe und Professionalisierung im doppelten Modernisierungsprozess (= Biographie und Profession. Studien zur Qualitativen Bildungs-, Beratungs- und Sozialforschung. ZBBS-Buchreihe, Bd. 2). Wiesbaden

Flick, U. (2000): Triangulation in der qualitativen Forschung. In: Flick, U./Kardorff, E. v./Steinke, I. (Hrsg.): Qualitative Forschung. Ein Handbuch. Reinbek bei Hamburg, S. 309-318

Helsper, W. (2000): Wandel der Schulkultur. In: Zeitschrift für Erziehungswissenschaft 3 (2000), Heft 1, S. 35-60

Helsper, W. (2004a): Lehrerbiographien im Transformationsprozess – Kommentar zum Beitrag von Melanie Fabel. In: Fabel, M./Tiefel, S. (Hrsg.): Biographische Risiken und neue professionelle Herausforderungen (= Biographie und Profession, Bd. 1). Wiesbaden, S. 63-74

Helsper, W. (2004b): Schülerbiographie und Schulkarriere. In: Helsper, W./Böhme, J. (Hrsg.): Handbuch der Schulforschung. Wiesbaden, S. 903-920

Honneth, A. (1998): Kampf um Anerkennung. Zur moralischen Grammatik sozialer Konflikte, Frankfurt a. M.

Kleinespel, K. (1990): Schule als biographische Erfahrung. Die Laborschule im Urteil ihrer Absolventen. Weinheim/Basel

Köhler, U. (1997): Die Glocksee-Schule. Geschichte – Praxis – Erfahrungen. Bad Heilbrunn/Obb.

Kramer, R. T. (2002): Schulkultur und Schülerbiographien. Rekonstruktionen zur Schulkultur II. Opladen

Krüger, H.-H. (1999): Entwicklungslinien, Forschungsfelder und Perspektiven der erziehungswissenschaftlichen Biographieforschung. In: Krüger, H.-H./Marotzki, W. (Hrsg.): Handbuch erziehungswissenschaftlicher Biographieforschung. Opladen, S. 13-32

Kunze, K./Stelmaszyk, B. (2004): Biographien und Berufskarrieren von Lehrerinnen und Lehrern. In: Helsper, W./Böhme, J. (Hrsg.): Handbuch der Schulforschung. Wiesbaden, S. 795-812

Maas, M. (2003): Alternativschule und Jugendkultur – Entwicklungsprobleme von Adoleszenten. Weinheim

Müller, M. (2006): Von der Fürsorge in die Soziale Arbeit. Fallstudie zum Berufswandel in Ostdeutschland (= Studien zur qualitativen Bildungs-, Beratungs- und Sozialforschung. ZBBS-Buchreihe). Opladen

Nittel, D. (1992): Gymnasiale Schullaufbahn und Identitätsentwicklung. Weinheim

Reh, S./Schelle, C. (1999): Biographieforschung in der Schulpädagogik. Aspekte biographisch orientierter Lehrerforschung. In: Krüger, H.-H./Marotzki, W. (Hrsg.): Handbuch erziehungswissenschaftlicher Biographieforschung. Opladen, S. 373-390

Schütze, F. (2004): Konzept einer Arbeitstagung. „Ein irritierender Blick auf die Schule: Reformprozesse in der Schule gegen den Strich gelesen. Ergebnisse qualitativer Sozialforschung". Manuskript. Magdeburg

Schütze, F./Bräu, K./Liermann, H./Prokopp, K./Speth, M./Wiesemann, J. (1996): Überlegungen zu Paradoxien des professionellen Lehrerhandelns in den Dimensionen der Schulorganisation. In: Helsper, W./Krüger, H.-H./Wenzel, H. (Hrsg.): Schule und Gesellschaft im Umbruch, Bd. 1: Theoretische und internationale Perspektiven. Weinheim, S. 333-377

Stelmaszyk, B. (1999): Schulische Biographieforschung – eine kritische Sichtung von Studien zu LehrerInnenbiographien. In: Combe, A./Helsper, W./Stelmaszyk, B. (Hrsg.): Forum Qualitative Schulforschung 1. Schulentwicklung – Partizipation – Biographie. Weinheim, S. 61-87

Terhart, E. (1995): Lehrerbiographien. In: König, E./Zedler, P. (Hrsg.): Bilanz qualitativer Forschung, Bd. II: Methoden. Weinheim, S. 225-264

Tillmann, K.-J. (1995): Sozialisationstheorien. Eine Einführung in den Zusammenhang von Gesellschaft, Institution und Subjektwerdung. Reinbek bei Hamburg

Tillmann, K.-J. (1996): Kontinuität und Wandel im Schulwesen der neuen Bundesländer. In: Flösser, G./Otto, H.-U./Tillmann, K.-J. (Hrsg.): Schule und Jugendhilfe. Neuorientierung im deutsch-deutschen Übergang. Opladen, S. 30-41

Ullrich, H./Idel, T.-S./Kunze, K. (2004): Das Andere erforschen. Zur Einleitung in diesen Band. In: Ullrich, H./Idel, T.-S./Kunze, K. (Hrsg.): Das Andere erforschen. Empirische Impulse aus Reform- und Alternativschulen. Wiesbaden, S. 7-18

Wiezorek, C. (2005): Schule, Biografie und Anerkennung. Eine fallbezogene Diskussion der Schule als Sozialisationsinstanz (= Studien zur Jugendforschung, Bd. 26). Wiesbaden

Verzeichnis der Autorinnen und Autoren

Hedda Bennewitz, Jg. 1968, Dr. phil., Dipl. Päd., Studienrätin i.H. am Institut für Erziehungswissenschaft, Westfälische Wilhelms-Universität Münster. *Arbeitsgebiete*: Lehrerbildung, Unterrichts- und Jugendforschung.
E-Mail: hedda.bennewitz@uni-muenster.de

Silvia-Iris Beutel, Jg. 1961, Dr. phil., Professorin für Schulpädagogik und Allgemeine Didaktik an der Technischen Universität Dortmund. *Arbeitsgebiete*: Leistungsbeurteilung, Reformschulen, Unterrichtsforschung, Differenzierung und Individualisierung, Ganztagspädagogik.
E-Mail: SBeutel@fb12.uni-dortmund.de

Heike de Boer, Jg. 1963, Dr. phil., Akademische Rätin an der Pädagogischen Hochschule Freiburg, Institut für Erziehungswissenschaft I. *Arbeitsschwerpunkte*: Ethnografische Schul- und Unterrichtsforschung, Schulentwicklung und LehrerInnenbildung. E-Mail: heike.deboer@ph-freiburg.de

Karin Bräu, Jg. 1962, Dr. phil., z. Zt. Vertretungsprofessur „Theorie der Schule“ an der Universität Osnabrück; sonst: Wiss. Ass. an der Universität Marburg. *Arbeitsschwerpunkte*: Qualitative Schul- und Unterrichtsforschung, Selbstständiges Lernen, Schulentwicklung. E-Mail: karin.braeu@staff.uni-marburg.de

Georg Breidenstein, Jg. 1964, Dr. phil., Professor für Grundschulpädagogik an der Phil. Fakultät III der Martin-Luther-Universität Halle-Wittenberg. *Arbeitsgebiete*: Ethnographische Schul- und Unterrichtsforschung, Kindheitsforschung, Methodologie und Methoden qualitativer Sozialforschung.
E-Mail: georg.breidenstein@paedagogik.uni-halle.de

Melanie Fabel-Lamla, Jg. 1968, Dr. phil., Wissenschaftliche Assistentin im Bereich Schulpädagogik der Sekundarstufe I mit dem Schwerpunkt Risikogruppen und Risikofaktoren am Institut für Erziehungswissenschaft der Universität Kassel. *Arbeitsgebiete*: Professions-, Lehrer- und Schulforschung, Methoden qualitativer Sozialforschung, insbesondere Biographieforschung.
E-Mail: fabel@uni-kassel.de

Gunther Graßhoff, Jg. 1976, Dr. phil., wissenschaftlicher Mitarbeiter an der Universität Mainz. *Arbeitsschwerpunkte*: Rekonstruktive Sozialpädagogik, Migration, Qualitative Schulforschung. E-Mail: grasshof@uni-mainz.de

Werner Helsper, Jg. 1953, Dr. phil., Professor für Schulforschung und Allgemeine Didaktik an der Philosophischen Fakultät III der Martin-Luther-Universität Halle-Wittenberg. *Arbeitsschwerpunkte*: Theorie der Schule und der Schulkultur, Schul-, Jugend- und Professionsforschung, Qualitative Methoden. E-Mail: werner.helsper@paedagogik.uni-halle.de

Davina Höblich, Jg. 1977, Dipl.-Päd., Institut für Sozialpädagogik und Soziologie der Lebensalter am Fachbereich Sozialwesen der Universität Kassel. *Arbeitsschwerpunkte*: Sozialisations-, Geschlechter- und Jugendforschung, Qualitative Schulforschung, Kinder- und Jugendhilfepraxis. E-Mail: hoeblich@uni-kassel.de

Christina Huf, Dr. phil., Vertretung der Professur für Grundschulpädagogik und Grundschuldidaktik am Institut für Pädagogik der Elementar- und Primarstufe der Johann Wolfgang Goethe-Universität Frankfurt am Main. *Arbeitsschwerpunkte*: Ethnografische Schul- und Unterrichtsforschung; Anfangsunterricht im internationalen Vergleich. E-Mail: Huf@em.uni-frankfurt.de

Merle Hummrich, Jg. 1970, Dr. phil., Dipl. Päd., wissenschaftliche Mitarbeiterin an der der Philosophischen Fakultät III der Martin-Luther-Universität Halle-Wittenberg. *Arbeitsschwerpunkte*: qualitative Forschungsmethoden, Migrationsforschung, Schul- und Jugendforschung.
E-Mail: merle.hummrich@paedagogik.uni-halle.de

Till-Sebastian Idel, Jg. 1968, Dr. phil., Dipl.-Päd., Ak. Rat am Pädagogischen Institut der Johannes Gutenberg-Universität Mainz. *Arbeitsgebiete*: rekonstruktive Schulforschung, Lernkultur und Unterricht, Schultheorie.
E-Mail: idel@uni-mainz.de

Heiko Kastner, Jg. 1967, Magister Artium für Erziehungswissenschaften und Soziologie, Projektmitarbeiter am Zentrum für Schul- und Bildungsforschung der Martin-Luther-Universität Halle-Wittenberg und am Max-Planck-Institut für ethnologische Forschung in Halle. *Arbeitsgebiete*: Schulforschung, qualitative und quantitative Evaluationsforschung, europäische Bildungs- und Forschungsprogramme. E-Mail: post@heikokastner.de

Rolf-Torsten Kramer, Jg. 1969, Dr. phil., Wissenschaftlicher Assistent am Zentrum für Schul- und Bildungsforschung (ZSB) der Martin-Luther-Universität Halle-Wittenberg. *Arbeitsschwerpunkte*: rekonstruktive Schul- und Bildungsforschung; Passungsverhältnisse zwischen Schulkultur, Familie und Schülerbiographie; Bildungsungleichheit. E-Mail: rolf.kramer@zsb.uni-halle.de

Christiane Lähnemann, Jg. 1957, Dr. phil., Gymnasiallehrerin für Englisch und Ev. Religion. *Arbeitsgebiete*: Qualitative Sozialforschung, Dokumentarische Methode, Selbstevaluation, Reformpädagogik, Freiarbeit, Binnendifferenzierung. E-Mail: christiane@laehnemann.de

Barbara Sahner, Jg. 1948, Dr. phil., Dipl.-Erziehungswissenschaftlerin, Grund- und Hauptschullehrerin, freiberuflich tätig mit pädagogischer Dienstleistung. E-Mail: bsahner@web.de

Dirk Schubotz, Jg. 1969, Dr. phil. (Kassel), Research Fellow, ARK, School of Sociology, Social Policy and Social Work, Queen's University Belfast. *Arbeitsschwerpunkte*: Jugendforschung, Methoden der Sozialforschung, Identitäten, Nordirlandkonflikt. E-Mail: D.Schubotz@qub.ac.uk

Fritz Schütze, Jg. 1944, Dr. phil., Professor für allgemeine Soziologie / Mikrosoziologie am Institut für Soziologie der Otto-von-Guericke-Universität Magdeburg. *Arbeitsgebiete*: Theorie- und Forschungsansätze der interpretativen Soziologie, Biographieanalyse und die Analyse kollektiver Identitätsarbeit, Arbeitsbogenanalyse und Gesprächsanalyse, Analyse professionellen Handelns und des Lebens mit der professionellen Arbeit. E-Mail: fritz.schuetze@ovgu.de

Heiner Ullrich, Jg. 1942, Dr. phil. habil., Professor für Schulpädagogik am Pädagogischen Institut der Johannes-Gutenberg-Universität Mainz. *Arbeitsgebiete*: Qualitative Schulforschung, Reformpädagogik, Theorie der Kindheit. E-Mail: heiner.ullrich@uni-mainz.de

Jutta Wiesemann, Jg. 1960, Dr. phil., Professorin für Erziehungswissenschaft/ Schul- und Unterrichtsentwicklung in der Grundschule mit Schwerpunkt Integrativer Sachunterricht, Universität Kassel, Fachbereich 1, Institut für Erziehungswissenschaft. E-Mail: jutta.wiesemann@uni-kassel.de

Christine Wiezorek, Dr. phil., Friedrich-Schiller-Universität Jena, Institut für Erziehungswissenschaft, Am Planetarium 4, 07737 Jena. E-Mail: christine.wiezorek@uni-jena.de